D1688527

Hölters/Deilmann/Buchta

Die kleine Aktiengesellschaft

Die kleine Aktiengesellschaft

Mit Muster- und Formularteil

von

Dr. Wolfgang Hölters
Rechtsanwalt in Düsseldorf

Dr. Barbara Deilmann
Rechtsanwältin in Düsseldorf

Dr. Jens Buchta
Rechtsanwalt in Düsseldorf

2. Auflage

Verlag C. H. Beck München 2002

Die Deutsche Bibliothek – CIP-Einheitsaufnahme

Hölters, Wolfgang:
Die „kleine" Aktiengesellschaft : Einführung mit Mustern /
von Wolfgang Hölters ; Barbara Deilmann ; Jens Buchta. –
2. Aufl. – München : Beck, 2002
    ISBN 3-406-48914-1

ISBN 3 406 48914 1

© 2002 Verlag C.H. Beck oHG,
Wilhelmstraße 9, 80801 München

Druck: fgb · freiburger graphische betriebe
Bebelstraße 11, 79108 Freiburg
Satz: Fotosatz H. Buck,
Zweikirchener Straße 7, 84036 Kumhausen

Gedruckt auf säurefreiem, alterungsbeständigem Papier
(hergestellt aus chlorfrei gebleichtem Zellstoff)

Vorwort zur 2. Auflage

Seit der ersten Auflage hat das Interesse an der Rechtsform der Aktiengesellschaft nicht nachgelassen. Nicht zuletzt die Einrichtung des Börsensegments Neuer Markt hat dazu geführt, daß zahlreiche Unternehmen die Rechtsform der Aktiengesellschaft für sich entdeckt haben. Seit Erscheinen der Vorauflage hat es eine Reihe bedeutender Änderungen des Aktienrechts gegeben. Genannt seien das Gesetz über die Zulassung von Stückaktien vom 25. März 1998 und das Gesetz zur Kontrolle und Transparenz im Unternehmensbereich vom 27. April 1998. Darüber hinaus haben auch das 3. Finanzmarktförderungsgesetz vom 24. März 1998, das Euro-Einführungsgesetz vom 9. Juni 1998 und das Handelsrechtsreformgesetz vom 22. Juni 1998 umfangreiche Änderungen des Aktienrechtes mit sich gebracht. Das ungebrochene Interesse mittelständischer Unternehmen an der Rechtsform der Aktiengesellschaft und die genannten Gesetzesänderungen haben uns zu der zweiten Auflage veranlasst.

Mit der zweiten Auflage ist Herr Dr. Jens Buchta als Mitautor hinzugekommen.

Düsseldorf, im Februar 2002 *Die Verfasser*

Vorwort zur 1. Auflage

Der Name des Gesetzes für kleine Aktiengesellschaften und zur Deregulierung des Aktienrechts vom 2. August 1994 ist mißverständlich. Der Begriff der „kleinen Aktiengesellschaft" ist ein im Vorfeld des Gesetzesvorhabens geprägtes Schlagwort für den teilweisen Verzicht auf die strengen Formalien des Aktienrechts. Zweck des Gesetzes war es zum einen, für mittelständische Unternehmen, die bislang vorwiegend in der Rechtsform der Gesellschaft mit beschränkter Haftung geführt wurden, die Rechtsform der Aktiengesellschaft zugänglich und attraktiv zu gestalten. Mittelständischen Unternehmen soll ein Ausweg aus dem Eigenkapitalmangel durch die Aufnahme von Kapital über die Börse eröffnet werden. Dieses gesetzgeberische Motiv der Förderung von mittelständischen Unternehmen führte zu der Begriffsbildung „kleine Aktiengesellschaft". Mit der Erleichterung des Bezugsrechtsausschlusses betrifft die Änderung des Aktienrechts aber auch eine wichtige Frage bei großen, bereits börsennotierten Aktiengesellschaften. Andere Änderungen – wie die Möglichkeit der Gründung der Aktiengesellschaft durch einen Gründer – gelten für Aktiengesellschaften generell, unabhängig von ihrer Größe.

Das Interesse an der „kleinen" Aktiengesellschaft ist, wie die zahlreichen Veröffentlichungen belegen, groß. Die Bedeutung der Gesetzesänderung wird dabei sehr unterschiedlich gewürdigt. Darüber hinaus läßt die Gesetzesänderung eine Reihe von Fragen offen.

In diesem Buch werden die Gesetzesänderungen bzw. -neuerungen in jeweiligen Sachzusammenhang behandelt. Dabei sind wir neben der Behandlung der Fragen, die das Gesetz für kleine Aktiengesellschaften und zur Deregulierung des Aktienrechts aufwirft, auch auf das neue Umwandlungsrecht eingegangen. Das Zweite Finanzmarktförderungsgesetz findet hinsichtlich der 5 DM-Aktie und der Mitteilungs- und Veröffentlichungspflichten Eingang in die Darstellung.

Düsseldorf, im April 1997 *Die Verfasser*

Inhaltsverzeichnis

Vorwort V
Abkürzungsverzeichnis XV
Literaturverzeichnis XIX

1. Kapitel
Einleitung 1

A. Vorbemerkung 1

B. Das Gesetz für kleine Aktiengesellschaften und zur Deregulierung des Aktienrechts 1
   I. Die „kleine AG" 1
   II. Entstehung der „kleine AG"-Idee 2
   III. Stellungnahme des DIHT 3
   IV. Drei-Stufen-Modell 6
   V. Gesetzgebungsverfahren 6

C. Weitere Gesetzesänderungen seit 1994 7

D. Zu diesem Buch 7

2. Kapitel
Entstehen der Aktiengesellschaft 9

A. Entstehen einer Aktiengesellschaft 9
   I. Bar- und Sachgründung 9
   II. Umwandlung (Rechtsformwechsel) 9
   III. Verschmelzung 10
   IV. Spaltung 10

B. Bargründung 11
   I. Überblick 11
   II. Gründungsprotokoll 12
      1. Form 12
      2. Gründer 13
         a) Anzahl 13
         b) Nachträgliche Entstehung der Einpersonen-Aktiengesellschaft 13
         c) Person des Gründers 14
         d) Bevollmächtigte 14

III.	Satzung		15
	1. Notwendiger Inhalt		15
		a) Firma und Sitz	15
		b) Gegenstand des Unternehmens	16
		c) Grundkapital	16
		d) Aktien	16
		aa) Nennbetrags-/Stückaktien	16
		bb) Inhaber- und Namensaktien	17
		cc) Stamm- und Vorzugsaktien	19
		dd) Aktienurkunde	19
		e) Vorstand	22
		f) Gesellschaftsblätter	22
		g) Gründungsaufwand	23
	2. Gestaltungsmöglichkeiten in der Satzung		24
	3. Satzungsänderung		24
IV.	Übernahme der Aktien und Einzahlung des Grundkapitals		24
V.	Erster Aufsichtsrat und erster Vorstand		25
VI.	Bestellung des Abschlußprüfers		26
VII.	Gründungsbericht		26
VIII.	Gründungsprüfungsbericht des Vorstands und des Aufsichtsrats		27
IX.	Gründungsprüfer		28
	1. Erfordernis bei der Bargründung		28
	2. Bestellung durch das Gericht		28
	3. Prüfungsbericht		29
X.	Handelsregisteranmeldung		30
	1. Anmeldepflichtige		30
	2. Inhalt und Form		30
	3. Bestellung einer Sicherung bei der Einpersonengründung		31
		a) Gesetzesänderung	31
		b) Bestellung, Art und Höhe der Sicherung	32
		c) Inhalt der Anmeldung	32
		d) Erwähnung im Gründungsbericht und Gründungsprüfungsbericht	33
		e) Erledigung des Sicherungszwecks	33
		f) Nicht ordnungsgemäß bestellte oder unzureichende Sicherung	33
XI.	Haftung		35
	1. Gründer		35
	2. Vorstand und Aufsichtsrat		36
	3. Gründungsprüfer		36
C. Sachgründung			37
I.	Überblick		37
II.	Gründungsprotokoll		37

		1. Besonderheiten bei der Sachgründung	37
		2. Einbringungsvertrag	39
		3. Wert der Sacheinlage	39
		4. Exkurs: Eröffnungsbilanz	40
	III.	Satzung	40
	IV.	Übernahme der Aktien und eingezahltes Grundkapital	41
	V.	Erster Aufsichtsrat	41
		1. Anzahl der Mitglieder des ersten Aufsichtsrats	41
		2. Bekanntmachung	42
		3. Amtszeit des ersten Aufsichtsrats	42
		4. Erster Vorstand	43
	VI.	Bestellung des Abschlußprüfers	43
	VII.	Gründungsbericht	43
	VIII.	Gründungsprüfungsbericht des Vorstands und des Aufsichtsrats	44
	IX.	Gründungsprüfer	44
	X.	Handelsregisteranmeldung	44
		1. Inhalt	44
		2. Bestellung einer Sicherung	47
	XI.	Haftung	47
D.	Umwandlung		48
	I.	Überblick	48
		1. Umwandlungsarten	48
		2. Ablauf des Umwandlungsverfahrens	49
	II.	Formwechselnde Umwandlung einer GmbH in eine Aktiengesellschaft	50
		1. Ablauf des Umwandlungsverfahrens	50
		2. Umwandlungsbericht	51
		a) Inhalt	51
		b) Entbehrlichkeit des Umwandlungsberichts	52
		3. Entwurf des Umwandlungsbeschlusses	52
		a) Inhalt	52
		b) Unterrichtung des Betriebsrats	53
		4. Gesellschafterversammlung	54
		a) Einberufung	54
		b) Abfindungsangebot	55
		aa) Angebot	55
		bb) Angemessene Barabfindung	57
		cc) Gerichtliche Überprüfung	58
		dd) Annahmefrist	59
		c) Umwandlungsbeschluß	59
		5. Rechtsstellung der Gesellschafter	61
		6. Aufsichtsrat	61
		7. Umwandlungsbericht	64

	8. Umwandlungsprüfung	64
	a) Prüfung durch Vorstand und Aufsichtsrat	64
	b) Umwandlungsprüfer	64
	9. Handelsregisteranmeldung	65
	a) Anmeldepflichtige	65
	b) Inhalt der Anmeldung	65
	c) Wirkung der Eintragung	66
	10. Klagen gegen den Umwandlungsbeschluß	67
	11. Haftung	67

3. Kapitel
Publizität 69

A.	§ 42 AktG	69
	I. Anmeldungsfälle	69
	II. Einpersonengesellschaft	69
	III. Inhalt und Zeitpunkt der Anmeldung	70
	IV. Anmeldepflichtige	72
	V. Form	72
	VI. Sanktionen bei einem Verstoß gegen die Anmeldepflicht	73
	VII. Beendigung des Status als Einpersonengesellschaft	74
B.	§§ 16, 20 AktG	74
C.	§§ 21, 22 WpHG	75

4. Kapitel
Aufsichtsrat 77

A.	Zusammensetzung	77
	I. Mitbestimmung	77
	1. Mitbestimmungsgesetz	77
	2. Betriebsverfassungsgesetz	77
	3. Montanmitbestimmungsgesetz	79
	II. Größe	79
	III. Amtszeit	80
B.	Erster Aufsichtsrat	81
	I. Bargründung	81
	1. Zusammensetzung	81
	2. Amtszeit	81
	II. Sachgründung	83
	1. Zusammensetzung	83
	2. Amtszeit	84
	a) Anteilseignervertreter	84
	b) Arbeitnehmervertreter	84

                aa) Alte Rechtslage................................ 84
                bb) Neufassung des § 31 Abs. 5 AktG.................. 84
    III. Umwandlung 86
        1. Spezialregelung....................................... 86
        2. Formwechselnde Gesellschaft ohne Aufsichtsrat.......... 87
        3. Formwechselnde Gesellschaft mit Aufsichtsrat........... 88
            a) Ohne Änderung von Größe und Zusammensetzung....... 88
            b) Änderung der Zusammensetzung oder Größe 89

C. Gerichtliche Bestellung von Arbeitnehmervertretern im Aufsichtsrat nach
   § 104 AktG.. 90
    I.   Bedeutung nach der Änderung des § 31 Abs. 5 AktG 90
    II. Amtszeit 91
        1. § 102 AktG... 91
        2. § 30 Abs. 3 AktG....................................... 92

5. Kapitel
Hauptversammlung 93

A. Vorbemerkung 93

B. Einberufung der Hauptversammlung 93
    I.   Form und Frist 93
    II. Inhalt 94
    III. Einberufungserleichterungen.............................. 95
        1. Inhalt des § 121 Abs. 4 AktG........................... 95
        2. „Namentlich bekannt"................................... 96
            a) Name und Anschrift 96
            b) Namensaktien..................................... 96
            c) Inhaberaktien.................................... 97
        3. Rechts-, insbesondere Erbengemeinschaft................ 98
        4. Tagesordnung... 98
        5. Zeitpunkt der Bekanntmachung 99
        6. Eingeschriebener Brief................................. 99

C. Einberufender... 100

D. Einberufungsmängel.. 101

E. Sinngemäße Geltung der §§ 125 bis 127 AktG 102

F. Vollversammlung... 104

G. Durchführung der Hauptversammlung............................. 106
    I.   Notarielle Beurkundung................................... 106
    II. Einfache Niederschrift 106
        1. Differenzierte Protokollierung......................... 106

	2. Nicht zum Börsenhandel zugelassen	107
	3. Beschlüsse mit Dreiviertelmehrheit	108
	4. Niederschrift	109

6. Kapitel
Kapitalerhöhung 111

A. Arten der Kapitalerhöhung 111
    I. Gegen Einlagen 111
    II. Bedingte Kapitalerhöhung 111
    III. Genehmigtes Kapital 112

B. Geltung des § 36 Abs. 2 Satz 2 AktG 112

C. Bezugsrecht 113

D. Erleichterung des Bezugsrechtsausschlusses nach § 186 Abs. 3 Satz 4 AktG. 115
    I. Vorbemerkung 115
    II. Börsenpreis 116
        1. Amtlicher Handel/Geregelter Markt/Freiverkehr 116
        2. Deutsche oder ausländische Börse 117
        3. Mehrere Börsenpreise 117
        4. Verschiedene Aktiengattungen 119
        5. Börsenhandel 119
    III. Maßgeblicher Zeitpunkt für die Ermittlung des Börsenpreises 119
    IV. Verhältnis Ausgabebetrag/Börsenpreis 122
    V. Ausschluß des Bezugsrechts 123
        1. Beschluß über den Bezugsrechtsausschluß 123
        2. Bericht des Vorstands 125
    VI. 10%-Grenze 126
        1. Bezugsgröße 126
        2. Verhältnis reguläre Kapitalerhöhung und genehmigtes Kapital . . 128
        3. Verhältnis Genehmigtes Kapital und Veräußerung eigener
           Aktien 128
        4. Stufenweise Kapitalerhöhung bei genehmigtem Kapital 129
           a) Vorbemerkung 129
           b) Entscheidung der Hauptversammlung über den Bezugsrechts-
              ausschluß 129
           c) Ermächtigung des Vorstands zur Entscheidung über den
              Bezugsrechtsausschluß 130
        5. Häufigkeit des Bezugsrechtsausschlusses 131

E. Bezugsrechtsausschluß bei Wandelschuldverschreibungen, Optionsanleihen,
Gewinnschuldverschreibungen und Genußrechten 132
    I. Vorbemerkung 132

II. Zeitliche Abfolge 132
III. Einschränkende Auslegung 133
    1. Bezug zum Grundkapital 133
    2. Ausgabebetrag. 135
    3. Zeitpunkt der Ermittlung des Börsenpreises 135

7. Kapitel
Sonstige Änderungen (im Zuge des Gesetzes für kleine Aktiengesellschaften und zur Deregulierung des Aktienrechts). 139

A. Sonderbeschlüsse 139
   I. § 182 Abs. 2 Satz 1 und § 222 Abs. 2 Satz 1 AktG. 139
      1. Bisherige Rechtslage 139
      2. Gesetzesänderung 140
      3. § 340c Abs. 3 Satz 1 AktG 140
   II. § 179 Abs. 3 AktG. 140

B. Verbot der Einlagenrückgewähr. 141

C. Bildung von Rücklagen 142

D. § 188 Abs. 3 Nr. 2 AktG 143

Anhang   145

A. Muster- und Formularteil. 147
   I. Gründung einer Aktiengesellschaft 147
      1. Einpersonengründung, Gründungsprotokoll bei Bargründung . . . 147
      2. Gründungsvollmacht 149
      3. Wahlen innerhalb des ersten Aufsichtsrats und Bestellung des ersten Vorstands 150
      4. Einzahlungsquittung und Bestätigung des Kreditinstituts 151
      5. Gründungsbericht bei Bargründung. 152
      6. Gründungsprüfungsbericht der Mitglieder des Vorstands und des Aufsichtsrats bei Bargründung 154
      7. Antrag auf Bestellung von Gründungsprüfern 155
      8. Bericht des Gründungsprüfers bei Bargründung. 156
      9. Anmeldung der Gesellschaft zum Handelsregister bei Einpersonengründung (Bargründung). 158
     10. Satzung einer Einpersonen-Aktiengesellschaft (Bargründung) . . . 160
     11. Satzung (ausführliche Fassung). 164
     12. Mitteilung der späteren Entwicklung zur Einpersonen-Aktiengesellschaft 173
     13. Mitteilung bei bereits bestehender Einpersonen-Aktiengesellschaft 174
     14. Mitteilung über die Beendigung des Status der Einpersonen-Aktiengesellschaft. 175

II. Umwandlung einer GmbH in eine Aktiengesellschaft.	176
1. Verzicht auf die Erstattung eines Umwandlungsberichts	176
2. Einladung zur Gesellschafterversammlung, in der die Umwandlung einer GmbH in eine AG beschlossen werden soll	177
3. Protoll der Umwandlung einer GmbH in eine AG.	179
4. Gründungsbericht gemäß § 32 AktG i.V.m. § 197 UmwG	183
5. Gründungsprüfungsbericht des Vorstands und des Aufsichtsrats gemäß §§ 33, 34 AktG i.V.m. § 197 UmwG	185
6. Antrag auf Bestellung eines Umwandlungsprüfers	186
7. Bericht über die Umwandlungsprüfung	187
8. Anmeldung der Umwandlung zum Handelsregister	189
III. Hauptversammlung einer Aktiengesellschaft.	191
1. Einberufung der ordentlichen Hauptversammlung durch eingeschriebenen Brief.	191
2. Einberufung einer Hauptversammlung durch eingeschriebenen Brief durch einen Aktionär aufgrund Ermächtigung des Gerichts	193
3. Bekanntmachung eines Gegenstandes zur Beschlußfassung in der Hauptversammlung durch einen Aktionär durch eingeschriebenen Brief.	196
4. Notarielle Niederschrift über die ordentliche Hauptversammlung (mit Schaffung genehmigten Kapitals).	197
5. Niederschrift über eine außerordentliche Hauptversammlung in Form einer Vollversammlung.	204
IV. Kapitalerhöhung (genehmigtes Kapital).	206
1. Anmeldung der Satzungsänderung zum genehmigten Kapital zum Handelsregister.	206
2. Beschluß des Vorstands über die Ausnutzung des genehmigten Kapitals.	207
3. Zustimmung des Aufsichtsrats zur Aktienausgabe	208
4. Anmeldung der Durchführung der Erhöhung des Grundkapitals und der Änderung der Satzungsfassung bei genehmigtem Kapital zum Handelsregister.	210
V. Aktionärsvereinbarung: Poolvertrag mit Stimmbindung und Veräußerungsbeschränkung.	212
B. Gesetzestexte.	219
1. Aktiengesetz (Auszug)	219
2. Betriebsverfassungsgesetz 1952 (Auszug)	233
3. Umwandlungsgesetz (Auszug).	235
Sachverzeichnis.	277

Abkürzungsverzeichnis

a.A.	anderer Ansicht
a.a.O.	am angegebenen Ort
Abs.	Absatz
a.F.	alte Fassung
AG	Aktiengesellschaft; Die Aktiengesellschaft (Zeitschrift); Amtsgericht
AktG	Aktiengesetz
a.M.	anderer Meinung
Anh.	Anhang
Anm.	Anmerkung
AO	Abgabenordnung
Art.	Artikel
Aufl.	Auflage
BB	Der Betriebs-Berater
BetrVG	Betriebsverfassungsgesetz vom 15.1.1972
BetrVG 1952	Betriebsverfassungsgesetz vom 11.10.1952
BGB	Bürgerliches Gesetzbuch
BGBl.	Bundesgesetzblatt
BGH	Bundesgerichtshof
BGHZ	Entscheidungssammlung des Bundesgerichtshofs in Zivilsachen
BTDrucks.	Drucksachen des Deutschen Bundestages
bzw.	beziehungsweise
DB	Der Betrieb
ders.	derselbe
d.h.	das heißt
DIHT	Deutscher Industrie- und Handelstag
DM	Deutsche Mark
DStR	Deutsches Steuerrecht
EG	Europäische Gemeinschaft
EWR	Europäischer Wirtschaftsraum
f.	folgende
ff.	fortfolgende
FGG	Gesetz über die Angelegenheiten der freiwilligen Gerichtsbarkeit
Fn.	Fußnote
FS	Festschrift
GmbH	Gesellschaft mit beschränkter Haftung
GmbHG	Gesetz betreffend die Gesellschaft mit beschränkter Haftung
GmbHR	GmbH-Rundschau

HGB	Handelsgesetzbuch
h.M.	herrschende Meinung
HRV	Verfügung über Einrichtung und Führung des Handelsregisters (Handelsregisterverfügung)
HS	Halbsatz
IHK	Industrie- und Handelskammer
i.H.v.	in Höhe von
i.S.v.	im Sinne von
i.V.m.	in Verbindung mit
KG	Kommanditgesellschaft
KonTraG	Gesetz zur Kontrolle und Transparenz im Unternehmensbereich
KostO	Gesetz über die Kosten in der freiwilligen Gerichtsbarkeit (Kostenordnung)
LG	Landgericht
Mio	Million
MitbestG	Gesetz über die Mitbestimmung der Arbeitnehmer vom 4.5.1976 (BGBl. I S. 1153) (Mitbestimmungsgesetz)
m.w.N.	mit weiteren Nachweisen
NaStraG	Gesetz zur Namensaktie und zur Erleichterung der Stimmrechtsausübung
n.F.	neue Fassung
NJW	Neue Juristische Wochenschrift
NJW-RR	NJW-Rechtsprechungs-Report Zivilrecht
Nr.	Nummer
NZG	Neue Zeitschrift für Gesellschaftsrecht
OLG	Oberlandesgericht
PublG	Gesetz über die Rechnungslegung von bestimmten Unternehmen und Konzernen vom 15.8.1969 (BGBl. I S. 1189) (Publizitätsgesetz)
RG	Reichsgericht
RGZ	Entscheidungssammlung des Reichsgerichts in Zivilsachen
Rn.	Randnummer
S.	Satz, Seite
StBerG	Steuerberatergesetz
sog.	sogenannt
str.	streitig
u.a.	unter anderem
UmwG	Umwandlungsgesetz
vgl.	vergleiche
WiB	Wirtschaftsrechtliche Beratung (seit 1998 vereinigt mit NZG)

z.B.	zum Beispiel
ZGR	Zeitschrift für Unternehmens- und Gesellschaftsrecht
ZHR	Zeitschrift für das gesamte Handels- und Wirtschaftsrecht
ZIP	Zeitschrift für Wirtschaftsrecht
ZPO	Zivilprozeßordnung
z. Zt.	zur Zeit

Literaturverzeichnis

Adler/Düring/Schmaltz	Rechnungslegung und Prüfung der Unternehmen, 6. Aufl., 1995–2001
Albach/Corte/Friedewald/Lutter/ Richter	Deregulierung des Aktienrechts; Das Drei-Stufen-Modell, 1988
Ammon/Görlitz	Die kleine Aktiengesellschaft, 1995
Baumbach/Hueck	Aktiengesetz, 13. Aufl., 1968
Ballerstedt	Zur Bewertung von Vermögenszugängen aufgrund kapitalgesellschaftlicher Vorgänge, in: Festschrift für Ernst Geßler, 1971, S. 69
Beck'scher Bilanzkommentar	4. Aufl., 1999 (zit.: Beck'scher Bilanzkommentar/Bearbeiter)
Behrends	Einberufung der Hauptversammlung gem. § 221 IV AktG (mittels eingeschriebenem Brief) trotz abweichender Satzungsbestimmung, NZG 2000, S. 578
Blanke	Private Aktiengesellschaft und Deregulierung des Aktienrechts, BB 1994, S. 1505
Bösert	Das Gesetz für kleine Aktiengesellschaften und zur Deregulierung des Aktienrechts, DStR 1994, S. 1423
Boujong	Rechtsmißbräuchliche Aktionärsklage vor dem Bundesgerichtshof, Eine Zwischenbilanz, in: Festschrift für Kellermann, ZGR Sonderheft 10, 1991
Canaris	Bankvertragsrecht, 3. Aufl., 2. Bearbeitung, 1981
Claussen	25 Jahre deutsches Aktiengesetz von 1965, (I) AG 1990, S. 509 (II) AG 1991, S. 10
ders.	Kleine Kapitalgesellschaften und der Zugang zum Kapitalmarkt, ZHR 153 (1989), S. 216
Dehmer	Die kleine Aktiengesellschaft, WiB 1994, S. 753
Drüke	Der Gesetzentwurf für kleine Aktiengesellschaften und zur Deregulierung des Aktienrechts, WiB 1994, S. 265
Emmerich/Habersack	Aktien- und GmbH-Konzernrecht, 2. Aufl., 2001
Frey/Hirte	Vorzugsaktionäre und Kapitalerhöhung, DB 1989, S. 2465
Fuchs/Köstler	Handbuch zur Aufsichtsratswahl, 1994
Ganske	Das Zweite gesellschaftsrechtliche Koordinationsgesetz vom 13. Dezember 1978, DB 1978, S. 2461

Geßler	Aktiengesetz, Kommentar, Loseblatt, Stand: 33. Ergänzungslieferung Juli 2001 (zit.: Geßler, Aktiengesetz)
Geßler/Hefermehl/Eckardt/Kropff	Kommentar zum Aktiengesetz, 3. Aufl., 1970 ff., 4. Auflage, 1992 ff. (zit.: Geßler/Hefermehl/Eckardt/Kropff, Aktiengesetz)
Godin/Wilhelmi	Aktiengesetz, 4. Aufl., 1971 (Nachdruck 1985)
Groß	Bezugsrechtsausschluß bei Barkapitalerhöhungen. Offene Fragen bei der Anwendung des neuen § 186 Abs. 3 Satz 4 AktG, DB 1994, S. 2431
Großkommentar Aktiengesetz	3. Aufl., 1970/1975, 4. Aufl., 1992 ff. (zit.: Großkommentar Aktiengesetz/Bearbeiter)
Hachenburg	GmbHG, Großkommentar, 8. Aufl., 1990 ff. (zit.: Hachenburg/Bearbeiter)
Hahn	„Kleine AG", eine rechtspolitische Idee zum unternehmerischen Erfolg, DB 1994, S. 1659
ders.	„Kleine AG": Unternehmerischer Erfolg einer rechtspolitischen Idee, GmbHR 2001, R 21
Hansen	Zum Jahresende 2000: 10582 Aktiengesellschaften, AG Report 2001, S. 67
ders.	Der Bestand an Aktiengesellschaften steigt bis Ende 2001 auf mehr als 13.000 an, AG Report 2001, S. 315
Happ	Aktienrecht, 1995
Henn	Handbuch des Aktienrechts, 6. Aufl., 1998
Heinsius	Bezugsrechtsausschluß bei der Schaffung von genehmigtem Kapital. Genehmigtes Kapital II, in: Festschrift Kellermann, 1991, S. 115
Heymann	Handelsgesetzbuch, 1. Aufl., 1989 ff.; 2. Aufl., 1995 ff. (zit.: Heymann/Bearbeiter)
Hirte	Anmerkungen und Anregungen zur geplanten gesetzlichen Neuregelung des Bezugsrechts, ZIP 1994, S. 356
Hölters	Handbuch des Unternehmens- und Beteiligungskaufs, 5. Aufl., 2002 (zit.: Bearbeiter in Hölters, Handbuch des Unternehmens- und Beteiligungskaufs)
Hoffmann-Becking	Gesetz zur „kleinen AG" – unwesentliche Randkorrekturen oder grundlegende Reform? ZIP 1995, S. 1
Hommelhoff	Jetzt eine „Kleine" und dann noch eine „Anleger AG", S. 65, ZGR Sonderheft 12, Reformbedarf im Aktienrecht, 1994
ders.	Börsenhandel von GmbH- und KG-Anteilen? ZHR 153 (1989), S. 181

Hüffer	Aktiengesetz, 4. Aufl., 1999
Immenga	Mehrheitserfordernisse bei einer Abstimmung der Hauptversammlung über die Übertragung vinkulierter Namensaktien, BB 1992, S. 2446
Jansen	FGG Kommentar, Zweiter Band, 2. Aufl., 1970
Kölner Kommentar zum Aktiengesetz	2. Aufl., 1986 ff. (zit.: Kölner Kommentar Aktiengesetz/Bearbeiter)
Krieger	Gesetzgeberische Perspektiven auf dem Gebiet des Gesellschaftsrechts, ZHR 150 (1986), S. 182
Kropff	Über die „Ausgliederung", in: Festschrift für Ernst Geßler, 1971, S. 111
Lauppe	Die kleine Aktiengesellschaft ohne Aktienausgabe: Der Weg ins Chaos, DB 2000, S. 807
Lutter	Die Rechte und Pflichten des Vorstands bei der Übertragung vinkulierter Namensaktien, AG 1992, S. 369
ders.	Das neue „Gesetz für kleine Aktiengesellschaften und zur Deregulierung des Aktienrechts", AG 1994, S. 429
ders.	Europäisches Unternehmensrecht, 4. Aufl., 1996
ders.	Umwandlungsgesetz, Kommentar, 2. Aufl., 2000 (zit.: Lutter/Bearbeiter)
Lutter/Hommelhoff	GmbHG, Kommentar, 15. Aufl., 2000
Marsch-Barner	Die Erleichterung des Bezugsrechtsausschlusses nach § 186 Abs. 3 Satz 4 AktG, AG 1994, S. 532
Martens	Richterliche und gesetzliche Konkretisierungen des Bezugsrechtsausschlusses, ZIP 1994, S. 669
Mayer	Der Leistungszeitpunkt bei Sacheinlageleistungen im Aktienrecht, ZHR 154 (1990), S. 535
Münch	Der gekreuzte Bezugsrechtsausschluß im Recht der Aktiengesellschaft, DB 1993, S. 769
Münchener Handbuch des Gesellschaftsrechts	Band 4, Aktiengesellschaft, 2. Aufl. 1999 (zit.: Münchener Handbuch des Gesellschaftsrechts/Bearbeiter)
Münchener Kommentar zum Aktiengesetz	2. Aufl. des Geßler/Hefermehl/Eckardt/Kropff, Aktiengesetz, 2000 (zit.: Münchener Kommentar/Bearbeiter)
Münchener Vertragshandbuch	Band 1: Gesellschaftsrecht, 5. Auflage 2000
Nirk/Reuter/Bächle	Handbuch der Aktiengesellschaft, Loseblatt, Stand: 34. Ergänzungslieferung August 2001
Obermüller	Das vom Gericht bestellte Aufsichtsratsmitglied, DB 1971, S. 2049

Palandt	Bürgerliches Gesetzbuch, 61. Aufl., 2002 (zit.: Palandt/Bearbeiter, Bürgerliches Gesetzbuch)
Planck	Kleine AG als Rechtsform – Alternative zur GmbH, GmbHR 1994, S. 501
Priester	Die kleine AG – ein neuer Star unter den Rechtsformen, BB 1996, S. 333
Reichert	Folgen der Anteilsvinkulierung für Umstrukturierungen von Gesellschaften mit beschränkter Haftung und Aktiengesellschaften nach dem Umwandlungsgesetz 1995, GmbHR 1995, S. 176
Rowedder	Kommentar zum GmbHG, 3. Aufl., 1997 (zit.: Rowedder/Bearbeiter)
Schaumburg/Rödder	UmwG. UmwStG, 1995 (zit.: Schaumburg/Rödder, UmwG/UmwStG)
Scheifele	Zur Praxis des gekreuzten Bezugsrechtsausschlusses, BB 1990, S. 497
Schippel	Bundesnotarordnung, Kommentar, 7. Aufl. 2000 (zit.: Schippel/Bearbeiter)
Schmidt, K.	Gesellschaftsrecht, 3. Aufl., 1997
Schmitt/Hörtnagl/Stratz	Umwandlungsgesetz, Umwandlungssteuergesetz, 3. Aufl., 2001
Schwedhelm	Unternehmensumwandlung, 3. Aufl., 1999
Schwennicke	Der Ausschluß der Verbriefung der Aktien bei der kleinen Aktiengesellschaft, AG 2001, S. 118
Scholz	Kommentar zum GmbHG, 8. Aufl., 1993/1995 (zit.: Scholz/Bearbeiter)
Seibert	Der Ausschluß des Verbriefungsanspruchs des Aktionärs in Gesetzgebung und Praxis, DB 1999, S. 267
ders.	„Kleine AG" im Rechtsausschuß verabschiedet, ZIP 1994, S. 914
ders.	Gesetzentwurf: Kleine AG und Aktienrechtsregulierung, ZIP 1994, S. 297
Seibert/Kiem	Handbuch der kleinen AG, 4. Aufl., 2000 (zit.: Seibert/Kiem, Handbuch der kleinen AG)
Seibert/Köster/Kiem	Die kleine AG, 3. Aufl., 1996 (zit.: Seibert/Köster/Kiem, Die kleine AG, 3. Aufl.)
Stellungnahme der Spitzenverbände zum Bilanzrichtliniengesetz	DB 1994, Beilage 7, S. 2
Streck/Mack/Schwedhelm	Verschmelzung und Formwechsel nach dem Umwandlungsgesetz, GmbHR 1995, S. 161

Tiedau	Nochmals: Beurkundungspflicht und Heilungswirkung bei Gründung von Personengesellschaften und Unternehmensveräußerungen, NJW 1984, S. 1447
Trölitzsch	Musterformulare für kleine Aktiengesellschaften, Teil I., Gründungsablauf und Satzung, WiB 1994, S. 759
ders.	Musterformulare für kleine Aktiengesellschaften, Teil II., Hauptversammlung und Bezugsrechtsausschluß, WiB 1994, S. 844
Wiedemann	Der Gesellschaftsvertrag der Personengesellschaft, WM 1990, Beilage 8, S. 1
ders.	Ausgabekurs und Bezugskurs beim mittelbaren Bezugsrecht, WM 1979, S. 990
Wiesner	Beurkundungspflicht und Heilungswirkung bei Gründung von Personengesellschaften und Unternehmensveräußerungen, NJW 1984, S. 95
ders.	Zur Deregulierung des Aktienrechts, WM 1988, S. 1841
Wirth	Vinkulierte Namensaktien; Ermessen des Vorstands bei der Zustimmung zur Übertragung, DB 1992, S. 617
Zöllner	Aktienrechtsreform in Permanenz – was wird aus dem Recht des Aktionärs?, AG 1994, S. 336
ders.	Zu Schranken und Wirkung von Stimmbindungsverträgen, insbesondere bei der GmbH, ZHR 155 (1991), S. 168

1. Kapitel
Einleitung

A. Vorbemerkung

Die Zahl der in Deutschland zugelassenen Aktiengesellschaften hat sich in den vergangenen zehn Jahren stetig erhöht. Seit 1994 hat sie sich sogar mehr als verdreifacht. Die Gründe hierfür sind vielfältig. Teilweise wird die Rechtsform der Aktiengesellschaft bei einer Neugründung der Rechtsform der Gesellschaft mit beschränkter Haftung vorgezogen, weil die Aktiengesellschaft das Image größerer Solidität genießt. Ein weiterer Grund ist die Möglichkeit der Kapitalbeschaffung über die Börse. Mindestens ebenso bedeutend für die Zunahme der Aktiengesellschaften waren die mit dem 1994 verabschiedeten „Gesetz für kleine Aktiengesellschaften und zur Deregulierung des Aktienrechts" einhergehenden Änderungen und Vereinfachungen, insbesondere des Aktiengesetzes. Diese Änderungen werden unter dem Schlagwort „kleine AG" zusammengefaßt. Daneben wurde 1994 das Umwandlungsgesetz verabschiedet, dessen Regelungen der Umwandlungsmöglichkeiten sich ebenfalls positiv auf die Entwicklung der Aktiengesellschaft auswirkten. Das Interesse an der Rechtsform der Aktiengesellschaft hält seither ungebrochen an.

B. Das Gesetz für kleine Aktiengesellschaften und zur Deregulierung des Aktienrechts

I. Die „kleine AG"

Das Gesetz für kleine Aktiengesellschaften und zur Deregulierung des Aktienrechts ist am 10. August 1994 in Kraft getreten.[1] Anders als die Gesetzesbezeichnung vermuten läßt, ist mit der „kleinen Aktiengesellschaft" oder „kleinen AG" keine neue Form der Aktiengesellschaft geschaffen worden. Die „kleine AG" ist nicht – etwa in Anlehnung an die Bilanzierungsvorschriften für Kapitalgesellschaften im Handelsgesetzbuch – als Form der Aktiengesellschaft definiert, bei der zum Beispiel Bilanzsumme, Umsatzerlös oder Anzahl der Arbeitnehmer bestimmte Größenkriterien nicht überschreiten. Insofern ist der Begriff „kleine Aktiengesellschaft" irreführend.

---

[1] BGBl. I Nr. 52 vom 9. August 1994 S. 1961 f.

Bei einer „kleinen Aktiengesellschaft" kann es sich durchaus um ein Großunternehmen handeln. So sind etwa die Deutsche Telekom AG und die Deutsche Post AG (jeweils vor ihrem Börsengang) ebenso wie die Bertelsmann AG, die Nestlé Deutschland AG und die Deutsche Postbank AG kleine Aktiengesellschaften im Sinne des Gesetzes.

Der Gesetzgeber hat – anders als es der erste Teil der Gesetzesbezeichnung vermuten läßt – für Aktiengesellschaften generell Änderungen/Erleichterungen in das Aktiengesetz eingeführt. So steht die Möglichkeit der Gründung der Aktiengesellschaft durch einen Gründer (§ 2 AktG) allgemein offen, unabhängig von den Größenkriterien der zu gründenden Aktiengesellschaft. Andere Regelungen, wie die Erleichterung bei der Hauptversammlungsniederschrift (vgl. § 130 Abs. 1 S. 3 AktG), knüpfen unter anderem daran an, daß die Aktiengesellschaft nicht börsennotiert ist. Diese Voraussetzung sowie die Voraussetzung, daß der Gesellschaft ihre Aktionäre bekannt sind (Voraussetzung für die Einberufung der Hauptversammlung durch eingeschriebenen Brief, vgl. § 121 Abs. 4 AktG), werden zwar in der Regel eher vorliegen, wenn die Aktiengesellschaft nur wenige Aktionäre und/oder ein geringes Grundkapital hat. Sind bei einer Aktiengesellschaft nur Namensaktien ausgegeben, so sind der Gesellschaft aber auch bei einem größeren Aktionärskreis sämtliche Aktionäre bekannt (vgl. § 67 Abs. 2 AktG). Andere Regelungen, wie die Erleichterung des Bezugsrechtsausschlusses nach § 186 Abs. 3 S. 4 AktG, setzen voraus, daß die Aktien der Gesellschaft börsennotiert sind. Diese Regelung ist damit gerade auf größere Aktiengesellschaften (viele Aktionäre, hohes Grundkapital) zugeschnitten.

Der Begriff „kleine AG" wurde bereits im Vorfeld des Gesetzesvorhabens geprägt. Er ist nur als Schlagwort für den teilweisen Verzicht auf die strengen Formalien des Aktienrechts zu verstehen. Dem Mittelstand sollte ein Signal gegeben werden, die Aktiengesellschaft auch für ihn als sinnvolle Alternative zur GmbH und den Personenhandelsgesellschaften erscheinen zu lassen.[2] Die vom Gesetzgeber geschaffenen Erleichterungen sind aber durchaus auch für konzernabhängige Aktiengesellschaften mit einem Mehrheitsaktionär oder für Aktiengesellschaften mit wenigen Großaktionären, die nach den gängigen Größenordnungskriterien als „groß" zu bezeichnen wären, von nicht unerheblicher Bedeutung.

II. Entstehung der „kleine AG"-Idee

Während es Mitte der zwanziger Jahre noch ca. 13.000 Aktiengesellschaften gab, ging deren Zahl bis 1965 auf 2.598 zurück. 1983 betrug die Zahl gar nur noch 2.118.[3] Im Zuge der Wiedervereinigung ist die Zahl der Aktiengesellschaften dann auf 2.682 im Jahre 1991 leicht angestiegen.[4] Bis Mai 2001 erhöhte sich ihre Anzahl

---

[2] *Seibert* ZIP 1994, 914/915.
[3] Kölner Kommentar Aktiengesetz/*Zöllner* Einl. Rn. 85.
[4] *Hahn* DB 1994, 1659 Fn. 8.

auf 11.833, von denen ca. 900 börsenzugelassen sind.[5] In nicht allzu ferner Zukunft dürfte mit einer Einstellung des „Rekordes" aus dem Jahr 1925 zu rechnen sein. Völlig gegenläufig entwickelte sich die Rechtsform der Gesellschaft mit beschränkter Haftung. Die Zahl der Gesellschaften mit beschränkter Haftung betrug 1960 noch 37.901. 1991 gab es bereits 433.731 Gesellschaften mit beschränkter Haftung, deren Zahl nach Angaben des Deutschen Industrie- und Handelskammertages (DIHT) mittlerweile auf ca. 740.000 angestiegen ist.[6] Einen Grund für die nachlassende Bereitschaft, sich der Rechtsform der Aktiengesellschaft zu bedienen, lag in ihrer starren gesetzlichen Regelung. Zudem hatte sich spätestens mit dem Aktiengesetz 1965 in dem Denken vieler Beteiligter bewußt oder unbewußt die Vorstellung durchgesetzt, daß es auf der einen Seite die Aktiengesellschaft als Gesellschaftsform der Großunternehmen mit Form- und Satzungsstrenge und auf der anderen Seite die Gesellschaft mit beschränkter Haftung als Gesellschaftsform für den Mittelstand gäbe.[7]

Erst seit 1994 ist ein Abrücken von diesen Vorstellungen festzustellen. Den ersten Schritt auf diesem Wege bildete das Bilanzrecht. Die vierte EG-Richtlinie zum Gesellschaftsrecht (Bilanzrichtlinie vom 25. Juli 1978) schuf die ersten Möglichkeiten zur Entlastung der „kleinen" Aktiengesellschaften. Nach Art. 11 der Richtlinie hatten die Mitgliedsstaaten ein Wahlrecht, kleinen – in geringem Umfang auch mittelgroßen – Aktiengesellschaften im Pflichtenniveau von Rechnungslegung, Prüfung und Publizität Erleichterungen einzuräumen. In ihrer Stellungnahme zum Bilanzrichtliniengesetz vom 3. Februar 1984 forderten der DIHT und andere Spitzenverbände daher auch, daß nur die Gleichbehandlung der kleinen und mittleren Aktiengesellschaften mit der GmbH es mittelständischen Unternehmern erleichtere, sich bei Gründung oder später im Wege der Umwandlung der Rechtsform zu bedienen, die eine Aufnahme von Risikokapital auf breiter Basis ermöglicht.[8]

III. Stellungnahme des DIHT

Die eigentliche Entstehung der Reformidee unter dem Schlagwort „kleine AG" geht auf das Jahr 1985 zurück. 1984 hatte der Ausschuß für Wirtschaft dem Deutschen Bundestag einen Prüfungsauftrag an die Bundesregierung zur „Verbesserung der Risikokapitalausstattung der deutschen Wirtschaft" vorgelegt. Darin wurde die Bundesregierung unter anderem gebeten, zu prüfen, ob die Erleichterung der Übertragbarkeit von GmbH-Geschäftsanteilen und Beteiligungen an Kommanditgesellschaften zu einer Verbesserung der Risikokapitalausstattung der deutschen Wirtschaft

---

[5] *Hansen* AG Report 2001, 315, 316.
[6] Abzurufen unter: http://www.ihk-gfi.de.
[7] Vgl. Kölner Kommentar Aktiengesetz/*Zöllner* Einl. Rn. 208, der sich gegen die Unterteilung wendet.
[8] Stellungnahme der Spitzenverbände zum Bilanzrichtliniengesetz DB 1984 Beilage 7, 2, 3.

beitrage.⁹ In der Antwort der Bundesregierung¹⁰ zu der Möglichkeit der Erleichterung der Übertragbarkeit von GmbH- und KG-Anteilen wird darauf hingewiesen, daß dieses etwa bei der GmbH tiefgreifende Strukturänderungen erforderlich machen könnte (zum Beispiel Abschaffung des Weisungsrechts der Gesellschafterversammlung). Der Bundesjustizminister hat daraufhin am 13. März 1985 der gewerblichen Wirtschaft eine Anfrage zur Erleichterung der Übertragbarkeit der Anteile von Nichtaktiengesellschaften vorgelegt. Eine solche Erleichterung lehnte der DIHT zusammen mit der Bundesvereinigung der deutschen Arbeitgeberverbände (BDA) und dem Bundesverband der deutschen Industrie (BDI) am 14. Mai 1985 in einer Stellungnahme ab.¹¹ Es bestand in der Wirtschaft die Befürchtung, die GmbH würde durch zusätzliche Schutzvorschriften mehr in Richtung Aktiengesellschaft umgestaltet mit der Konsequenz weiterer Bürokratisierung. Bei der Kommanditgesellschaft sah man die Gefahr einer weiteren Fehlleitung von Anlagekapital in die Abschreibungsbranche. Der DIHT schlug im Gegenzug die Schaffung der „kleinen Aktiengesellschaft" vor. Hauptgrund für diese Forderung einer Entlastung der Aktiengesellschaft war es, dem Mittelstand endlich einen adäquaten Zugang zu eben der Rechtsform einzuräumen, welche die direkte Aufnahme von Risikokapital ermöglicht, nämlich der Aktiengesellschaft. Als Reaktion auf diese Stellungnahme des DIHT legte der Bundesjustizminister einen Fragenkatalog zur Förderung von Eigenkapital unter dem Betreff „Zugangserleichterung zur Rechtsform der Aktiengesellschaft und zur Aktie" vom 19. Dezember 1985 vor.¹²

Der DIHT führte daraufhin eine breit angelegte Umfrage innerhalb der gewerblichen Wirtschaft und den Angehörigen freier Berufe durch. Ergebnis dieser Umfrage war die einhellige Auffassung, ein öffentlicher Aktienhandel sei ohne entsprechenden Anlegerschutz nicht denkbar. Entlastung könne jedoch für die nicht börsennotierte Aktiengesellschaft geschaffen werden. Für diese kämen insbesondere Lockerungen bei der aktienrechtlichen Struktur im Hinblick auf Gründung, Gründerzahl, den Wegfall des obligatorischen Aufsichtsrats sowie auch die Befreiung von weiteren bürokratischen Hemmnissen insbesondere für die Hauptversammlung in Betracht. Die Vereinfachungsvorschläge orientierten sich dabei weitgehend am GmbH-Recht. Es wurden im wesentlichen folgende Vorschläge unterbreitet:

– Zulassung der Einpersonengründung;¹³
– Verzicht auf die Gründungsprüfung bei Bargründung;¹⁴
– Vereinfachung des Gründungsberichts;¹⁴

---

⁹ BTDrucks. 10/1315.
¹⁰ BTDrucks. 10/2881, S. 5.
¹¹ Vgl. zur juristischen Diskussion *Claussen* ZHR 153 (1989), 216 ff.; *Hommelhoff* ZHR 153 (1989), 181 ff.
¹² Wiedergegeben bei *Krieger* ZHR 150 (1986), 183, 189.
¹³ Vgl. *Wiesner* WM 1988, 1841, 1842; DB 1987, 154 f.; *Hüffer* ZIP 1989, 132, 133; *Hahn* DB 1994, 1659, 1661.
¹⁴ Vgl. *Hahn* DB 1994, 1659, 1661.

- Ausgestaltung von Sach- und Nachgründung analog dem GmbH-Recht;[14]
- Vereinfachung von Umwandlung und Verschmelzung, Zusammenfassung der Umwandlungsmöglichkeiten in einem Gesetz;[15]
- Verlängerung der Amtszeit des ersten Aufsichtsrats bei Sachgründungen, um ein erneutes Wahlverfahren für die Arbeitnehmervertreter zu vermeiden;[16]
- Einführung von Mehrfachstimmrechten für den herrschenden Aktionär bei Umwandlung mittelständischer Unternehmen;[14]
- Zulassung der Beschlußfassung außerhalb einer förmlichen Hauptversammlung;[13]
- Einladung zur Hauptversammlung mittels eingeschriebenen Briefes;[14]
- Vereinfachung der Durchführung der Hauptversammlung durch schriftliche Abstimmungsverfahren, Beschränkung der notariellen Beurkundung auf bestimmte Beschlüsse;[13]
- fakultativer Aufsichtsrat unter Wegfall der Mitbestimmung;[14]
- Aufhebung der drittelparitätischen Mitbestimmung nach dem Betriebsverfassungsgesetz 1952;[14]
- Erweiterung der Möglichkeiten des Erwerbs eigener Aktien.[17]

Die vom Bundesjustizminister vorgeschlagene Herabsetzung des Mindestnennbetrags der Aktie auf DM 10 wurde kontrovers diskutiert. Auch die 5-DM-Aktie war im Gespräch.[18] Insbesondere unter den Banken regte sich aus Gesichtspunkten der Gebührengestaltung Widerstand. Es wurde eingewandt, die Herabsetzung des Nennbetrags führe zu erhöhten Bearbeitungskosten und höherem Verwaltungsaufwand. Ferner wurde der Mißbrauch von Hauptversammlungsteilnahmen insbesondere durch die extensive Ausnutzung der Möglichkeiten der Mitteilung von Gegenanträgen sowie des Rede- und Auskunftsrechts der Aktionäre angesprochen. Der DIHT schlug eine Erweiterung des Katalogs der Mißbrauchstatbestände in § 126 Abs. 2 AktG bzw. die Einführung genereller Anforderungen an das Rede- und Auskunftsrecht vor. In diesem Rahmen wurden auch Vorschläge zur Einführung einer Mindeststimmzahl/Mindestbeteiligung als Voraussetzung für das Recht der Teilnahme an der Hauptversammlung oder das Anfechtungsrecht erörtert.[19]

---

[15] Vgl. *Hüffer* ZIP 1989, 132, 133; Dem Wunsch nach einer Regelung des Umwandlungsrechts in einem einheitlichen Gesetz ist der Gesetzgeber mit dem Gesetz zur Bereinigung des Umwandlungsrechts, Bundesgesetzblatt I Nr. 77 vom 8. November 1994, S. 3210, nachgekommen.

[16] Vgl. *Wiesner* WM 1988, 1841, 1842; *Hahn* DB 1994, 1659, 1661.

[17] *Claussen* AG 1991, 10, 12.

[18] Vgl. *Claussen* AG 1991, 10, 12.

[19] *Boujong*, FS Kellermann, 1, 14; *Zöllner* AG 1994, 336, 339.

IV. Drei-Stufen-Modell

Nach der Stellungnahme des DIHT begann eine Phase der wissenschaftlichen Auseinandersetzung mit dem Modell der „kleinen Aktiengesellschaft". Hierbei haben sich insbesondere Lutter und Albach mit ihrer Schrift zur „Deregulierung des Aktienrechts: Das Drei-Stufen-Modell" hervorgetan. Sie schlugen im Jahre 1988 die Unterteilung der Aktiengesellschaften in drei Typen vor:

- die private Aktiengesellschaft, deren Aktien nicht öffentlich gehandelt werden;
- die offene Aktiengesellschaft, die sich an den geregelten Markt wendet;
- die Aktiengesellschaft, deren Aktien amtlich notiert sind.

Diese Dreiteilung mit unter anderem unterschiedlichem Grundkapital ist auf Kritik gestoßen.[20] Es lag jedoch damit erstmalig ein konkreter Gestaltungsvorschlag vor.

V. Gesetzgebungsverfahren

Die damalige Regierungskoalition hatte in ihrem Aktionsprogramm für mehr Wachstum und Beschäftigung vom 18. Januar 1994 beschlossen, unverzüglich einen Gesetzentwurf für kleine Aktiengesellschaften und zur Deregulierung des Aktienrechts als Initiativantrag im Deutschen Bundestag einzubringen.[21] Am 26. Januar 1994 billigte das Bundeskabinett einen Entwurf des Bundesjustizministeriums zu einem Gesetz für kleine Aktiengesellschaften und zur Deregulierung des Aktienrechts. Die Koalitionsfraktionen CDU/CSU und FDP beschlossen am 1. Februar 1994 die Einbringung des Entwurfs als Initiativantrag. Der Initiativentwurf[22] wurde im Deutschen Bundestag nach erster Lesung in die Ausschüsse überwiesen. Der Wirtschaftsausschuß billigte den Entwurf am 13. April 1994. Am 25. Mai 1994 ließ der mitberatende Ausschuß für Arbeit und Sozialordnung den Entwurf passieren und der federführende Rechtsausschuß empfahl die Annahme des Entwurfs mit einigen Änderungen. Nach der zweiten und dritten Lesung im Deutschen Bundestag wurde – da nicht zustimmungsbedürftig – mit der Beschlußfassung des Bundesrats vom 8. Juli 1994 der Weg für die „kleine Aktiengesellschaft" durch Nichtanrufung des Vermittlungsausschusses mit knapper Mehrheit frei.[23] Dies wurde jedoch nur dadurch möglich, daß Art. 3 des Gesetzentwurfs „Aufhebung des VW-Gesetzes" kurzfristig abgekoppelt wurde. Im Bundesrat hätten gerade diese Vorschriften erheblichen Erörterungsbedarf nach sich gezogen.[24]

---

[20] *Hommelhoff* ZGR Sonderheft 12, 65, 72 ff.; *Wiesner* WM 1988, 1841 ff.
[21] Vgl. *Seibert* ZIP 1994, 247.
[22] BTDrucks. 12/6721.
[23] Siehe zum Gesetzgebungsverfahren auch *Seibert* ZIP 1994, 247 ff. und derselbe ZIP 1994, 914 ff.
[24] Vgl. *Seibert* ZIP 1994, 914, 916.

C. Weitere Gesetzesänderungen seit 1994

Die Reform des Aktienrechts im Jahre 1994 beschränkte sich nicht auf das Gesetz für kleine Aktiengesellschaften und zur Deregulierung des Aktienrechts. So wurde der Mindestnennbetrag der Aktien im Rahmen des Gesetzes über den Wertpapierhandel und zur Änderung börsenrechtlicher und wertpapierrechtlicher Vorschriften (Zweites Finanzmarktförderungsgesetz) vom 26. Juli 1994[25] auf (damals) DM 5,– herabgesetzt. Nicht ohne Auswirkungen für Aktiengesellschaften blieben auch die mit dem Zweiten Finanzmarktförderungsgesetz eingeführten Mitteilungs- und Veröffentlichungspflichten bei Änderungen der Stimmrechtsanteile an börsennotierten Gesellschaften, die bereits bei einer Beteiligung von 5% einsetzen.

Trotz aller Widrigkeiten – und von kaum jemandem erwartet – gelang es zudem, die Reform des Umwandlungsrechts noch in der zwölften Legislaturperiode zum Abschluß zu bringen. Das eigentliche Gesetzgebungsverfahren zum Umwandlungsrecht dauerte nur acht Monate. Das zum 1. Januar 1995 in Kraft getretene Umwandlungsgesetz[26] ist gerade für die mittelständischen Unternehmen von Bedeutung, deren Inhaber sich nicht bereits bei der Gründung, sondern später für die Rechtsform der Aktiengesellschaft entscheiden.

Weitere bedeutsame Änderungen des Aktienrechts brachten im Jahr 1998 das Stückaktiengesetz[27], das anstelle der Ausgabe von Nennbetragsaktien auch die von Stückaktien gestattet, das dritte Finanzmarktförderungsgesetz[28] und das „Gesetz zur Kontrolle und Transparenz im Unternehmensbereich" (KonTraG)[29] mit sich. Letzteres beinhaltete unter anderem eine Stärkung der Stellung des Aufsichtsrates und die Möglichkeit der Gesellschaft, eigene Aktien aufgrund eines Beschlusses der Hauptversammlung zu erwerben. Als weitere Änderung des Aktiengesetzes ist das im Januar 2001 in Kraft getretene „Gesetz zur Namensaktie und zur Erleichterung der Stimmrechtsausübung" (NaStraG)[30] zu nennen, das unter anderem eine erste Öffnung des Aktienrechts für die neuen Informationstechnologien vorsieht.

D. Zu diesem Buch

Das Gesetz für kleine Aktiengesellschaften und zur Deregulierung des Aktienrechts beinhaltete eine Reihe von Änderungen, deren Bedeutung sehr unterschiedlich gewürdigt wurde. Die Kommentare reichten von „unwesentlichen Randkorrektu-

---

[25] BGBl. I Nr. 48 vom 30. Juli 1994 S. 1749 f.
[26] BGBl. I Nr. 77 vom 8. November 1994 S. 3210 f.
[27] BGBl. I Nr. 19 vom 31. März 1998 S. 590.
[28] BGBl. I Nr. 18 vom 27. März 1998 S. 529.
[29] BGBl. I Nr. 24 vom 30. April 1998 S. 786.
[30] BGBl. I Nr. 4 vom 24. Januar 2001 S. 123.

ren"[31] bis zu der Einschätzung, der Gesetzgeber habe mit dem Gesetz einen ersten großen Schritt getan.[32]

Die Herabsetzung des Nennbetrags der Aktien war in der Reformdiskussion gerade von den Banken abgelehnt worden. Erstaunlicherweise ist dann der Gesetzgeber mit der Einführung der 5 DM-Aktie über den ersten Vorschlag einer 10 DM-Aktie noch hinausgegangen. Wie die ersten Emissionen nach der Gesetzesänderung zeigten, wurde in der Praxis von der 5 DM-Aktie von Beginn an Gebrauch gemacht. Häufig ging dabei die Einführung der 5 DM-Aktie auf einen Vorschlag der Emissionsbank zurück. Auch als Folge hiervon ist es in den letzten Jahren zu einem regelrechten Boom bei der Beteiligung von Kleinanlegern an Aktienemissionen gekommen, der nicht selten zu einer vielfachen Überzeichnung des jeweiligen Papiers geführt hat.

Das Umwandlungsgesetz brachte für den praktischen Fall der Umwandlung einer GmbH in eine Aktiengesellschaft keine grundlegenden Neuerungen mit sich. Die Neuregelung hat jedoch dazu geführt, dass gegenüber der früheren Rechtslage ein stärker formalisiertes Verfahren bei der Umwandlung zu beachten ist.

In diesem Buch werden die gesetzlichen Bestimmungen und ihre Änderungen zur Erleichterung des Verständnisses im jeweiligen Sachzusammenhang (zum Beispiel Durchführung der Hauptversammlung) dargestellt. Diese Darstellungsweise öffnet den Blick für die praktischen Auswirkungen der Gesetzesänderungen. Bei dem Gesetz für kleine Aktiengesellschaften und zur Deregulierung des Aktienrechts birgt die grundsätzlich wünschenswerte knappe Fassung des Gesetzestextes Unklarheiten und führte zu kontroversen Diskussionen in der Literatur. Neben der Behandlung von Auslegungsfragen werden praktische Hinweise zu ihrer Handhabung gegeben. Im Rahmen der Entstehung der Aktiengesellschaft wird die Umwandlung einer GmbH in die Aktiengesellschaft als praxisrelevantester Fall der Entstehung der Aktiengesellschaft durch Umwandlung behandelt. Außerdem werden die im Zuge des Zweiten und Dritten Finanzmarktförderungsgesetzes modifizierten Publizitätspflichten kommentiert.

---

[31] So *Hoffmann-Becking* ZIP 1995, 1, 10, der hiervon lediglich die Erleichterung des Bezugsrechtsausschlusses und die Mitbestimmungsfreiheit neuer Aktiengesellschaften mit weniger als fünfhundert Arbeitnehmern ausnimmt.

[32] *Bösert* DStR 1994, 1423, 1429.

2. Kapitel
Entstehen der Aktiengesellschaft

A. Entstehen einer Aktiengesellschaft

I. Bar- und Sachgründung

Eine Aktiengesellschaft entsteht in erster Linie durch die in den §§ 23 ff. AktG geregelte Gründung. Die Gründung kann als sogenannte **Bargründung** erfolgen. Der oder die Gründer leisten auf die von ihnen zu übernehmenden Aktien Bareinlagen. Weiter ist im Aktiengesetz die Möglichkeit der **Sachgründung** vorgesehen. Der oder die Gründer haben dann eine Sacheinlage, das heißt Vermögensgegenstände als Gegenleistung für die von ihnen zu übernehmenden Aktien, einzubringen. Die Aktiengesellschaft kann auch in Form einer Kombination von Bar- und Sachgründung entstehen. Einzelne Gründer können sich zur Erbringung einer Bareinlage, andere zur Erbringung einer Sacheinlage verpflichten. Sind auf eine Aktie sowohl eine Sach- als auch eine Bareinlage zu leisten, spricht man von einer gemischten Einlage.[1]

II. Umwandlung (Rechtsformwechsel)

Die Aktiengesellschaft kann aber nicht nur durch Gründung, sondern auch durch **Umwandlung** entstehen. Das bis Ende 1994 verstreut geregelte Umwandlungsrecht ist mit dem Gesetz zur Bereinigung des Umwandlungsrechts in dem Umwandlungsgesetz, das am 1. Januar 1995 in Kraft getreten ist, zusammengefaßt und einheitlich geregelt worden. Eine Aktiengesellschaft kann durch Umwandlung einer Personengesellschaft, einer Gesellschaft mit beschränkter Haftung, einer Kommanditgesellschaft auf Aktien, einer eingetragenen Genossenschaft, eines rechtsfähigen

---

[1] Vgl. zur Zulässigkeit der gemischten Einlage Kölner Kommentar Aktiengesetz/*Kraft* § 36 Rn. 36; Großkommentar Aktiengesetz/*Röhricht*, § 36 Rn. 127; *Hüffer*, Aktiengesetz, § 36 Rn. 12, Münchener Kommentar AktG/*Pentz*, § 36, Rn. 98 f.; a.A. *Godin/Wilhelmi*, Aktiengesetz., § 36 Rn. 12. Diese ablehnende Auffassung findet jedoch im Aktiengesetz keine Stütze. In § 2 AktG wird nur auf die Übernahme von Aktien gegen Einlagen abgestellt, ohne daß Art und Zusammensetzung der Einlagen festgesetzt werden. Von der gemischten Einlage ist die *gemischte Sacheinlage* zu unterscheiden, bei der als Gegenleistung für den Vermögensgegenstand teilweise neue Mitgliedschaftsrechte gewährt, teilweise eine andere Vergütung vereinbart wird.

Vereins oder einer Körperschaft/Anstalt öffentlichen Rechts entstehen. Auf das Umwandlungsgesetz wird nachstehend, soweit es die Umwandlung einer Gesellschaft mit beschränkter Haftung in eine Aktiengesellschaft betrifft, noch genauer eingegangen.[2]

III. Verschmelzung

Im Rahmen des Umwandlungsgesetzes ist auch die **Verschmelzung** von Rechtsträgern einheitlich geregelt. Die früher bestehenden Beschränkungen, daß eine neue Aktiengesellschaft nicht durch Verschmelzung zum Beispiel einer Aktiengesellschaft mit einer Personengesellschaft entstehen konnte, bestehen nicht mehr. Arten der Verschmelzung sind die Verschmelzung durch Aufnahme und die Verschmelzung durch Neugründung (§ 2 UmwG).[3] Nach § 3 Abs. 4 UmwG kann die Verschmelzung sowohl unter gleichzeitiger Beteiligung von Rechtsträgern derselben Rechtsform als auch von Rechtsträgern unterschiedlicher Rechtsform erfolgen, soweit nicht etwas anderes bestimmt ist. Etwas anderes bestimmt ist etwa in § 109 UmwG für die Möglichkeiten der Verschmelzung von Versicherungsvereinen auf Gegenseitigkeit. Diese können nur miteinander oder auf eine Versicherungsaktiengesellschaft verschmolzen werden. Einschränkungen der Verschmelzung bestehen ferner für rechtsfähige Vereine (§ 99 UmwG) und genossenschaftliche Prüfungsverbände (§ 105 UmwG). Im Wege der Verschmelzung durch Neugründung gemäß § 2 Nr. 2 UmwG kann eine Aktiengesellschaft zum Beispiel durch Verschmelzung von Personengesellschaften, Gesellschaften mit beschränkter Haftung untereinander oder miteinander entstehen.

IV. Spaltung

Mit dem Umwandlungsgesetz ist auch eine neue Form der Entstehung von Gesellschaften hinzugekommen. Die **Spaltung** war vor Inkrafttreten des Umwandlungsgesetzes nur nach dem Gesetz über die Spaltung der von der Treuhandanstalt verwalteten Unternehmen im Wege der Sonderrechtsnachfolge zulässig. Nach dem Umwandlungsgesetz kann nunmehr auch in anderen Fällen eine Spaltung stattfinden. Im Umwandlungsgesetz werden die Aufspaltung, die Abspaltung und die Ausgliederung unterschieden. Bei der Aufspaltung teilt der übertragene Rechtsträger unter Auflösung ohne Abwicklung sein gesamtes Vermögen auf und überträgt es im Wege der Sonderrechtsnachfolge auf mindestens zwei andere bestehende oder neu gegründete Rechtsträger. Bei der Abspaltung bleibt der übertragende Rechtsträger bestehen. Er überträgt nur einen Teil seines Vermögens auf einen anderen oder mehrere andere bereits bestehende oder neu gegründete Rechtsträger. Auch bei der Ausgliederung wird nur ein Teil des Vermögens eines Rechtsträgers übertragen. Während

---

[2] Siehe dazu 2. Kapitel D. II.
[3] Vgl. die Schaubilder bei *Schaumburg/Rödder*, UmwG/UmwStG, § 2 UmwG Rn. 6, 7.

bei der Aufspaltung und Abspaltung die Anteile an den übernehmenden Rechtsträgern den Anteilsinhabern des übertragenden Rechtsträgers zustehen, wird bei der Ausgliederung der übertragende Rechtsträger selbst Anteilsinhaber.[4] Die Aktiengesellschaft kann sowohl durch Aufspaltung oder Abspaltung als auch durch Ausgliederung entstehen.[5]

B. Bargründung

I. Überblick

Die Bargründung geht in folgenden Schritten vonstatten[6]:
- Errichtung der Aktiengesellschaft in Form der notariellen Beurkundung sowie Feststellung der Satzung im notariellen Errichtungsprotokoll oder in einer Anlage zum Errichtungsprotokoll (siehe Muster I.1. im Anhang);
- Wahl des ersten Aufsichtsrats durch die Gründer und Bestellung des Vorstands durch den ersten Aufsichtsrat (siehe Muster I.3. im Anhang);
- Einzahlung der fälligen Einlagen. Über die Einzahlung der fälligen Einlagen ist eine Einzahlungsquittung sowie eine Bestätigung des Kreditinstituts einzuholen (siehe Muster I.4. im Anhang). Bei der Einpersonengründung hat der Gründer für den nicht fälligen Teil der Einlage eine Sicherung zu bestellen;
- Gründungsbericht des/der Gründer (siehe Muster I.5. im Anhang). Da die Gründer die Einzahlung der fälligen Einlagen bestätigen müssen, muß die Bestätigung des Kreditinstituts vorliegen.
- Der Gründungsprüfungsbericht der Mitglieder des Vorstands und des Aufsichtsrats (siehe Muster I.6. im Anhang) kann erst erfolgen, nachdem der Gründungsbericht vorliegt.
- Die Prüfung durch einen Gründungsprüfer (siehe Muster I.8. im Anhang) ist bei der Bargründung nur erforderlich, wenn entweder ein Mitglied des Vorstands oder des Aufsichtsrats zu den Gründern gehört oder bei der Gründung für Rechnung eines Mitglieds des Vorstands oder des Aufsichtsrats Aktien übernommen worden sind oder ein Mitglied des Vorstands oder des Aufsichtsrats sich einen besonderen Vorteil oder für die Gründung oder ihre Vorbereitung eine Entschädigung oder Belohnung ausbedungen hat (§ 33 Abs. 2 Nr. 1 bis 3 AktG).[7] Die

---

[4] Vgl. die Schaubilder bei *Schaumburg/Rödder*, UmwG/UmwStG, § 123 UmwG Rn. 9 f.
[5] Eine Spaltung unter Beteiligung eines Versicherungsvereins auf Gegenseitigkeit kann jedoch nur im Wege der Auf- oder Abspaltung in eine Versicherungsaktiengesellschaft und/oder einen Versicherungsverein auf Gegenseitigkeit erfolgen (§ 151 UmwG).
[6] *Hölters* im Münchener Vertragshandbuch, Form. V. vor 1 Hinweis.
[7] Vgl. 2. Kapitel B. IX. 1.

Gründungsprüfer werden vom Amtsgericht des Sitzes der Gesellschaft nach Anhörung der Industrie- und Handelskammer bestellt (§ 33 Abs. 3 S. 1 AktG). Gegen die Entscheidung ist die sofortige Beschwerde zulässig (§ 33 Abs. 3 S. 2 AktG). Zur Beschleunigung empfiehlt es sich, die Stellungnahme der Industrie- und Handelskammer unmittelbar nach Errichtung der Gesellschaft einzuholen, um alsdann den Antrag auf Bestellung von Gründungsprüfern stellen zu können.

– Die Anmeldung der Gründung zum Handelsregister (siehe Muster I.9. im Anhang) erfolgt, wenn sämtliche vorgenannten Voraussetzungen vorliegen.
– Bekanntmachung der Eintragung (§ 40 AktG).

II. Gründungsprotokoll

1. Form

Die rechtsgeschäftliche Errichtung der Aktiengesellschaft erfolgt in einem notariell beurkundeten Gründungsprotokoll.[8] Nach herrschender Meinung ist Art. 11 Abs. 1, 2 EGBGB für die Beurkundung gesellschaftsrechtlicher Organisationsverträge anwendbar mit der Folge, daß die Beurkundung des Gründungsprotokolls im Ausland durch einen ausländischen Notar erfolgen kann.[9] Umstritten ist, ob für die Beurkundung die Ortsform (Beurkundungsform des ausländischen Staates) ausreicht oder die Einhaltung der Geschäftsform (deutsche Beurkundungsform) erforderlich ist.[10] Sicherheitshalber sollte auf die Gleichwertigkeit der ausländischen Beurkundungsvorschriften mit den deutschen geachtet werden.[11] Die von einem deutschen Notar im Ausland vorgenommene Beurkundung ist gemäß § 125 BGB nichtig.[12] Für die notarielle Beurkundung gelten die §§ 8 ff. BeurkG. Gleichzeitige Anwesenheit der Gründer ist danach nicht erforderlich. Ihre Beitrittserklärungen können zeitlich nacheinander vor dem Notar abgegeben werden, der hierüber ein einheitliches Protokoll fertigt.[13] Die Satzung ist wirksam festgestellt, sobald der letzte Gründer unterzeichnet hat (vgl. § 152 S. 1 BGB).[14]

---

[8] Siehe zum Inhalt des Gründungsprotokolls bei Bargründung durch einen Gründer Muster I.1. im Anhang.

[9] LG Nürnberg-Fürth AG 1993, 45; Kölner Kommentar Aktiengesetz/*Kraft* § 23 Rn. 32 f.; *Hüffer*, Aktiengesetz, § 23 Rn. 10 f

[10] Zum Diskussionsstand *Hölters* im Münchener Vertragshandbuch, Form. V.1 Anm. 2; Kölner Kommentar Aktiengesetz/*Kraft* § 23 Rn. 31 ff.; *Hüffer*, Aktiengesetz, § 23 Rn. 10 f.

[11] *Hölters* im Münchener Vertragshandbuch, Form. V. 1 Anm. 2. Der Bundesgerichtshof (BGHZ 80, 76) hat die Gleichwertigkeit zum Beispiel für den Amtsnotar in Zürich (Altstadt) bei einer GmbH Beurkundung bejaht.

[12] Schippel/*Schippel*, Bundesnotarordnung, Kommentar, § 11a Rn. 1; Münchener Kommentar AktG/*Pentz*, § 23 Rn 32

[13] Kölner Kommentar Aktiengesetz/*Kraft* § 23 Rn. 10; *Hüffer*, Aktiengesetz, § 23 Rn. 9.

[14] Vgl. zu der Möglichkeit von Beitrittserklärungen in getrennten Urkunden *Hüffer*, Aktiengesetz, § 23 Rn. 9 m.w.N.

2. Gründer

a) Anzahl

Die sich an der Gründung beteiligenden Personen sind im Gründungsprotokoll namentlich aufzuführen (§ 23 Abs. 2 Nr. 1 AktG). Vor der Aktienrechtsreform 1994 mußten sich mindestens fünf Personen an der Gründung beteiligen. Lediglich für die Umwandlung bestand dieses Erfordernis nicht. Die Zahl von fünf Gründern war willkürlich gewählt. Es sollte die Zahl der zivil- und strafrechtlich haftenden Personen erhöht und von Anfang an eine breite Streuung des Kapitals gewährleistet werden.[15] Nach § 41 Abs. 4 S. 1 AktG ist eine Übertragung von Anteilsrechten vor der Eintragung der Aktiengesellschaft nicht zulässig. Für die Zeit nach der Eintragung war auch nach der bis 1994 geltenden Rechtslage nicht erforderlich, daß auf Dauer mindestens fünf Aktionäre beteiligt blieben.[16]

Mit dem Gesetz für kleine Aktiengesellschaften und zur Deregulierung des Aktienrechts wurde in § 2 AktG die Einpersonengründung zugelassen. Nach § 2 AktG müssen sich eine oder mehrere Personen an der Feststellung der Satzung beteiligen und die Aktien gegen Einlagen übernehmen. Das gesetzliche Erfordernis mehrerer Gründer beruhte auf Überlegungen der Sicherung der Kapitalaufbringung. Für die Einpersonengründung wurde daher im Rahmen des Gesetzes für kleine Aktiengesellschaften und zur Deregulierung des Aktienrechts § 36 Abs. 2 S. 2 AktG eingefügt. Der Gründer hat danach für den Teil der Geldeinlage, der nicht bei der Gründung eingefordert wird, eine Sicherung zu bestellen.[17]

b) Nachträgliche Entstehung der Einpersonen-Aktiengesellschaft

Auf die nachträglich entstehende Einpersonen-Aktiengesellschaft sind die Sondervorschriften für die Einpersonengründung (insbesondere § 36 Abs. 2 S. 2 AktG) nicht entsprechend anzuwenden. Die Haftung der „Strohmänner" nach § 46 Abs. 5 AktG ist ausreichend.[18] Wie vorstehend ausgeführt, konnte die Aktiengesellschaft auch nach der früheren Rechtslage bereits nachträglich zur Einpersonen-Aktiengesellschaft werden. Es ist nicht erkennbar, daß der Gesetzgeber diese Möglichkeit durch neue Vorschriften einschränken wollte.

---

[15] Kölner Kommentar Aktiengesetz/*Kraft* § 2 Rn. 14.

[16] Bis zum Inkrafttreten des Gesetzes für kleine Aktiengesellschaften und zur Deregulierung des Aktienrechts half sich die Praxis bei der Gründung daher mit der sogenannten „Strohmanngründung". (Vgl. *Hölters* im Münchener Vertragshandbuch, Form. V. 1 Anm. 3). Bei dieser beteiligten sich an der Gründung Personen, die unmittelbar nach der Eintragung der Aktiengesellschaft die von ihnen übernommenen Aktien wieder auf den einen anderen Aktionär übertrugen. Die Strohmänner hafteten als Gründer gemäß § 46 Abs. 1 bis 4 AktG und die Hintermänner gemäß § 46 Abs. 5 AktG. (Vgl. zur Strohmanngründung auch Kölner Kommentar Aktiengesetz/*Kraft* § 2 Rn. 39 ff.) Ihr Haftungsrisiko ließen sich die Mitgründer bei der Strohmanngründung in Form einer Risikoprämie vergüten.

[17] Siehe zu den Einzelheiten 2. Kapitel B. X. 3.

[18] So auch *Seibert/Köster/Kiem*, Die kleine AG, 3. Aufl. 1996 S. 38 Rn. 22.

c) Person des Gründers

Gründer kann jede natürliche oder juristische Person[19] sowie eine offene Handelsgesellschaft oder Kommanditgesellschaft sein.[20] Ebenfalls kann die als Gesamthandsgemeinschaft strukturierte Gesellschaft bürgerlichen Rechts Gründer sein.[21] Umstritten ist die Gründerfähigkeit der Erbengemeinschaft. Sie wird von der inzwischen überwiegenden Meinung bejaht.[22] Offen ist auch weiterhin die Gründerfähigkeit des nicht rechtsfähigen Vereins. Nicht zuletzt die neue Rechtsprechung des Bundesgerichtshofs, der inzwischen die Rechtsfähigkeit der Gesellschaft bürgerlichen Rechts anerkannt hat[23], spricht dafür, auch die Gründerfähigkeit von Erbengemeinschaft und nicht rechtsfähigem Verein anzuerkennen.

d) Bevollmächtigte

Gemäß § 23 Abs. 1 S. 2 AktG kann sich jeder Gründer bei dem Gründungsakt durch einen Bevollmächtigten aufgrund notariell beglaubigter Vollmacht vertreten lassen. Bevollmächtigter kann ein Mitgründer oder auch ein Dritter sein. Derselbe Bevollmächtigte kann mehrere Gründer vertreten.[24] Auch wenn nach einer Ansicht in der Literatur in der Bevollmächtigung eines Mitgründers in der Regel konkludent die Befreiung vom Verbot des Selbstkontrahierens (§ 181 BGB) enthalten sein soll[25], empfiehlt sich eine ausdrückliche Regelung in der Vollmacht. Diese ist umso mehr erforderlich, wenn ein Dritter bevollmächtigt wird. Ob unterstellt werden kann, daß ein bevollmächtigender Gründer konkludent damit einverstanden ist, daß der Dritte auch einen anderen Gründer vertritt, ist zumindest fraglich. Aus Klarstellungsgesichtspunkten und um Zwischenverfügungen des Registerrichters zu vermeiden, sollte der Umfang der Vollmacht in der Vollmachtsurkunde im einzelnen festgelegt werden. Die Vollmacht muß die Handlungen, die der Bevollmächtigte bei der Grün-

---

[19] *Hölters* im Münchener Vertragshandbuch, Form. V. 1 Anm. 4; *Henn*,, § 3 Fußnote 327; *Hüffer*, Aktiengesetz, § 2 Rn. 6–8; Münchener Handbuch des Gesellschaftsrechts/*Hoffmann-Becking*, Band 4, § 3 Rn. 4; Kölner Kommentar Aktiengesetz/*Kraft*, § 2 Rn. 16, 21.

[20] *Hölters* im Münchener Vertragshandbuch, Form V. 1 Anm. 4; *Hüffer*, Aktiengesetz, § 2 Rn. 9; Münchener Handbuch des Gesellschaftsrechts/*Hoffmann-Becking*, Band 4, § 3 Rn. 4 Kölner Kommentar Aktiengesetz/*Kraft*, § 2 Rn. 22.

[21] So BGHZ 78, 311, 313 f. zur GmbH. Die zutreffende Entscheidung hat der BGH auf das Aktienrecht übertragen; BGH WM 1992, 1225, 1230. Schuldnerin der Einlagepflicht ist in diesem Fall die Gesellschaft. Neben der Gesellschaft haften die Gesellschafter zwingend als Gesamtschuldner; BGHZ 78, 311, 316; BGH WM 1992, 1225, 1230 f. Zustimmend Kölner Kommentar Aktiengesetz/*Kraft*, § 2 Rn. 23.

[22] Münchener Handbuch des Gesellschaftsrechts/*Hoffmann-Becking*, Band 4, § 3 Rn. 4; *Hüffer*, Aktiengesetz, § 2 Rn. 11; Münchener Kommentar AktG/*Heider*, § 2 Rn. 18; a.A. Kölner Kommentar AktG/*Kraft*, § 2 Rn. 27; Geßler/Hefermehl/Eckardt/Kropff, Aktiengesetz, § 2 Rn. 24.

[23] BGH WM 2001, 408.

[24] BGHZ 56, 97; BGHZ 75, 360.

[25] Kölner Kommentar Aktiengesetz/*Kraft*, § 23 Rn. 24 m.w.N.

dung vornimmt, decken. In der Vollmacht sollte auch die Frage der Berechtigung zur Erteilung von Untervollmachten geklärt werden (siehe zur Gestaltung der Vollmacht auch Muster I.2. im Anhang).

§ 23 Abs. 1 S. 2 AktG findet keine Anwendung auf gesetzliche Vertreter, Organe juristischer Personen und vertretungsbefugte Gesellschafter einer offenen Handelsgesellschaft oder Kommanditgesellschaft. Ihre Vertretungsbefugnis und ihr Vertretungsumfang richten sich nach den maßgeblichen gesetzlichen Vorschriften. Aber auch sie müssen ihre Vertretungsberechtigung nachweisen. Bei organschaftlicher Vertretungsmacht ist der Nachweis durch Vorlage eines beglaubigten Handelsregisterauszugs zu führen.[26] Auch der Prokurist bedarf keiner notariell beglaubigten Vollmacht. Auch für ihn ist die Vorlage eines beglaubigten Registerauszugs ausreichend.[27] Ist die Vollmacht wegen Formmangels nichtig (§ 125 BGB) oder fehlt sie ganz, ist die Genehmigung des Vertretenen erforderlich, die abweichend von § 182 Abs. 2 BGB in notariell beglaubigter Form vorzulegen ist.[28] Die Vollmacht in notariell beglaubigter Form kann auch nachgereicht werden.[29]

III. Satzung

1. Notwendiger Inhalt

a) Firma und Sitz

Im Gründungsprotokoll oder als Anlage ist die Satzung der zu errichtenden Aktiengesellschaft festzustellen.[30] Die Satzung der Aktiengesellschaft muß nach § 23 Abs. 3 und 4 AktG einen bestimmten Mindestinhalt haben.

In der Satzung sind **Firma und Sitz der Gesellschaft** anzugeben. Die Firma ist der Name, unter dem die Aktiengesellschaft am Rechtsverkehr teilnimmt. Sie muß die Bezeichnung „Aktiengesellschaft" oder eine allgemein verständliche Abkürzung dieser Bezeichnung enthalten. Aufgrund der Neufassung des § 4 AktG im Rahmen des Gesetzes zur Neuregelung des Kaufmanns- und Firmenrechts vom 22. Juni 1998[31] haben sich die früheren Streitfragen, ob die Firma aus dem Gegenstand des Unternehmens entlehnt sein muß, erledigt. Es sind nunmehr auch Phantasiefirmen

---

[26] *Hölters* im Münchener Vertragshandbuch, Form V. 1 Anm. 6. Siehe zu weiteren Nachweisformen Kölner Kommentar Aktiengesetz/*Kraft*, § 23 Rn. 29.

[27] *Hölters* im Münchener Vertragshandbuch, Form V. 1 Anm. 6. Ebenso *Hüffer*, Aktiengesetz, § 23 Rn. 12; *Godin/Wilhelmi*, Aktiengesetz, § 23 Rn. 4; *Geßler/Hefermehl/Eckardt/Kropff*, Aktiengesetz, § 23 Rn. 18; a.A. Kölner Kommentar Aktiengesetz/*Kraft*, § 23 Rn. 27.

[28] Ebenso RGZ 108, 125; *Geßler/Hefermehl/Eckardt/Kropff*, Aktiengesetz, § 23 Rn. 17; Kölner Kommentar Aktiengesetz/*Kraft*, § 23 Rn. 23; *Hüffer*, Aktiengesetz, § 23 Rn. 12.

[29] So auch *Geßler/Hefermehl/Eckardt/Kropff*, Aktiengesetz, § 23 Rn. 17; Großkommentar zum Aktiengesetz/*Röhricht*, § 23 Rn. 59.

[30] Siehe zum Inhalt der Satzung auch Muster I.10. und I.11 im Anhang.

[31] BGBl, 1998, I, 1474 ff.

zulässig. Neben § 4 AktG gelten für die Firma der Aktiengesellschaft die allgemeinen Vorschriften des Firmenrechts (§§ 18 ff. HGB) sowie besondere firmenrechtliche Vorschriften (zum Beispiel im Umwandlungsgesetz, in Spezialgesetzen für Kreditinstitute und Wirtschaftsprüfungsgesellschaften). Sitz der Gesellschaft ist nach § 5 Abs. 1 AktG der Ort, den die Satzung bestimmt. Die Satzung hat als Sitz in der Regel den Ort, wo die Gesellschaft einen Betrieb hat, oder den Ort zu bestimmen, wo sich die Geschäftsleitung befindet oder die Verwaltung geführt wird (§ 5 Abs. 2 AktG). Der Sitz der Gesellschaft muß innerhalb der Bundesrepublik Deutschland liegen.[32]

b) Gegenstand des Unternehmens

Weiterer notwendiger Satzungsbestandteil ist der **Gegenstand des Unternehmens**. Die Angabe dient dazu, die Grenze der Geschäftsführungsbefugnis des Vorstands (§ 82 Abs. 2 AktG) zu bestimmen und außenstehende Dritte über den Tätigkeitsbereich der Aktiengesellschaft zu informieren.[33] Gegenstand des Unternehmens ist die Tätigkeit, die die Gesellschaft zu betreiben beabsichtigt.[34] Die Angabe des Unternehmensgegenstands muß derart individualisiert sein, daß der Schwerpunkt der Geschäftstätigkeit erkennbar ist.[35]

c) Grundkapital

Das ebenfalls anzugebende Grundkapital der Aktiengesellschaft muß nach § 7 AktG mindestens EURO 50.000,– betragen.

d) Aktien

aa) Nennbetrags-/Stückaktien

Nach § 23 Abs. 3 Nr. 4 AktG sind in der Satzung die Zerlegung des Grundkapitals entweder in Nennbetragsaktien oder in Stückaktien, bei Nennbetragsaktien deren Nennbeträge und die Zahl der Aktien jeden Nennbetrags, bei Stückaktien deren Zahl, außerdem, wenn mehrere Gattungen bestehen, die Gattung der Aktien und die Zahl der Aktien jeder Gattung anzugeben.

Der Gesetzgeber hat durch das Stückaktiengesetz vom 25. März 1998 neben der Nennbetragsaktie nunmehr auch die Stückaktie zugelassen. Durch die Zulassung der Stückaktie sollte für die mit der EURO-Umstellung verbundene Glättungsproblematik eine Alternative angeboten werden.[36] Bei der Stückaktie handelt es sich um

---

[32] BGHZ 29, 320, 328; BGHZ 19, 102, 105.
[33] BGH BB 1981, 450; OLG Frankfurt DB 1987, 38.
[34] BayObLG NJW 1976, 1694;
[35] Zu den Erfordernissen *Hüffer*, Aktiengesetz, § 23 Rn. 24 m.w.N. Vgl. zur Zulässigkeit der sogenannten Mantel- oder Vorratsgründung und der dabei erforderlichen Bezeichnung des Unternehmensgegenstands BGH AG 1992, 227.
[36] Vgl. hierzu *Heider*, AG 1998, 1, 3 f.

eine sogenannte unechte nennwertlose Aktie, denn die Gesellschaft verfügt weiterhin über ein nennbetragsmäßig festgesetztes Grundkapital.[37] § 8 AktG wurde durch das Stückaktiengesetz neu gefaßt.

Die Aktien können entweder als Nennbetragsaktien oder als Stückaktien begründet werden (§ 8 Abs. 1 AktG). Bei Nennbetragsaktien beträgt der Nennwert einer Aktie mindestens einen EURO (§ 8 Abs. 2 S. 1 AktG). Höhere Aktiennennbeträge müssen auf volle Euro lauten (§ 8 Abs. 2 S. 4 AktG).

Stückaktien lauten auf keinen Nennbetrag (§ 8 Abs. 3 S. 1 AktG). Die Stückaktien einer Gesellschaft sind am Grundkapital in gleichem Umfang beteiligt (§ 8 Abs. 3 S. 3 AktG). Der auf die einzelne Aktie entfallende anteilige Betrag des Grundkapitals darf einen Euro nicht unterschreiten (§ 8 Abs. 3 S. 3 AktG). Ermitteln läßt sich die Beteiligungsquote des Aktionärs durch Division der Grundkapitalziffer durch die Zahl der ausgegebenen Stückaktien.

Der Anteil am Grundkapital bestimmt sich bei Nennbetragsaktien nach dem Verhältnis ihres Nennbetrages zum Grundkapital, bei Stückaktien nach der Zahl der Aktien (§ 8 Abs. 4 AktG).

bb) Inhaber- und Namensaktien

Die Aktien können auf den Inhaber (Inhaberaktien) oder auf den Namen (Namensaktien) lauten. Die Gründer können grundsätzlich frei entscheiden, welche Aktienart sie wählen. Die in der Satzung zu treffende Bestimmung kann auch dahin gehen, daß ein Teil der Aktien als Inhaberaktien, ein anderer Teil als Namensaktien ausgegeben werden.

Namensaktien sind unter Bezeichnung des Inhabers nach Namen, Geburtsdatum und Adresse in das Aktienregister der Gesellschaft einzutragen (§ 67 Abs. 1 AktG). Im Verhältnis zur Gesellschaft gilt nur derjenige als Aktionär, der als solcher im Aktienregister eingetragen ist (§ 67 Abs. 2 AktG). Bei Namensaktien kann durch Satzungsregelung die Übertragung der Aktien an die Zustimmung der Gesellschaft gebunden werden (sogenannte vinkulierte Namensaktien, § 68 Abs. 2 S. 1 AktG). Die Zustimmung erteilt der Vorstand, sofern diese Befugnis nicht in der Satzung dem Aufsichtsrat oder der Hauptversammlung übertragen wurde (§ 68 Abs. 2 S. 2 und 3 AktG). Sofern die Satzung nicht die Gründe abschließend bestimmt, aus denen die Zustimmung verweigert werden kann, hat das zur Entscheidung berufene Organ (Vorstand, Aufsichtsrat oder Hauptversammlung) seine Entscheidung nach pflichtgemäßem Ermessen zu treffen.[38]

---

[37] Münchener Handbuch des Gesellschaftsrechts/*Wiesner*, Band 4, § 11 Rn. 8.
[38] Zu den Entscheidungskriterien LG Aachen DB 1992, 1564; *Lutter* AG 1992, 369; *Wirth* DB 1992, 617. In der Literatur wird darüber hinaus vertreten, daß unter gewissen Voraussetzungen eine Entscheidung der Hauptversammlung herbeizuführen ist, selbst wenn der Vorstand die Entscheidung über die Zustimmung zur Übertragung vinkulierter Namensaktien zu treffen hat; vgl. hierzu *Lutter* AG 1992, 369; *Immenga* BB 1992, 2446; *Wirth* DB 1992, 617.

Die Ausgabe von Namensaktien ist nach § 10 Abs. 2 S. 1 AktG zwingend, wenn die Aktien vor der vollen Leistung des Ausgabebetrages ausgegeben werden. Der Betrag der Teilleistung ist in der Aktie anzugeben (§ 10 Abs. 2 S. 2 AktG). Aus § 10 Abs. 2 AktG ergibt sich im Umkehrschluß, daß Inhaberaktien erst nach vollständiger Erfüllung der Einlageverpflichtung ausgegeben werden können. Die Praxis hilft sich dann mit den sogenannten Zwischen-/Interimsscheinen.[39] Weiterhin ist die Ausgabe von Namensaktien erforderlich, wenn den Aktionären Nebenpflichten nach § 55 AktG auferlegt werden oder wenn dem Inhaber bestimmter Aktien ein Entsendungsrecht zum Aufsichtsrat zusteht (§ 101 Abs. 2 S. 2 AktG). Die Namensaktien müssen in diesen Fällen zudem vinkuliert sein (§ 55 Abs. 1 S. 1, § 101 Abs. 2 S. 2 AktG). Darüber hinaus sind bestimmte Gesellschaften (Wirtschaftsprüfungsgesellschaften, Buchführungsgesellschaften, Steuerberatungsgesellschaften) gehalten, ausschließlich vinkulierte Namensaktien auszugeben (vgl. § 28 Abs. 5 Wirtschaftsprüferordnung, § 50 Abs. 5 StBerG).

Namensaktien werden als Orderpapiere durch Indossament übertragen (§ 68 Abs. 1 S. 1 AktG). Dies heißt jedoch nicht, daß das schriftliche Indossament allein ausreichend ist. Hinzukommen muß noch die Übertragung des Eigentums an der indossierten Namensaktie durch Einigung und Übergabe nach den sachenrechtlichen Bestimmungen des Bürgerlichen Gesetzbuches. Aus der Formulierung in § 68 Abs. 1 S. 1 AktG („können") ergibt sich, daß die Übertragung durch Indossament nicht zwingend ist. Stattdessen können die Mitgliedschaftsrechte auch nach §§ 398, 413 BGB abgetreten werden. Das Eigentum an der Aktienurkunde folgt dann entsprechend § 952 BGB der Mitgliedschaft. Die Übergabe der Aktienurkunde gehört nach der Rechtsprechung[40] zum Übertragungstatbestand.[41] Die Umschreibung im Aktienregister (§ 67 Abs. 3 AktG) ist für den Eigentumsübergang nicht erforderlich. Da im Verhältnis zur Gesellschaft bei der Ausgabe von Namensaktien jedoch nur derjenige als Aktionär gilt, der als solcher im Aktienregister eingetragen ist, sollte der Erwerber in jedem Fall dafür Sorge tragen, daß eine Umschreibung im Aktienregister erfolgt. Durch die Möglichkeit, elektronische Aktienregister zu führen, können Veränderungen im Aktienbestand heute in kurzer Zeit im Aktienregister erfasst werden. Inhaberaktien werden grundsätzlich durch Einigung und Übergabe nach den Grundsätzen der Übereignung von beweglichen Sachen übertragen. Dies ist jedoch nur dann möglich, wenn die Aktie im Besitz des Aktionärs ist. Ansonsten kommt als vereinfachte Form der Übertragung die Abtretung der Mitgliedschaftsrechte nach §§ 398, 413 BGB in Betracht. Das Eigentum an der Aktienurkunde folgt dann entsprechend § 952 BGB.[42]

---

[39] Siehe dazu 2. Kapitel B. III. 1. d) dd).
[40] RGZ 88, 290, 292; BGH NJW 1958, 302, 303.
[41] A.A. die herrschende Literaturauffassung, vgl. *Geßler/Hefermehl/Eckardt/Kropff*, Aktiengesetz, § 68 Rn. 35; Kölner Kommentar Aktiengesetz/ *Lutter*, § 68 Rn. 17.
[42] Vgl. zu dem Streit, ob die Übergabe der Aktienurkunde zum Übertragungstatbestand gehört, Fußnote 40, 41.

Wird die Aktie (Namens- oder Inhaberaktie) in einem Depot verwaltet, richtet sich die Übertragung nach den Vorschriften des Depotgesetzes. Befinden sich die Aktien in Sonderverwahrung bei einem Kreditinstitut, kann der Aktionär die Aktie herausverlangen und nach den vorstehend beschriebenen Grundsätzen übertragen. Befindet sich die Aktie in der Sammelverwahrung der Wertpapiersammelbank, steht dem Aktionär Miteigentum und der mittelbare Besitz an den zum Sammelbestand der Wertpapiersammelbank gehörenden Wertpapieren derselben Art zu. Die Übertragung erfolgt durch Einigung und Übergang des Sammeldepotanteils und einer Übergabe in Form der Einräumung des Mitbesitzes (§ 24 Abs. 2 DepotG). Die Aktien können schließlich durch Absendung eines Stückeverzeichnisses nach § 18 Abs. 3 DepotG übertragen werden.

cc) Stamm- und Vorzugsaktien

Nach § 12 Abs. 1 S. 1 AktG gewährt grundsätzlich jede Aktie das Stimmrecht (sogenannte Stammaktie). Nach der Regelung in § 12 Abs. 1 S. 2 AktG ist es jedoch zulässig, Vorzugsaktien ohne Stimmrecht (sogenannte stimmrechtslose Vorzugsaktien) auszugeben. Die näheren Regelungen hierzu finden sich in §§ 139 ff. AktG. Stimmrechtslosen Vorzugsaktien muß danach ein Vorzug bei der Verteilung des Gewinns zukommen (§ 139 Abs. 1 AktG). Wird der Vorzugsbetrag in einem Jahr nicht oder nicht vollständig gezahlt und der Rückstand auch im nächsten Jahr nicht neben dem vollen Vorzug dieses Jahres nachgezahlt, so steht den Vorzugsaktionären solange ein Stimmrecht zu, bis die Rückstände nachgezahlt sind (§ 140 Abs. 2 S. 1 AktG). Der Gesamtnennbetrag der stimmrechtslosen Vorzugsaktien darf den Gesamtnennbetrag der anderen ausgegebenen Aktien nicht übersteigen. Vorzugsaktien ohne Stimmrecht dürfen nur bis zur Hälfte des Grundkapitals ausgegeben werden (§ 139 Abs. 2 AktG). Die Ausgabe von Mehrstimmrechtsaktien ist unzulässig (§ 12 Abs. 2 AktG). Gemäß § 5 Abs. 1 EGAktG kann eine Fortgeltung für bereits ausgegebene Mehrstimmrechtsaktien über den 1. Juni 2003 hinaus nur aufgrund eines Hauptversammlungsbeschlusses bestimmt werden.

dd) Aktienurkunde

Auch wenn die Ausgabe von Aktienurkunden bei einer Aktiengesellschaft nicht erforderlich ist, ging die aktienrechtliche Literatur früher davon aus, daß ein (ungeschriebener) Anspruch des Aktionärs auf Lieferung von effektiven Aktienurkunden in der kleinsten satzungsmäßig vorgesehene Stückelung bestand.[43] Das Recht auf Verbriefung der Mitgliedschaft wurde als unentziehbar und daher nicht durch Satzung oder Hauptversammlungsbeschluß ausschließbar angesehen.[44] In der früheren börsenrechtlichen Literatur[45] wurde es unter Hinweis auf eine Abwägung zwischen

---

[43] Kölner Kommentar Aktiengesetz/*Kraft*, § 10 Rn. 7 ff.; *Geßler/Hefermehl/Eckardt/Kropff*, Aktiengesetz, § 10 Rn. 5 ff.; Großkommentar zum Aktiengesetz/*Brändel*, § 10 Rn. 23.

[44] *Geßler/Hefermehl/Eckardt/Kropff*, Aktiengesetz, § 10 Rn. 7.

[45] *Canaris*, Bankvertragsrecht, 3. Aufl., Rn. 2135.

den Interessen des Aktionärs und den Interessen des Effektenhandels für zulässig erachtet, den Anspruch auf Einzelverbriefung in der Satzung auszuschließen und durch einen Anspruch auf Schaffung einer Globalurkunde zu ersetzen. Der Gesetzgeber hat diese Streitfrage zu Gunsten einer größeren Satzungsautonomie entschieden. In § 10 AktG wurde mit dem Gesetz für kleine Aktiengesellschaften und zur Deregulierung des Aktienrechts ein neuer Absatz 5 angefügt. Danach konnte der Anspruch auf Einzelverbriefung der Aktien in der Satzung ausgeschlossen oder eingeschränkt werden.

Durch das Gesetz zur Kontrolle und Transparenz im Unternehmensbereich wurde die Vorschrift in ihrem Anwendungsbereich erweitert. Der Anspruch des Aktionärs auf Verbriefung seines Anteils kann nun generell in der Satzung ausgeschlossen werden.

Neugegründete Aktiengesellschaften machen von der in § 10 Abs. 5 AktG eingeräumten Möglichkeit häufig Gebrauch.[46] Nach überwiegender Auffassung ist die Gesellschaft allerdings trotz einer das Verbriefungsrecht ausschließenden Satzungsbestimmung auf Verlangen bereits eines einzigen Aktionärs verpflichtet, eine Globalurkunde über alle von ihr ausgegebenen Aktien zu erstellen.[47] Dieser Ansicht ist zuzustimmen. In der Begründung der Beschlussempfehlung zum KonTraG[48] heißt es zur Änderung von § 10 Abs. 5 AktG: „Damit wird nicht der Schritt zum Wertrecht unter Abkehr vom Wertpapier vollzogen, denn der Ausschluss der Verbriefung betrifft lediglich den jeweiligen Anteil der einzelnen Aktionäre. Von einer etwaigen einschränkenden Satzungsbestimmung unberührt bleibt dagegen die Ausstellung und Hinterlegung einer die Gesamtheit der Mitgliedschaftsrechte verkörpernden Globalurkunde." Der Gesetzgeber hat nicht den Übergang zum reinen Wertrecht gewollt. Durch das KonTraG wurde nur die Möglichkeit geschaffen, den Verbriefungsanspruch des einzelnen Aktionärs durch eine entsprechende Satzungsbestimmung auszuschließen. Mithin verbleibt den Aktionären ein Anspruch auf Verbriefung sämtlicher von der Gesellschaft ausgegebener Aktien in einer Globalaktienurkunde.

Für Globalaktienurkunden kommen aufgrund des bestehenden Depotzwangs und des Verwahrmonopols der Banken nur zwei Formen der Verwahrung nach dem Depotgesetz in Betracht. Die Verwahrung erfolgt regelmäßig als Girosammelverwahrung gemäß § 9a DepotG durch die Clearstream Banking AG.[49] Daneben besteht die Möglichkeit einer Sonderverwahrung nach § 2 DepotG.

Eine Verwahrung bei der Clearstream Banking AG setzt voraus, daß ein Kreditinstitut, das Kontoinhaber bei der Clearstream Banking AG ist, einen schriftlichen

---

[46] So auch *Schwennicke* AG 2001, 118.

[47] *Hüffer*, Aktiengesetz, § 10 Rn. 3; *Seibert* DB 1999, 267; *Geßler*, Aktiengesetz, § 10 Rn. 1; Münchner Handbuch des Gesellschaftsrechts/*Wiesner*, § 12 Rn. 5; a.A. *Schwennicke* AG 2001, 118 ff.; Münchener Kommentar AktG/*Heider*, § 10 Rn. 57.

[48] Ausschussbegründung zum Gesetz zur Kontrolle und Transparenz im Unternehmensbereich vom 27.4.1998 (KonTraG), BT-Drucks. 13/10038 = ZiP 1998, 487 ff.

[49] früher Deutsche Börse Clearing AG bzw. Deutscher Kassenverein AG.

Antrag auf Verwahrung stellt.[50] Zusätzlich muß das Institut bereit sein, eine Betreuungsfunktion für das neue Unternehmen zu übernehmen. Weitere Voraussetzung für eine Girosammelverwahrung ist, daß das Unternehmen börsennotiert ist oder seit mindestens zwei Jahren existiert und testierte Jahresabschlüsse für zwei Geschäftsjahre hat.[51] Eine Sonderverwahrung nach § 2 DepotG setzt einen schriftlichen Auftrag aller Aktionäre an den Verwahrer voraus. Die Berechtigung zur Sonderverwahrung endet, wenn entweder einer der Aktionäre den Auftrag zur Sonderverwahrung widerruft oder bei Veräußerung der Aktien der Erwerber keinen Verwahrauftrag erteilt.

Unter Kostenaspekten empfiehlt es sich gleichwohl, in die Satzung eine Regelung aufzunehmen, die einen Ausschluß der Verbriefung[52] oder eine Einzelverbriefung nur bei Kostenübernahme durch den Aktionär vorsieht. Dadurch lassen sich insbesondere bei börsennotierten Aktiengesellschaften nicht unerhebliche Druckkosten sparen. Zwar enthält das Aktiengesetz keine besonderen Vorschriften für die Gestaltung von Aktienurkunden, zum Börsenhandel zugelassene Aktien müssen jedoch den Anforderungen für den Druck von Wertpapieren entsprechen. Die Aktien müssen danach unter anderem fälschungssicher sein.[53] Hat die Gesellschaft Splitterbeteiligungen, steht es ihr später frei, dennoch Einzelurkunden in kleinster Stückelung vorzuhalten. Ist der Ausschluß oder die Einschränkung des Verbriefungsanspruchs nicht bereits in der Ursprungssatzung enthalten, sondern soll sie im Wege der Satzungsänderung erfolgen, liegt ein Eingriff in ein schon bestehendes Verbriefungsrecht vor. Nach allgemeinen Grundsätzen wäre eine Einzelzustimmung des betroffenen Aktionärs erforderlich. Wegen der besonderen gesetzlichen Regelung in § 10 Abs. 5 AktG ist jedoch ein Beschluß der Aktionäre mit satzungsändernder Mehrheit ausreichend.[54]

Die Mitgliedschaft des Aktionärs kann vorläufig durch Interimsscheine (Zwischenscheine) verbrieft werden. Diese Interimsscheine sind Anteilsscheine, die den Aktionären vor der Ausgabe der Aktienurkunden erteilt werden. Für die Zwischenscheine gelten im wesentlichen die Vorschriften über Namensaktien (§ 67 Abs. 4 AktG). Der Name des Inhabers des Zwischenscheins wird also in das Aktienregister eingetragen. Zwischenscheine werden durch Indossament übertragen. Ob ein Anspruch auf Ausgabe von Zwischenscheinen besteht, ist in der Literatur umstritten. Ist in der Satzung die Ausgabe von Inhaberaktien vorgesehen, kommt eine Ausgabe von Aktien vor Erbringung der vollen Einlage bzw. eines höheren Ausgabebetrages nicht in Betracht. Nur Namensaktien dürfen vorher ausgegeben werden (§ 10 Abs. 2 S. 1 AktG). Der Anspruch auf Verbriefung der Mitgliedschaftsrechte hängt nicht von der

---

[50] Nr. 27 Abs. 3 Allgemeine Geschäftsbedingungen der Clearstream Banking AG, Stand März 2001.
[51] *Schwennicke* AG 2001, 118, 123.
[52] Siehe § 4 Abs. 4 von Muster I.11. im Anhang.
[53] Vgl. im einzelnen *Lauppe*, DB 2000, 807.
[54] So auch *Hüffer*, Aktiengesetz, § 10 Rn. 12.

vollständigen Erbringung der Einlage ab. Der Aktionär hat daher einen Anspruch auf eine vorläufige Verbriefung seiner Mitgliedschaft durch Ausgabe von Zwischenscheinen.[55] Das entspricht auch der gängigen Praxis.

Die Beschränkung nach § 10 Abs. 5 AktG gilt auch für die Ausgabe von Zwischenscheinen. Nach Leistung der vollen Einlage kann der Aktionär die Ausgabe von Aktienurkunden gegen Rückgabe der Zwischenscheine verlangen, wenn er im Aktienregister eingetragen ist.[56]

e) Vorstand

Zwingender Satzungsbestandteil ist nach § 23 Abs. 2 Nr. 6 AktG weiter die Angabe der Anzahl der Mitglieder des Vorstands oder der Regeln, nach denen diese Anzahl festgelegt wird. Der Vorstand kann aus einer oder mehreren Personen bestehen. Bei Gesellschaften mit einem Grundkapital von mehr als drei Millionen EURO hat er aus mindestens zwei Personen zu bestehen, es sei denn, die Satzung bestimmt, daß er aus einer Person besteht (§ 76 Abs. 2 S. 2 AktG). Statt der Festlegung einer bestimmten Zahl von Vorstandsmitgliedern kann in der Satzung auch eine Mindest- oder Höchstzahl genannt werden.[57] Die nähere Bestimmung der Zahl der Vorstandsmitglieder erfolgt dann durch den Aufsichtsrat.[58] Häufig ist dies in der Satzung ausdrücklich festgelegt.[59] Die Satzung kann dieses Recht aber auch der Hauptversammlung zubilligen.[60]

f) Gesellschaftsblätter

Nach § 23 Abs. 4 AktG muß die Satzung Bestimmungen über die Form der Bekanntmachungen der Gesellschaft enthalten. Das Pflichtgesellschaftsblatt für Aktiengesellschaften ist der Bundesanzeiger (§ 25 AktG). Neben dem Bundesanzeiger können durch Satzungsbestimmung weitere Blätter oder elektronische Informationsmedien als Gesellschaftsblätter bezeichnet werden. Die Erweiterung auf elektronische Informationsmedien wurde durch das Gesetz zur Namensaktie und zur Erbringung von Stimmrechtsausübung (NaStraG) vom 18. Januar 2001[61] in § 25 AktG eingefügt.

---

[55] So auch *Geßler/Hefermehl/Eckardt/Kropff*, Aktiengesetz, § 10 Rn. 6; *Hüffer*, Aktiengesetz, § 10 Rn. 3; a.A. Kölner Kommentar Aktiengesetz/*Kraft*, § 10 Rn. 11.

[56] Kölner Kommentar Aktiengesetz/*Kraft*, § 10 Rn. 11.

[57] *Geßler/Hefermehl/Eckardt/Kropff*, Aktiengesetz, § 23 Rn. 88; Kölner Kommentar Aktiengesetz/*Kraft*, § 23 Rn. 74; Münchener Kommentar AktG/*Pentz*, § 23 Rn. 136; siehe auch § 5 in Muster I.10. und § 6 in Muster I.11. im Anhang.

[58] *Geßler/Hefermehl/Eckardt/Kropff*, Aktiengesetz, § 23 Rn. 91; *Ganske* DB 1978, 2461 f.; siehe auch § 5 in Muster I.10. und § 6 in Muster I.11. im Anhang.

[59] Siehe *Hölters* im Münchener Vertragshandbuch V. 37 § 6 Abs. 1 und V. 38 § 7 Abs. 1.

[60] Kölner Kommentar Aktiengesetz/*Kraft*, § 23 Rn. 76; *Happ*, Aktienrecht, 1.01 Rn. 19; *Geßler/Hefermehl/Eckardt/Kropff*, Aktiengesetz, § 23 Rn. 91; Münchener Handbuch des Gesellschaftsrechts/*Wiesner*, Band 4, § 19 Rn. 29.

[61] BGBl, 2001, I, 123 ff.

Mit dem NaStraG trägt der Gesetzgeber dem Vordringen neuer Informationstechnologien Rechnung. Auf die weiteren mit dem Gesetz verbundenen Änderungen wird nachstehend noch eingegangen.

g) Gründungsaufwand

In der Satzung muß die Gesamtziffer des von der Gesellschaft zu tragenden Gründungsaufwands festgesetzt werden (§ 26 Abs. 2 AktG).[62] Der Gründungsaufwand ist der Gesamtaufwand, der zu Lasten der Gesellschaft an Aktionäre oder an andere Personen als Entschädigung oder als Belohnung für die Gründung oder ihre Vorbereitung gewährt wird. Er umfaßt die Gründungsentschädigung und den Gründungslohn. Entschädigung ist der Ersatz von Aufwendungen für Kosten der Gründung und der Einlagenleistung. Dazu gehören Steuern, Gebühren des Notars und des Gerichts, Honorare der Gründungsprüfer, Kosten der Bekanntmachung oder des Drucks von Aktienurkunden.[63] Gründerlohn ist die Tätigkeitsvergütung für die Mitwirkung bei der Gründung und ihrer Vorbereitung einschließlich der Honorare für Gutachten, Beratung, Vermittlung, gleichgültig, ob die Leistung an Gründer oder an Dritte erfolgt.[64] Wenn der Gründungsaufwand – zum Beispiel Beratungs- und Prüfungshonorar – noch nicht genau feststeht, ist ein geschätzter Betrag anzugeben.[65] Anzugeben ist der Gesamtaufwand. Es ist jedoch unschädlich, wenn in der Satzung auch einzelne Posten des Gründungsaufwands genannt werden.[66] In jedem Falle ist in der Satzung jedoch eine Endsumme zu nennen.[67] Eine Berechnung des der Gesellschaft zur Last fallenden Gründungsaufwands unter Angabe der Art und Höhe der Vergütung sowie der einzelnen Empfänger ist erst der Anmeldung der Gesellschaft zum Handelsregister beizufügen (§ 37 Abs. 4 Nr. 2 AktG).

Werden in der Satzung Einzelbeträge genannt, kann die Gesellschaft Zahlungen an einen Berechtigten nur in Höhe des für diese Position in der Satzung veranschlagten Einzelbetrages vornehmen, selbst wenn insgesamt der Gesamtbetrag des Gründungsaufwands nicht überschritten wird. Ist ein in der Satzung festgesetzter Gesamtbetrag niedriger als der tatsächlich entstandene Gesamtaufwand, kann an Berechtigte solange in voller Höhe geleistet werden, bis der festgesetzte Gesamtbetrag erreicht ist.[68] Auftraggeber für Dienstleistungen im Zusammenhang mit der Gründung sind stets die Gründer. Diese haften also den Auftragnehmern als Schuldner, so-

---

[62] Siehe § 13 in Muster I.10. und § 25 in Muster I.11. im Anhang.
[63] *Geßler/Hefermehl/Eckardt/Kropff*, Aktiengesetz, § 26 Rn. 30; *Hüffer*, Aktiengesetz, § 26 Rn. 5 Münchener Kommentar AktG/*Pentz*, § 26 Rn. 30.
[64] *Hüffer*, Aktiengesetz, § 26 Rn. 5; vgl. auch die Kommentierung zu § 248 Abs. 1 HGB.
[65] Münchener Handbuch des Gesellschaftsrechts/*Hoffmann-Becking*, Band 4, § 3 Rn. 5.
[66] Kölner Kommentar Aktiengesetz/*Kraft*, § 26 Rn. 31.
[67] *Happ*, Aktienrecht, 2.01 Rn. 5; *Hüffer*, Aktiengesetz, § 26 Rn. 6; zur GmbH: BayObLG DB 1988, 2351, 2354; OLG Düsseldorf GmbHR 1987, 59.
[68] So *Godin/Wilhelmi*, Aktiengesetz, § 26 Rn. 6; nach a.A. Großkommentar zum Aktiengesetz/*Röhricht*, § 26 Rn. 54; Kölner Kommentar Aktiengesetz/*Kraft*, § 26 Rn. 43 sind sämtliche Ansprüche verhältnismäßig zu kürzen.

weit diese von der Gesellschaft nicht befriedigt werden. Fehlt eine Festsetzung des Gründungsaufwands in der Satzung, so sind die Verträge und Rechtshandlungen zu ihrer Ausführung der Gesellschaft gegenüber unwirksam (§ 26 Abs. 3 S. 1 AktG).

2. Gestaltungsmöglichkeiten in der Satzung

Nach § 23 Abs. 5 S. 1 AktG kann die Satzung von den Vorschriften des Aktiengesetzes nur abweichen, wenn es ausdrücklich zugelassen ist. Eine Abweichung liegt vor, wenn die gesetzliche Regelung durch eine andere ersetzt wird. Ausdrücklich zugelassen ist eine Abweichung, wenn sich die Befugnis aus dem Wortlaut des Gesetzes – gegebenenfalls mittels Auslegung – ergibt.[69] Nach § 23 Abs. 5 S. 2 AktG sind ergänzende Bestimmungen zulässig, es sei denn, daß das Aktiengesetz eine abschließende Regelung enthält. Eine Ergänzung liegt vor, wenn das Gesetz einen entsprechenden Regelungsinhalt nicht enthält oder die gesetzliche Regelung ihrem Gedanken nach weitergeführt wird, also im Grundsatz unberührt bleibt.[70]

3. Satzungsänderung

Eine Satzungsänderung bedarf grundsätzlich eines Beschlusses der Hauptversammlung (§ 179 Abs. 1 S. 1 AktG). Ist die Aktiengesellschaft noch nicht zum Handelsregister angemeldet, ist zur Satzungsänderung ein Beschluß der Hauptversammlung nicht erforderlich. Die Gründungsgesellschafter können das Gründungsprotokoll ändern. Das ist auch möglich, wenn die Aktiengesellschaft bereits zum Handelsregister angemeldet, jedoch noch nicht eingetragen und auch kein Aufsichtsrat und kein Vorstand bestellt worden ist.[71]

IV. Übernahme der Aktien und Einzahlung des Grundkapitals

Der oder die Gründer der Aktiengesellschaft müssen sämtliche Aktien übernehmen. Die Aufteilung der Aktien auf die einzelnen Gründer ist im Gründungsprotokoll anzugeben. Im Gründungsprotokoll muß ferner der Nennbetrag der Aktien, der Ausgabebetrag – auch wenn er mit dem Nennbetrag übereinstimmt – und, wenn mehrere Gattungen bestehen, auch die Gattung der Aktien bezeichnet werden, die jeder Gründer übernimmt. Der Ausgabebetrag kann dem Nennbetrag entsprechen, er darf nicht geringer (Verbot der Unterpariemission) jedoch höher sein (§ 9 AktG).

Im Gründungsprotokoll ist ferner nach § 23 Abs. 2 Nr. 3 AktG der eingezahlte Betrag des Grundkapitals anzugeben. Bei der Gründung ist regelmäßig noch kein

---

[69] *Baumbach/Hueck* Aktiengesetz, § 23 Rn. 16, *Geßler/Hefermehl/Eckardt/Kropff*, Aktiengesetz, § 23 Rn. 108; Kölner Kommentar Aktiengesetz/*Kraft*, § 23 Rn. 83; Großkommentar Aktiengesetz/*Röhricht*, § 23 Rn. 168 ff.

[70] *Hüffer*, Aktiengesetz, § 23 Rn. 37; Münchener Handbuch des Gesellschaftsrechts/*Wießner*, Band 4, § 6 Rn. 11; Münchener Kommentar AktG/*Pentz*, § 23 Rn. 157.

[71] *Hüffer*, Aktiengesetz, § 179 Rn. 2, § 41 Rn. 7; *Henn*, Handbuch des Aktienrechts, Rn. 178.

Betrag eingezahlt. Im Gründungsprotokoll kann und sollte festgelegt werden, wann und in welchem Umfang die übernommenen Einlagen zu zahlen sind. Bei der nachfolgenden Anmeldung der Gesellschaft ist dann bei einer Bargründung zu erklären und nachzuweisen, daß inzwischen mindestens ein Viertel der Bareinlagen und – falls der Ausgabebetrag über dem Nennbetrag festgesetzt worden ist – der gesamte Mehrbetrag (Agio oder Aufgeld genannt) eingezahlt ist (§§ 37 Abs. 1, 36a Abs. 1 AktG). Bei einer Einpersonengründung muß zusätzlich nachgewiesen werden, daß für den ausstehenden Teil der Geldeinlage eine Sicherung bestellt ist (§§ 37 Abs. 1, 36 Abs. 2 S. 2 AktG). Wenn bereits im Gründungsprotokoll die Fälligkeit und der Umfang der Einzahlung festgesetzt wurde, bedarf es keiner gesonderten Einforderung der Einlage mehr.[72] Die Aktien selbst können erst nach Eintragung der Aktiengesellschaft (§ 41 Abs. 4 S. 1 AktG) ausgegeben werden. Sofern es sich um Inhaberaktien handelt, ist darüber hinaus erforderlich, daß der volle Nennbetrag oder der höhere Ausgabebetrag voll eingezahlt sind (Umkehrschluß aus § 10 Abs. 2 S. 1 AktG).[73]

V. Erster Aufsichtsrat und erster Vorstand

Die Gründer haben den ersten Aufsichtsrat der Aktiengesellschaft zu bestellen (§ 30 Abs. 1 S. 1 AktG). Die Bestellung bedarf der notariellen Beurkundung (§ 30 Abs. 1 S. 2 AktG). Sie muß nicht notwendigerweise – wird jedoch zweckmäßigerweise – zusammen mit der Feststellung der Satzung und der Übernahme der Aktien im notariellen Gründungsprotokoll erfolgen.[74] Die Mitglieder des Aufsichtsrats können nicht für längere Zeit als bis zur Beendigung der Hauptversammlung bestellt werden, die über die Entlastung für das erste Geschäftsjahr beschließt (§ 30 Abs. 3 S. 1 AktG). Bei der Bargründung gehören dem ersten Aufsichtsrat keine Arbeitnehmervertreter an (§ 30 Abs. 2 AktG). Die Einzelheiten der Bildung des ersten Aufsichtsrats werden im 4. Kapitel behandelt.

Der erste Aufsichtsrat bestellt nach § 30 Abs. 4 AktG den ersten Vorstand. Die Bestellung erfolgt durch Beschluß mit einfacher Mehrheit gemäß § 108 AktG. Ein Formerfordernis für die Bestellung besteht nicht. Sie wird gemäß § 107 Abs. 2 AktG in einer Niederschrift über den Aufsichtsratsbeschluß festgehalten.[75] Die Bestellung

---

[72] Sofern eine Festsetzung der Fälligkeit und des Umfangs der Einzahlung im Gründungsprotokoll nicht erfolgt ist, sind die Einlagen nach gesonderter Einforderung einzuzahlen. Nach § 63 Abs. 1 AktG erfolgt die Einforderung grundsätzlich durch den Vorstand. Dies gilt auch für die Gründungsphase; so Kölner Kommentar Aktiengesetz/*Kraft*, § 36 Rn. 27 nach a.A. haben in der Gründungsphase die Gründer die Einlagen einzufordern, so *Geßler/Hefermehl/Eckardt/Kropff*, Aktiengesetz, § 36a Rn. 7.

[73] Siehe dazu auch 2. Kapitel B. III. 1 d).

[74] *Hölters* im Münchener Vertragshandbuch Form. V. 1 Anm. 15; siehe auch Muster I.1. Ziffer IV. im Anhang.

[75] *Hölters* im Münchener Vertragshandbuch Form. V. 3 Anm. 1; Siehe dazu auch Muster I.3. im Anhang.

der Mitglieder des ersten, sowie jedes weiteren Vorstands kann auf höchstens fünf Jahre erfolgen (§ 84 Abs. 1 S. 1 AktG). Eine wiederholte Bestellung ist zulässig (§ 84 Abs. 1 S. 2 AktG).

VI. Bestellung des Abschlußprüfers

Nach § 30 Abs. 1 AktG haben die Gründer neben dem ersten Aufsichtsrat in notariell beurkundeter Form auch den Abschlußprüfer für das erste Voll- oder Rumpfgeschäftsjahr der Aktiengesellschaft zu bestellen. Auch dies erfolgt zweckmäßigerweise in der Gründungsurkunde.[76] Von der Bestellung des Abschlußprüfers ist der schuldrechtliche Prüfungsvertrag zu unterscheiden, der nach der Bestellung zwischen dem Abschlußprüfer und der Aktiengesellschaft abgeschlossen wird (vgl. § 318 Abs. 1 S. 4 HGB). Bei der Erteilung des Prüfungsauftrags wird die Aktiengesellschaft durch den Aufsichtsrat vertreten.[77] Nach teilweise vertretener Auffassung können auch die Gründer den Prüfungsauftrag erteilen.[78] Als Abschlußprüfer kommen Wirtschaftsprüfer oder Wirtschaftsprüfungsgesellschaften in Betracht (§ 319 Abs. 1 S. 1 HGB).

VII. Gründungsbericht

Der oder die Gründer haben gemäß § 32 Abs. 1 AktG einen schriftlichen Bericht (§ 126 BGB) über den Hergang der Gründung zu erstatten (Gründungsbericht).[79] Die Gründer haben den Gründungsbericht persönlich zu erstatten.[80] Eine Vertretung (zum Beispiel durch Sachverständige) ist unzulässig. Die Gründer können sich jedoch beraten und den Gründungsbericht durch einen Dritten vorbereiten lassen. Mit ihrer Unterschrift übernehmen sie die Verantwortung für den Bericht. Statt eines gemeinsamen Berichts können die Gründer auch getrennte Berichte erstatten. In diesem Fall hat jeder Gründer seinen Bericht zu unterzeichnen.[81] Zulässig sind auch Zusätze einzelner Gründer zum Gesamtbericht. In diesem Fall trägt der Gründer die Verantwortung für den Bericht nur in der Form, wie er sich aufgrund seines Zusatzes darstellt.[82]

Bei der Bargründung haben die Gründer nach § 32 Abs. 1 AktG über den gesamten Hergang der Gründung, das heißt über alle für die Entstehung der Gesell-

---

[76] Siehe Muster I.1. Ziffer V. im Anhang.
[77] Münchener Kommentar AktG/*Pentz*, § 30 Rn. 46.
[78] *Hüffer*, Aktiengesetz, § 30 Rn. 10.
[79] Siehe Muster I.5. im Anhang.
[80] *Hölters* im Münchener Vertragshandbuch Form. V. 6 Anm. 6; Großkommentar Aktiengesetz/*Röhricht*, § 32 Rn. 3; Kölner Kommentar Aktiengesetz/*Kraft*, § 32 Rn. 4.
[81] So auch Großkommentar Aktiengesetz/*Röhricht*, § 32 Rn. 5; Kölner Kommentar Aktiengesetz/*Kraft*, § 32 Rn. 8.
[82] Ebenso Kölner Kommentar Aktiengesetz/*Kraft*, § 32 Rn. 8.

schaft wesentlichen Umstände, zu berichten. Weiter ist im Gründungsbericht nach § 32 Abs. 3 AktG anzugeben, ob und in welchem Umfang bei der Gründung für Rechnung eines Mitglieds des Vorstands oder des Aufsichtsrats Aktien übernommen worden sind und ob und in welcher Weise ein Mitglied des Vorstands oder des Aufsichtsrats sich einen besonderen Vorteil oder für die Gründung oder ihre Vorbereitung eine Entschädigung oder Belohnung ausbedungen hat. Durch diese Angaben soll klargestellt werden, ob möglicherweise ein Interessenkonflikt von Vorstands- oder Aufsichtsratsmitgliedern bei der nach § 33 Abs. 1 AktG vorgesehenen Prüfung zu befürchten ist, so daß eine Prüfung durch unabhängige Gründungsprüfer notwendig wird (§ 33 Abs. 2 Nr. 2 AktG). Weiter dienen diese Angaben dazu, eventuelle persönliche Interessen eines Organmitglieds an der Gründung offenzulegen, wiederum mit der Folge, daß eine unabhängige Gründungsprüfung stattzufinden hat (§ 33 Abs. 2 Nr. 3 AktG). Bei den Angaben nach § 32 Abs. 3 AktG sind der Name des Vorteilsempfängers und der Umfang der dem einzelnen Mitglied des Vorstands bzw. des Aufsichtsrats eingeräumten Vorteile anzugeben.[83]

VIII. Gründungsprüfungsbericht des Vorstands und des Aufsichtsrats

Nach § 33 Abs. 1 AktG haben die Mitglieder des Vorstands und des Aufsichtsrats den Hergang der Gründung zu prüfen. Sie haben hierüber nach § 34 Abs. 2 S. 1 AktG schriftlich zu berichten.[84] Vorstand und Aufsichtsrat kommen dieser Aufgabe zweckmäßigerweise in einem gemeinsamen Bericht nach. Vorstand und Aufsichtsrat können auch getrennt berichten. Nach § 34 Abs. 1 AktG hat sich die Prüfung darauf zu erstrecken, ob die Angaben der Gründer über die Übernahme der Aktien, über die Einlagen auf das Grundkapital und über die Festsetzungen nach § 26 AktG (Sondervorteile, Gründungsaufwand) richtig und vollständig sind.

Die Prüfung ist von sämtlichen Mitgliedern des Vorstands sowie des Aufsichtsrats in eigener Verantwortung und persönlich vorzunehmen. Vertretung ist nicht zulässig.[85] Weigert sich das Organmitglied, die Prüfung durchzuführen, besteht die Möglichkeit der Abberufung.[86] In diesem Fall ist ein neues Organmitglied zu bestellen.[87] Auch die Weigerung eines Organmitglieds und der dafür angegebene Grund gehört zum Hergang der Gründung und sind damit im Prüfungsbericht zu erwähnen.[88] Der

---

[83] Kölner Kommentar Aktiengesetz/*Kraft*, § 32 Rn. 18; Großkommentar Aktiengesetz/*Röhricht*, § 32 Rn. 21.
[84] Siehe Muster I.6. im Anhang.
[85] Kölner Kommentar Aktiengesetz/*Kraft*, § 33 Rn. 5; Großkommentar Aktiengesetz/*Röhricht*, § 33 Rn. 3.
[86] *Godin/Wilhelmi*, Aktiengesetz, § 33 Rn. 2; Kölner Kommentar Aktiengesetz/*Kraft*, § 33 Rn. 6.
[87] Kölner Kommentar Aktiengesetz/*Kraft*, § 33 Rn. 6; Großkommentar Aktiengesetz/*Röhricht*, § 33 Rn. 6.
[88] Ebenso Großkommentar zum Aktiengesetz/*Röhricht*, § 33 Rn. 6; Kölner Kommentar Aktiengesetz/*Kraft*, § 33 Rn. 7.

Umstand, daß ein Mitglied des Vorstands zu einem ungünstigen Prüfungsergebnis gelangt, wird in der Regel keinen wichtigen Grund für seine Abberufung darstellen (§ 84 Abs. 3 AktG).[89] Für die Abberufung von Mitgliedern des Aufsichtsrats bedarf es keines wichtigen Grundes (§ 103 Abs. 1 AktG). Gelangt ein einzelnes Organmitglied zu einem anderen Prüfungsergebnis und erfolgt keine Abberufung, besteht nur die Möglichkeit einer getrennten Berichterstattung oder eines Zusatzes zum Gesamtbericht.[90]

IX. Gründungsprüfer

1. Erfordernis bei der Bargründung

Eine Gründungsprüfung durch einen externen Gründungsprüfer ist bei der Bargründung erforderlich, falls

– ein Vorstands- oder Aufsichtsratsmitglied zu den Gründern gehört,

oder

– für Rechnung eines Vorstands- oder Aufsichtsratsmitglieds Aktien übernommen worden sind (Strohmanngeschäft)

oder

– ein Vorstands- oder Aufsichtsratsmitglied sich Sondervorteile oder einen Gründungslohn ausbedungen hat (§ 33 Abs. 2 AktG).

2. Bestellung durch das Gericht

Im Falle der Erforderlichkeit eines externen Gründungsprüfers gemäß § 33 Abs. 2 AktG wird der Gründungsprüfer nach Anhörung der Industrie- und Handelskammer durch das Amtsgericht des Sitzes der Gesellschaft bestellt (§ 33 Abs. 3 AktG). Zur Beschleunigung empfiehlt es sich, die Stellungnahme der Industrie- und Handelskammer unmittelbar nach Errichtung der Gesellschaft einzuholen, um sodann den Antrag auf Bestellung von Gründungsprüfern beim Registergericht stellen zu können (zum Antrag siehe Muster I.7. im Anhang). Nach § 33 Abs. 4 AktG soll als Gründungsprüfer nur ein sachkundiger Prüfer bestellt werden. Es muß sich jedoch im Gegensatz zum Abschlußprüfer nicht unbedingt um Wirtschaftsprüfer oder Wirtschaftsprüfungsgesellschaften handeln. Die Prüfung soll unparteiisch vorgenommen werden. Daher sind kraft Gesetzes bestimmte Personen als Prüfer ausgeschlossen (vgl. § 33 Abs. 5 AktG). Der vom Gericht bestellte Gründungsprüfer und der von den Gründern bestellte Abschlußprüfer können jedoch identisch sein. Die Bestellung zum Abschlußprüfer begründet keine Befangenheit nach § 33 Abs. 5 AktG.[91] Den-

---

[89] So auch Großkommentar zum Aktiengesetz/*Röhricht*, § 33 Rn. 6.
[90] Vgl. insofern die vorstehenden Ausführungen zum Gründungsbericht.
[91] Ebenso Münchener Handbuch des Gesellschaftsrechts/*Hoffmann-Becking*, Band 4, § 3 Rn. 18.

noch tun sich in der Praxis einige Registergerichte – insbesondere bei Sachgründung und Umwandlung – mit der Bestellung des Abschlußprüfers zum Gründungsprüfer schwer. Um Verzögerungen durch eine vom Registergericht veranlaßte Anhörung der Industrie- und Handelskammer zu einem anderen Gründungsprüfer als dem Abschlußprüfer zu vermeiden, sollte dieser Punkt vorab mit dem Registergericht – wenn möglich – abgeklärt werden.[92]

3. Prüfungsbericht

Der Umfang der Prüfung durch den Gründungsprüfer deckt sich nach § 34 Abs. 1 AktG mit dem, was Vorstand und Aufsichtsrat zu prüfen haben.[93] Auch der Gründungsprüfer hat nach § 34 Abs. 2 S. 1 AktG über seine Prüfung schriftlich zu berichten. Nach § 34 Abs. 3 AktG ist je ein Stück des Berichts des Gründungsprüfers dem Gericht und dem Vorstand einzureichen. Jedermann kann den Bericht beim Registergericht ohne Nachweis eines rechtlichen oder wirtschaftlichen Interesses gebührenfrei einsehen. Mit dem Gesetz für kleine Aktiengesellschaften und zur Deregulierung des Aktienrechts ist die früher erforderliche Einreichung eines Stücks des Berichts bei der Industrie- und Handelskammer entfallen. Von der nach § 34 Abs. 3 S. 2 AktG a.F. bestehenden Möglichkeit der Einsichtnahme in den Prüfungsbericht bei der Industrie- und Handelskammer wurde nach den Erfahrungen der Kammerpraxis kein Gebrauch gemacht.[94] Auf der anderen Seite war mit der Hinterlegung des Prüfungsberichts ein nicht unerheblicher Verwaltungsaufwand verbunden, der daraus resultierte, daß vielen Unternehmen diese Hinterlegungspflicht nicht bekannt war.[94] Die deshalb notwendigen Zwischenverfügungen der Registergerichte bei der Anmeldung der Gesellschaft führten zu einer Verzögerung des Eintragungsverfahrens, die nicht gerechtfertigt war, weil die Hinterlegung des Gründungsberichts bei der Kammer keinen eigenständigen praktischen Nutzen hatte.

---

[92] Bei der Bargründung kommt der Prüfer als Gründungsprüfer erstmalig mit der Gesellschaft in Kontakt, so daß Parteilichkeit etc. auch bei einer Bestellung zum Abschlußprüfer nicht zu befürchten steht. Bei der Umwandlung und Sachgründung unter Einbringung eines Unternehmens oder Unternehmensteils sprechen aus Sicht der Gründer und der Gesellschaft insbesondere Beschleunigungseffekte für die Bestellung des bisherigen Abschlußprüfers als Gründungsprüfer. Dieser kennt das Unternehmen, den Unternehmensteil aus früheren Prüfungen bereits. Eine Einarbeitungszeit ist in der Regel nicht erforderlich. Die Gründungsprüfung kann schneller abgeschlossen werden als bei einem Gründungsprüfer, dem das Unternehmen/der Unternehmensteil unbekannt ist. Nach § 323 HGB ist der Abschlußprüfer zur gewissenhaften und unparteiischen Prüfung verpflichtet. Ein Verstoß zieht Schadensersatzpflichten nach sich. In § 49 AktG wird für die Verantwortlichkeit des Gründungsprüfers auf diese Vorschrift des HGB verwiesen. Angesichts der Verpflichtung zur Unparteilichkeit spricht zumindest in der Regel nichts dagegen, den bisherigen Abschlußprüfer auch zum Gründungsprüfer zu bestellen. Bestehen konkrete Anhaltspunkte für eine Parteilichkeit des Abschlußprüfers, scheidet eine Bestellung als Gründungsprüfer selbstverständlich aus.
[93] Vgl. daher 2. Kapitel B.VIII.
[94] BTDrucks. 12/6721 S. 7; *Seibert/Köster/Kiem*, Die kleine AG, 3. Auflage 1996, S. 53 f. Rn. 59.

X. Handelsregisteranmeldung

1. Anmeldepflichtige

Alle Gründer, alle Mitglieder des Vorstands und alle Mitglieder des Aufsichtsrats müssen die Gesellschaft gemäß § 36 Abs. 1 AktG zur Eintragung in das Handelsregister anmelden. Anmeldepflichtig sind auch stellvertretende Vorstandsmitglieder (§ 94 AktG). Die Ersatzmitglieder des Aufsichtsrats – sofern sie noch nicht in den Aufsichtsrat eingerückt sind – sind nicht anmeldepflichtig.[95] Ob die Anmeldung höchstpersönlich vorgenommen werden muß oder Vertretung zulässig ist, ist umstritten. Die Zulässigkeit der rechtsgeschäftlichen Vertretung ist wegen der aus §§ 46, 48, 399 AktG folgenden persönlichen Verantwortlichkeit der Anmeldepflichtigen richtigerweise abzulehnen.[96] Eine gesetzliche bzw. organschaftliche Vertretung, die nur bei den Gründern in Betracht kommt, ist zulässig.[97]

Die Gründer sind untereinander privatrechtlich aus der Satzung verpflichtet, die Anmeldung vorzunehmen. Für die Mitglieder des Vorstands und des Aufsichtsrats folgt die Mitwirkungspflicht aus ihrer Organstellung. Es ist streitig, ob die Anmeldung klageweise durchgesetzt werden kann.[98] Dies ist im Ergebnis zu bejahen, da das Vorliegen der Anmeldevoraussetzungen einer gerichtlichen Prüfung zugänglich ist.[99] Verweigern einzelne Gründer die Mitwirkung, ist die Klage von den übrigen Gründern gegen die sich weigernden Gründer zu richten. Die Mitwirkungsverpflichtung folgt aus dem Gesellschaftsverhältnis. Anspruchsberechtigt und damit klagebefugt sind daher die Mitgründer. Weigern sich Vorstands- oder Aufsichtsratsmitglieder, verletzen sie ihre Pflichten als Organmitglied gegenüber der Gesellschaft. Es klagt dann die Aktiengesellschaft in Gründung, vertreten durch den Vorstand (wenn sich ein Aufsichtsratsmitglied weigert) oder vertreten durch den Aufsichtsrat (wenn sich ein Vorstandsmitglied weigert) gegen das betreffende Organmitglied. Das rechtskräftige Urteil ersetzt entsprechend § 16 HGB die fehlende Erklärung.[100]

2. Inhalt und Form

Die Anmeldung der Bargründung zum Handelsregister darf erst erfolgen, wenn auf jede Aktie der im Gründungsprotokoll oder später eingeforderte Betrag ordnungsgemäß eingezahlt worden ist (§ 36 Abs. 2 S. 1 AktG). Bei Bareinlagen muß der eingeforderte Betrag mindestens ein Viertel des Nennbetrages der Aktie und das gesamte Aufgeld umfassen (§ 36a Abs. 1 AktG). Bei einer Einpersonengründung ist dar-

---

[95] Kölner Kommentar Aktiengesetz/*Kraft*, § 36 Rn. 12; *Hüffer*, Aktiengesetz, § 36 Rn. 3 a.
[96] Vgl. zum Meinungsstand *Hölters* im Münchener Vertragshandbuch Form. V. 9 Anm. 2; *Hüffer*, Aktiengesetz, § 36 Rn. 4.
[97] So auch Großkommentar Aktiengesetz/*Röhricht*, § 36 Rn. 17; *Hüffer*, Aktiengesetz, § 36 Rn. 4.
[98] Vgl. zum Meinungsstand *Hüffer*, Aktiengesetz, § 36 Rn. 5.
[99] Nach a.A. (*Godin/Wilhelmi*, Aktiengesetz, § 36 Rn. 3; Kölner Kommentar Aktiengesetz/*Kraft*, § 36 Rn. 18 f.) kommt nur Abberufung oder Schadenersatz in Betracht.
[100] A.A. Kölner Kommentar Aktiengesetz/*Kraft*, § 36 Rn. 18.

über hinaus nachzuweisen, daß die Sicherung nach § 36 Abs. 2 S. 2 AktG bestellt ist. Die Anmeldenden haben in der Anmeldung zu erklären, daß diese Voraussetzungen erfüllt sind (§ 37 Abs. 1 S. 1 AktG). Es ist darüber hinaus nachzuweisen, daß der Betrag endgültig zur freien Verfügung des Vorstands steht (§ 37 Abs. 1 S. 2 AktG). Der Nachweis erfolgt regelmäßig durch Bankbescheinigung (vgl. § 37 Abs. 1 S. 3 AktG).[101] Die Anmeldung bedarf der öffentlich beglaubigten Form.[102]

In der Anmeldung hat der Vorstand zu versichern, daß keine Umstände vorliegen, die seiner Bestellung nach § 76 Abs. 3 Satz 3 und 4 AktG entgegenstehen (§ 37 Abs. 2 S. 1 AktG). In der Anmeldung ist weiter anzugeben, welche Vertretungsbefugnis die Vorstandsmitglieder haben (§ 37 Abs. 3 AktG). Die Vorstandsmitglieder haben ihre Namensunterschrift zur Aufbewahrung beim Gericht zu zeichnen (§ 37 Abs. 5 AktG). Die Anmeldung muß darüber hinaus die genaue Anschrift der Geschäftsräume der Gesellschaft enthalten (§ 24 HRV).

Der Anmeldung sind weiterhin die in § 37 Abs. 4 AktG aufgeführten Unterlagen beizufügen.

3. Bestellung einer Sicherung bei der Einpersonengründung

a) Gesetzesänderung

Mit dem Gesetz für kleine Aktiengesellschaften und zur Deregulierung des Aktienrechts wurde in § 36 Abs. 2 AktG ein Satz 2 angefügt, wonach der alleinige Gründer für den Teil der Geldeinlage, der den eingeforderten Betrag übersteigt, eine Sicherung zu bestellen hat. Die Verpflichtung zur Bestellung einer Sicherung besteht nur im Falle der nicht vollständig erbrachten Geldeinlage. Die Regelung dient der Sicherung der Kapitalaufbringung und als Ausgleich für den Verzicht auf das Erfordernis mehrerer Gründer.[103] § 36 Abs. 2 S. 2 AktG findet nur auf die Gründung durch einen Gründer Anwendung. Die Gesetzesformulierung („Wird die Gesellschaft durch eine Person errichtet,...") ist eindeutig. Diese Regelung findet also keine (auch nicht entsprechende) Anwendung, wenn sich mehrere Personen an der Gründung beteiligen. Dies gilt auch dann, wenn es sich bei den weiteren Personen um Strohmänner, Treuhänder oder von einem Aktionär abhängige Unternehmen handelt. In diesen Fällen bestand bereits nach der alten Rechtslage (sofern die Anzahl von fünf Gründern erreicht wurde) die Möglichkeit zur Gründung einer Aktiengesellschaft, ohne daß für eine ausstehende Bareinlage eine Sicherung zu bestellen war. Es ist nicht ersichtlich, daß der Gesetzgeber hieran etwas ändern wollte[104], zumal die Sicherungsbestellung ausdrücklich als Folgeänderung zur Zulassung der

---

[101] Siehe dazu auch Muster I.4. im Anhang.
[102] Siehe zum Inhalt und den der Anmeldung beizufügenden Unterlagen auch Muster I.9. im Anhang.
[103] BTDrucks. 12/6721, S. 7 f.; *Seibert/Kiem*, Handbuch der kleinen AG, S. 37 Rn. 96; *Lutter*, AG 1994, 429, 431.
[104] So auch *Lutter*, AG 1994, 429, 431.

Einpersonengründung bezeichnet wird.[105] Als alleiniger Gründer kommt jeder in Betracht, der sich auch ansonsten als Gründer beteiligen kann.[106] Eine Gesamthandsgemeinschaft gilt dabei als ein Gründer.

b) Bestellung, Art und Höhe der Sicherung

Als Sicherheit kommen zunächst wie bei § 7 Abs. 2 S. 3 GmbHG die in § 232 BGB genannten Sicherheiten in Betracht.[107] In Übereinstimmung mit § 7 Abs. 2 Satz 3 GmbHG wird in § 36 Abs. 2 S. 2 AktG der Begriff „Sicherung" statt „Sicherheit" verwandt. Dadurch wird deutlich, daß die Sicherung nicht auf die in § 232 BGB genannten Sicherheiten beschränkt ist, sondern daß auch andere Sicherungsmittel ausreichend sind, sofern sie wirtschaftlich gleichwertig sind.[108] Als Sicherung kommen daher auch Grundschulden, Sicherungsübereignungen und -abtretungen, Bürgschaften, Garantien oder Mitschuldnerschaft eines solventen Dritten in Betracht.[109] Der Wert der Sicherung muß den Wert der ausstehenden Bareinlage erreichen oder überschreiten. Bei einer gemischten Einlage ist nur für den ausstehenden Teil der Bareinlage eine Sicherung zu bestellen. Die Wahl unter verschiedenen geeigneten Sicherungsmitteln steht dem Gründer zu.[110] Die Bestellung der Sicherung hat vor der Anmeldung zu erfolgen. Die Gesellschaft muß die Sicherung vorbehaltlos und endgültig erworben und die uneingeschränkte Möglichkeit erhalten haben, sich gegebenenfalls wegen fälliger Bareinlagen aus ihr zu befriedigen.[111]

c) Inhalt der Anmeldung

Nach § 37 Abs. 1 Satz 1 AktG ist in der Anmeldung zu erklären, daß die Voraussetzungen des § 36 Abs. 2 AktG vorliegen. Bei der Einpersonengründung müssen die Anmeldepflichtigen daher auch erklären, daß die Sicherung bestellt wurde.[112] Es ist dabei anzugeben, welcher Art die Sicherung ist, wie sie bestellt wurde und welchen Wert sie hat, damit eine ausreichende registergerichtliche Kontrolle möglich ist.[113] Die Regelung ist nach der Begründung im Initiativentwurf[114] entsprechend den Regelungen in §§ 7 Abs. 2 S. 3 und 8 Abs. 2 S. 2 GmbHG gefaßt worden.[115]

---

[105] So die Begründung im Initiativentwurf BTDrucks. 12/6721, S. 7.
[106] Siehe 2. Kapitel B. II. 2.
[107] Hinterlegung von Geld oder börsengängigen Wertpapieren, die Bestellung von Hypotheken an inländischen Grundstücken oder die Verpfändung beweglicher Sachen.
[108] *Lutter* AG 1994, 429, 431.
[109] Für die GmbH: Scholz/*Winter*, GmbHG, § 7 Rn. 42; Lutter/*Hommelhoff*, GmbHG, § 7 Rn. 7.
[110] Für die GmbH: Scholz/*Winter*, GmbHG, § 7 Rn. 43.
[111] Für die GmbH: Scholz/*Winter*, GmbHG, § 7 Rn. 44; Hachenburg/*Ulmer*, GmbHG, § 7 Rn. 68.
[112] BTDrucks. 12/6721, S. 8.
[113] *Drüke* WiB 1994, 265, 266; *Bösert* DStR 1994, 1423, 1424.
[114] BTDrucks. 12/6721, S. 8.
[115] Im GmbH-Recht ist anerkannt, daß die angeführten Kriterien anzuwenden sind, vgl. Scholz/*Winter*, GmbHG, § 8 Rn. 25 m.w.N.

B. Bargründung

d) Erwähnung im Gründungsbericht und Gründungsprüfungsbericht

Ob die Bestellung der Sicherung im Gründungsbericht und in den Gründungsprüfungsberichten Erwähnung findet, hängt vom Zeitpunkt ihrer Bestellung ab. Nach § 36 Abs. 2 AktG ist die Bestellung der Sicherung Voraussetzung für die Anmeldung der Gesellschaft zum Handelsregister. Die Sicherung kann folglich noch unmittelbar vor der Anmeldung bestellt werden. Da die Sicherungsbestellung im Zeitpunkt des Gründungsberichts und der Gründungsprüfung noch nicht erfolgt sein muß, kann sie dann in diesem auch keine Erwähnung finden. Sofern die Sicherung bereits im Zeitpunkt des Gründungsberichts bzw. der Gründungsprüfung bestellt wurde, wird sie als Teilaspekt des Hergangs der Gründung von den Regelungen in § 32 Abs. 1 bzw. § 33 Abs. 1 AktG erfaßt.[116] In diesem Falle ist über sie im Gründungsbericht zu berichten, und auf sie erstreckt sich die Gründungsprüfung.

e) Erledigung des Sicherungszwecks

Erledigt sich der Sicherungszweck – auch schon vor Eintragung der Aktiengesellschaft – durch vollständige Leistung, oder führt eine Kapitalherabsetzung zur Beseitigung der restlichen Einlagepflicht, wird die Sicherung frei. Der Gründer kann die Sicherung zurückverlangen.[117] Leistet der Gründer einen Teil der ausstehenden Einlage, kann er einen entsprechenden Teil der Sicherung zurückverlangen, wenn diese ohne weiteres teilbar ist.[118] Der Beitritt eines weiteren Aktionärs läßt die Sicherung nicht frei werden. Anderenfalls würde bereits der Verkauf einer einzigen Aktie an einen außenstehenden Dritten zur Freigabe der Sicherung genügen. Dieser weitere Aktionär müßte jedoch gegenüber der Gesellschaft nicht für die Kapitalaufbringung die (Mit-)Verantwortung übernehmen. Er haftet nicht wie der Gründer nach § 46 Abs. 1 AktG für die Richtigkeit und Vollständigkeit der Angaben gegenüber dem Registergericht, die Eignung der Zahlstelle und dafür, daß die tatsächlich eingezahlten Beträge in die endgültig freie Verfügung des Vorstands gelangt sind.[119]

f) Nicht ordnungsgemäß bestellte oder unzureichende Sicherung

Das Registergericht hat zu prüfen, ob die Sicherung ordnungsgemäß erbracht wurde, insbesondere ob die Sicherung der Art nach geeignet und der Höhe nach ausreichend ist. Im Rahmen der Prüfung der ordnungsgemäßen Anmeldung nach § 38 Abs. 1 Satz 1 AktG sind das Vorliegen der Erklärungen nach § 37 Abs. 1 AktG sowie

---

[116] Münchener Kommentar AktG/*Pentz*, § 34 Rn. 12.
[117] Für die GmbH: Rowedder/*Rittner*, GmbHG, § 7 Rn. 34.
[118] Rowedder/*Rittner*, GmbHG, § 7 Rn. 34.
[119] Ebenso *Lutter* AG 1994, 429, 432; *Ammon/Görlitz*, S. 38; für die GmbH wird demgegenüber ein Freiwerden der Sicherung beim Beitritt eines zweiten Gesellschafters bejaht. Vgl. statt aller Scholz/*Winter*, GmbHG, § 7 Rn. 45. Die Situation bei der Aktiengesellschaft ist jedoch wegen der fehlenden Ausfallhaftung (entsprechend § 24 GmbHG) eine andere.

deren Richtigkeit zu prüfen.[120] Die Bestellung der Sicherung nach § 36 Abs. 2 S. 2 AktG ist Inhalt der Anmeldung nach § 37 Abs. 1 S. 1 AktG. Das Registergericht kann nicht die Bestellung einer bestimmten Sicherung verlangen.[121] Ist die Sicherung nicht ordnungsgemäß erbracht, ist die Eintragung nach § 38 Abs. 1 S. 2 AktG abzulehnen. Der Mangel der Sicherung kann durch Erbringen einer anderen Sicherung behoben werden. Wird die Sicherung ihrer Art und Höhe nach geändert, ist auch die Anmeldung entsprechend zu ergänzen. Das Registergericht hat wegen der Behebbarkeit des Eintragungshindernisses zunächst im Wege der Zwischenverfügung eine Frist zur ordnungsgemäßen Erbringung der Sicherung zu setzen (vgl. § 26 HRV).[122] Erst bei fruchtlosem Ablauf der Frist muss es die Eintragung ablehnen.[123]

Trägt das Registergericht trotz fehlender oder unzureichender Sicherung ein, entsteht die Aktiengesellschaft wirksam. Die Voraussetzungen der Nichtigkeitsklage (§ 275 AktG) oder der Löschung oder Auflösung nach §§ 144, 144a FGG liegen nicht vor. Der Gesetzgeber hat auch keine Regelung in das Aktiengesetz eingefügt, die dem Registergericht eine Erzwingung der Sicherung ermöglicht. Für die GmbH wird die analoge Anwendung des § 144b FGG vertreten. Nach dieser Regelung kann das Registergericht die Gesellschaft auflösen, wenn der GmbH-Gesellschafter der Verpflichtung nach § 19 Abs. 4 GmbHG nicht nachkommt.[124] Um diese Vorschrift (§ 144b FGG) auf die Sicherung bei der Aktiengesellschaft anzuwenden, wäre gar eine doppelte Analogie erforderlich, deren Zulässigkeit angesichts der Rechtsfolgen (Auflösung) sowie der ausdrücklichen gesetzlichen Regelung der gerichtlichen Auflösung der Aktiengesellschaft in § 396 AktG (dessen Voraussetzungen nicht vorliegen) zu verneinen ist.

Das Registergericht kann die Bestellung der Sicherung auch nicht nach § 14 HGB erzwingen. Das Registergericht kann fehlende Unterlagen anfordern und deren Einreichung durch Zwangsgeld nach § 14 HGB erzwingen, wenn die Aktiengesellschaft trotz Eintragungshindernissen eingetragen wurde.[125] Der potentielle Nachteil einer fehlenden oder unzureichenden Sicherung für die Gesellschaft ist zwar höher einzustufen als der nicht eingereichter Unterlagen. In § 14 HGB sind jedoch die Fälle, in denen vom Registergericht Ordnungsstrafen verhängt werden können, abschließend aufgeführt.

Haben der Gründer und/oder die Vorstands-/Aufsichtsratsmitglieder in der Anmeldung über die Sicherung falsche Angaben gemacht oder wesentliche Umstände verschwiegen, greift der Straftatbestand des § 399 Abs. 1 Nr. 1 AktG ein.

---

[120] *Hüffer*, Aktiengesetz, § 38 Rn. 6.
[121] Für die GmbH: Scholz/*Winter*, GmbHG, § 7 Rn. 43.
[122] Vgl. *Jansen*, FGG, 2. Band, § 128 Rn. 30 ff.; Kölner Kommentar Aktiengesetz/*Kraft* § 39 Rn. 7; *Hüffer*, Aktiengesetz, § 38 Rn. 16.
[123] So auch *Hüffer*, Aktiengesetz, § 38 Rn. 16.
[124] Für eine analoge Anwendung bei der GmbH Scholz/*Winter* GmbHG § 7 Rn. 47; Hachenburg/*Ulmer*, § 7 Rn. 55.
[125] So auch *Hüffer*, Aktiengesetz, § 37 Rn. 19; Kölner Kommentar Aktiengesetz/*Kraft*, § 39 Rn. 10.

Wird die Sicherung – bei fortbestehendem Sicherungszweck – später unzureichend, hat der Gründer sie zu ergänzen oder eine anderweitige Sicherung zu bestellen.[126] Hierauf hat der Vorstand hinzuwirken. Der Vorstand ist nach § 63 Abs. 1 S. 1 AktG für die Einforderung der ausstehenden Bareinlage zuständig. Es ist dann nur folgerichtig, daß er auch die Werthaltigkeit der als Sicherheit dafür bestellten Sicherung zu überwachen und gegebenenfalls einzugreifen hat. Anders als bei der Aufforderung nach § 63 Abs. 1 S. 1 AktG[127] hat der Vorstand bei der Sicherung jedoch kein Ermessen. Wird die Sicherung unzureichend, hat er einzugreifen. Anderenfalls würde der Zweck der Sicherung der Kapitalaufbringung unterlaufen. Fordert der Vorstand nicht ein, handelt er pflichtwidrig. Ist die ausstehende Einlage später nicht zu erlangen, sind die Vorstandsmitglieder der Gesellschaft zum Schadenersatz verpflichtet. Der Anspruch wird bei der Einpersonengesellschaft voraussichtlich nicht von der Gesellschaft, aber gegebenenfalls von ihren Gläubigern im Wege der Pfändung verfolgt werden.

XI. Haftung

1. Gründer

Jeder Gründer haftet für die Leistung der von ihm übernommenen Bareinlage. Das ergibt sich aus seinem Bareinlageversprechen, das er im Gründungsprotokoll abgegeben hat. Die Fälligkeit der Leistung kann sich aus dem Gründungsprotokoll selbst ergeben oder mangels einer solchen Festlegung durch Zahlungsaufforderung entstehen.

Die Gründer (§ 46 Abs. 1 bis 4 AktG) sind weiter für die Richtigkeit und Vollständigkeit der zum Zwecke der Gründung gemachten Angaben verantwortlich, insbesondere bei Abfassung des Gründungsberichts, sowie bei Nennung von Sondervorteilen und Gründungsaufwand. Neben den Gründern haften die Gründungsgehilfen gemäß § 46 Abs. 5 AktG und sonstige Personen (§ 47 AktG), letztere jedoch nur beim Vorliegen von schweren, insbesondere vorsätzlichen, wissentlichen oder grob fahrlässigen Verstößen bestimmter Art. Die Verantwortlichen haften als Gesamtschuldner. Die Ansprüche der Gesellschaft verjähren in fünf Jahren. Die Verjährung beginnt mit der Eintragung der Gesellschaft oder – wenn die zum Ersatz verpflichtende Handlung später begangen worden ist – mit der Vornahme der Handlung (§ 51 AktG). Die Gesellschaft kann auf Erstattungsansprüche gemäß § 50 AktG nur verzichten oder sich über diese vergleichen, wenn die Gesellschaft drei Jahre im Handelsregister eingetragen ist, die Hauptversammlung zugestimmt hat und keine Minderheit von Aktionären, die zusammen ein Zehntel des Grundkapitals erreichen, Widerspruch erhoben hat.

---

[126] So für die GmbH: Rowedder/*Rittner*, GmbHG, § 7 Rn. 33; Scholz/*Winter*, GmbHG, § 7 Rn. 44.

[127] Vgl. zum Ermessen *Geßler/Hefermehl/Eckardt/Kropff*, Aktiengesetz, § 63 Rn. 19.

2. Vorstand und Aufsichtsrat

Soweit die Mitglieder des Vorstands vor der Eintragung der Aktiengesellschaft für diese handeln, haften sie als Gesamtschuldner gemäß § 41 Abs. 1 S. 2 AktG persönlich. Die Handelndenhaftung erlischt mit Eintragung, wenn die Aktiengesellschaft die Verpflichtung nach § 41 Abs. 2 AktG übernimmt.

Die Mitglieder des Vorstands und Aufsichtsrats haben im Gründungsstadium bereits die allgemeinen Sorgfaltspflichten aus § 93 und § 116 AktG, deren Nichtbeachtung sie zum Schadensersatz verpflichtet. Verletzen die Mitglieder des Vorstands und Aufsichtsrats bei der Gründung ihre Pflichten, so ergibt sich ihre Verantwortlichkeit aus § 48 AktG. Vorstand und Aufsichtsrat sind insbesondere dafür verantwortlich, daß die Zahlstelle (das Kreditinstitut, bei dem die Einlage einzuzahlen ist) hierzu geeignet ist und daß die eingezahlten Beträge zur freien Verfügung des Vorstands stehen. Hinsichtlich der Verjährung, des Verzichts auf und des Vergleichs über Ersatzansprüche gegenüber den Mitgliedern des Vorstands und Aufsichtsrats gilt das vorstehend zu den Gründern unter Ziffer XI.1. Ausgeführte entsprechend.

3. Gründungsprüfer

Für die Verantwortlichkeit des Gründungsprüfers gilt § 323 Abs. 1 bis 4 HGB über die Verantwortlichkeit des Abschlußprüfers sinngemäß (§ 49 AktG). Der Gründungsprüfer hat die Pflicht zur gewissenhaften und unparteiischen Prüfung und zur Verschwiegenheit (§ 323 Abs. 1 S. 1 HGB). Schuldhafte Pflichtverletzungen begründen einen Schadenersatzanspruch der Gesellschaft (§ 323 Abs. 1 S. 3 HGB). Vertragliche Abweichungen zu Lasten der Gesellschaft sind nicht zulässig (§ 323 Abs. 4 HGB). Der Prüfer kann dem Anspruch der Gesellschaft nicht entgegenhalten, daß sie (die Gesellschaft) ohne die Pflichtverletzung nicht entstanden wäre.[128] Bei Fahrlässigkeit ist die Haftung des Prüfers auf eine Million EURO für eine Prüfung beschränkt (§ 323 Abs. 2 S. 1 HGB). Bei Prüfung einer Aktiengesellschaft, die Aktien mit amtlicher Notierung ausgegeben hat, beschränkt sich die Ersatzpflicht bei Fahrlässigkeit für eine Prüfung auf vier Millionen EURO (§ 323 Abs. 2 S. 2 HGB). Die Verjährung richtet sich nach § 51 AktG (fünf Jahre), nicht nach § 323 Abs. 5 HGB.[129]

---

[128] BGHZ 64, 52, 57.
[129] *Hüffer*, Aktiengesetz, § 49 Rn. 4; zwar ist die Frist von fünf Jahren nach beiden Vorschriften gleich, der Fristbeginn ist jedoch abweichend geregelt.

C. Sachgründung

I. Überblick

Die Sachgründung erfolgt in folgenden Abwicklungsschritten:
- Errichtung der Aktiengesellschaft in Form der notariellen Beurkundung sowie Feststellung der Satzung im notariellen Errichtungsprotokoll. Die Satzung enthält zumeist den Hinweis auf den Einbringungsvertrag, in dem die Einzelheiten der Erbringung der Sacheinlage geregelt werden;
- Wahl des ersten Aufsichtsrats und Bestellung des Vorstands durch den ersten Aufsichtsrat;
- Gründungsbericht der Gründer;
- Der Gründungsprüfungsbericht der Mitglieder des Vorstands und des Aufsichtsrats kann erst erfolgen, nachdem der Gründungsbericht vorliegt.
- Gründungsprüfungsbericht des oder der Gründungsprüfer. Da die Gründungsprüfer vom Amtsgericht des Sitzes der Gesellschaft nach Anhörung der Industrie- und Handelskammer bestellt werden (§ 33 Abs. 3 S. 1 AktG), empfiehlt es sich, die Stellungnahme der Industrie- und Handelskammer bereits unmittelbar vor oder nach Errichtung der Gesellschaft einzuholen. Es sollte mit der Industrie- und Handelskammer abgestimmt werden, zu welchem Zeitpunkt sie frühestens bereit ist, eine Stellungnahme abzugeben. Eine zeitliche Reihenfolge für den Gründungsprüfungsbericht der Mitglieder des Vorstands und des Aufsichtsrats und der Gründungsprüfer ist nicht vorgesehen. In der Praxis wird der Gründungsprüfungsbericht der Mitglieder des Vorstands und des Aufsichtsrats den Gründungsprüfern bei ihrem Bericht meist vorliegen.
- Die Anmeldung zum Handelsregister kann erfolgen, wenn die vorstehend genannten Voraussetzungen vorliegen;
- Bekanntmachung der Eintragung.

Die dingliche Erfüllung der Sacheinlageverpflichtung kann, muß aber nicht vor der Eintragung der Aktiengesellschaft in das Handelsregister erfolgen (§ 36 Abs. 2 S. 1 i.V.m. § 36a Abs. 2 AktG).[130]

II. Gründungsprotokoll

1. Besonderheiten bei der Sachgründung

Im Aktiengesetz werden als Formen der Sachgründung die Gründung durch Sacheinlagen und durch Sachübernahmen unterschieden (§ 27 AktG). Bei einer Sachein-

---

[130] Dies ist umstritten, vgl. hierzu die Ausführungen unter C. X. 1.

lage bringt ein Gründer einen Vermögensgegenstand als Gegenleistung für die von ihm übernommenen Aktien ein. Bei der Sachübernahme erhält der Einbringende von der Gesellschaft eine andere Gegenleistung als Aktien. Der Einbringende muß bei der Sachübernahme daher nicht notwendigerweise zu den Gründern gehören. Beide Formen der Sachgründung können miteinander kombiniert werden. Hinsichtlich des Gründungsprotokolls gilt auch für die Sachgründung das vorstehend unter B. II. und III. zur Bargründung Ausgeführte entsprechend. Ergänzend ist zu beachten: Über die nach § 23 Abs. 3 und 4 AktG erforderlichen Bestandteile hinaus sind bei der Sachgründung nach § 27 Abs. 1 AktG weitere Festsetzungen in der Satzung erforderlich. Es müssen insbesondere festgesetzt werden:

– der Gegenstand der Sacheinlage oder Sachübernahme;
– die Person, von der die Gesellschaft den Gegenstand erwirbt;
– der Nennbetrag, bei Stückaktien die Zahl der bei der Sacheinlage zu gewährenden Aktien oder die bei der Sachübernahme zu gewährende Vergütung.

Fehlen die nach § 27 Abs. 1 AktG erforderlichen Festsetzungen, führt dies zur Ablehnung der Eintragung, wenn der Mangel nicht behoben wird. Ist gleichwohl eingetragen worden, so entsteht die Aktiengesellschaft. Sacheinlage- und Sachübernahmevereinbarung sowie Vollzugsgeschäfte sind gegenüber der Aktiengesellschaft unwirksam (§ 27 Abs. 3 S. 1 AktG). Fehlende Einlagen einschließlich Agio sind durch Geldleistung zu erbringen (§ 27 Abs. 3 S. 3 AktG).

Gegenstand der Sacheinlage oder Sachübernahme können alle Vermögensgegenstände sein, deren wirtschaftlicher Wert feststellbar ist (§ 27 Abs. 2 1. HS AktG). Als Gegenstand der Sacheinlage oder Sachübernahme scheiden jedoch Verpflichtungen zu Dienstleistungen aus (§ 27 Abs. 2 2. HS AktG). Der Gegenstand der Sacheinlage muß in der Satzung so genau bezeichnet werden, daß Zweifel über seine Identität ausgeschlossen und seine einzelnen Merkmale zumindest bestimmbar sind.[131] Welche Festsetzungen bei der Sacheinlage in die Satzung aufgenommen werden müssen, ergibt sich aus § 27 Abs. 1 AktG. Da eine mangelhafte und unvollständige Festsetzung der Sacheinlage unwirksam ist, sollte bei Zweifeln, ob eine Abrede zu den notwendigen Festsetzungen gehört, eine Aufnahme in die Satzung erfolgen. Über § 27 Abs. 1 AktG hinausgehende Nebenabreden brauchen nicht in die Satzung aufgenommen zu werden.[132] Sicherheitshalber sollten sämtliche Nebenabreden in eine Anlage zur Satzung aufgenommen werden. Auch bei nicht notwendig in die Satzung aufzunehmenden Nebenabreden ist das Bestimmtheitserfordernis zu beachten, damit Streit über den Umfang der eingebrachten Vermögensgegenstände vermieden wird.[133]

---

[131] Kölner Kommentar Aktiengesetz/*Kraft*, § 27 Rn. 54; *Geßler/Hefermehl/Eckardt/Kropff*, Aktiengesetz, § 27 Rn. 51.
[132] *Hölters* im Münchener Vertragshandbuch, V. 20 Anm. 6; Kölner Kommentar Aktiengesetz/*Kraft*, § 27 Rn. 54 ff.; a.A. Großkommentar Aktiengesetz/*Röhricht*, § 27 Rn. 135.
[133] *Hölters* im Münchener Vertragshandbuch, V. 20 Anm. 6.

2. Einbringungsvertrag

Von den Festsetzungen über die Sacheinlage in der Satzung ist der Einbringungsvertrag (Sacheinlagenvertrag) zu unterscheiden. Im Einbringungsvertrag wird in der Regel die Verpflichtung zur Einbringung der Sacheinlage noch einmal in detaillierterer Form als in der Satzung begründet und das dingliche Übertragungsgeschäft niedergelegt.

Der Einbringungsvertrag kann formell außerhalb der Satzung vereinbart werden. Er bedarf nur dann der notariellen Beurkundung, wenn dies nach allgemeinen Vorschriften – wegen des Gegenstandes der Sacheinlage – erforderlich ist (zum Beispiel bei einer Verpflichtung zur Übertragung eines Grundstücks, § 311b Abs. 1 BGB). Neben den Angaben in der Satzung wird im Einbringungsvertrag der Einbringungsgegenstand – insbesondere bei der Einbringung von Sachgesamtheiten – näher konkretisiert. Darüber hinaus werden die Modalitäten der Einbringung (Fälligkeit der Einbringungsverpflichtungen, wirtschaftlicher Stichtag zur Abgrenzung der Erträge und Verluste aus den einzubringenden Gegenständen, die Haftung bei Sach- oder Rechtsmängeln) geregelt. Wenn die Sacheinlage sofort bewirkt werden soll, enthält der Einbringungsvertrag auch das dingliche Erfüllungsgeschäft.

3. Wert der Sacheinlage

Der Einbringungsvertrag ist nicht zuletzt von Bedeutung für die Bewertung der Sacheinlage. Gemäß § 9 Abs. 1 AktG dürfen die Aktien nicht für einen geringeren Betrag als den Nennbetrag oder den auf die einzelne Stückaktie entfallenden anteiligen Betrag des Grundkapitals ausgegeben werden. Eine Unterpariausgabe ist danach untersagt. Der Wert der Sacheinlage muß mindestens den Nennbetrag oder bei Stückaktien dem auf die einzelne Stückaktie entfallenden anteiligen Betrag des Grundkapitals der dafür gewährten Aktien erreichen.

Durch die aktienrechtlichen Kapitalaufbringungsvorschriften soll lediglich sichergestellt werden, daß die Gesellschaft nicht unangemessen gut dargestellt wird. Ein Verweis auf die handelsrechtlichen Bewertungsvorschriften fehlt im Aktiengesetz. Nach § 9 Abs. 1 AktG ist nur die Unterpariausgabe von Aktien untersagt. Die Ausgabe zu einem höheren Betrag ist nach § 9 Abs. 2 AktG ausdrücklich zulässig. Weder aus dieser Vorschrift noch aus § 27 AktG ergibt sich jedoch eine Verpflichtung, bei einer Sacheinlage den Mehrwert durch Festsetzung eines Agios/Aufgelds aufzudecken. Die Gründer haben daher ein Wahlrecht, ob sie den Mehrwert aufdecken oder nicht. Eine Unterbewertung ist unbeschränkt zulässig.[134]

---

[134] So auch Kölner Kommentar Aktiengesetz/*Kraft*, § 9 Rn. 25, § 27 Rn. 27; Großkommentar zum Aktiengesetz/*Brändel*, § 9 Rn. 31; a.A. *Hüffer*, Aktiengesetz, § 27 Rn. 27, § 34 Rn. 3; *Geßler/Hefermehl/Eckardt/Kropff*, Aktiengesetz, § 27 Rn. 36, die nur eine geringfügige Unterbewertung, nicht jedoch die Bildung von Willkürreserven für zulässig erachten.

4. Exkurs: Eröffnungsbilanz

Ist die Sacheinlage im Errichtungsprotokoll mit einem niedrigeren Wert als dem Zeitwert angesetzt, hat die Aktiengesellschaft bei der bilanziellen Behandlung ein Wahlrecht. Sie kann die Sacheinlage in ihrer Bilanz mit dem vollem Zeitwert ansetzen oder durch den Ansatz niedrigerer Werte stille Reserven bilden.[135]

Sofern in der Eröffnungsbilanz die Summe der Aktiva abzüglich der Summe der Passiva einen höheren Wert als den Nennbetrag der Aktien ergibt, ist der Mehrbetrag nach § 272 Abs. 2 Nr. 1 HGB in die Kapitalrücklagen einzustellen. Gemäß § 272 Abs. 2 Nr. 1 HGB ist als Kapitalrücklage der Betrag auszuweisen, der bei der Ausgabe von Anteilen einschließlich von Bezugsanteilen über den Nennbetrag oder falls ein Nennbetrag nicht vorhanden ist, über den rechnerischen Wert hinaus erzielt wird. Dabei ist der Mehrbetrag – unabhängig davon, ob er förmlich als Aufgeld festgesetzt wurde oder nicht – in die Kapitalrücklagen nach § 272 Abs. 2 Nr. 1 HGB einzustellen.[136] Der Auffassung, daß nur ein förmlich festgesetztes Aufgeld in Kapitalrücklagen einzustellen ist[137], ist nicht zu folgen. In die Kapitalrücklagen nach § 272 Abs. 2 Nr. 1 HGB sind zum Beispiel auch Beträge einzustellen, die ein Treuhänder bei der Verwertung von Aktien nach Weisung der Gesellschaft über den Nominalbetrag hinaus als Mehrerlös erzielt. Auch insofern fehlt es an einer förmlichen Festsetzung bei der Ausgabe der Aktien.[138] Auch aus dem Wortlaut des § 272 Abs. 2 Nr. 1 HGB („Der Betrag, der... erzielt wird.") ergibt sich kein Ansatzpunkt dafür, daß nur ein förmlich festgesetztes Aufgeld in die Kapitalrücklagen eingestellt werden kann.

III. Satzung

In der Satzung müssen der Gegenstand der Sacheinlage, die Person, von der die Gesellschaft den Gegenstand erwirbt und der Nennbetrag, bei Stückaktien die Zahl der bei der Sacheinlage zu gewährenden Aktien, oder bei der Sachübernahme zu gewährende Vergütung festgesetzt werden (§ 27 Abs. 1 S. 1 AktG). Ohne diese Festsetzung sind die Sacheinlage sowie Rechtshandlungen zu ihrer Ausführung unwirksam. Der Aktionär ist verpflichtet, den Nennbetrag oder den höheren Ausgabebetrag der Aktie in bar einzuzahlen (§ 27 Abs. 3 AktG). Ergänzend sei hierzu auch auf die Aus-

---

[135] Vgl. zum Meinungsstand Beck'scher Bilanzkommentar/*Ellrott/Gutike*, § 255 Rn. 146 ff.; *Geßler/Hefermehl/Eckardt/Kropff*, Aktiengesetz, § 150 Rn. 13, § 153 Rn. 22 ff.; *Kropff*, Festschrift für Geßler, S. 111, 116 f.; *Ballerstedt*, Festschrift für Geßler, S. 69, 71 ff.; *Adler/Düring/Schmaltz*, Rechnungslegung und Prüfung der Unternehmen, § 255 Rn. 97.

[136] So auch *Adler/Düring/Schmaltz*, Rechnungslegung und Prüfung der Unternehmen, § 272 Rn. 104; *Kropff*, Festschrift für Geßler, S. 111, 119; *Ballerstedt*, Festschrift für Geßler, S. 69, 75.

[137] Großkommentar Aktiengesetz/*Röhricht* § 27 Rn 87 f; so wohl auch Kölner Kommentar Aktiengesetz/*Kraft*, § 9 Rn. 25.

[138] Vgl. Heymann/*Jung*, Handelsgesetzbuch, Band 3, § 272 Rn. 33; *Adler/Düring/Schmaltz*, Rechnungslegung und Prüfung der Unternehmen, § 272 Rn. 74 f.

führungen unter Ziffer II. 1 verwiesen. Zum Inhalt der Satzung wird im übrigen ergänzend auf die Ausführungen in B. III. zur Bargründung verwiesen.

IV. Übernahme der Aktien und eingezahltes Grundkapital

Der oder die Gründer der Aktiengesellschaft müssen sämtliche Aktien übernehmen. Die Aufteilung der Aktien auf die einzelnen Gründer ist im Gründungsprotokoll anzugeben. Im Gründungsprotokoll muß ferner der Nennbetrag der Aktien, der Ausgabebetrag – auch wenn er mit dem Nennbetrag übereinstimmt – und, wenn mehrere Gattungen bestehen, auch die Gattung der Aktien bezeichnet werden, die jeder Gründer übernimmt. Der Ausgabebetrag kann dem Nennbetrag entsprechen, er darf nicht geringer, jedoch höher sein (§ 9 AktG).

Die Pflicht zur dinglichen Übertragung von Vermögensgegenständen der Sacheinlage muß vor der Anmeldung begründet sein (§ 36a Abs. 2 Satz 1 i.V.m. § 37 Abs. 1 Satz 1 AktG). Die Verpflichtung kann sich aus dem Gründungsprotokoll oder aus einem Einbringungsvertrag ergeben (vgl. dazu vorstehend die Ausführungen unter Ziffer II. 2.).

Der Zeitpunkt der Fälligkeit der Sacheinlage ergibt sich aus dem notariellen Gründungsprotokoll oder aus dem Einbringungsvertrag. Vermögensgegenstände müssen innerhalb von fünf Jahren nach Eintragung übertragen sein (vgl. dazu nachstehend Ziffer X. 1.).

V. Erster Aufsichtsrat

1. Anzahl der Mitglieder des ersten Aufsichtsrats

Ist bei der Sachgründung Gegenstand der Sacheinlage oder Sachübernahme die Einbringung oder Übernahme eines Unternehmens oder eines Teils eines Unternehmens, richtet sich die Bestellung der Mitglieder des ersten Aufsichtsrats nach § 31 Abs. 1 AktG.[139] Die Gründer haben danach so viele Aufsichtsratsmitglieder zu bestellen, wie nach den gesetzlichen Vorschriften, die nach ihrer Ansicht maßgeblich sind, von der Hauptversammlung ohne Bindung an Wahlvorschläge zu wählen sind. Sind dies nur zwei Aufsichtsratsmitglieder, haben die Gründer jedoch drei Aufsichtsratsmitglieder zu bestellen. Besteht die Sacheinlage zum Beispiel in der Einbringung eines Unternehmens mit mehr als 2.000 Arbeitnehmern, müssen die Gründer so viele Aufsichtsratsmitglieder bestellen, wie nach § 7 Abs. 1 MitbestG als Aufsichtsratsmitglieder der Anteilseigner zu bestellen sind (§ 1 Abs. 1 MitbestG), also sechs, acht oder zehn Aufsichtsratsmitglieder. Dieser als „Rumpfaufsichtsrat" bezeichnete Auf-

---

[139] Werden als Sacheinlage oder Sachübernahme ausschließlich andere Vermögensgegenstände als Unternehmen/Unternehmensteile festgesetzt, ist (ebenso wie für die Bargründung) § 30 AktG für den ersten Aufsichtsrat maßgeblich. Siehe dazu B. V. und die Ausführungen im 4. Kapitel B. I.

sichtsrat ist bereits voll entscheidungsfähig (§ 31 Abs. 2 AktG). Er ist insbesondere schon in der Lage, den Vorstand zu bestellen.[140]

2. Bekanntmachung

Der Vorstand hat unverzüglich nach der Einbringung oder Übernahme des Unternehmens oder Unternehmensteils bekanntzumachen, nach welchen gesetzlichen Vorschriften nach seiner Ansicht der Aufsichtsrat zusammengesetzt sein muß (§ 31 Abs. 3 S. 1 AktG).[141] Diese Bekanntmachung wird verbindlich, wenn nicht innerhalb eines Monats nach Bekanntmachung im Bundesanzeiger ein gerichtliches Verfahren nach §§ 98, 99 AktG über die Zusammensetzung des Aufsichtsrats eingeleitet wird (§ 31 Abs. 3 S. 2 i.V.m. § 97 Abs. 2 AktG). Das Amt der bisherigen Aufsichtsratsmitglieder erlischt mit Beendigung der nach Ablauf der Monatsfrist einberufenen Hauptversammlung, spätestens aber sechs Monate nach Ablauf der Monatsfrist, wenn

- der Aufsichtsrat nach anderen als nach den von den Gründern für maßgeblich erachteten Vorschriften zusammenzusetzen ist,

oder

- wenn die Gründer bei einem aus drei Personen bestehenden Aufsichtsrat drei Aufsichtsratsmitglieder bestellt haben, dem Aufsichtsrat aber auch ein Aufsichtsratsmitglied der Arbeitnehmer anzugehören hat.

Erlischt das Mandat der bisherigen Anteilseignervertreter im Aufsichtsrat, sind alle Aufsichtsratsmitglieder (Anteilseignervertreter durch die Hauptversammlung, Arbeitnehmervertreter durch die Arbeitnehmer) zu wählen. Erlischt das Amt der Anteilseignervertreter im Aufsichtsrat nicht, wird der Aufsichtsrat lediglich um die Arbeitnehmervertreter ergänzt. Nur die Arbeitnehmer haben dann nach der Bekanntmachung durch den Vorstand ihre Aufsichtsratsmitglieder zu wählen.

3. Amtszeit des ersten Aufsichtsrats

Für die Amtszeit der von den Gründern bestellten Aufsichtsratsmitglieder gilt die Höchstgrenze des § 30 Abs. 3 S. 1 AktG. Sie können längstens bis zur Beendigung der Hauptversammlung bestellt werden, die über die Entlastung für das erste Voll- oder Rumpfgeschäftsjahr beschließt. Diese zeitliche Beschränkung gilt gemäß § 31 Abs. 5 AktG nicht mehr für die (nachträglich) in den ersten Aufsichtsrat gewählten Arbeitnehmervertreter. Deren Amtszeit endet nach § 102 Abs. 1 AktG spätestens mit der Beendigung der Hauptversammlung, die über die Entlastung für das vierte Geschäftsjahr nach Beginn der Amtszeit beschließt, wobei das Geschäftsjahr, in dem die Amtszeit beginnt, nicht mitgerechnet wird.

Siehe zu weiteren Einzelheiten, die für den ersten Aufsichtsrat zu beachten sind, die Ausführungen im 4. Kapitel B. II.

---

[140] *Geßler/Hefermehl/Eckardt/Kropff*, Aktiengesetz, § 31 Rn. 14.
[141] Vgl. zu den Einzelheiten *Geßler/Hefermehl/Eckardt/Kropff*, Aktiengesetz, § 31 Rn. 22 ff.

4. Erster Vorstand

Es gelten die Ausführungen zur Bargründung B.V. entsprechend.

VI. Bestellung des Abschlußprüfers

Auf die Ausführungen in B.VI. wird verwiesen.

VII. Gründungsbericht

Auch bei der Sachgründung haben die Gründer einen Gründungsbericht zu erstatten. Die Ausführungen zu B.VII. gelten für den Sachgründungsbericht entsprechend. Bei der Sachgründung sind darüber hinaus die wesentlichen Umstände darzulegen, von denen die Angemessenheit der Leistungen für Sacheinlagen oder Sachübernahmen abhängt (§ 32 Abs. 2 S. 1 AktG). Dabei sind nach § 32 Abs. 2 Nr. 1 bis 3 AktG anzugeben:
– die vorausgegangenen Rechtsgeschäfte, die auf den Erwerb durch die Gesellschaft hingezielt haben;
– die Anschaffungs- und Herstellungskosten aus den letzten beiden Jahren;
– beim Übergang eines Unternehmens auf die Gesellschaft die Betriebserträge aus den letzten beiden Geschäftsjahren.

Die Gründer werden in der Regel zum Zwecke der Darlegung der Angemessenheit der Leistung der Gesellschaft für die Sacheinlagen oder Sachübernahmen ein Bewertungsgutachten eines Wirtschaftsprüfers oder sonstigen Sachverständigen beifügen und die Angemessenheit der Gegenleistung unter Bezugnahme auf dieses Gutachten begründen. Die Gründer können sich jedoch nicht auf den Bericht des Gründungsprüfers beziehen. Der Bericht des Gründungsprüfers folgt dem Gründungsbericht zeitlich nach. Das Aktiengesetz enthält keine ausdrücklichen Regelungen, nach welcher Bewertungskonzeption der maßgebliche Wert einer Sacheinlage zu bestimmen ist. Unstreitig kann dies gemäß dem Kapitalerhaltungsgrundsatz nur der „objektive" oder „wirkliche" Wert sein.[142] Die bedeutendsten Methoden der Unternehmensbewertung sind die Ertragswertmethode und das Discounted Cash-Flow-Verfahren. Während international tätige Unternehmen eher das Discounted Cash-Flow-Verfahren nutzen, bevorzugen national tätige Gesellschaften die Ertragswertmethode.[143] Da der wirkliche Wert eines Unternehmens in der Unternehmenskaufpraxis weitgehend nach einer der genannten Methoden ermittelt wird, sind diese Methoden auch im Rahmen der Bewertung eines Unternehmens als Sacheinlage

---

[142] Hachenburg/*Ulmer*, GmbHG, § 5 Rn. 68; Scholz/*Winter*, GmbHG, § 5 Rn. 57; IdW Stellungnahme HFA 2/1983.
[143] *Widmann* in: Hölters, Handbuch des Unternehmens- und Beteiligungskaufs, Teil II. Rn. 28.

heranzuziehen.[144] Nach den Erfahrungen der Verfasser tragen die Registergerichte bei Darlegung der Werthaltigkeit nach der Ertragswertmethode bzw. der Discounted Cash-Flow-Methode ein.

VIII. Gründungsprüfungsbericht des Vorstands und des Aufsichtsrats

Die Mitglieder des Vorstands und des Aufsichtsrats haben den Hergang der Gründung zu prüfen. Für den Gründungsprüfungsbericht des Vorstands und des Aufsichtsrats gilt ebenfalls das vorstehend (B. VIII.) zur Bargründung Ausgeführte entsprechend. Neben dem bei der Bargründung bestehenden Prüfungsumfang hat sich die Prüfung der Mitglieder des Vorstands und des Aufsichtsrats bei der Sachgründung auch darauf zu erstrecken, ob die Festsetzungen nach § 27 AktG (Sacheinlage/Sachübernahme) richtig und vollständig sind (§ 34 Abs. 1 Nr. 1 AktG) und ob der Wert der Sacheinlagen oder Sachübernahmen den geringsten Ausgabepreis der dafür zu gewährenden Aktien oder den Wert der dafür zu gewährenden Leistungen erreicht (§ 34 Abs. 1 Nr. 2 AktG).

IX. Gründungsprüfer

Wie Vorstand und Aufsichtsrat hat auch der Gründungsprüfer nach § 34 Abs. 1 Nr. 1 und 2 AktG die Richtigkeit und Vollständigkeit der Festsetzungen nach § 27 AktG zu prüfen, sowie zu prüfen, ob der Wert der Sacheinlagen oder Sachübernahmen den geringsten Ausgabepreis der dafür zu gewährenden Aktien oder den Wert der dafür zu gewährenden Leistungen erreicht. Im übrigen gilt für die Bestellung und die Prüfung durch den Gründungsprüfer ebenfalls das zur Bargründung Ausgeführte (B. IX.) entsprechend. Bei der Sachgründung hat stets eine externe Gründungsprüfung gemäß § 33 Abs. 2 Nr. 4 AktG stattzufinden.

X. Handelsregisteranmeldung

1. Inhalt

Statt der Angaben über die Einzahlung der Bareinlage haben die Mitglieder des Vorstands und des Aufsichtsrats in der Anmeldung zu erklären, daß die Voraussetzungen des § 36a Abs. 2 AktG über die Leistung der Sacheinlage erfüllt sind. Ist die Sachein-

---

[144] Obgleich die Ertragswertmethode bzw. die Discounted Cash-Flow-Methode bei der Unternehmensbewertung überwiegen, werden in Rechtsprechung und Literatur bei der Sacheinlage auch der Wert laut Einbringungsbilanz (so *Hachenberg/Ulmer*, GmbHG, § 5 Rn. 71 f.) der Marktpreis oder Wiederbeschaffungspreis (so *Lutter/Hommelhoff*, GmbHG, § 5 Rn. 22) oder der Substanzwert, wenn er geringer als der Ertragswert (BGHZ 71, 40, 52) zu Grunde gelegt.

lage im Zeitpunkt der Anmeldung bereits geleistet worden, ist das Erfüllungsgeschäft, das heißt der dingliche Vollzug des Einbringungsvertrages, nachzuweisen. Das dingliche Übertragungsgeschäft muß jedoch nicht notwendigerweise im Zeitpunkt der Anmeldung zum Handelsregister bereits abgeschlossen sein. Nach § 36a Abs. 2 S. 1 AktG sind Sacheinlagen zwar vollständig zu leisten. Besteht die Sacheinlage in der Verpflichtung, einen Vermögensgegenstand auf die Gesellschaft zu übertragen, muß die Leistung innerhalb von fünf Jahren nach Eintragung der Gesellschaft in das Handelsregister (§ 36a Abs. 2 S. 2 AktG) bewirkt sein.

Die überwiegende und zutreffende Ansicht versteht diese Regelung dahingehend, daß die Verpflichtung zur Einbringung im Zeitpunkt der Handelsregisteranmeldung begründet worden sein muß. Alsdann ist die Übertragung des Vermögensgegenstandes nach dem Inhalt der Verpflichtung vor Ablauf von fünf Jahren seit der Eintragung der Gesellschaft zu bewirken.[145]

Nach anderer Ansicht enthält § 36a Abs. 2 S. 2 AktG lediglich für den Fall eine Ausnahme von dem Erfordernis der vollständigen Erbringung der Sacheinlage vor Eintragung, daß die Sacheinlage in einem schuldrechtlichen Anspruch gegen einen Dritten auf Übertragung des Vermögensgegenstands selbst besteht. Nur in diesem Fall soll es genügen, daß die Leistung innerhalb von fünf Jahren nach Eintragung der Gesellschaft in das Handelsregister bewirkt wird, in allen übrigen Fällen soll die Sacheinlage vor der Eintragung zu bewirken sein.[146] Diese zuletzt genannte Ansicht sieht sich in ihrer Auffassung durch das Gesetz für kleine Aktiengesellschaften und zur Deregulierung des Aktienrechts bestärkt. Sie verweist dabei auf das in das Aktiengesetz eingefügte Erfordernis der Sicherungsbestellung bei einer Einpersonengründung (§ 36 Abs. 2 S. 2 AktG). Nach allgemeiner Ansicht ist bei der Einpersonengründung nur für den Fall der Bargründung eine Sicherung zu bestellen.[147] Die Untätigkeit des Gesetzgebers bei der Sachgründung soll dafür sprechen, daß ein der Bareinlage vergleichbares Sicherungsbedürfnis bei der Sachgründung nicht bestehe. Dieses vergleichbare Sicherungsbedürfnis bestehe jedoch nur dann nicht, wenn die Sacheinlagen grundsätzlich bereits im Zeitpunkt der Eintragung bewirkt ist.[148]

Diese Ausführungen überzeugen nicht. Hätten von der Regelung in § 36a Abs. 2 S. 2 AktG nur schuldrechtliche Ansprüche gegen einen Dritten erfaßt werden sollen, hätte es näher gelegen, im Gesetzestext (§ 36a Abs. 2 S. 2 AktG) den Begriff „Forderung" statt „Verpflichtung" zu verwenden. Eine großzügige Interpretation des § 36a Abs. 2 S. 2 AktG erleichtert in der Praxis die Abwicklung umfangreicher und komplizierter Sacheinlagen. Das praktische Bedürfnis nach einer Interpretation in diesem Sinne ist unabweisbar. Die weite Auslegung des § 36a Abs. 2 S. 2 AktG findet auch in

---

[145] *Müller*, WPg 1978, 565, 567f.; *Ganske*, DB 1978, 2461, 2462; *Hüffer*, Aktiengesetz, § 36a Rn. 4; *Geßler/Hefermehl/Eckardt/Kropff*, Aktiengesetz, § 36a Rn. 11f; Münchener Kommentar AktG/*Pentz*, § 36a Rn. 12f.

[146] *Lutter* AG 1994, 429, 432; *Mayer* ZHR 154 (1990), 535, 542ff.

[147] *Hoffmann-Becking* ZIP 1995, 1, 2; *Lutter* AG 1994, 429, 432/433; siehe auch B. X. 3.

[148] *Lutter* AG 1994, 429, 433.

der historischen Entwicklung der Vorschrift Rückhalt.[149] Der Regelungsinhalt des § 36a Abs. 2 S. 1 und 2 AktG wurde erst 1979 in das Aktiengesetz aufgenommen. Bis dahin enthielt das Aktienrecht keine Regelung darüber, wann die Sacheinlage zu leisten war.[150] Die Erfüllung des Sacheinlageversprechens war keine Eintragungsvoraussetzung.[151] In Art. 9 Abs. 2 der Zweiten Richtlinie des Rates der Europäischen Gemeinschaft vom 13. Dezember 1976 (Kapitalrichtlinie, 77/91/EWG)[152] wurde dann festgelegt, daß Einlagen (die nicht Bareinlagen sind) innerhalb von fünf Jahren nach der Gründung vollständig zu leisten sind. § 36a AktG wurde daraufhin mit Wirkung zum 1. Januar 1979 in das Aktiengesetz eingefügt. Das Änderungsgesetz vom 13. Dezember 1978 ist mit „Gesetz zur Durchführung der Zweiten Richtlinie des Rates der Europäischen Gemeinschaft zur Koordinierung des Gesellschaftsrechts" übertitelt.[153] Bereits die Gesetzesbezeichnung läßt erkennen, daß der Gesetzgeber mit der Einführung des § 36a Abs. 2 AktG nicht über eine Umsetzung der Kapitalrichtlinie hinausgehen wollte.[154] In dieser ist in Art. 9 Abs. 2 deutlich bestimmt, daß Sacheinlagen binnen fünf Jahren nach Gründung zu erbringen sind.

Ist die Sacheinlage im Zeitpunkt der Handelsregisteranmeldung noch nicht erbracht, bezieht sich die Erklärung, daß der Wert der Einlage den Nennbetrag der Aktie bzw. einen höheren Ausgabebetrag erreicht, nur auf den aktuellen Wert des Sacheinlagegegenstandes. Die Gründungsprüfer und das Gericht können ebenfalls nur zum aktuellen Stichtag prüfen, ob der Wert der Sacheinlage den Nennbetrag der Aktie bzw. den Ausgabebetrag erreicht. Verringert sich der Wert der Sacheinlage bis zum Tage der dinglichen Übertragung, so ändert dies nichts an der Ordnungsmäßigkeit des Gründungsvorgangs. Es ist vielmehr dann zu prüfen, von welcher Seite (Aktiengesellschaft oder Gründer) nach dem Inhalt des Einbringungsvertrages dieses Verlustrisiko zu tragen ist.[155] Hierfür ist der Einbringungsstichtag maßgeblich. Die Gründer können in der Satzung bestimmen, ob für die Wertermittlung (a) der Tag der tatsächlichen Erbringung, (b) der Tag der Satzungsfeststellung oder (c) ein in der Vergangenheit liegender Stichtag maßgeblich sein soll.[156] Wurde auf einen in der Zukunft liegenden Stichtag der tatsächlichen Einbringung abgestellt und ergibt sich zu diesem Stichtag ein Mehrwert gegenüber dem Tage der Satzungsfeststellung zugunsten des Einbringenden, so ist dieser durch Barzahlung seitens der Aktiengesellschaft auszugleichen. Bei einem etwaigen Minderwert zum Stichtag hat der Gründer diesen Minderwert durch entsprechende Barzahlung auszugleichen. Es handelt sich dabei nicht um eine Bareinlage sondern um die Erfüllung des Sacheinlageverspre-

---

[149] So auch *Hoffmann-Becking* ZIP 1995, 1, 2.
[150] Großkommentar Aktiengesetz/*Röhricht*, § 36a Rn. 6.
[151] *Baumbach/Hueck*, Aktiengesetz, § 36 Rn. 5; *Godin/Wilhelmi*, Aktiengesetz, § 36 Rn 4.
[152] Abgedruckt bei *Lutter*, Europäisches Unternehmensrecht, S. 109 ff.
[153] Bundesgesetzblatt I Nr. 68 vom 19. Dezember 1978 S. 1959 ff.
[154] Vgl. auch die Begründung zum Regierungsentwurf, BTDrucks. 8/1678, S. 9, 12.
[155] *Hölters* im Münchener Vertragshandbuch, V. 20 Anm. 8.
[156] Vgl. im einzelnen Großkommentar Aktiengesetz/Röhricht § 27 Rn. 91 und Kölner Kommentar Aktiengesetz/*Kraft* § 27 Rn. 61 ff.

chens.[157] Wird als Stichtag der Tag der Satzungsfeststellung oder ein in der Vergangenheit liegendes Datum gewählt, so wird das Handelsgeschäft oder der Teilbetrieb von diesem Tage ab für Rechnung der Aktiengesellschaft geführt. Die Gefahr der Wertminderung der Sacheinlage von diesem Stichtag bis zur tatsächlichen Einbringung geht grundsätzlich zu Lasten der Aktiengesellschaft. Ein etwaiger Verlust ist in der Eröffnungsbilanz durch Abschreibung von den Anschaffungskosten zum Ausdruck zu bringen.[158] Eine Nachzahlungspflicht für die Gründer kann sich ergeben, wenn die Voraussetzungen für die Differenzhaftung vorliegen, wie sie der BGH für die GmbH entwickelt hat.[159] Ein etwaiger Gewinn ist in die Kapitalrücklage einzustellen.[160]

2. Bestellung einer Sicherung

Eine Sicherung nach § 36 Abs. 2 S. 2 AktG ist bei der Sachgründung durch einen Gründer nicht zu bestellen. § 36 Abs. 2 S. 2 AktG findet nach dem Wortlaut der Vorschrift nur Anwendung, wenn eine „Geldeinlage" zu erbringen ist. Der eindeutige Wortlaut schließt eine analoge Anwendung auf die Einpersonensachgründung aus.[161]

XI. Haftung

Die Haftungsregelungen der §§ 46 bis 51 AktG gelten bei der Sach- und der Bargründung gleichermaßen. Es wird daher auf die vorstehenden Ausführungen (B. XI.) Bezug genommen. Bei der Sachgründung ergibt sich für den Gründer häufiger als bei der Bargründung das Risiko der Differenzhaftung. Nach der von der Rechtsprechung entwickelten Differenzhaftung[162] hat der Gründer den Differenzbetrag in bar zu zahlen, wenn der Wert des Gegenstandes hinter dem Nennbetrag der dafür gewährten Aktien zurückbleibt. Aufgrund des Wortlautes in § 36a Abs. 2 S. 3 AktG ist davon auszugehen, daß die Differenzhaftung sich auch auf das Aufgeld (Agio) erstreckt.[163]

---

[157] Großkommentar Aktiengesetz/*Röhricht* § 27 Rn. 94
[158] BGHZ 45, 349; Großkommentar Aktiengesetz/Röhricht § 27 Rn. 95 ; a.A. *Godin/Wilhelmi*, Aktiengesetz, § 27 Rn. 13.
[159] BGHZ 80, 129, 140; Kölner Kommentar Aktiengesetz/*Kraft* § 27 Rn. 63.
[160] Großkommentar Aktiengesetz/*Röhricht* § 27 Rn. 95
[161] A.A. *Hüffer*, Aktiengesetz, § 36 Rn. 15.
[162] BGHZ 64, 52, 62; BGHZ 68, 191, 195 (zur GmbH).
[163] So auch *Nirk/Reuter/Bächle*, Handbuch der Aktiengesellschaft I., Rn. 314; *K. Schmidt*, Gesellschaftsrecht, § 29 II. S. 890 f.; a.A. Kölner Kommentar Aktiengesetz/*Lutter*, § 183 Rn. 66, der jedoch eine Haftung aus Garantie annimmt.

D. Umwandlung

I. Überblick

1. Umwandlungsarten

Außer durch Bar- oder Sachgründung sowie einer Kombination dieser Gründungsformen kann die Aktiengesellschaft auch durch Umwandlung entstehen. Bei der Umwandlung gelten keine Besonderheiten für die „kleine Aktiengesellschaft". In dem Umwandlungsgesetz sind die Regelungen über die verschiedenen Umwandlungsarten in einem einheitlichen Gesetz abschließend normiert. Nach § 1 Abs. 1 UmwG werden im Umwandlungsgesetz folgende Umwandlungsarten unterschieden:

- Verschmelzung;
- Spaltung (Aufspaltung, Abspaltung, Ausgliederung);
- Vermögensübertragung;
- Rechtsformwechsel.

Im Gesellschaftsrecht gilt der Grundsatz des Typenzwangs. Die Aufzählung der Umwandlungsarten in § 1 Abs. 1 UmwG ist daher abschließend. Wie sich aus § 1 Abs. 2 UmwG ergibt, sind sonstige Umwandlungsfälle, die nicht in diesem Gesetz geregelt sind, nur möglich, wenn sie durch ein anderes Bundesgesetz oder Landesgesetz ausdrücklich vorgesehen sind. Es gilt das Analogieverbot.

Eine **Verschmelzung** liegt nach dem Umwandlungsgesetz vor, wenn ein oder mehrere Rechtsträger unter Auflösung ohne Abwicklung ihr Vermögen als Ganzes auf einen anderen schon bestehenden oder bei dieser Gelegenheit neu gegründeten Rechtsträger gegen Gewährung von Anteilen oder Mitgliedschaften dieses Rechtsträgers an die Anteilsinhaber der übertragenden Rechtsträger übertragen (§ 2 UmwG).

Eine **Spaltung** ist in Form der Aufspaltung, der Abspaltung oder der Ausgliederung möglich. Bei der **Aufspaltung** teilt ein übertragender Rechtsträger unter Auflösung ohne Abwicklung sein gesamtes Vermögen auf und überträgt im Wege der Sonderrechtsnachfolge die Vermögensteile auf mindestens zwei andere schon bestehende oder neu gegründete Rechtsträger (§ 123 Abs. 1 UmwG). Als Gegenleistung werden Anteile der übernehmenden oder neu gegründeten Rechtsträger an die Anteilsinhaber des übertragenden Rechtsträgers gewährt. Bei der **Abspaltung** bleibt der übertragende Rechtsträger bestehen. Er überträgt einen Teil seines Vermögens (in der Regel einen Betrieb oder mehrere Betriebe) auf einen anderen oder mehrere andere bereits bestehende oder neu gegründete Rechtsträger, wiederum gegen Gewährung von Anteilen an die Anteilsinhaber des übertragenden Rechtsträgers (§ 123 Abs. 2 UmwG). Wie bei der Abspaltung wird auch bei der **Ausgliederung** nur ein Teil des Vermögens eines Rechtsträgers auf einen anderen Rechtsträger übertragen. Bei der Ausgliederung werden jedoch dem übertragenden Rechtsträger selbst und nicht seinen Anteilsinhabern als Gegenwert Anteile der übernehmenden bereits bestehenden oder der neu gegründeten Rechtsträger gewährt (§ 123 Abs. 3 UmwG).

Die **Vermögensübertragung** ist in zwei Unterfällen (als Vollübertragung oder als Teilübertragung) möglich (§ 174 UmwG). Vorbild der Vollübertragung ist die Verschmelzung. Vorbild der Teilübertragung sind die Spaltung und die Ausgliederung. Der sachliche Unterschied zu Verschmelzung, Spaltung und Ausgliederung liegt im wesentlichen darin, daß die Gegenleistung für die Anteilsinhaber des übertragenden Rechtsträgers bzw. für den übertragenden Rechtsträger nicht in Anteilen an dem übernehmenden Rechtsträger besteht, sondern in anderer Form, zum Beispiel durch Geldleistung, erbracht wird. Die Struktur einiger an Umwandlungsvorgängen beteiligter Rechtsträger (öffentliche Hand, öffentlich-rechtliche Versicherungsunternehmen) schließt einen Anteilstausch aus.

Im Gegensatz zu den vorgenannten Umwandlungsarten erfolgt beim **Formwechsel** keine Vermögensübertragung. Die rechtliche und wirtschaftliche Identität des Rechtsträgers bleibt vielmehr bestehen. Es ändern sich dessen Rechtsform und rechtliche Struktur.

2. Ablauf des Umwandlungsverfahrens

Die einzelnen Umwandlungsverfahren sind weitgehend vergleichbar ausgestaltet. Die rechtsgeschäftliche Grundlage für die Übertragung des Vermögens bildet der von den beteiligten Rechtsträgern abzuschließende Vertrag. Soll, wie bei der Spaltung, erst ein neuer Rechtsträger entstehen, tritt an die Stelle des Vertrages ein Spaltungsplan als einseitiges Rechtsgeschäft. Beim Formwechsel, bei dem es ebenfalls an einem Vertragspartner fehlt, übernimmt der Entwurf des Umwandlungsbeschlusses die vorbereitende Funktion. Für die vorgenannten Rechtsakte sind bestimmte Mindestinhalte vorgeschrieben.

Die Anteilsinhaber der beteiligten Rechtsträger sind grundsätzlich durch einen besonderen Bericht über die Einzelheiten der geplanten Umwandlung zu unterrichten. Zum Teil generell, zum Teil unter bestimmten Voraussetzungen ist eine Prüfung der Umwandlung durch einen unabhängigen Sachverständigen vorgeschrieben. In notariell beurkundeter Form beschließen die Anteilsinhaber über die Umwandlung in der Regel mit satzungsändernder Mehrheit. Die Wirksamkeit der Umwandlung, insbesondere der Vermögensübergang bzw. beim Formwechsel das Fortbestehen in neuer Rechtsform wird durch die Eintragung im zuständigen Register herbeigeführt. Für die Anteilsinhaber, die Inhaber von Sonderrechten und die Gläubiger der beteiligten Rechtsträger sind jeweils besondere Schutzmechanismen, insbesondere Schadensersatz- und Haftungsvorschriften vorgesehen. An die Regelung der einzelnen Umwandlungsformen schließt sich das Spruchverfahren an. Es dient der Entschädigung von Anteilsinhabern, deren Klagemöglichkeiten gegen einen Umwandlungsbeschluß eingeschränkt sind. So kann eine Klage gegen den Umwandlungsbeschluß nicht darauf gestützt werden, daß das Umtauschverhältnis der Anteile, der Gegenwert oder eine anzubietende Barabfindung zu niedrig ist oder daß ein solches Angebot nicht erfolgt ist.

II. Formwechselnde Umwandlung einer GmbH in eine Aktiengesellschaft

1. Ablauf des Umwandlungsverfahrens

Den häufigsten Fall im Bereich der Umwandlungsart „Formwechsel" bildet der Formwechsel einer GmbH in eine Aktiengesellschaft.

Die formwechselnde Umwandlung einer GmbH in eine Aktiengesellschaft vollzieht sich in folgenden Schritten:

– Die Geschäftsführer der GmbH haben einen Umwandlungsbericht, in dem die geplante Umwandlung erläutert und begründet wird, zu erstatten. Der Umwandlungsbericht muß darüber hinaus den Entwurf des Umwandlungsbeschlusses enthalten. Ein Umwandlungsbericht ist nicht erforderlich, wenn die GmbH nur einen Gesellschafter hat oder alle Gesellschafter auf die Erstattung verzichten.

– Der Entwurf des Umwandlungsbeschlusses ist spätestens einen Monat vor dem Tag der Gesellschafterversammlung, die den Formwechsel beschließen soll, dem zuständigen Betriebsrat der formwechselnden GmbH zuzuleiten.

– Die Geschäftsführer der formwechselnden GmbH haben allen Gesellschaftern spätestens zusammen mit der Einberufung der Gesellschafterversammlung, die den Formwechsel beschließen soll, den Formwechsel als Gegenstand der Beschlußfassung in Textform (früher: „schriftlich") anzukündigen und den Umwandlungsbericht zu übersenden. Darüber hinaus ist den Gesellschaftern ein Abfindungsangebot zu übersenden, sofern dieses nicht im Bundesanzeiger oder den sonst bestimmten Gesellschaftsblättern bekanntgemacht wird.

– Die Gesellschafterversammlung der GmbH beschließt in der Regel mit einer Mehrheit von mindestens drei Vierteln der abgegebenen Stimmen über die Umwandlung, soweit der Gesellschaftsvertrag keine größere Mehrheit und/oder weitere Erfordernisse vorsieht. Darüber hinaus ist die Zustimmung einzelner Gesellschafter erforderlich, wenn deren auf dem Gesellschaftsvertrag beruhende Minderheitsrechte durch die Umwandlung beeinträchtigt werden oder deren Rechtsposition in anderer Weise beeinträchtigt wird oder die Abtretung von Geschäftsanteilen von ihrer Genehmigung abhängt (vgl. § 193 Abs. 2, § 241 UmwG und nachstehend D. II. 4. c).

– Die sich an der Umwandlung beteiligenden Gesellschafter haben über die beschlossene Umwandlung zu berichten.

– Der zukünftige Vorstand und Aufsichtsrat sowie der Umwandlungsprüfer haben die Umwandlung zu prüfen und über die Prüfung zu berichten. Der Umwandlungsprüfer hat darüber hinaus die Angemessenheit der Barabfindung zu prüfen, sofern die Berechtigten nicht darauf verzichten.

– Die Umwandlung ist durch die Geschäftsführer der GmbH zum Handelsregister anzumelden.

– Mit der Eintragung der Umwandlung im Handelsregister ist diese vollzogen.

2. Umwandlungsbericht

a) Inhalt

Der oder die GmbH-Geschäftsführer haben nach § 192 UmwG einen ausführlichen schriftlichen Bericht zu erstatten, in dem der Formwechsel und insbesondere die künftige Beteiligung der Anteilsinhaber an dem Rechtsträger rechtlich und wirtschaftlich erläutert und begründet werden (Umwandlungsbericht). Im Umwandlungsbericht soll auch dargelegt werden, welche rechtlichen und wirtschaftlichen Gründe den Formwechsel zweckmäßig erscheinen lassen.[164] Ferner sollen die Folgen des Formwechsels für die Gesellschafter erläutert werden, auch wenn die Beteiligungsquote sich nicht ändert,[164] da der Formwechsel auch zu einer qualitativen Veränderung der Anteile und Mitgliedschaftsrechte führt.

Wegen des Inhalts des Umwandlungsberichts wird in § 192 Abs. 1 UmwG auf § 8 Abs. 1 S. 2 bis 4 und Abs. 2 UmwG, also Regelungen zum Verschmelzungsbericht, verwiesen. Es ist danach auf besondere Schwierigkeiten bei der Bewertung des Rechtsträgers sowie auf die Folgen für die Beteiligung der Anteilsinhaber hinzuweisen. Ist die formwechselnde GmbH ein verbundenes Unternehmen im Sinne des § 15 AktG, so sind in dem Umwandlungsbericht auch Angaben über alle für die Umwandlung wesentlichen Angelegenheiten der anderen verbundenen Unternehmen zu machen. Die Auskunftspflicht der GmbH-Geschäftsführer erstreckt sich dann auch auf diese Angelegenheiten. In den Bericht brauchen solche Tatsachen nicht aufgenommen zu werden, deren Bekanntwerden geeignet ist, der formwechselnden GmbH oder einem verbundenen Unternehmen einen nicht unerheblichen Nachteil zuzufügen.[165] Sofern von dieser Möglichkeit Gebrauch gemacht wird, sind im Bericht die Gründe, aus denen die Tatsachen nicht aufgenommen worden sind, darzulegen. Nach der Begründung des Regierungsentwurfs knüpft die Regelung in § 8 Abs. 2 UmwG an die aktienrechtliche Regelung des Auskunftsverweigerungsrechts in § 131 Abs. 3 Nr. 1 AktG an. In der Begründung des Regierungsentwurfs wird hinsichtlich der Verweigerungsgründe auf die zum Aktiengesetz ergangene höchstrichterliche Rechtsprechung verwiesen.[166]

Die nach § 192 Abs. 2 UmwG grundsätzlich erforderliche Vermögensaufstellung ist bei der Umwandlung einer Kapitalgesellschaft in eine andere Kapitalgesellschaft gemäß § 238 S. 2 UmwG entbehrlich. Bestandteil des Umwandlungsberichts ist ein Entwurf des Umwandlungsbeschlusses.[167] In § 192 Abs. 1 Satz 3 UmwG ist formuliert, daß der Umwandlungsbericht „einen Entwurf des Umwandlungsbeschlusses **enthalten**" muß.

---

[164] BTDrucks. 12/6699, S. 138.
[165] Ausführlich dazu *Stratz* in Schmitt/Hörtnagl, UmwG, § 8 Rn. 23 ff.
[166] BTDrucks. 12/6699, S. 84.
[167] Siehe zum Inhalt D. II. 3 a).

b) Entbehrlichkeit des Umwandlungsberichts

Der Umwandlungsbericht ist entbehrlich, wenn an einem formwechselnden Rechtsträger nur ein Anteilsinhaber beteiligt ist oder wenn alle Anteilsinhaber auf eine Erstattung verzichten (§ 192 Abs. 3 S. 1 UmwG). Da der Entwurf des Umwandlungsbeschlusses Bestandteil des Umwandlungsberichts ist (siehe D. II. 2. a), ist auch dieser entbehrlich und braucht den Gesellschaftern vor der Gesellschafterversammlung, die den Formwechsel beschließt, nicht übermittelt zu werden (vgl. § 230 Abs. 1 UmwG). Die Verzichtserklärungen bedürfen der notariellen Beurkundung (§ 192 Abs. 3 S. 2 UmwG).[168] Der Umwandlungsbericht ist grundsätzlich spätestens zusammen mit der Einberufung der Gesellschafterversammlung, die über den Formwechsel beschließt, den Gesellschaftern zu übersenden. Es ist jedoch ausreichend, wenn der Verzicht auf seine Erstattung erst in der notariellen Urkunde über den Umwandlungsbeschluß erklärt wird.[169] Ist jedoch nicht sicher, daß alle Gesellschafter den Verzicht auch erklären werden, sollten die notariell beurkundeten Verzichtserklärungen vor dem Zeitpunkt der Einberufung der Gesellschafterversammlung eingeholt werden.

3. Entwurf des Umwandlungsbeschlusses

a) Inhalt

Nach § 194 Abs. 1 UmwG müssen im Umwandlungsbeschluß mindestens bestimmt werden:[170]

1. die Rechtsform, die der Rechtsträger durch den Formwechsel erlangen soll;
2. der Namen oder die Firma des Rechtsträgers neuer Rechtsform;
3. eine Beteiligung der bisherigen Anteilsinhaber an dem Rechtsträger nach den für die neue Rechtsform geltenden Vorschriften, soweit ihre Beteiligung nicht entfällt;
4. Zahl, Art und Umfang der Anteile oder der Mitgliedschaften, welche die Anteilsinhaber durch den Formwechsel erlangen sollen;
5. die Rechte, die einzelnen Anteilsinhabern sowie den Inhabern besonderer Rechte wie Anteile ohne Stimmrecht, Vorzugsaktien, Mehrstimmrechtsaktien, Schuldverschreibungen und Genußrechte in dem Rechtsträger gewährt werden sollen, oder die Maßnahmen, die für diese Personen vorgesehen sind;
6. ein Abfindungsangebot, sofern nicht der Umwandlungsbeschluß (z.B. aufgrund einer Bestimmung im Gesellschaftsvertrag) zu seiner Wirksamkeit der Zustimmung aller Anteilsinhaber bedarf oder an dem formwechselnden Rechtsträger nur ein Anteilsinhaber beteiligt ist;

---

[168] Siehe Muster II.1. im Anhang.
[169] Lutter/*Decher*, § 192 Rn. 49; a.A. *Streck/Mack/Schwedhelm* GmbHR 1995, 161, 172.
[170] Siehe auch Muster II.3. im Anhang.

7. die Folgen des Formwechsels für die Arbeitnehmer und ihre Vertretungen sowie die insoweit vorgesehenen Maßnahmen.

Nach § 244 Abs. 1 UmwG sind in der Niederschrift über den Umwandlungsbeschluß die Personen namentlich aufzuführen, die nach § 245 Abs. 1 bis 3 UmwG den Gründern der Gesellschaft gleichstehen. Bei dem Formwechsel einer GmbH stehen nach § 245 Abs. 1 S. 1 UmwG die Gesellschafter, die für den Formwechsel gestimmt haben, den Gründern gleich. Der Umwandlungsbeschluß muß darüber hinaus die Satzung der Aktiengesellschaft enthalten (§§ 243 Abs. 1 S. 1, 218 Abs. 1 UmwG). Dabei sind gemäß § 243 Abs. 1 S. 2 UmwG Festsetzungen über besondere Vorteile, Gründungsaufwand, Sacheinlagen und Sachübernahmen, die im Gesellschaftsvertrag der GmbH enthalten sind, in die Satzung der Aktiengesellschaft zu übernehmen. In der Satzung der Aktiengesellschaft kann der Nennbetrag der Aktien abweichend vom Nennbetrag der Geschäftsanteile der GmbH festgesetzt werden (§ 243 Abs. 3 UmwG).[171] Nach § 243 Abs. 3 S. 2 UmwG muß der auf die Anteile entfallende Betrag des Stammkapitals bei einer GmbH mindestens 50 EURO betragen und durch zehn teilbar sein. Die Gesetzesformulierung bezieht sich auf den Formwechsel in eine GmbH.[172] Handelt es sich um den Fall des Formwechsels in eine Aktiengesellschaft, gelten für die Mindestbeträge der Aktien die Regelungen in § 8 Abs. 2 und Abs. 3 AktG. Nennbetragsaktien müssen daher auf mindestens 1 EURO lauten. Bei Stückaktien darf der auf die einzelne Aktie entfallende anteilige Betrag des Grundkapitals 1 EURO nicht unterschreiten.

b) Unterrichtung des Betriebsrats

Gemäß § 194 Abs. 2 UmwG ist der Entwurf des Umwandlungsbeschlusses spätestens einen Monat vor der Gesellschafterversammlung, die den Formwechsel beschließen soll, dem Betriebsrat der GmbH zuzuleiten. Eine Regelung darüber, durch wen die Zuleitung zu erfolgen hat, findet sich im Umwandlungsgesetz nicht. Die Zuleitung obliegt dann der Geschäftsführung der GmbH als deren gesetzlichem Vertretungsorgan. Da die Zuleitung bei der Anmeldung zum Handelsregister nachzuweisen ist (§ 199 UmwG), sollte(n) sich der/die Geschäftsführer über die erfolgte Zuleitung sowie den Zeitpunkt der Zuleitung eine schriftliche Bestätigung des Betriebsratsvorsitzenden geben lassen. Da die Geschäftsführer bei der Anmeldung zum Handelsregister zum Nachweis der Zuleitung an den Betriebsrat verpflichtet sind, ist ihnen ein Anspruch gegen den Betriebsrat auf eine schriftliche Bestätigung zuzubilligen.

---

[171] Siehe für den seltenen Fall, daß GmbH-Anteilsscheine ausgegeben werden, zum Umtausch der Anteilsscheine gegen Aktien § 248 Abs. 1 UmwG und Kölner Kommentar Aktiengesetz/*Zöllner*, § 382 Rn. 2 ff. zur inhaltsgleichen Regelung in § 382 AktG (durch das UmwBerG aufgehoben).
[172] *Happ* in Lutter, UmwG, § 243 Rn. 3, 51.

4. Gesellschafterversammlung

a) Einberufung

Im Umwandlungsgesetz ist die Einberufung der Gesellschafterversammlung, die über die Umwandlung beschließt, nur unvollständig geregelt. Es gelten daher ergänzend die Regelungen des Gesellschaftsvertrages der betreffenden GmbH und des GmbH-Gesetzes (§§ 49 ff. GmbHG). Im Hinblick auf die Einberufung ist in § 230 UmwG bestimmt, daß die Geschäftsführer allen Gesellschaftern spätestens zusammen mit der Einberufung der Gesellschafterversammlung den Formwechsel als Gegenstand der Beschlußfassung schriftlich anzukündigen haben (§ 230 Abs. 1 UmwG). Sofern sie den Gesellschaftern nicht bereits zuvor übermittelt wurden, sind der Umwandlungsbericht (§ 230 Abs. 1 UmwG)[173] und das Abfindungsangebot nach § 207 UmwG (§ 231 UmwG) den Gesellschaftern ebenfalls spätestens zusammen mit der Einberufung der Gesellschafterversammlung zu übermitteln. Der Übersendung des Abfindungsangebotes steht es gleich, wenn das Abfindungsangebot im Bundesanzeiger und den sonst bestimmten Gesellschaftsblättern bekanntgemacht wird (§ 231 S. 2 UmwG). Die Möglichkeit des Verzichts auf das Abfindungsangebot für den Fall, daß sich alle Gesellschafter an der Umwandlung beteiligen wollen, ist im Umwandlungsgesetz nicht vorgesehen. Bei einem nicht ordnungsgemäßen Barabfindungsangebot ist eine besondere gerichtliche Überprüfung vorgesehen (siehe D. II. 4. b) cc). Eine Klage gegen den Umwandlungsbeschluß kann darauf nicht gestützt werden (siehe D. II. 10.). Die ordnungsgemäße Unterbreitung und Angemessenheit einer Barabfindung ist daher nicht Wirksamkeitsvoraussetzung für die Umwandlung und wird durch das Registergericht bei der Anmeldung des Formwechsels nicht überprüft.

Das Registergericht überprüft ebenfalls nicht die ordnungsgemäße Einberufung der Gesellschafterversammlung. Unterlagen, die das Registergericht hierzu in die Lage versetzen würden, sind nicht einzureichen. Die nicht ordnungsgemäße Einberufung berechtigt jedoch zur Klage gegen den Umwandlungsbeschluß (D. II. 10.). Nach dem Inhalt der §§ 207, 29 Abs. 2 UmwG hat die formwechselnde GmbH in diesem Falle ferner jedem nicht erschienenen Gesellschafter den Erwerb seiner Anteile gegen Barabfindung anzubieten (siehe dazu auch nachstehend D. II. 4. b) aa). Der Gesellschafter hat dann bis zu zwei Monaten Zeit – gerechnet ab dem Datum der Bekanntmachung des Formwechsels –, das Angebot anzunehmen. Wollen die Gesellschafter und die Gesellschaft frühzeitig (auf der Gesellschafterversammlung) Klarheit darüber haben, welcher Gesellschafter sich nicht am Formwechsel beteiligt und stattdessen ausscheidet, sollte die Gesellschafterversammlung unter Beachtung der gesetzlichen und satzungsmäßigen Form- und Fristvorschriften und unter Unterbreitung eines Abfindungsangebots einberufen werden.[174] Nach dem Umwandlungsgesetz ist es jedoch nicht ausgeschlossen, die Gesellschafterversammlung als

---

[173] Sofern der Gesellschafter auf die Erstattung nicht verzichten kann.
[174] Siehe dazu Muster II.2 im Anhang.

Vollversammlung aller Gesellschafter unter Verzicht auf die Einhaltung der gesetzlichen und gesellschaftsvertraglichen Fristen und Formen der Einberufung abzuhalten. Der Verzicht auf die Einhaltung der Formvorschriften sollte dann in der Niederschrift schriftlich festgehalten werden.

Aus §§ 238 bis 240 UmG ergibt sich, daß die GmbH-Gesellschafter in einer Gesellschafterversammlung über die Umwandlung beschließen. Der Umwandlungsbeschluß kann folglich nicht außerhalb einer Gesellschafterversammlung schriftlich im Umlaufverfahren getroffen werden. Die Gesellschafter müssen gleichzeitig vor dem Notar anwesend bzw. vertreten sein. Das Umwandlungsgesetz schließt eine Vertretung nicht aus. Sie ist unter den gleichen Voraussetzungen wie bei einer Neugründung zulässig (vgl. B. II. 2. d), sofern nicht Regelungen des GmbH-Gesellschaftsvertrages entgegenstehen. Enthält der GmbH-Gesellschaftsvertrag Einschränkungen der Vertretung, sind diese zu beachten.

b) Abfindungsangebot

aa) Angebot

Gemäß § 207 Abs. 1 UmwG hat die formwechselnde GmbH jedem Gesellschafter, der gegen den Umwandlungsbeschluß Widerspruch zur Niederschrift erklärt, den Erwerb seiner umgewandelten Anteile gegen eine angemessene Barabfindung anzubieten. Dieses Angebot ist nach § 194 Abs. 1 Nr. 6 UmwG Teil des Umwandlungsbeschlusses. Das Abfindungsangebot ist daher bereits mit dem Umwandlungsbeschluß gegenüber allen abfindungsberechtigten Gesellschaftern abzugeben. Erforderlich ist dann nur noch die Annahme (§ 209 UmwG). Der Wortlaut von § 207 Abs. 1 UmwG (Der formwechselnde Rechtsträger hat jedem Anteilsinhaber, der ... Widerspruch ... erklärt ... anzubieten) ist insofern mißverständlich.

Der Erklärung des Widerspruchs zur Niederschrift in der Gesellschafterversammlung, die über die Umwandlung beschließt, steht es nach § 207 Abs. 2 i.V.m. § 29 Abs. 2 UmwG gleich, wenn ein nicht erschienener Gesellschafter

– zu der Gesellschafterversammlung zu Unrecht nicht zugelassen worden ist oder
– die Versammlung nicht ordnungsgemäß einberufen wurde oder
– der Gegenstand der Beschlußfassung nicht ordnungsgemäß bekanntgemacht worden ist.

Die Varianten in § 29 Abs. 2 UmwG beziehen sich nur auf den nicht erschienenen Gesellschafter. Die Formulierung des § 29 Abs. 2 UmwG ist mißverständlich. Nach dem Wortlaut könnte auch ein erschienener Gesellschafter, ohne Widerspruch zur Niederschrift erklärt zu haben, einen Anspruch auf ein Barabfindungsangebot haben, wenn die Gesellschafterversammlung nicht ordnungsgemäß einberufen oder der Beschlußgegenstand nicht ordnungsgemäß bekannt gemacht wurde. Nach der Begründung zu § 29 Abs. 2 UmwG im Regierungsentwurf[175] ist Voraussetzung für die Ver-

---

[175] BTDrucks. 12/6699, S. 94.

pflichtung, ein Abfindungsangebot zu unterbreiten, daß der Anteilsinhaber sich durch Widerspruch gegen die Verschmelzung (bzw. den Formwechsel) gewehrt hat oder sich nicht wehren konnte. Ist der Gesellschafter auf der Gesellschafterversammlung anwesend, muß er Widerspruch einlegen, unabhängig davon, ob Einberufung und Bekanntmachung der Beschlußfassung ordnungsgemäß sind.[176] Da er anwesend ist, hat sich der Verfahrensfehler nicht ausgewirkt.[177]

Nach dem Aktiengesetz ist der Erwerb eigener Aktien nur unter bestimmten Voraussetzungen zulässig (§§ 71 ff. AktG). Schuldrechtliche Erwerbsgeschäfte, die auf den Erwerb eigener Aktien gerichtet sind, und den Voraussetzungen des Aktiengesetzes nicht entsprechen, sind nach § 71 Abs. 4 S. 2 AktG grundsätzlich nichtig. Die Verpflichtung zur Unterbreitung eines Barabfindungsgebotes bei Umwandlung einer Gesellschaft in eine Aktiengesellschaft könnte daher den aktienrechtlichen Regelungen über den Erwerb eigener Aktien widersprechen und nach § 71 Abs. 4 S. 2 AktG nichtig sein. Diesen Konflikt hat der Gesetzgeber dahingehend aufgelöst, daß nach § 207 Abs. 1 UmwG § 71 Abs. 4 S. 2 AktG keine Anwendung findet. Das Angebot an die der Umwandlung widersprechenden Gesellschafter auf Barabfindung ist daher unabhängig davon wirksam, ob es nach den aktienrechtlichen Vorschriften zulässig ist.

Nach § 231 UmwG haben die Geschäftsführer den Gesellschaftern das Abfindungsangebot spätestens zusammen mit der Einberufung der Gesellschafterversammlung zu übersenden. Eine Veröffentlichung des Abfindungsangebots im Bundesanzeiger und sonstigen Gesellschaftsblättern steht der Übersendung gleich. Dieser Regelung kommt nur dann eine eigenständige Bedeutung zu, wenn die Gesellschafter auf den Umwandlungsbericht verzichtet haben. Das Abfindungsangebot ist zwingender Teil des Umwandlungsbeschlusses (§ 194 Abs. 1 Nr. 6 UmwG), der im Entwurf dem Umwandlungsbericht beigefügt wird (§ 192 Abs. 1 S. 3 UmwG). Wird der Umwandlungsbericht nach § 230 Abs. 1 UmwG den Gesellschaftern übersandt, ist eine gesonderte Übersendung oder Bekanntmachung des Abfindungsangebots nicht erforderlich.[178]

Nicht ausdrücklich geregelt ist, wer über die Höhe des Abfindungsangebots entscheidet. Wäre die Höhe des Abfindungsangebots durch die Gesellschafter festzulegen, wäre zeitlich vor der Gesellschafterversammlung, die über die Umwandlung beschließt, bereits eine Gesellschafterversammlung abzuhalten, die das Abfindungsangebot festlegt.[179] Dann wäre es jedoch unsinnig, daß die Gesellschafterversammlung nochmals gemäß § 194 Abs. 1 Nr. 6 UmwG im Rahmen des Umwandlungsbeschlusses über das Abfindungsangebot beschließt. Ist hingegen die Geschäftsführung befugt, das nach § 231 UmwG mitzuteilende Abfindungsangebot festzulegen, kann die

---

[176] So wohl auch *Stratz* in Schmitt/Hörtnagl, UmwG, § 207 Rn. 4, dem darin zuzustimmen ist, daß sich Zustimmung zum Formwechsel und Widerspruch zur Niederschrift ausschließen.
[177] *Grunewald* in Lutter, UmwG, § 29, 14.
[178] *Stratz* in Schmitt/Hörtnagl, UmwG, § 231 Rn. 1.
[179] So *Schwedhelm*, Rn. 1245.

Gesellschafterversammlung nach § 194 Abs. 1 Nr. 6 UmwG kein abweichendes Angebot festlegen. Die Verweise in § 194 Abs. 1 Nr. 6 UmwG und § 231 UmwG auf § 207 UmwG belegen, daß das von der Geschäftsführung mitgeteilte und das von der Gesellschafterversammlung beschlossene Abfindungsangebot identisch sind.

Eine gesonderte Gesellschafterversammlung, die die Abfindungshöhe festlegt, ist im Umwandlungsgesetz nicht vorgesehen. Dadurch würde das Umwandlungsverfahren unnötig in die Länge gezogen und verkompliziert. Zur Festlegung der Höhe des Abfindungsangebots ist vielmehr die Geschäftsführung befugt. Der Entwurf des Umwandlungsbeschlusses, der gemäß § 194 Abs. 1 Nr. 6 UmwG das Abfindungsangebot enthält, ist Teil des von der Geschäftsführung zu erstattenden Umwandlungsberichts.[180] Im Rahmen des Umwandlungsberichts ist auch der Entwurf des Umwandlungsbeschlusses rechtlich und wirtschaftlich zu erläutern.[181] Einer wirtschaftlichen Erläuterung des Abfindungsangebotes als Teil des Entwurfes des Umwandlungsbeschlusses bedürfte es nicht, wenn die Gesellschafter selbst die Höhe der Abfindung festlegen. Daß die Geschäftsführer, die regelmäßig auch die zukünftigen Vorstandsmitglieder sind, die Abfindung zu hoch bemessen, ist unwahrscheinlich, belastet dies doch das Geschäftsergebnis der Gesellschaft. Der ausscheidungswillige Gesellschafter kann die Angemessenheit des Abfindungsangebots überprüfen lassen (siehe dazu nachfolgend D. II. 4. b) bb) und cc).

bb) Angemessene Barabfindung

Zur Höhe der Barabfindung enthält das Umwandlungsgesetz keine Regelung. Aus dem Umwandlungsgesetz ergibt sich lediglich, daß die Barabfindung „angemessen" sein muß. Einen Schutz erfährt der Gesellschafter, der sich zum Ausscheiden entschlossen hat, durch folgende Regelungen:

– Nach §§ 208, 30 Abs. 1 UmwG muß die Barabfindung die Verhältnisse der GmbH im Zeitpunkt der Beschlußfassung über die Umwandlung berücksichtigen. Die Barabfindung ist vom Zeitpunkt der Eintragung der Umwandlung an mit jährlich 2% über dem jeweiligen Diskontsatz der Deutsche Bundesbank zu verzinsen (§§ 208, 30 Abs. 1, 15 Abs. 2 UmwG).

– Die Angemessenheit der Barabfindung ist Gegenstand der Prüfung durch den Umwandlungsprüfer (§§ 208, 30 Abs. 2 S. 1 UmwG). Der Umwandlungsprüfer hat über das Ergebnis seiner Prüfung schriftlich zu berichten (§ 208, 30 Abs. 2 S. 2, 12 Abs. 1 UmwG). Dieser Prüfungsbericht hat mit einer Erklärung darüber abzuschließen, ob die Barabfindung angemessen ist. Dabei sind die Methode, mit der die Barabfindung ermittelt worden ist, und die Gründe für die Angemessenheit dieser Ermittlungsmethode anzugeben. Sind zur Ermittlung der Barabfindung verschiedene Methoden angewandt worden, so ist anzugeben, welche Barabfindung sich bei Anwendung welcher Methode ergeben hätte, und welches

---

[180] Sofern die Gesellschafter nicht darauf verzichtet haben, vgl. 2. Kapitel D II. 2 b.
[181] *Stratz* in Schmitt/Hörtnagl, UmwG, § 192 Rn. 10.

Gewicht den verschiedenen Methoden bei der Bestimmung beigemessen wurde, und welche besonderen Schwierigkeiten bei der Bewertung aufgetreten sind (§§ 208, 30 Abs. 2 S. 2, 12 Abs. 2 UmwG). In dem Prüfungsbericht brauchen solche Tatsachen nicht aufgenommen zu werden, deren Bekanntwerden geeignet ist, der Gesellschaft oder einem mit ihr verbundenen Unternehmen einen nicht unerheblichen Nachteil zuzufügen. In diesem Fall sind die Gründe anzugeben, aus denen die Tatsachen nicht aufgenommen worden sind (§§ 208, 30 Abs. 2 S. 2, 12 Abs. 3, 8 Abs. 2 UmwG). Die Berechtigten (also die Gesellschafter, denen ein Abfindungsangebot zu machen ist) können auf die Prüfung der Angemessenheit der Barabfindung durch den Umwandlungsprüfer oder auf den Prüfungsbericht verzichten. Die Verzichtserklärungen sind notariell zu beurkunden (§ 208, § 30 Abs. 2 S. 3 UmwG).

Gemäß der Begründung des Regierungsentwurfs[182] wurde bewußt darauf verzichtet, eine bestimmte Bewertungsmethode vorzuschreiben, da die Berücksichtigung und die Gewichtung der verschiedenen Methoden je nach Natur und Gegenstand des Unternehmens verschieden sein können. In der Unternehmensbewertung haben sich weitgehend die Ertragswertmethode und die Discounted Cash-Flow-Methode durchgesetzt.[183] Sie sind daher auch regelmäßig bei der Ermittlung der Barabfindung zugrunde zu legen, sofern nicht Besonderheiten des einzelnen Unternehmens dagegen sprechen.

cc) Gerichtliche Überprüfung

Wird die Barabfindung nicht oder nicht ordnungsgemäß angeboten oder ist die Barabfindung zu niedrig, so kann der betroffene Gesellschafter gemäß § 212 UmwG beim Gericht die Festsetzung einer angemessenen Barabfindung beantragen. Der Antrag ist binnen zwei Monaten nach dem Tag, an dem die Eintragung der Umwandlung als bekanntgemacht gilt (§ 201 Satz 2 UmwG), zu stellen (§ 305 UmwG).

Die gerichtliche Nachprüfung der Abfindung nach § 212 UmwG erfolgt in dem bereits aus dem Aktiengesetz bekannten Spruchverfahren. Zuständig ist danach das Landgericht, in dessen Bezirk die Gesellschaft ihren Sitz hat (§§ 305, 306 Abs. 1 UmwG). Das Verfahren unterliegt den Regelungen über die freiwillige Gerichtsbarkeit (§ 307 Abs. 1 UmwG). Das Landgericht hat den Antrag auf gerichtliche Entscheidung im Bundesanzeiger und, wenn der Gesellschaftsvertrag der GmbH andere Blätter für die öffentliche Bekanntmachung bestimmt, auch in diesen Blättern bekanntzumachen (§ 307 Abs. 3 S. 1 UmwG). Andere Antragsberechtigte können binnen zwei Monaten nach der Bekanntmachung eigene Anträge stellen (§ 307 Abs. 3 S. 2 UmwG). Auf dieses Recht ist in der Bekanntmachung hinzuweisen (§ 307 Abs. 3 S. 3 UmwG). Nach Ablauf dieser Frist sind Anträge unzulässig. Gegen die Entschei-

---

[182] BTDrucks. 12/6699, S. 94.
[183] Münchener Handbuch des Gesellschaftsrechts/*Krieger*, Band 4, § 70 Rn. 108; *Emmerich/Habersack*, Aktien- und GmbH-Konzernrecht, § 305 Rn. 53.

dung des Landgerichts findet die sofortige Beschwerde statt, über die das Oberlandesgericht entscheidet (§ 309 Abs. 1, 2 UmwG). Die rechtskräftige Entscheidung ist vom Vorstand jedoch ohne Entscheidungsgründe im Bundesanzeiger und möglichen weiteren Veröffentlichungsblättern bekanntzumachen (§ 310 UmwG).

dd) Annahmefrist

Das Angebot auf Barabfindung kann nur binnen zwei Monaten nach Bekanntmachung der Eintragung über den Formwechsel (§ 209, 201 UmwG) angenommen werden. Im Fall der gerichtlichen Bestimmung einer angemessenen Barabfindung (§ 212 UmwG) kann das Angebot binnen zwei Monaten nach Bekanntmachung der Entscheidung des Gerichts im Bundesanzeiger angenommen werden (§ 209 S. 2 UmwG).

Statt das Barabfindungsangebot anzunehmen, kann der ausscheidungswillige Gesellschafter auch seine Anteile veräußern. Enthält der Gesellschaftsvertrag des Rechtsträgers neuer Rechtsform (die Satzung der Aktiengesellschaft) Verfügungsbeschränkungen, so hindern diese den veräußerungswilligen Gesellschafter innerhalb der Fristen des § 209 UmwG nicht an einer Veräußerung. Verfügungsbeschränkungen finden sich bei der Aktiengesellschaft lediglich für die Übertragung von Namensaktien. Deren Übertragung kann an die Zustimmung der Gesellschaft gebunden werden (§ 68 Abs. 2 AktG). Dies kann zu einer Schutzlücke im Hinblick auf die Abwehr unliebsamer Gesellschafter führen, die allerdings vom Gesetzgeber gewollt ist. Angesichts des klaren Wortlauts des § 211 UmwG ist eine teleologische Reduktion der Vorschrift nicht möglich.[184] Der veräußerungswillige Gesellschafter kann durch seine Mitgesellschafter nur gebunden werden, wenn er sich ihnen gegenüber freiwillig schuldrechtlich verpflichtet, seine Geschäftsanteile während der Frist des § 209 UmwG nicht zu veräußern. Eine solche Verpflichtung kann auch in der Niederschrift über die Umwandlung niedergelegt werden.

c) Umwandlungsbeschluß

In der Gesellschafterversammlung, die die Umwandlung beschließen soll, ist der Umwandlungsbericht auszulegen (§ 239 Abs. 1 UmwG), sofern auf seine Erstattung nicht verzichtet wurde (§ 192 Abs. 3 UmwG). Der Umwandlungsbeschluß hat den Inhalt wie vorstehend zum Entwurf des Umwandlungsbeschlusses (D. II. 3.) ausgeführt. Die Beschlußfassung bedarf grundsätzlich einer Mehrheit von mindestens drei Vierteln der in der Gesellschafterversammlung abgegebenen Stimmen (§ 240 Abs. 1 S. 1 UmwG). Der Gesellschaftsvertrag kann eine größere Mehrheit oder weitere Erfordernisse vorsehen (§ 240 Abs. 1 S. 2 UmwG). Wird durch den Umwandlungsbeschluß der Nennbetrag der Aktien in der Satzung der Aktiengesellschaft auf einen höheren als den Mindestbetrag nach § 8 Abs. 2 oder 3 AktG und abweichend vom

---

[184] Vgl. auch *Reichert* GmbHR 1995, 176, 194; *Stratz* in Schmitt/Hörtnagl, UmwG, § 211 Rn. 3, § 33 Rn. 6 f.

Nennbetrag der Geschäftsanteile der GmbH festgesetzt, so muß jeder Gesellschafter der Festsetzung zustimmen, der sich nicht dem gesamten Nennbetrag seiner Geschäftsanteile entsprechend beteiligen kann (§ 241 Abs. 1 S. 1 UmwG). Durch diese Regelung soll verhindert werden, daß mit der Umwandlung die Beteiligungsverhältnisse zum Nachteil einzelner Gesellschafter ohne deren Zustimmung geändert werden.

Zu beachten ist auch § 193 Abs. 2 UmwG. Danach ist die Zustimmung von einzelnen Gesellschaftern erforderlich, wenn die Abtretung von Anteilen von ihrer Genehmigung abhängt. Dieses Genehmigungserfordernis muß sich aus dem Gesellschaftsvertrag ergeben. Auf schuldrechtliche Abreden der Gesellschafter findet § 193 Abs. 2 UmwG keine Anwendung. Der Registerrichter kennt nur den Gesellschaftsvertrag, nicht jedoch schuldrechtliche Abreden der Gesellschafter. Von § 193 Abs. 2 UmwG werden nur die Fälle erfaßt, in denen die Zustimmung **eines einzelnen** oder **einzelner** Gesellschafter erforderlich ist.[185] Ist zur Übertragung der Anteile nach dem Gesellschaftsvertrag die Zustimmung der Gesellschafterversammlung erforderlich, findet § 193 Abs. 2 UmwG folglich keine Anwendung. Ist jedoch im Gesellschaftsvertrag formuliert, daß die Abtretung der Zustimmung aller (Mit-)Gesellschafter bedarf, greift § 193 Abs. 2 UmwG ein. Dies gilt selbst dann, wenn mit dieser Formulierung das Erfordernis der Zustimmung der Gesellschafterversammlung gemeint ist. Der Wortlaut ist vorrangig. Etwas anderes gilt dann, wenn nach dem Gesellschaftsvertrag über die Erteilung der Zustimmung der Gesellschafter einstimmig mit allen in einer Gesellschafterversammlung **abgegebenen** Stimmen oder mit der Mehrheit aller (abgegeben) Stimmen entschieden wird. Bei einer solchen Regelung wird nämlich deutlich, daß eben nicht einzelne oder alle Gesellschafter zustimmen müssen.

Darüber hinaus bedarf der Umwandlungsbeschluß der Zustimmung einzelner Gesellschafter, wenn ihre auf dem Gesellschaftsvertrag beruhenden Minderheitsrechte z.B. besondere Rechte in der Geschäftsführung, bei der Bestellung von Geschäftsführern, Vorschlagsrechte für die Geschäftsführung durch die Umwandlung beeinträchtigt werden (§§ 241 Abs. 2, 50 Abs. 2 UmwG). Die Bestellung der Vorstandsmitglieder obliegt dem Aufsichtsrat. Sofern Gesellschafter nach dem Gesellschaftsvertrag z.B. bindend der Gesellschafterversammlung der GmbH einen Geschäftsführer vorschlagen können, kann dieses Recht bei der Umwandlung nicht aufrecht erhalten werden. Allenfalls für den Aufsichtsrat können Inhabern vinkulierter Namensaktien Entsendungsrechte eingeräumt werden (§ 101 Abs. 2 AktG). Ob andere gesellschaftsvertragliche Minderheitsrechte fortbestehen können, hängt von deren konkreter Ausgestaltung ab.

Schließlich ist die Zustimmung derjenigen Gesellschafter zur Umwandlung erforderlich, denen außer der Leistung von Kapitaleinlagen noch andere Verpflichtungen gegenüber der Gesellschaft auferlegt sind, wenn diese Verpflichtungen wegen der

---

[185] Vgl. zu den Folgen der Anteilsvinkulierung für Umwandlungen auch *Reichert* GmbHR 1995, 176 ff.

einschränkenden Bestimmung des § 55 AktG beim Formwechsel nicht aufrechterhalten werden können (§ 241 Abs. 3 UmwG). In § 55 AktG werden die möglichen Nebenverpflichtungen der Aktionäre dahingehend eingeschränkt, daß nur bei vinkulierten Namensaktien einzelnen Aktionären in der Satzung die Verpflichtung auferlegt werden kann, neben den Einlagen auf das Grundkapital wiederkehrende, nicht in Geld bestehende Leistungen zu erbringen (§ 55 Abs. 1 S. 1 AktG). Andere Nebenverpflichtungen der GmbH-Gesellschafter können daher bei der Umwandlung nicht fortgeführt werden.

Der Umwandlungsbeschluß sowie die erforderlichen Zustimmungserklärungen einzelner Gesellschafter einschließlich der erforderlichen Zustimmungserklärungen nicht erschienener Gesellschafter müssen notariell beurkundet werden (§ 193 Abs. 3 S. 1 UmwG). Aus dieser Regelung ist zu entnehmen, daß einzelne Gesellschafter ihre Zustimmung noch nachträglich erklären können, wenn der Umwandlungsbeschluß in der Gesellschafterversammlung mit der erforderlichen Mehrheit getroffen wurde. Jeder Gesellschafter kann auf seine Kosten eine Abschrift des Umwandlungsbeschlusses verlangen (§ 193 Abs. 3 S. 2 UmwG).

5. Rechtsstellung der Gesellschafter

Nach § 245 Abs. 1 S. 1 UmwG haben diejenigen Gesellschafter die Stellung der Gründer der Aktiengesellschaft, die für den Formwechsel gestimmt haben. Sie trifft die Gründerhaftung nach § 46 AktG.[186] Sie haben einen Umwandlungsbericht zu erstatten.[187]

6. Aufsichtsrat

Bis zum Inkrafttreten des Umwandlungsgesetzes ging die Literatur davon aus, daß das Amt der Mitglieder eines fakultativen Aufsichtsrats der GmbH mit dem Formwechsel in eine Aktiengesellschaft erlischt.[188] Bestand aufgrund mitbestimmungsrechtlicher Vorschriften bei der GmbH ein obligatorischer Aufsichtsrat, so war umstritten, ob die Mitglieder dieses Aufsichtsrats für den Rest ihrer Amtszeit im Amt blieben oder ob der Aufsichtsrat im Zuge des Formwechsels neu zu bilden war.[189] Der Gesetzgeber hat diesen Streit grundsätzlich im Sinne des Kontinuitätsprinzips aufgelöst. Nach § 203 S. 1 UmwG bleiben die bisherigen Aufsichtsratsmitglieder für den Rest ihrer Amtszeit im Amt, sofern beim Rechtsträger neuer Rechtsform in gleicher Weise wie bei dem formwechselnden Rechtsträger ein Aufsichtsrat gebildet und zusammengesetzt wird. Hiervon abweichend können die Gesellschafter im Umwandlungsbeschluß für die Anteilseignervertreter die Beendigung des Amtes bestimmen (§ 203 S. 2 UmwG). Diese Entscheidung des Gesetzgebers wirft jedoch neue Fragen auf.

---

[186] Vgl. B. XI 1., C. XI.
[187] Vgl. B. VII., C VII.
[188] Vgl. Großkommentar Aktiengesetz/*Meyer-Landrut*, § 378 Anm. 2.
[189] Vgl. Kölner Kommentar Aktiengesetz/*Zöllner*, § 363 Rn. 19 und § 372 Rn. 12, jeweils m.w.N.

Nach § 76 Abs. 6 BetrVerfG 1952 ist bei der Aktiengesellschaft mit weniger als fünfhundert Arbeitnehmern ein nur aus Anteilseignervertretern bestehender Aufsichtsrat zu bilden. Bei dem Formwechsel einer GmbH in eine Aktiengesellschaft wird daher in der Regel der Aufsichtsrat bei der Aktiengesellschaft in gleicher Weise wie bei der GmbH zu bilden sein, es sei denn, die GmbH verfügte bislang nicht über einen Aufsichtsrat.

Die in § 203 UmwG angeordnete Fortdauer des Aufsichtsratsmandats „für den Rest ihrer Wahlzeit" ist im Lichte des § 102 AktG zu würdigen. Danach beträgt die Amtszeit der Mitglieder des Aufsichtsrats einer Aktiengesellschaft längstens fünf Jahre. Für die Amtszeit der Mitglieder des fakultativen Aufsichtsrats einer GmbH gilt § 102 AktG nicht.[190] Mit der Umwandlung findet § 102 AktG jedoch Anwendung. Auch wenn bei der Wahl oder in dem GmbH-Gesellschaftsvertrag eine längere Amtszeit bestimmt wurde, endet die Amtszeit der GmbH-Aufsichtsratsmitglieder, die nach § 203 UmwG zu Mitgliedern des ersten Aufsichtsrats der Aktiengesellschaft werden, gemäß § 102 AktG spätestens fünf Jahre nach der Umwandlung. Da § 102 AktG erst mit der Umwandlung in eine Aktiengesellschaft Anwendung findet, beginnt auch die Frist des § 102 AktG erst mit der Umwandlung.

Nach der Begründung des Gesetzentwurfs[191] ist Voraussetzung für die Kontinuität des Aufsichtsrats, daß der Aufsichtsrat bei dem Rechtsträger neuer Rechtsform in gleicher Weise wie beim formwechselnden Rechtsträger gebildet wird und sich die **zahlenmäßige Zusammensetzung** des Aufsichtsrats nicht ändert. Die Begründung des Gesetzentwurfs legt es nahe, daß § 203 UmwG keine Anwendung findet, wenn sich die zahlenmäßige Zusammensetzung des Aufsichtsrats ändert. Aus der Begründung wird nicht deutlich, ob mit „zahlenmäßige Zusammensetzung" das Verhältnis von Anteilseigner- zu Arbeitnehmervertretern und/oder die Änderung der Anzahl der Aufsichtsratssitze gemeint ist. Im letzteren Fall würde dann die Entscheidung der Gesellschafter, bei der Aktiengesellschaft zukünftig einen größeren/kleineren Aufsichtsrat zu bilden, zur Beendigung der Amtszeit der bisherigen Aufsichtsratsmitglieder führen. In § 97 Abs. 1 AktG wird für das Statusverfahren darauf abgestellt, daß der Aufsichtsrat nach den „maßgeblichen gesetzlichen Vorschriften zusammengesetzt ist". Ein Statusverfahren ist daher nicht durchzuführen, wenn sich die Anzahl der Mitglieder des Aufsichtsrats aufgrund einer Satzungsänderung (im Unterschied zum Hineinwachsen in eine andere Schwellenzahl) ändert, ohne daß hiervon das Verhältnis Anteilseigner-/Arbeitnehmervertreter betroffen ist. Wird in der Satzung lediglich die Anzahl der Aufsichtsratsmitglieder verringert, gilt die geringere Anzahl erst für den nächsten zu wählenden Aufsichtsrat. Bei der Erhöhung der Anzahl der Mitglieder in der Satzung findet eine Zuwahl statt.[192] Abweichend von § 97 AktG wird in § 203 UmwG allein darauf abgestellt, ob der Aufsichtsrat in gleicher Weise „zusam-

---

[190] Scholz/*Schneider*, GmbHG, § 52 Rn. 178.
[191] BTDrucks. 12/6699, S. 145.
[192] *Hüffer*, Aktiengesetz, § 97 Rn. 3 m.w.N.; a.A. *Geßler/Hefermehl/Eckardt/Kropff*, Aktiengesetz, § 95 Rn. 31; § 96 Rn. 52.

mengesetzt" ist. Diese unterschiedliche Terminologie spricht dafür, daß § 203 UmwG auch dann keine Anwendung findet, wenn sich lediglich die Anzahl der Mitglieder des Aufsichtsrats ändert. Die Mitglieder des Aufsichtsrats müssen also neu gewählt werden. Da dies keine größeren praktischen Probleme mit sich bringt, weil kein Statusverfahren erforderlich ist, erscheint das Ergebnis akzeptabel.

Im neuen Umwandlungsrecht fehlt eine dem § 363 Abs. 1 S. 2 AktG a.F. (der durch das Umwandlungsbereinigungsgesetz aufgehoben wurde) entsprechende Regelung, wonach die Geschäftsführung mindestens zwei Monate vor der Beschlußfassung über die Umwandlung bekanntmachen soll, nach welchen gesetzlichen Vorschriften sich der Aufsichtsrat zusammensetzt. Durch diese Regelung im Aktiengesetz sollte erreicht werden, daß mit den Wahlen der Arbeitnehmervertreter zum Aufsichtsrat bereits vor der Umwandlung begonnen wurde und nach Möglichkeit bereits zum Zeitpunkt des Wirksamwerdens des Formwechsels die Arbeitnehmervertreter zum Aufsichtsrat gewählt waren. Nach der Begründung des Gesetzentwurfs[193] soll es bei der bisherigen Rechtslage, daß die Vertretung der Arbeitnehmer im Aufsichtsrat schon zum Zeitpunkt des Wirksamwerdens des Formwechsels gesichert ist, bleiben. Dies setzt jedoch voraus, daß Betriebsrat und Arbeitnehmer über die anstehende Umwandlung unterrichtet sind und damit die Wahlen der Arbeitnehmervertreter zum Aufsichtsrat bereits vor Wirksamwerden der Umwandlung zumindest eingeleitet werden können. Eine Unterrichtung zumindest einen Monat vor der Beschlußfassung über die Umwandlung ergibt sich aus dem Erfordernis der Zuleitung des Entwurfs des Umwandlungsbeschlusses an den Betriebsrat (§ 194 Abs. 2 UmwG). Das neue Umwandlungsrecht führt zu einer Verkürzung des Zeitraums zwischen der Unterrichtung des Betriebsrats/der Arbeitnehmer und der Beschlußfassung über die Umwandlung von zwei auf einen Monat. Dadurch verringert sich die Wahrscheinlichkeit, daß die Arbeitnehmervertreter im Zeitpunkt des Wirksamwerdens des Formwechsels bereits gewählt sind – sofern Neuwahlen erforderlich sind:

Dies hindert jedoch eine Beschlußfassung im Aufsichtsrat nicht. Auch wenn nach § 197 UmwG die Vorschriften über die Bildung und Zusammensetzung des ersten Aufsichtsrats keine Anwendung finden, ist der nur aus Anteilseignervertretern zusammengesetzte Aufsichtsrat – auch wenn bei der Gesellschaft ein mitbestimmter Aufsichtsrat zu bilden ist – nach § 108 Abs. 2 AktG beschlußfähig. Dem Aufsichtsrat gehören nämlich mit den Anteilseignervertretern mindestens die Hälfte der Mitglieder an, aus denen er nach Gesetz oder Satzung insgesamt zu bestehen hat. Es ist in diesem Fall aber sicherzustellen, daß auch alle Anteilseignervertreter an der Beschlußfassung teilnehmen.

---

[193] BTDrucks. 12/6699, S. 141.

7. Umwandlungsbericht

Auf den Formwechsel finden – sofern im Umwandlungsgesetz nicht abweichend geregelt – die Gründungsvorschriften entsprechende Anwendung (§ 197 UmwG). Die als Gründer geltenden Gesellschafter der GmbH haben daher einen Sachgründungsbericht zu erstatten. Für diesen gelten grundsätzlich die gleichen Regelungen wie für den Sachgründungsbericht bei der Neugründung.[194] Nach § 220 Abs. 1 UmwG darf das Grundkapital der Aktiengesellschaft das nach Abzug der Schulden der formwechselnden Gesellschaft verbleibende Vermögen nicht übersteigen. Da diese Regelung in § 220 UmwG enthalten ist, der im übrigen den Gründungsbericht und die Gründungsprüfung zum Gegenstand hat, ist über die Einhaltung dieser Kapitalschutzregelung in Gründungsbericht und Gründungsprüfungsbericht zu berichten. Nach § 220 Abs. 2 UmwG sind darüber hinaus der bisherige Geschäftsverlauf und die Lage der formwechselnden GmbH darzulegen.

8. Umwandlungsprüfung

a) Prüfung durch Vorstand und Aufsichtsrat

Bei der Umwandlung findet eine Gründungsprüfung durch Vorstand und Aufsichtsrat statt. Es gilt das zur Sachgründung der Aktiengesellschaft Ausgeführte entsprechend.[195] Darüber hinaus sind auch die Angaben der Gründer zum Kapitalschutz sowie zum bisherigen Geschäftsverlauf und der Lage der formwechselnden Gesellschaft zu prüfen.

b) Umwandlungsprüfer

Nach § 220 Abs. 3 S. 1 UmwG hat bei dem Formwechsel in eine Aktiengesellschaft in jedem Fall eine Gründungsprüfung gemäß § 33 Abs. 2 AktG stattzufinden. Es gilt auch insofern das zur Gründungsprüfung bei der Neubildung einer Aktiengesellschaft Ausgeführte entsprechend.[196] Weiter gelten die Ausführungen unter a) zur Gründungsprüfung von Vorstand/Aufsichtsrat bei der Umwandlung.

Wie vorstehend unter D. II. 4. b) bb) ausgeführt, hat der Gründungsprüfer auch die Angemessenheit des Barabfindungsangebots zu prüfen und darüber zu berichten, sofern die Berechtigten auf die Prüfung oder den Bericht nicht in notariell beurkundeter Form verzichtet haben.

---

[194] Vgl. C. VII. und Muster II.4. im Anhang.
[195] Vgl. C. VIII. und Muster II.5. im Anhang.
[196] Vgl. C. IX. und Muster II.6. und II.7. im Anhang.

9. Handelsregisteranmeldung

a) Anmeldepflichtige

Die Anmeldung des Formwechsels hat durch den oder die Geschäftsführer der GmbH zu erfolgen (§ 246 Abs. 1 UmwG). Zusammen mit der Anmeldung des Formwechsels sind die Vorstandsmitglieder der Aktiengesellschaft zur Eintragung in das Handelsregister anzumelden (§ 246 Abs. 2 UmwG). Auch wenn die Geschäftsführer der GmbH noch den Formwechsel anzumelden haben, haben die zukünftigen Vorstandsmitglieder bei der Anmeldung mitzuwirken. Nach § 197 UmwG, § 37 Abs. 2 AktG haben die Vorstandsmitglieder in der Anmeldung zu versichern, daß keine Umstände vorliegen, die ihrer Bestellung nach § 76 Abs. 3 S. 3 und 4 AktG entgegenstehen, und daß sie über ihre unbeschränkte Auskunftspflicht gegenüber dem Gericht belehrt worden sind. Darüber hinaus haben sie nach § 37 Abs. 5 AktG ihre Namensunterschrift zur Aufbewahrung beim Gericht zu zeichnen. Da die Vorstandsmitglieder die Anmeldung nicht selbst vorzunehmen haben, sondern diese noch durch die Geschäftsführer der GmbH erfolgt, ist es zulässig, daß die Versicherung nach § 37 Abs. 2 AktG sowie die Zeichnung der Unterschrift nach § 37 Abs. 5 AktG in einer Anlage zur Handelsregisteranmeldung erfolgen. Gemäß § 12 Abs. 1 HGB bedarf diese jedoch dann der öffentlich beglaubigten Form. Die Frage einer Anlage zur Handelsregisteranmeldung wird sich in der Praxis nicht häufig stellen, da die GmbH-Geschäftsführer regelmäßig auch die zukünftigen Vorstandsmitglieder der Aktiengesellschaft sind.

b) Inhalt der Anmeldung

In der Handelsregisteranmeldung ist neben den Vorstandsmitgliedern der Aktiengesellschaft der Formwechsel als solcher zur Eintragung anzumelden. Darüber hinaus sind nach § 198 Abs. 3 i.V.m. § 16 Abs. 2, 3 UmwG Angaben über eine Klage gegen die Wirksamkeit der Umwandlung zu machen. Die Geschäftsführung hat bei der Anmeldung zu erklären, daß eine Klage gegen die Wirksamkeit der Umwandlung nicht oder nicht fristgerecht erhoben oder eine solche Klage rechtskräftig abgewiesen oder zurückgenommen worden ist (§ 16 Abs. 2 S. 1 1. HS UmwG). Nach § 16 Abs. 2 S. 1 2. HS UmwG ist dem Registergericht hierüber auch noch nach der Anmeldung Mitteilung zu machen. Das Registergericht ist folglich auch nach der Anmeldung über die Erhebung einer Klage zu unterrichten.[197] Solange eine Erklärung nach § 16 Abs. 2 S. 1 1. HS UmwG nicht vorliegt, darf die Umwandlung nicht eingetragen werden (§§ 198 Abs. 3, 16 Abs. 2 S. 2 UmwG). Von dieser Regelung bestehen zwei Ausnahmen:

– Die klageberechtigten Gesellschafter haben durch notariell beurkundete Verzichtserklärung auf die Klage gegen die Wirksamkeit des Umwandlungsbeschlusses verzichtet (§§ 198 Abs. 3, 16 Abs. 2 S. 2 UmwG). Sind alle Gesellschafter mit

---

[197] Siehe auch die Begründung des Regierungsentwurfs, BTDrucks. 12/6699, S. 88.

der Umwandlung einverstanden, so empfiehlt es sich, eine Erklärung über den Verzicht auf die Klage gegen die Wirksamkeit des Umwandlungsbeschlusses bereits in den Umwandlungsbeschluß selbst aufzunehmen.[198]

– Das für die Klage gegen den Umwandlungsbeschluß zuständige Prozeßgericht hat auf Antrag der Gesellschaft nach Erhebung der Klage durch rechtskräftigen Beschluß festgestellt, daß die Erhebung der Klage der Eintragung nicht entgegensteht (§§ 198 Abs. 3, 16 Abs. 3 UmwG). Ein solcher Beschluß darf nur dann ergehen, wenn die Klage unzulässig oder offensichtlich unbegründet ist oder wenn das alsbaldige Wirksamwerden der Umwandlung nach freier Überzeugung des Gerichts unter Berücksichtigung der Schwere der mit der Klage geltend gemachten Rechtsverletzung zur Abwendung der vom Antragsteller dargelegten wesentlichen Nachteile für die formwechselnde Gesellschaft und ihre Anteilsinhaber vorrangig erscheint. Erweist sich die Klage gegen den Umwandlungsbeschluß entgegen der Erwartung als begründet, so hat die Gesellschaft dem Antragsteller den Schaden zu ersetzen, der ihm aus der Eintragung der Umwandlung entsteht. Hierbei kommt eine Naturalrestitution in der Form der Beseitigung der Wirkungen der Eintragung der Umwandlung nicht in Betracht (§§ 198 Abs. 3, 16 Abs. 3 UmwG).

Der Anmeldung sind als Anlagen, sofern sie der notariellen Beurkundung bedürfen, in Ausfertigung oder beglaubigter Abschrift, ansonsten in Urschrift oder Abschrift, die Niederschrift des Umwandlungsbeschlusses, erforderliche Zustimmungserklärungen einzelner Gesellschafter, Zustimmungserklärungen nicht erschienener Gesellschafter, der Umwandlungsbericht oder die Erklärung über den Verzicht auf seine Erstellung, ein Nachweis über die Zuleitung des Entwurfs des Umwandlungsberichtes an den Betriebsrat beizufügen. Darüber hinaus müssen die nach § 199 UmwG sonst erforderlichen Unterlagen beigefügt werden. Bei der Umwandlung sind daher auch die im übrigen bei der Neugründung der Anmeldung beizufügenden Unterlagen zum Handelsregister einzureichen. Es sind daher etwa auch die Urkunden über die Bestellung des Vorstands und (soweit Neubestellung erforderlich ist) des Aufsichtsrats[199], der Gründungsbericht und die Prüfungsberichte der Mitglieder des Vorstands und des Aufsichtsrats sowie des Gründungsprüfers beizufügen.[200]

c) Wirkung der Eintragung

Der Formwechsel der GmbH in die Aktiengesellschaft wird mit Eintragung wirksam (§ 202 Abs. 1, 2 UmwG). Der Mangel der notariellen Beurkundung des Umwandlungsbeschlusses und gegebenenfalls erforderlicher Zustimmungs- oder Verzichtserklärungen einzelner Anteilsinhaber wird mit der Eintragung des Formwech-

---

[198] Vgl. Ziffer 8 Muster II.3. im Anhang.
[199] Soweit nicht in der Niederschrift des Umwandlungsbeschlusses enthalten.
[200] Siehe zur Handelsregisteranmeldung auch Muster II.8. im Anhang.

sels geheilt. Darüber hinaus lassen Mängel des Formwechsels die Wirksamkeit der Eintragung im Register unberührt (§ 202 Abs. 3 UmwG).

10. Klagen gegen den Umwandlungsbeschluß

Klagen gegen die Wirksamkeit des Umwandlungsbeschlusses können nicht darauf gestützt werden,

– daß das Barabfindungsangebot zu niedrig bemessen oder die Barabfindung im Umwandlungsbeschluß nicht oder nicht ordnungsgemäß angeboten worden ist (§ 210 UmwG);
oder
– daß die in dem Beschluß bestimmte Zahl der Aktien zu niedrig bemessen sind oder daß die Aktien keinen ausreichenden Gegenwert für die GmbH-Beteiligung darstellen (§ 195 Abs. 2 UmwG).

Die Klage kann jedoch auf andere Einwendungen gestützt werden, wie zum Beispiel die nicht ordnungsgemäße Einberufung der Gesellschafterversammlung. Sie muß binnen eines Monats nach der Beschlußfassung erhoben werden (§ 195 Abs. 1 UmwG).

11. Haftung

Die der Umwandlung zustimmenden Gesellschafter stehen den Gründern gleich. Für sie gelten die Vorschriften des Aktiengesetzes über die Haftung der Gründer (§§ 46 f. AktG).[201] Die Geschäftsführer der GmbH und die Mitglieder des Aufsichtsrats der GmbH (wenn ein solcher gebildet wurde) sind der Gesellschaft, den Gesellschaftern und den Gläubigern der GmbH zum Ersatz des Schadens verpflichtet, den diese durch den Formwechsel erleiden (§ 205 Abs. 1 S. 1 UmwG). Haben die Organmitglieder bei der Prüfung der Vermögenslage der GmbH und bei dem Umwandlungsbericht/Entwurf des Umwandlungsbeschlusses ihre Sorgfaltspflicht beachtet, sind sie von der Ersatzpflicht befreit. Dies ergibt sich aus dem Verweis in § 205 Abs. 1 S. 2 UmwG auf § 25 Abs. 1 S. 2 UmwG. Bei der Umwandlung wird von den Organmitgliedern kein Verschmelzungsvertrag (wie in § 25 Abs. 1 S. 1 UmwG ausgeführt) abgeschlossen. Sie haben jedoch den Umwandlungsbericht nebst Entwurf des Umwandlungsbeschlusses vorzulegen (sofern die Gesellschafter auf die Erstattung nicht verzichtet haben). Bei entsprechender Anwendung des § 25 Abs. 1 S. 2 UmwG sind dann diese Tätigkeiten maßgeblich. Die Ansprüche nach § 205 Abs. 1 UmwG verjähren in fünf Jahren (§ 205 Abs. 2 UmwG).

Durch § 205 UmwG werden Ansprüche nach allgemeinen haftungsrechtlichen Vorschriften nicht ausgeschlossen.[202] Wegen des Verweises auf die Gründungsvor-

---

[201] Siehe B. XI. 1., C. XI.
[202] Begründung des Regierungsentwurfs, BTDrucks. 12/6699, S. 145.

schriften (§ 197 UmwG) gelten für die Mitglieder des Vorstands und Aufsichtsrats der zukünftigen Aktiengesellschaft die Haftungsvorschriften des Aktiengesetzes.[203]

---

[203] Siehe B. XI. 2., C. XI.

3. Kapitel
Publizität

A. § 42 AktG

I. Anmeldungsfälle

Gehören alle Aktien allein oder neben der Gesellschaft einem Aktionär, so ist dies, sowie der Name, Vorname, Geburtsdatum und Wohnort des alleinigen Aktionärs unverzüglich dem Registergericht mitzuteilen (§ 42 AktG). § 42 AktG wurde mit dem Gesetz für kleine Aktiengesellschaften und zur Deregulierung des Aktienrechts in das Aktiengesetz eingefügt. Die Vorschrift soll dazu dienen, für den Rechtsverkehr aus allgemein zugänglicher Quelle ersichtlich zu machen, daß es sich bei der Aktiengesellschaft um eine Einpersonengesellschaft handelt.[1] Erforderlich ist eine Anmeldung nach § 42 AktG zum Registergericht am Sitz der Gesellschaft

– bei Gründung einer Einpersonenaktiengesellschaft;
– bei späterer Entwicklung zur Einpersonenaktiengesellschaft.

Aus der systematischen Stellung der Vorschrift (innerhalb der Gründungsvorschriften) sowie dem Zweck der Vorschrift ergibt sich, daß eine Mitteilung nach § 42 AktG auch bei der Gründung erforderlich ist, obgleich die nach § 42 AktG geforderten Angaben sich auch aus dem Gründungsprotokoll und der Anmeldung entnehmen lassen.[2] Die Gesetzesformulierung ist allgemein gefaßt. Von dieser Vorschrift werden daher auch bereits bestehende Aktiengesellschaften erfaßt.[2]

II. Einpersonengesellschaft

Die Voraussetzungen der Mitteilungspflicht sind erfüllt, wenn alle Aktien allein (oder neben der Gesellschaft) einer natürlichen Person, einer juristischen Person, einer Personengesellschaft, einer Gesellschaft bürgerlichen Rechts „gehören". Der Begriff „gehören" ist in Anlehnung an § 16 AktG zu verstehen.[3] Einem Aktionär gehören

---

[1] Ebenso *Lutter* AG 1994, 429, 434; *Seibert/Kiem*, Handbuch der kleinen AG, S. 43, Rn. 122
[2] Ebenso *Lutter* AG 1994, 429, 434.
[3] *Hoffmann-Becking*, ZIP 1995, 1, 3; a.A. *Blanke* BB 1994, 1505, 1506; *Hüffer*, Aktiengesetz, § 42 Rn. 4, die zur Bestimmung des Begriffs „gehören" nur auf § 16 Abs. 1 AktG zurückgreifen.

Aktien, wenn er Rechtsinhaber, das heißt deren Eigentümer, ist oder ihm diese, insbesondere bei Vorliegen eines Treuhandverhältnisses, zugerechnet werden.[4]

Im Konzern werden nach § 16 Abs. 4 AktG dem herrschenden Unternehmen neben den durch einen Treuhänder gehaltenen Anteilen auch Anteile zugerechnet, die ein abhängiges Unternehmen hält. Da der Begriff „gehören" in § 42 AktG und § 16 AktG identisch auszulegen ist, hat auch in den Fällen des § 16 Abs. 4 AktG eine Mitteilung nach § 42 AktG zu erfolgen. Dies kann bei der Gründung zu seltsamen Ergebnissen führen, die jedoch letztlich hinzunehmen sind. Beteiligen sich mehrere Konzernunternehmen als Gründer an der Errichtung einer Aktiengesellschaft, ist eine Sicherung nach § 36 Abs. 2 S. 2 AktG nicht zu bestellen. Der Wortlaut des § 36 Abs. 2 S. 2 AktG stellt auf die Anzahl der beteiligten „Personen" ab. Auch nach bisheriger Rechtslage war eine Gründung durch mehrere Konzernunternehmen ohne Bestellung einer Sicherung bereits zulässig.[5] Bei der Anmeldung zum Handelsregister hätten die Beteiligten bei der vorstehend beschriebenen Konstellation zwar keine Sicherung zu bestellen, jedoch zu erklären, daß es sich um eine „Einpersonengesellschaft" nach § 42 AktG handelt. Trotz dieses Widerspruchs ist „gehören" in § 16 AktG und § 42 AktG identisch zu verstehen. Dem Gesetzgeber war bei der Einfügung des § 42 AktG die Auslegung zu § 16 AktG bekannt. Es ist daher nicht anzunehmen, daß er dem Begriff „gehören" in § 42 AktG eine andere Bedeutung als diejenige des § 16 AktG beimessen wollte. § 16 AktG ist Teil des Ersten Buchs und dort des Ersten Teils, der mit „Allgemeine Vorschriften" übertitelt ist. Auch die systematische Stellung der Vorschrift spricht folglich dafür, daß § 16 Abs. 1 bis 4 AktG eine auch für § 42 AktG maßgebliche Definition des Begriffs „gehören" enthalten. Auch die Mitteilungspflichten nach § 20 Abs. 1 und 4 AktG über das Bestehen einer Beteiligung an der Gesellschaft knüpfen daran an, daß den beteiligten Unternehmen eine 25%ige Beteiligung bzw. Mehrheitsbeteiligung an der Gesellschaft nach § 16 AktG gehört. Obgleich in § 20 Abs. 4 AktG für den Begriff der Mehrheitsbeteiligung ausdrücklich nur auf § 16 Abs. 1 AktG verwiesen wird, ist die Norm nach allgemeiner Auffassung als Generalverweisung auf § 16 AktG zu verstehen. § 16 Abs. 2 bis 4 AktG stellen lediglich eine Konkretisierung des § 16 Abs. 1 AktG dar.[6]

III. Inhalt und Zeitpunkt der Anmeldung

Der Wortlaut des § 42 AktG unterscheidet nicht zwischen Einpersonengründungen und der späteren Entwicklung zur Einpersonengesellschaft. Sowohl bei der Einpersonengründung als auch bei einer späteren Entwicklung zur Einpersonengesellschaft hat daher eine Anmeldung nach § 42 AktG zu erfolgen.[7]

---

[4] A.A. für das Treuhandverhältnis *Lutter* AG 1994, 429, 434.
[5] Siehe auch 2. Kapitel B.X. 3.
[6] *Hüffer*, Aktiengesetz, § 20 Rn. 6 m.w.N.
[7] *Dehmer* WiB 1994, 753, 756; *Trölitzsch* WiB 1994, 795, 798 Anm. 15.

Nach § 42 AktG ist anzumelden, daß alle Aktien einem Aktionär allein oder neben ihm nur der Gesellschaft gehören. In der Anmeldung ist anzugeben, ob es nur einen Alleinaktionär gibt oder ob auch die Gesellschaft eigene Aktien hält.[8]

Die Anmeldung hat nach § 42 AktG unverzüglich, das heißt ohne schuldhaftes Zögern (§ 121 Abs. 1 S. 1 BGB), zu erfolgen. Die Mitteilung muß neben der ausdrücklichen Erwähnung der Tatsache, daß sich alle Aktien in der Hand eines Aktionärs (und der Aktiengesellschaft) befinden, Angaben zur Identität des alleinigen Aktionärs (Name, Vorname, Geburtsdatum und Wohnort) enthalten. Der Wortlaut des Gesetzestextes berücksichtigt nicht, daß der alleinige Aktionär auch eine Gesellschaft sein kann. Name und Vorname des Aktionärs entsprechen dann der Firma der Gesellschaft. Der Wohnort ist der Sitz der Gesellschaft. Die Angabe des Geburtsdatums ist nicht durch Angabe des Eintragungstages zu ersetzen, weil sie zur Identifikation nichts beiträgt.[9] Bei einer Gesellschaft als alleinigem Aktionär sind daher ihre Firma, sowie der Sitz der Gesellschaft anzugeben. Die Forderung, daß auch der Zeitpunkt des Entstehens der Einpersonengesellschaft mitzuteilen ist[10], findet im Gesetzeswortlaut keine Stütze. Dies setzte zudem voraus, daß dem Anmeldepflichtigen im Fall des späteren Entstehens der Einpersonengesellschaft der Zeitpunkt bekannt ist. Anderenfalls kann er nur den Zeitpunkt seiner eigenen Kenntniserlangung angeben.

Bei der Einpersonengründung ergibt sich der Umstand, daß die Gesellschaft nur einen Aktionär hat, bereits aus der Gründungsurkunde. Bei einer natürlichen Person als Gründer wird im Gründungsprotokoll häufig das Geburtsdatum angegeben. Ebenso ist dem Gründungsprotokoll der Wohnsitz bzw. Geschäftssitz des Gründers zu entnehmen. Alle Angaben, die nach § 42 AktG zu machen sind, finden sich folglich in der Regel in den Gründungsunterlagen, die beim Registergericht eingereicht werden und dort von jedermann eingesehen werden können. Dennoch hat der Gesetzgeber § 42 AktG systematisch in die Gründungsvorschriften eingeordnet. Es ist daher nicht ausreichend, daß sich die nach § 42 AktG zu machenden Angaben in den Gründungsunterlagen finden. Nach dem Wortlaut des § 42 AktG ist zu erklären, daß der Gründer auch der alleinige Aktionär ist. In diesem Zusammenhang sind dann auch Name (Firma), Geburtsdatum bei natürlichen Personen und Wohnort (Geschäftssitz) zu nennen. Dies kann in der Anmeldung der Gesellschaft zum Handelsregister geschehen.[11] Eine getrennte Mitteilung ist nicht erforderlich.[12] Aus dem Gesetzeswortlaut ergibt sich nicht, daß die Anmeldung nach § 42 AktG isoliert zu erfolgen hat. Auch ansonsten können unterschiedliche Vorgänge in einer Handelsregi-

---

[8] *Hüffer*, Aktiengesetz, § 42 Rn. 5; nach a.A. ist nur auf die Vereinigung aller Anteile in einer Hand abzustellen, so *Seibert/Kiem*, Handbuch der kleinen AG, S. 43 Rn. 122.

[9] Hüffer, Aktiengesetz, § 42 Rn. 5.

[10] So *Lutter* AG 1994, 429, 435.

[11] Vgl. Muster I.9. Ziff. I. im Anhang.

[12] A.A. offenbar *Trölitzsch* WiB 1994, 795, 798; *Seibert/Kiem*, Handbuch der kleinen AG, S. 43 Rn. 122.

steranmeldung zusammengefaßt werden. Siehe zum Inhalt der Anmeldung auch die Muster I.12. und I.13. im Anhang.

IV. Anmeldepflichtige

Der Wortlaut des § 42 AktG läßt offen, wen die Mitteilungsverpflichtung trifft. Bei der Einpersonengründung sind entsprechend § 36 Abs. 1 AktG neben dem Gründer auch alle Vorstandsmitglieder und Aufsichtsräte zur Mitteilung nach § 42 AktG verpflichtet. Dies ergibt sich aus der systematischen Stellung des § 42 AktG innerhalb der Gründungsvorschriften. Beim nachträglichen Entstehen einer Einpersonenaktiengesellschaft ist § 36 Abs. 1 AktG hingegen nicht mehr einschlägig. Bei § 42 AktG hat sich der Gesetzgeber an § 40 GmbHG orientiert.[13] Die Verpflichtung zur Einreichung von Gesellschafterlisten bei einer GmbH trifft nach § 40 GmbHG die Geschäftsführer. Im Nachgründungsstadium ist daher allein der Vorstand zur Mitteilung verpflichtet.[14] Der Ansicht, daß in erster Linie der Alleinaktionär und lediglich daneben analog § 40 Abs. 2 GmbHG auch der Vorstand zur Mitteilung verpflichtet sei[15], ist nicht beizupflichten. Bei der Aktiengesellschaft obliegt im Nachgründungsstadium die Vornahme von Mitteilungen an das Handelsregister dem Vorstand. Darüber hinaus hat eine alleinige Mitteilungsverpflichtung und ein alleiniges Mitteilungsrecht des Vorstands eine gewisse Filterfunktion.

Damit die Mitteilungsverpflichtung des Vorstands nicht leerläuft, ist der Alleinaktionär verpflichtet, dem Vorstand die entsprechenden Angaben zu machen. Da der Vorstand seine Mitteilung nicht aufgrund eigener Erkenntnisse, sondern eine Mitteilung von dritter Seite (Aktionär) macht, ist ihm das Recht zuzubilligen, in der Mitteilung die Herkunft seiner Kenntnis[16] anzugeben. Nach dem Gesetzeswortlaut ist „anzumelden, daß die Aktien einem Aktionär.... gehören". Die Gesetzesformulierung sollte dann auch bei der Anmeldung verwandt werden. Die Erläuterung (z.B. Herkunft der Kenntnis) kann daran angefügt werden.[17]

V. Form

§ 42 AktG stellt eine bloße Mitteilungspflicht auf. Eine Eintragung ins Handelsregister erfolgt nicht.[18] Es ist daher auch keine notarielle Beglaubigung (§§ 12 Abs. 1

---

[13] BTDrucks. 12/6721, S. 8, Begründung zu § 42 AktG.
[14] So auch *Hoffmann-Becking* ZIP 1995, 1, 3; *Hüffer*, Aktiengesetz, § 42 Rn. 5.
[15] So *Lutter* AG 1994, 429, 435; *Ammon/Görlitz*, S. 44
[16] Zum Beispiel Mitteilung des Aktionärs, Inhalt des Aktienregisters.
[17] Vgl. Muster I.12 und I.13. im Anhang.
[18] *Hoffmann-Becking* ZIP 1995, 1, 3; so wohl auch *Seibert/Kiem*, Handbuch der kleinen AG, S. 43 Rn. 122.

HGB, 129 BGB) der Unterschriften der Anmelder erforderlich. Die Mitteilung kann vielmehr in einfacher Schriftform erfolgen.[19]

VI. Sanktionen bei einem Verstoß gegen die Anmeldepflicht

Die Pflicht zur Einreichung der vollständigen Mitteilung nach § 42 AktG kann vom Registergericht durch Festsetzung eines Zwangsgelds durchgesetzt werden (§ 14 HGB, §§ 132 ff. FGG).[20] Eine Mitteilungspflicht des Vorstands besteht jedoch nur dann, wenn dieser von dem Vorliegen der Voraussetzungen des § 42 AktG Kenntnis hat. Diese Kenntnis erlangt der Vorstand regelmäßig nur durch eine Unterrichtung seitens des Alleinaktionärs oder, falls Namensaktien ausgegeben werden, durch das Aktienregister. Der Alleinaktionär ist nicht anmeldepflichtig. Er kann daher auch nicht durch Festsetzung eines Zwangsgeldes zur Mitteilung nach § 42 AktG angehalten werden.[21] Es wird zwar vertreten, daß § 42 AktG Schutzgesetz im Sinne von § 823 Abs. 2 BGB sei.[22] Ob dies tatsächlich der Fall ist, ist eine akademische Frage, die letztlich dahingestellt bleiben kann. Durch eine Verletzung der Mitteilungspflicht entsteht nämlich kein Schaden.[23] Es ist nicht ersichtlich, wie ein Gläubiger der Gesellschaft dadurch zu Schaden kommen soll, daß er nicht von der Alleinaktionärsstellung erfährt. Von § 399 Abs. 1 Nr. 1 AktG wird ein Verstoß gegen § 42 AktG nicht erfaßt.[24] Der Verstoß gegen die Mitteilungspflicht erfüllt auch nicht den Tatbestand des § 399 AktG i.V.m. § 13 StGB.[25] Sieht man einmal von dem Zwangsgeld ab – was das Registergericht nur festsetzen kann, wenn es von dem Bestehen einer Einpersonengesellschaft Kenntnis hat –, bleibt ein Verstoß gegen die Mitteilungspflicht nach § 42 AktG im Ergebnis sanktionslos.[26]

---

[19] *Lutter* AG 1994, 429, 435; *Hüffer*, Aktiengesetz, § 42 Rn. 6; *Geßler*, Aktiengesetz, Stand Juli 2001, § 42 Rn. 3.

[20] So auch *Lutter* AG 1994, 429, 435; *Blanke* BB 1994, 1505, 1507; *Hüffer*, Aktiengesetz, § 42 Rn. 6; *Geßler*, Aktiengesetz, Stand Juli 2001, § 42 Rn. 2.

[21] So auch *Hoffmann-Becking* ZIP 1995, 1, 4; a.A. *Lutter* AG 1994, 429, 435; *Ammon/Görlitz*, S. 45, die eine Mitteilungspflicht des Alleinaktionärs bejahen.

[22] So *Lutter* AG 1994, 429, 435; *Ammon/Görlitz*, S. 45; Münchener Kommentar AktG/*Pentz*, § 42 Rn. 17 m.w.N.

[23] *Hoffmann-Becking* ZIP 1995, 1, 4; *Ammon/Görlitz*, S. 45; Münchener Kommentar AktG/*Pentz*, § 42 Rn. 17.

[24] *Ammon/Görlitz*, S. 45; *Blanke* BB 1994, 1505, 1507; so wohl auch *Dehmer* WiB 1994, 753, 756.

[25] *Lutter* AG 1994, 429, 435; *Blanke* BB 1994, 1505, 1507; Münchener Kommentar AktG/*Pentz*, § 42 Rn. 17.

[26] So auch *Blanke* BB 1994, 1505, 1507; *Hoffmann-Becking* ZIP 1995, 1, 4; *Hüffer*, Aktiengesetz, § 42 Rn. 6.

VII. Beendigung des Status als Einpersonengesellschaft

Damit den Registerakten entnommen werden kann, ob es sich um eine Einpersonenaktiengesellschaft handelt, ist als actus contrarius auch die Mitteilung erforderlich, daß die Aktiengesellschaft nicht mehr Einpersonenaktiengesellschaft ist.[27] Die Mitteilung an das Registergericht, die Aktiengesellschaft sei nicht mehr Einpersonenaktiengesellschaft, reicht aus. Weitere Angaben sind nicht erforderlich, aber auch nicht schädlich.[28] Die Anmeldung nach § 42 AktG ist zu wiederholen, wenn die Aktiengesellschaft erneut zur Einpersonenaktiengesellschaft wird.[29]

B. §§ 16, 20 AktG

Nach § 20 Abs. 1 AktG hat ein Unternehmen, dem nach § 16 AktG mehr als 25 % der Aktien einer Aktiengesellschaft mit Sitz im Inland gehören, dies der Gesellschaft unverzüglich schriftlich mitzuteilen. Die Gesellschaft hat das Bestehen der Beteiligung in ihren Gesellschaftsblättern bekanntzumachen. Eine Mitteilungspflicht besteht ferner, sobald dem Unternehmen eine Mehrheitsbeteiligung im Sinne von § 16 AktG gehört (§ 20 Abs. 4 AktG). Der Erwerb einer Mehrheitsbeteiligung ist auch dann noch mitzuteilen, wenn bereits zuvor der Erwerb von mehr als 25 % der Aktien mitgeteilt wurde. Bestehen die Mehrheitsbeteiligung oder die Beteiligung von mehr als 25 % nicht mehr, so ist dies ebenfalls der Gesellschaft unverzüglich mitzuteilen. Auch dies ist in den Gesellschaftsblättern bekanntzumachen.

Mit dem 1998 verabschiedeten Dritten Finanzmarktförderungsgesetz ist § 20 AktG geändert worden. Bis zum Inkrafttreten des Dritten Finanzmarktförderungsgesetzes konnten die Rechte aus Aktien, für die Mitteilungspflichten nicht beachtet wurden, nicht ausgeübt werden. § 20 Abs. 7 AktG sieht nunmehr vor, dass Rechte aus Aktien, in Bezug auf welche eine Mitteilungspflicht nach § 20 Abs. 1 oder 4 AktG entstanden ist, für die Zeit, für die die Mitteilung nicht erfolgt ist, für das Unternehmen (dem die Aktien gehören) bzw. abhängige Unternehmen nicht bestehen. Daher bestehen insbesondere das Stimmrecht, das Recht auf Dividenden und das Bezugsrecht, nicht. Dies gilt nicht für Ansprüche auf den Bilanzgewinn (§ 58 Abs. 4 AktG) oder Verteilung des anteiligen Liquidationserlöses (§ 271 AktG), wenn die Mitteilungen nicht vorsätzlich unterlassen wurden und nachgeholt worden sind (§ 20 Abs. 7 Satz 2 AktG). Gemäß § 20 Abs. 8 AktG gilt § 20 AktG jedoch nicht für Aktien einer börsennotierten Gesellschaft im Sinne des § 21 Abs. 2 WpHG. Eine Umgehung des Stimmverbots wird nach § 405 Abs. 3 Nr. 5 AktG als Ordnungswidrigkeit geahndet.

---

[27] Ebenso *Lutter* AG 1994, 429, 435; a.A. Münchener Kommentar AktG/*Pentz*, § 42 Rn. 20, der jedoch eine entsprechende Mitteilung empfiehlt.

[28] Siehe zum möglichen Inhalt einer solchen Mitteilung auch Muster I.14. im Anhang.

[29] Ebenso *Lutter* AG 1994, 429, 435.

C. §§ 21, 22 WpHG

Für börsennotierte Aktiengesellschaften ergeben sich aus dem WpHG gesteigerte Mitteilungspflichten. Nach § 21 WpHG hat derjenige, der durch Erwerb, Veräußerung oder auf sonstige Weise 5%, 10%, 25%, 50% oder 75% der Stimmrechte an einer börsennotierten Gesellschaft erreicht, überschreitet oder unterschreitet, der Gesellschaft sowie dem Bundesaufsichtsamt für den Wertpapierhandel unverzüglich (spätestens innerhalb von sieben Kalendertagen) das Erreichen, Überschreiten oder Unterschreiten der genannten Schwellen sowie die Höhe seines Stimmrechtsanteils unter Angabe seiner Anschrift und des Tages des Erreichens, Überschreitens oder Unterschreitens schriftlich mitzuteilen. In § 22 Abs. 1 Nr. 1 bis 7 WpHG sind Fälle aufgeführt, in denen dem Meldepflichtigen die Stimmrechte von Dritten bzw. von ihm kontrollierten Unternehmen zugerechnet werden. In der Mitteilung nach § 21 WpHG sind für jede der Fallgruppen (§ 22 Abs. 1 Nr. 1 bis 7 WpHG) die zuzurechnenden Stimmen getrennt anzugeben (§ 22 Abs. 2 WpHG).

Die börsennotierte Gesellschaft, vertreten durch ihren Vorstand, hat die Mitteilung nach § 21 Abs. 1 WpHG unverzüglich (spätestens neun Kalendertage nach Zugang der Mitteilung) in einem überregionalen Börsenpflichtblatt zu veröffentlichen (§ 25 WpHG). In der Veröffentlichung ist der Meldepflichtige mit Namen oder Firma und Staat, in dem sich der Wohnort befindet, oder Sitz anzugeben. Die börsennotierte Gesellschaft hat außerdem dem Bundesaufsichtsamt für den Wertpapierhandel unverzüglich einen Beleg über die Veröffentlichung zu übersenden (§ 25 Abs. 3 WpHG).

4. Kapitel
Aufsichtsrat

A. Zusammensetzung

I. Mitbestimmung

1. Mitbestimmungsgesetz

Aktiengesellschaften mit in der Regel mehr als zweitausend Arbeitnehmern unterfallen dem Mitbestimmungsgesetz. Der Aufsichtsrat besteht je zur Hälfte aus Anteilseigner- und Arbeitnehmervertretern. Ergibt eine Abstimmung im Aufsichtsrat Stimmengleichheit, so hat bei einer erneuten Abstimmung der regelmäßig aus dem Kreis der Anteilseigner gewählte Aufsichtsratsvorsitzende (vgl. § 27 MitbestG) zwei Stimmen (§ 29 Abs. 2 MitbestG). Im Konzern werden nach § 5 Abs. 1 MitbestG Arbeitnehmer der abhängigen Konzernunternehmen dem herrschenden Konzernunternehmen zugerechnet. Eine Aktiengesellschaft unterfällt daher auch dann dem Mitbestimmungsgesetz, wenn sie und ihre nachgeordneten Konzernunternehmen zusammen mehr als 2.000 Arbeitnehmer beschäftigen.

2. Betriebsverfassungsgesetz

Aktiengesellschaften mit in der Regel mehr als fünfhundert und bis zu zweitausend Arbeitnehmern unterliegen weiterhin den Regelungen des Betriebsverfassungsgesetzes 1952. Ihre Aufsichtsräte bestehen zu einem Drittel aus Arbeitnehmervertretern. Bei der Ermittlung der Anzahl der Arbeitnehmer gelten die Arbeitnehmer eines Konzernunternehmens als Arbeitnehmer der herrschenden Aktiengesellschaft, wenn zwischen diesen Unternehmen ein Beherrschungsvertrag besteht oder das abhängige Unternehmen in die herrschende Aktiengesellschaft eingegliedert ist (§ 77a BetrVG 1952). Von der Mitbestimmung nach dem Betriebsverfassungsgesetz 1952 ausgenommen sind die sogenannten Tendenzbetriebe im Sinne von § 81 BetrVG 1952.[1]

Aktiengesellschaften, die in der Regel weniger als fünfhundert Arbeitnehmer beschäftigen, unterliegen seit der Änderung des Betriebsverfassungsgesetzes 1952 durch das Gesetz für kleine Aktiengesellschaften und zur Deregulierung des Aktienrechts nicht mehr der Mitbestimmung. Der Gesetzgeber unterscheidet hier jedoch zwi-

---

[1] Siehe im einzelnen Münchener Handbuch des Gesellschaftsrechts/*Hoffmann-Becking*, Band 4, 2. Aufl., § 28 Rn. 4.

schen **Alt**aktiengesellschaften und **neu** entstehenden Aktiengesellschaften. Nach der alten Fassung des § 76 Abs. 6 S. 1 BetrVG 1952 fanden die Mitbestimmungsregelungen auf Aktiengesellschaften, die Familiengesellschaften sind und weniger als fünfhundert Arbeitnehmer beschäftigen, keine Anwendung. Mit dem Gesetz für kleine Aktiengesellschaften und zur Deregulierung des Aktienrechts ist das Erfordernis, daß es sich bei den Aktiengesellschaften um Familiengesellschaften handeln muß, entfallen.

Dafür wurde eine neue Sonderregelung aufgenommen. Die Befreiung von der Mitbestimmung gilt nicht für Aktiengesellschaften, die vor dem 10. Januar 1994 eingetragen worden sind. Dies bedeutet:

– Familienaktiengesellschaften mit weniger als fünfhundert Arbeitnehmern unterliegen weiterhin nicht der Mitbestimmung;
– ab dem 10. August 1994 in das Handelsregister eingetragene Aktiengesellschaften mit weniger als fünfhundert Arbeitnehmern sind ebenfalls mitbestimmungsfrei;
– Aktiengesellschaften, die vor dem 10. August 1994 in das Handelsregister eingetragen worden sind und keine Familiengesellschaften sind, unterliegen weiterhin der Mitbestimmung nach dem Betriebsverfassungsgesetz 1952.

In § 76 Abs. 6 BetrVG 1952 wird für die Unterscheidung zwischen Altaktiengesellschaften und Neuaktiengesellschaften darauf abgestellt, wann die Aktiengesellschaft in das Handelsregister eingetragen worden ist. Alle Aktiengesellschaften, unabhängig von ihrem Entstehungsgrund (Neugründung, Umwandlung), mit weniger als fünfhundert Arbeitnehmern sind dann mitbestimmungsfrei, wenn sie am 10. August 1994 oder später eingetragen worden sind. Nach der Gesetzesformulierung gilt die Mitbestimmungsfreiheit für Aktiengesellschaften, die **vor** dem 10. August 1994 eingetragen worden sind, nur wenn sie Familiengesellschaften sind. Auch am 10. August 1994 eingetragene Aktiengesellschaften sind danach neue Aktiengesellschaften.[2] Soweit in der Literatur vertreten wird, die Aktiengesellschaften müßten **nach** dem 10. August 1994 eingetragen worden sein[3], beruht dies auf einer unzutreffenden Interpretation des Gesetzestextes.

In § 76 Abs. 6 S. 2 BetrVG 1952 ist definiert, wann eine Aktiengesellschaft Familiengesellschaft ist. Nach dieser Regelung gelten solche Aktiengesellschaften als Familiengesellschaften,

– deren Aktionär eine einzelne natürliche Person ist,

oder

– deren Aktionäre untereinander im Sinne von §§ 15 Abs. 1 Nr. 2 bis 8, Abs. 2 AO verwandt oder verschwägert sind.

Die gesetzliche Ungleichbehandlung von Alt- und Neuaktiengesellschaften wird damit begründet, die Altaktiengesellschaften hätten gelernt, mit der Mitbestimmung

---

[2] So auch *Priester* BB 1996, 333, 335.
[3] So *Lutter* AG 1994, 429, 445.

umzugehen.⁴ Diese Begründung läßt erkennen, daß im Gesetzgebungsverfahren der Fall der Familienaktiengesellschaft, die ihren Charakter als Familiengesellschaft verliert, offenbar nicht bedacht wurde. Die Familienaktiengesellschaft wird nämlich auch als Altaktiengesellschaft erst mitbestimmungspflichtig, wenn sich der Kreis ihrer Aktionäre ändert und sie damit nicht mehr Familiengesellschaft ist. Offen bleibt auch, ob Altaktiengesellschaften mit weniger als 500 Arbeitnehmern mittels der Umwandlung die Mitbestimmungspflichtigkeit beenden können. Die Umwandlung in eine Aktiengesellschaft steht der Neugründung gleich. Wandelt sich eine Altaktiengesellschaft in eine GmbH und anschließend wieder in eine Aktiengesellschaft um, liegt zumindest formal eine Neugründung vor. Dieses Vorgehen ist eine legale Ausnutzung der Gesetzeslage. Eine unzulässige Umgehung mit der Folge, daß die so entstandene Aktiengesellschaft doch der Mitbestimmung unterfällt, liegt nicht vor, da das erreichte Ziel – keine Mitbestimmung bei weniger als 500 Arbeitnehmern – vom Gesetzgeber nicht mißbilligt wird.⁵ Es bleibt abzuwarten, ob dies eine rein theoretische Frage bleibt⁶ oder ob es doch Unternehmen gibt, die die Kosten einer zweifachen Umwandlung nicht scheuen, um die Mitbestimmungspflicht zu beenden.

3. Montanmitbestimmungsgesetz

Dem Montanmitbestimmungsgesetz unterfallen Unternehmen der Eisen- und Stahlindustrie mit mehr als 1.000 Arbeitnehmern. Durch das Mitbestimmungsergänzungsgesetz ist die Mitbestimmung nach dem Montanmitbestimmungsgesetz auf Konzernobergesellschaften erweitert worden, die einen Konzern leiten, der durch Unternehmen der Montanmitbestimmung geprägt ist. Der Aufsichtsrat von nach dem Montanmitbestimmungsgesetz bzw. dem Mitbestimmungsergänzungsgesetz besetzten Aufsichtsräten setzt sich aus einer gleichen Zahl von Anteilseigner- und Arbeitnehmervertretern sowie einem zusätzlichen, vom Vertrauen beider Seiten getragenen neutralen Mitglied zusammen.⁷

II. Größe

Für den drittelparitätisch besetzten Aufsichtsrat und den nach der Änderung des Betriebsverfassungsgesetzes 1952 nicht mehr mitbestimmten Aufsichtsrat⁸ gilt weiterhin nach § 95 AktG eine Mindestanzahl von drei Mitgliedern. Abhängig von der Höhe des Grundkapitals enthält das Aktiengesetz darüber hinaus Höchstgrenzen für die

---

⁴ BTDrucks. 12/7848, S. 9.
⁵ Vgl. dazu *Ammon/Gorlitz*, S. 92.
⁶ So *Seibert/Köster/Kiem*, Die kleine AG, 3. Aufl., S. 134, 135 Rn. 267.
⁷ Siehe zu den Voraussetzungen der Anwendbarkeit des Montanmitbestimmungsgesetzes und des Mitbestimmungsergänzungsgesetzes im einzelnen Münchener Handbuch des Gesellschaftsrechts/ *Hoffmann-Becking*, Band 4, 2. Aufl., § 28 Rdnr. 26 ff.
⁸ Siehe A. I. 2.

Anzahl der Aufsichtsratsmitglieder. Die Zahl der Aufsichtsratsmitglieder muß nach § 95 AktG durch drei teilbar sein; die Höchstzahl der Aufsichtsratsmitglieder beträgt bis zu EURO 1,5 Mio Grundkapital neun, bis zu EURO 10 Mio Grundkapital fünfzehn und bei einem höheren Grundkapital als EURO 10 Mio einundzwanzig.

Für die qualifiziert mitbestimmten Aktiengesellschaften und deren paritätisch zu besetzende Aufsichtsräte ergibt sich die Größe des Aufsichtsrats weiterhin aus § 7 MitbestG. Dieser Aufsichtsrat besteht aus mindestens zwölf, höchstens aus zwanzig Mitgliedern. Die Größe richtet sich nach der Anzahl der regelmäßig beschäftigten Arbeitnehmer. Bis zu einer Anzahl von regelmäßig zehntausend Arbeitnehmern gehören dem Aufsichtsrat zwölf, bis zu einer Anzahl von regelmäßig zwanzigtausend Arbeitnehmern sechzehn und bei einer höheren Arbeitnehmerzahl zwanzig Mitglieder an (§ 7 Abs. 1 S. 1 Nr. 1 bis 3 MitbestG). Hiervon abweichend kann in der Satzung der Gesellschaft vorgesehen werden, daß dem Aufsichtsrat statt zwölf sechzehn oder zwanzig und statt sechzehn zwanzig Mitglieder angehören sollen (§ 7 Abs. 1 S. 2 MitbestG). In der Satzung kann jedoch keine geringere Anzahl als die in § 7 Abs. 1 S. 1 Nr. 1 bis 3 MitbestG vorgesehene bestimmt werden.

Der Aufsichtsrat der nach dem Montanmitbestimmungsgesetz mitbestimmten Aktiengesellschaft besteht gemäß § 4 Abs. 1 Montanmitbestimmungsgesetz aus 11 Mitgliedern. In der Satzung der Aktiengesellschaft können nach Maßgabe von § 9 Montanmitbestimmungsgesetz abweichende Mitgliederzahlen vorgesehen werden. Der Aufsichtsrat der nach dem Mitbestimmungsergänzungsgesetz mitbestimmten Aktiengesellschaft besteht im Regelfall aus 15 Mitgliedern, wobei abhängig vom Grundkapital der Gesellschaft die Anzahl durch Satzungsregelung auf 21 Mitglieder erhöht werden kann (§ 5 Abs. 1 Mitbestimmungsergänzungsgesetz).

III. Amtszeit

Für die Dauer der Amtszeit der Aufsichtsratsmitglieder ist in erster Linie die entsprechende Regelung in der Satzung maßgeblich. Eine gesetzliche Höchstdauer wird in § 102 Abs. 1 AktG beschrieben. Danach können Aufsichtsratsmitglieder nicht für längere Zeit als bis zur Beendigung der Hauptversammlung bestellt werden, die über die Entlastung für das vierte Geschäftsjahr nach dem Beginn der Amtszeit beschließt. Das Geschäftsjahr, in dem die Amtszeit beginnt, wird nicht mitgerechnet. Die Regelung führt zu einer Amtszeit von üblicherweise fünf Jahren. Alle Mitbestimmungsgesetze erklären die gesellschaftsrechtliche Regelung für maßgeblich. So wird in § 76 Abs. 2 Satz 1 BetrVG 1952 bestimmt, daß die Vertreter der Arbeitnehmer für die Zeit gewählt werden, die im Gesetz oder in der Satzung für die von der Hauptversammlung zu wählenden Aufsichtsratsmitglieder bestimmt ist. Die Regelung in § 15 Abs. 1 MitbestG schließt an den Wortlaut von § 76 Abs. 2 Satz 1 BetrVG 1952 an. Die Amtszeit einzelner Aufsichtsratsmitglieder kann aufgrund des Verlustes der Wählbarkeit, wegen Abberufung oder Amtsniederlegung vorzeitig enden. Sonderregelungen bestehen für die Amtszeit der Mitglieder des ersten Aufsichtsrats. Hierauf wird nachstehend noch im einzelnen eingegangen.

B. Erster Aufsichtsrat

I. Bargründung

1. Zusammensetzung

Bei der Bargründung gehören dem ersten Aufsichtsrat – auch wenn die Aktiengesellschaft der Mitbestimmung unterfällt –[9] nur Anteilseignervertreter an (§ 30 Abs. 2 AktG). Die Gründer haben die gesetzlich oder satzungsmäßig vorgeschriebene Anzahl von Aufsichtsratsmitgliedern zu bestellen. Besteht der Aufsichtsrat zum Beispiel nach der Satzung aus sechs Mitgliedern, so sind von den Gründern sechs Anteilseignervertreter für den ersten Aufsichtsrat zu bestellen. In der Regel gibt es noch keinen festen Arbeitnehmerstamm, der Arbeitnehmervertreter in den Aufsichtsrat entsenden könnte, wenn die Gesellschaft durch Bargründung neu entsteht. § 30 Abs. 2 AktG gilt auch dann, wenn ausnahmsweise bereits bei der Gründung ein Arbeitnehmerstamm vorhanden ist und die Gesellschaft nach der Anzahl der Arbeitnehmer der Mitbestimmung unterliegt.[10] Bleibt die Anzahl der Aufsichtsratsmandate im zweiten Aufsichtsrat unverändert und unterliegt die Gesellschaft der Mitbestimmung, können einer oder mehrere Anteilseignervertreter, die dem ersten Aufsichtsrat angehört haben, nicht für den zweiten Aufsichtsrat bestellt werden. Für den zweiten Aufsichtsrat haben die Aktionäre nur noch so viele Aufsichtsratsmitglieder zu bestellen, wie Sitze auf die Anteilseignerseite entfallen. Besteht nicht vor vornherein Übereinkunft darüber, daß ein oder mehrere Aufsichtsratsmitglieder nur übergangsweise dieses Mandat wahrnehmen, kann eine Satzungsregelung sinnvoll sein, in der (soweit zulässig)[11] die Zahl der Aufsichtsratsmitglieder des ersten Aufsichtsrats entsprechend niedriger festgelegt wird.[12]

2. Amtszeit

Der erste Aufsichtsrat hat lediglich Übergangscharakter. Nach § 30 Abs. 3 AktG können die Mitglieder des ersten Aufsichtsrats nicht für längere Zeit als bis zur Beendigung der Hauptversammlung bestellt werden, die über die Entlastung für das erste Voll- oder Rumpfgeschäftsjahr beschließt. Das erste Geschäftsjahr der Gesellschaft

---

[9] Siehe dazu vorstehend A. I.
[10] *Hüffer*, Aktiengesetz, § 30 Rn. 5.
[11] Die gesetzliche Mindestgröße ist zu beachten, vgl. dazu vorstehend unter A. II.
[12] Kölner Kommentar Aktiengesetz/*Kraft*, § 30 Rn. 15; Großkommentar Aktiengesetz/*Barz*, § 30 Rn. 6; *Hüffer*, Aktiengesetz, § 30 Rn. 5.

hat, wenn es ein Vollgeschäftsjahr ist, zwölf Monate. Nach § 120 Abs. 1 S. 1 AktG hat die Hauptversammlung in den ersten acht Monaten des folgenden Geschäftsjahres über die Entlastung der Mitglieder des Aufsichtsrats für das vergangene Geschäftsjahr zu beschließen. Wird diese Regelung beachtet, so beträgt die Amtszeit der Mitglieder des ersten Aufsichtsrates maximal zwanzig Monate (Geschäftsjahr plus acht Monate). Wird gegen die gesetzlichen Regelungen verstoßen, ist eine längere Amtszeit möglich, da eine Hauptversammlung ohne Beschlußfassung über die Entlastung der Mitglieder des Aufsichtsrates nicht zur Beendigung der Amtszeit führt.[13] Beschließt die Hauptversammlung über die Entlastung, so endet die Amtszeit der Aufsichtsratsmitglieder unabhängig davon, ob die Entlastung erteilt wird oder nicht.[13]

Die Gründer können den Aufsichtsrat auch für eine kürzere Amtszeit als die in § 30 Abs. 3 AktG genannte bestellen. Es ist streitig, ob im Falle einer kürzeren Amtszeit diese über den Zeitpunkt der Eintragung hinausreichen muß.[14] Eine Amtszeit, die bereits vor der Eintragung der Gesellschaft endet, ist mit Sinn und Zweck der Gründungsvorschriften nicht vereinbar. Sie ist zudem nicht zweckmäßig.[15]

Scheiden Aufsichtsratsmitglieder des ersten Aufsichtsrates vor Ablauf der Amtszeit aus, so sind neue Aufsichtsratsmitglieder für die ausgeschiedenen zu bestellen. Vor Eintragung der Gesellschaft im Handelsregister erfolgt die Neubestellung durch Beschluss der Gründer. Nach der Eintragung der Gesellschaft entscheidet hierüber die Hauptversammlung durch Beschluss. Diese neu bestellten Mitglieder sind Mitglieder des ersten Aufsichtsrates der Gesellschaft mit der Folge, daß ihre Amtszeit spätestens mit Beendigung der Hauptversammlung, die über die Entlastung für das erste Voll- oder Rumpfgeschäftsjahr beschließt, endet.[16]

Nach § 30 Abs. 3 S. 2 AktG hat der Vorstand rechtzeitig vor Ablauf der Amtszeit des ersten Aufsichtsrats bekanntzumachen, nach welchen gesetzlichen Vorschriften der nächste Aufsichtsrat nach seiner Ansicht zusammenzusetzen ist.[17]

Dadurch soll die gegebenenfalls notwendige Beteiligung der Arbeitnehmer im Aufsichtsrat sichergestellt werden. Auf den zweiten Aufsichtsrat finden die Vorschriften für die Bestellung von Arbeitnehmervertretern nach dem Betriebsverfassungsgesetz 1952 oder dem Mitbestimmungsgesetz Anwendung.

---

[13] *Hüffer*, Aktiengesetz, § 30 Rn. 7; *Geßler/Hefermehl/Eckardt/Kropff*, Aktiengesetz, § 30 Rn. 21.

[14] So Kölner Kommentar Aktiengesetz/*Kraft*, § 30 Rn. 24; *Hüffer*, Aktiengesetz, § 30 Rn. 7; a.A. *Geßler/Hefermehl/Eckardt/Kropff*, Aktiengesetz, § 30 Rn. 23.

[15] So auch *Geßler/Hefermehl/Eckardt/Kropff*, Aktiengesetz, § 30 Rn. 23.

[16] So auch Münchener Handbuch des Gesellschaftsrechts/*Hoffmann-Becking*, Band 4, 2. Aufl., § 3 Rn. 13.

[17] Siehe zur Bekanntmachung ausführlich *Geßler/Hefermehl/Eckardt/Kropff*, Aktiengesetz, § 30 Rn. 29 ff.

II. Sachgründung

1. Zusammensetzung

Besteht die Sacheinlage oder Sachübernahme nicht in der Einbringung oder der Übernahme eines Unternehmens oder eines Unternehmensteils, so gilt für die Bestellung des ersten Aufsichtsrats ebenfalls § 30 AktG. Es wird insofern auf die vorstehenden Ausführungen verwiesen.

Ist Gegenstand der Sacheinlage oder Sachübernahme die Einbringung oder Übernahme eines Unternehmens oder Teils eines Unternehmens, so haben die Gründer nur so viele Aufsichtsratsmitglieder zu bestellen, wie nach den gesetzlichen Vorschriften (die nach ihrer Ansicht für die Zusammensetzung des Aufsichtsrats maßgeblich sind) von der Hauptversammlung zu wählen wären. Besteht zum Beispiel der Aufsichtsrat einer Aktiengesellschaft mit weniger als zweitausend aber mehr als fünfhundert Arbeitenehmern nach der Satzung aus sechs Mitgliedern, so haben die Gründer vier Aufsichtsratsmitglieder zu bestellen. Lediglich dann, wenn die Gründer nach dieser Grundregelung nur zwei Aufsichtsratsmitglieder eines dreiköpfigen Aufsichtsrats zu bestellen hätten, ist auch ein drittes Aufsichtsratsmitglied durch die Gründer zu bestellen (§ 31 Abs. 1 S. 2 AktG). Diese Konstellation kann sich nur ergeben, wenn es sich um einen dreiköpfigen Aufsichtsrat handelt und die Gesellschaft der drittelparitätischen Mitbestimmung unterfällt. § 31 Abs. 1 S. 2 AktG ist vor dem Hintergrund zu sehen, daß nach § 108 Abs. 2 S. 3 AktG der Aufsichtsrat nur beschlußfähig ist, wenn mindestens drei Mitglieder an der Beschlußfassung teilnehmen.

Der so bestellte Aufsichtsrat ist – soweit die Satzung nichts anderes bestimmt – beschlußfähig, wenn die Hälfte, mindestens jedoch drei seiner Mitglieder, an der Beschlußfassung teilnehmen (§ 31 Abs. 2 AktG).

Unverzüglich nach der Einbringung oder Übernahme des Unternehmens oder Unternehmensteils hat der Vorstand bekanntzumachen, nach welchen gesetzlichen Vorschriften nach seiner Ansicht der Aufsichtsrat zusammengesetzt sein muß.[18] Werden nun die Arbeitnehmervertreter gewählt, rücken diese in den Aufsichtsrat nach. Der Aufsichtsrat wird um die Arbeitnehmervertreter ergänzt. Die bisherigen, von den Gründern bestellten Aufsichtsratsmitglieder bleiben grundsätzlich im Amt. Etwas anderes gilt nur dann, wenn der Aufsichtsrat nach anderen, als den von den Gründern für maßgeblich erachteten Vorschriften zusammenzusetzen ist oder wenn die Gründer bei einem den Regelungen des Betriebsverfassungsgesetz 1952 unterliegenden Aufsichtsrat drei Mitglieder bestellt haben (§ 31 Abs. 3 S. 3 AktG). Liegt einer der vorgenannten Ausnahmefälle vor, wird der Aufsichtsrat insgesamt neu gewählt.[19]

---

[18] Siehe zur Bekanntmachung ausführlich *Geßler/Hefermehl/Eckardt/Kropff*, Aktiengesetz, § 31 Rn. 22 ff.

[19] Das Neuwahlerfordernis soll im Falle von § 31 Abs. 3 Satz 3 2. Alternative (die Gründer haben drei Aufsichtsratsmitglieder bestellt) teleologisch zu reduzieren sein, wenn

2. Amtszeit

a) Anteilseignervertreter

Für die von den Gründern nach § 31 Abs. 1 AktG gewählten Aufsichtsratsmitglieder gilt § 30 Abs. 3 AktG.[20] Dies bedeutet, die Anteilseignervertreter im ersten Aufsichtsrat können nicht für längere Zeit als bis zur Beendigung der Hauptversammlung bestellt werden, die über die Entlastung für das erste Voll- oder Rumpfgeschäftsjahr beschließt.[21]

b) Arbeitnehmervertreter

aa) Alte Rechtslage

Nach der bis zum Gesetz für kleine Aktiengesellschaften und zur Deregulierung des Aktienrechts geltenden Rechtslage galt § 30 Abs. 3 AktG auch für die nach ihrer Wahl nachträglich in den Aufsichtsrat einrückenden Arbeitnehmervertreter. Auch ihre Amtszeit betrug danach regelmäßig höchstens zwanzig Monate. Insbesondere nach dem Mitbestimmungsgesetz ist das Wahlverfahren für die Wahl der Arbeitnehmervertreter zum Aufsichtsrat aufwendig. Es kann über sechs Monaten dauern. Die bisherige Rechtslage hatte daher zur Folge, daß die Arbeitnehmer unter Umständen binnen kürzester Zeit zweimal sehr umfangreiche Wahlverfahren durchführen mußten (Wahl der Arbeitnehmervertreter zum ersten Aufsichtsrat und Wahl der Arbeitnehmervertreter zum zweiten Aufsichtsrat). In der Praxis wurde, um diese doppelte Wahl zu vermeiden, sehr häufig auf eine Notlösung zurückgegriffen. Statt die Arbeitnehmervertreter zum ersten Aufsichtsrat zu wählen, wurde nach § 104 Abs. 2, 3 AktG beim Registergericht beantragt, Arbeitnehmervertreter für den ersten Aufsichtsrat gerichtlich zu bestellen. Rechtzeitig vor Ablauf der Amtszeit der Aufsichtsratsmitglieder des ersten Aufsichtsrats wurde dann das Wahlverfahren der Arbeitnehmervertreter für den zweiten Aufsichtsrat eingeleitet.

bb) Neufassung des § 31 Abs. 5 AktG

Entsteht die Aktiengesellschaft durch Einbringung oder Übernahme eines Unternehmens oder Unternehmensteils, so hat die Gesellschaft in der Regel bereits bei der Gründung einen festen Arbeitnehmerstamm, der eine repräsentative Wahl und auch

---

- die Gründer bereits bei der Bestellung bestimmt haben, daß ein bestimmtes Aufsichtsratsmitglied ausscheiden soll;
- nach verbindlich gewordenen gesetzlichen Vorschriften mindestens drei Aktionärsvertreter zu bestellen sind.

Siehe zur teleologischen Reduktion des Neuwahlerfordernisses nach § 31 Abs. 3 Satz 3 2. Alternative auch *Hüffer*, Aktiengesetz, § 31 Rn. 11 m.w.N.

[20] Zur Amtszeit im Fall von Neuwahlen nach § 31 Abs. 3 AktG siehe *Hüffer*, Aktiengesetz, § 31 Rn. 12.

[21] Siehe zu den Einzelheiten vorstehend B I. 2.

eine wirkliche Auswahl geeigneter Arbeitnehmervertreter möglich macht. Sachliche Gründe für die Beschränkung der Amtszeit der Arbeitnehmervertreter im ersten Aufsichtsrat sind daher nicht erkennbar.

Der Gesetzgeber sah sich daher im Gesetz für kleine Aktiengesellschaften und zur Deregulierung des Aktienrechts veranlaßt, in § 31 Abs. 5 AktG festzustellen, daß § 30 Abs. 3 S. 1 AktG nicht für die nach § 31 Abs. 3 AktG bestellten Aufsichtsratsmitglieder der Arbeitnehmer gilt. Für die gewählten Arbeitnehmervertreter im ersten Aufsichtsrat gilt daher die in der Satzung festgelegte Amtszeit bzw. sofern eine solche Regelung fehlt (und daneben als gesetzliche Höchstdauer) die Regelung des § 102 AktG. Nach § 102 AktG können Aufsichtsratsmitglieder nicht für längere Zeit als bis zur Beendigung der Hauptversammlung bestellt werden, die über die Entlastung für das vierte Geschäftsjahr nach dem Beginn der Amtszeit beschließt, wobei das Geschäftsjahr, in dem die Amtszeit beginnt, nicht mitgerechnet wird. Es ergibt sich danach eine Amtszeit der in den ersten Aufsichtsrat gewählten Arbeitnehmervertreter von höchstens fünf Jahren.

Für die Anteilseignervertreter im ersten Aufsichtsrat bleibt es bei der bisherigen Rechtslage. § 30 Abs. 3 S. 1 AktG findet auf sie weiterhin Anwendung. Die ausdrückliche Anordnung der Nichtanwendbarkeit auf die Arbeitnehmervertreter macht nur Sinn, wenn vorausgesetzt wird, daß ohne diese Anordnung die Amtszeitschränkung gelten würde.[22]

Es stellt sich die Frage, warum der Gesetzgeber für die Sachgründung durch Einbringung eines Unternehmensteils oder Unternehmens nicht grundsätzlich auf die kurze Amtszeit des Aufsichtsrats – also auch auf die der Anteilseignervertreter – verzichtet hat. Ein rein formelles Argument mag sein, daß der zweite Aufsichtsrat nicht mehr von den Gründern, sondern von der Hauptversammlung bestellt wird. Gegen eine Verlängerung der Amtszeit der Anteilseignervertreter im ersten Aufsichtsrat läßt sich einwenden, daß durch die Amtszeitbeschränkung erreicht werden könne, daß ein etwaiger Gesellschafterwechsel nach der Gründung oder Umwandlung, wie es häufig wegen eines Going-public der Fall sei, bei der Wahl der Aufsichtsratsmitglieder Berücksichtigung findet. Durch die Amtszeitbeschränkung könne einer langfristigen Beherrschung des Aufsichtsrats durch die Gründer vorgebeugt werden. Diese Einwände gegen eine längere Amtszeit der Anteilseignervertreter im ersten Aufsichtsrat vermögen nicht zu überzeugen. Ein Going-public unverzüglich nach der Gründung wird die Ausnahme sein. Viel häufiger wird das Anlaufen der Geschäfte abgewartet und nach den ersten guten Ergebnissen das Going-public in Angriff genommen. Bei einem solchen Vorgehen ist jedoch bereits der zweite Aufsichtsrat (mit einer regulären Amtszeit von maximal fünf Jahren) im Amt. Darüber hinaus werden die Gründer sich in der Regel langsam aus der Gesellschaft zurückziehen und zunächst eine satzungsändernde oder einfache Mehrheit behalten. Entsteht die Gesellschaft durch Umwandlung, so bleiben nach der Sonderregelung in § 203 UmwG

---

[22] *Seibert/Köster/Kiem*, Die kleine AG, 3. Aufl., S. 52 Rn. 54f.

in der Regel die bisherigen Aufsichtsratsmitglieder für den Rest ihrer Amtszeit im Amt. Ist also bei einer GmbH kurz vor der Umwandlung eine Aufsichtsratswahl durchgeführt worden, bleiben die Anteilseignervertreter noch für längere Zeit als zwanzig Monate im Amt.

Wie sich aus der Begründung des Initiativentwurfs[23] ergibt, ist von einer Verlängerung der Amtszeit der Anteilseignervertreter im ersten Aufsichtsrat wohl allein aus dem pragmatischen Grund Abstand genommen worden, daß die Gründe, die für eine Verlängerung der Amtszeit der Arbeitnehmervertreter sprechen, für die Anteilseignervertreter nicht vorliegen. Für die Wahl der Anteilseignervertreter im Aufsichtsrat ist kein zeit- und kostenintensives Wahlverfahren erforderlich.[24]

Da die Amtszeit der Anteilseignervertreter im Aufsichtsrat maximal zwanzig Monate beträgt, die der Arbeitnehmervertreter aber maximal fünf Jahre, ergäbe sich fortlaufend eine unterschiedliche Amtszeit der Anteilseigner- und der Arbeitnehmervertreter im Aufsichtsrat. Es ist anerkannt, daß die Amtszeit nicht für alle Aufsichtsratsmitglieder gleich sein muß.[25] Die unterschiedlichen Amtszeiten für Anteilseignervertreter und Arbeitnehmervertreter können danach grundsätzlich beibehalten werden. Andererseits kann jedoch auch eine Angleichung der Amtszeiten dadurch erreicht werden, daß die Anteilseignervertreter bei der zweiten Wahl nicht für die volle Amtszeit von maximal fünf Jahren, sondern nur bis zum Ende der Amtszeit der Arbeitnehmervertreter des ersten Aufsichtsrats gewählt werden.

III. Umwandlung

1. Spezialregelung

Entsteht die Aktiengesellschaft durch Umwandlung, so finden nach § 197 Satz 2 UmwG die Vorschriften über die Bildung und Zusammensetzung des ersten Aufsichtsrats keine Anwendung.[26] § 203 UmwG enthält eine Spezialregelung. Die Mitglieder des Aufsichtsrats des formwechselnden Rechtsträgers bleiben für den Rest ihrer Bestellungsperiode als Mitglieder des Aufsichtsrats des Rechtsträgers neuer Rechtsform im Amt, wenn bei einem Formwechsel bei dem Rechtsträger neuer Rechtsform in gleicher Weise wie bei dem formwechselnden Rechtsträger ein Aufsichtsrat gebildet und zusammengesetzt wird.

---

[23] BTDrucks. 12/6721, S. 7.
[24] So auch *Seibert/Köster/Kiem*, Die kleine AG, 3. Aufl., S. 51 Rn. 53.
[25] *Hüffer*, Aktiengesetz, § 102 Rn. 4; *Geßler/Hefermehl/Eckardt/Kropff*, Aktiengesetz, § 102 Rn. 12.
[26] Die Regelung in § 197 Satz 2 UmwG, daß die Gründungsvorschriften der Gesellschaftsform, in die der Formwechsel erfolgt, insofern keine Anwendung finden, als eine Mindestzahl von Gründern vorgeschrieben wird, ist für die Aktiengesellschaft obsolet geworden. Vgl. noch den Hinweis auf die Aktiengesellschaft in der Begründung des Gesetzentwurfs BTDrucks. 12/6699, S. 141.

2. Formwechselnde Gesellschaft ohne Aufsichtsrat

Bestand bei der formwechselnden Gesellschaft bislang kein Aufsichtsrat, so sind sowohl Anteilseignervertreter als auch Arbeitnehmervertreter zu wählen. Im Umwandlungsgesetz fehlt jedoch eine dem alten – mit dem Umwandlungsgesetz entfallenen – § 363 Abs. 1 AktG vergleichbare Regelung. Danach mußte das Geschäftsleitungsorgan mindestens zwei Monate vor der Beschlußfassung über die Umwandlung bekanntmachen, nach welchen Vorschriften sich nach seiner Auffassung der Aufsichtsrat zukünftig zusammensetzt. Nach dem neuen Umwandlungsrecht ist der Betriebsrat lediglich noch einen Monat vor der Umwandlung durch Übermittlung des Entwurfs des Umwandlungsbeschlusses über die bevorstehende Umwandlung zu unterrichten (§ 194 Abs. 2 UmwG). Der Betriebsrat erfährt daher unter Umständen nach der neuen Rechtslage später von der geplanten Umwandlung als bisher. Die Wahl der Arbeitnehmervertreter in den Aufsichtsrat wird also unter Umständen später eingeleitet als nach der alten Rechtslage. Dies steht im Widerspruch zu der Aussage in der Begründung des Gesetzentwurfs[27], wonach es bei der bisherigen Rechtslage bleiben soll, daß die Vertretung der Arbeitnehmer schon zum Zeitpunkt des Wirksamwerdens des Formwechsels gesichert ist. § 363 Abs. 3 AktG, der mit dem Umwandlungsgesetz entfallen ist, sah vor, daß der Wirksamkeit des Formwechsels nicht entgegensteht, wenn die Aufsichtsratsmitglieder der Arbeitnehmer noch nicht gewählt waren. Das Umwandlungsgesetz enthält keine entsprechende Regelung, bestimmt allerdings auch nicht positiv, dass die Durchführung der Wahl der Arbeitnehmervertreter zum Aufsichtsrat Voraussetzungen für die Wirksamkeit des Formwechsels ist. Es ist daher davon auszugehen, daß auch nach dem Umwandlungsgesetz dem Formwechsel nicht entgegensteht, wenn die Arbeitnehmervertreter im Aufsichtsrat noch nicht gewählt sind.[28] Folgt man dem nicht, müssten die Wahlen der Arbeitnehmervertreter im Aufsichtsrat vor dem Formwechsel durchgeführt oder die Arbeitnehmervertreter bereits vor der Anmeldung des Formwechsels durch das Gericht gemäß § 104 AktG bestellt werden.

Mit dem Umwandlungsgesetz ist die bis dahin geltende aktiengesetzliche Regelung, dass bei einer Umwandlung die Vertretungsorgane stets die nach ihrer Auffassung geltende Zusammensetzung des Aufsichtsrates im Vorfeld der Durchführung des Formwechsels bekannt zu machen haben, entfallen. Es gelten daher nunmehr die allgemeinen Vorschriften zum sogenannten Statusverfahren (§§ 97 ff. AktG). Vom Wortlaut dieser Regelungen ist der Fall, dass aufgrund eines Formwechsels erstmals ein mitbestimmter Aufsichtsrat zu bilden ist, nicht erfasst. Dennoch ist davon auszugehen, dass das Statusverfahren nicht nur bei veränderter Zusammensetzung des Aufsichtsrates, sondern auch im Falle der erstmaligen Bildung des Aufsichtsrates im Zuge des Formwechsels durchzuführen ist.[29]

---

[27] BTDrucks. 12/6699, S. 14.
[28] So auch Lutter/*Decher*, § 203 Rn. 21.
[29] So auch Lutter/*Decher*, § 203 Rn. 15.

3. Formwechselnde Gesellschaft mit Aufsichtsrat

a) Ohne Änderung von Größe und Zusammensetzung

Besteht bei der formwechselnden Gesellschaft bereits ein Aufsichtsrat und ändert sich an dessen Zusammensetzung und Größe nichts, bleiben die bisherigen Aufsichtsratsmitglieder für den Rest ihrer Amtszeit im Amt.

Handelt es sich bei der formwechselnden Gesellschaft um eine GmbH mit in der Regel weniger als fünfhundert Arbeitnehmern und folglich einem fakultativen Aufsichtsrat, so unterliegt der Aufsichtsrat auch nach der Umwandlung nicht den mitbestimmungsrechtlichen Regelungen (§ 76 Abs. 6 S. 1 BetrVG 1952). Für den fakultativen Aufsichtsrat einer GmbH ist es möglich, eine längere Amtszeit als die nach § 102 Abs. 1 AktG, vorzusehen. In § 52 Abs. 1 GmbHG wird nicht auf § 102 AktG verwiesen.[30] Da sich aus § 102 AktG die gesetzliche Höchstdauer eines Aufsichtsratsmandats bei einer Aktiengesellschaft ergibt, endet jedoch im Falle der Umwandlung das Amt dieser Aufsichtsratsmitglieder spätestens mit Ablauf der aktienrechtlichen Höchstdauer. Die Höchstdauer ist dabei vom Zeitpunkt der Eintragung des Formwechsels ins Handelsregister zu berechnen. Erst ab diesem Zeitpunkt greift die Regelung des § 102 Abs. 1 AktG ein. Für den bereits vor der Umwandlung mitbestimmten Aufsichtsrat stellt sich die Frage der Höchstdauer nicht. In § 77 Abs. 1 Satz 2 BetrVG 1952 und § 6 Abs. 2 Satz 1 MitbestG wird auf § 102 AktG verwiesen, so daß diese Vorschrift bereits vor der Umwandlung auf den mitbestimmten Aufsichtsrat Anwendung findet.

In § 203 Satz 2 UmwG ist bestimmt, daß die Anteilseigner des formwechselnden Rechtsträgers im Umwandlungsbeschluß für ihre Aufsichtsratsmitglieder die Beendigung des Amtes bestimmen können. Daraus ergibt sich konkludent, daß sie im Umwandlungsbeschluß neue Aufsichtsratsmitglieder bestellen können.[31] Es ist kein sachlicher Grund ersichtlich, der es erforderlich macht, daß die gleichen Gesellschafter nach der Umwandlung nochmals zu einer Hauptversammlung zusammenkommen, um die neuen Aufsichtsratsmitglieder zu bestellen. Einer Neubestellung der Aufsichtsratsmitglieder im Umwandlungsbeschluß steht auch nicht entgegen, daß die Vorschriften über die Bildung des ersten Aufsichtsrats und damit auch § 30 Abs. 1 Satz 1 AktG, in dem die Bestellungskompetenzen der Gründer geregelt ist, nach § 197 Satz 2 GmbHG keine Anwendung finden. Der Umwandlungsbeschluß wird in einer Gesellschafterversammlung getroffen. Obgleich nicht erforderlich, können sich die Gesellschafter aber auch dafür entscheiden, erst nach Wirksamwerden des Formwechsels auf einer Hauptversammlung die neuen Aufsichtsratsmitglieder zu bestellen.[32] Die Bestellung erfolgt mit einfacher Mehrheit, sofern in der Satzung nichts anderes bestimmt ist.[33] Für die Amtszeit der neu bestellten Aufsichtsrats-

---

[30] Scholz/*Schneider*, GmbHG, § 52 Rn. 178.
[31] So auch *Schmitt/Hörtnagl/Stratz*, § 203 Rn. 3.
[32] So auch *Dehmer*, § 203 Rn. 4.
[33] §§ 101, 133 AktG. Einfache Mehrheit ist grundsätzlich auch für die Bestellung durch die Gründer ausreichend; *Geßler/Hefermehl/Eckardt/Kropff*, Aktiengesetz, § 30 Rn. 7.

mitglieder gilt dann ebenfalls die gesetzliche Höchstdauer des § 102 AktG, da nach § 197 Satz 2 UmwG die Vorschriften über den ersten Aufsichtsrat keine Anwendung finden.

In § 203 UmwG ist nicht geregelt, welcher Mehrheit ein Beschluß über die Beendigung des Amtes der bisherigen Aufsichtsratsmitglieder bedarf. Nach § 203 Satz 1 UmwG besteht das Aufsichtsratsmandat grundsätzlich fort. Es handelt sich dann bei dem Beschluß um einen vorzeitigen Widerruf der Bestellung. Dies spricht für ein Mehrheitserfordernis von mindestens drei Viertel der abgegebenen Stimmen (§ 103 Abs. 1 Satz 2 AktG), soweit die Satzung nichts anderes bestimmt.[34] Nach dem Wortlaut des § 203 Satz 2 UmwG ist der Beschluß über den Widerruf der Bestellung Teil des Umwandlungsbeschlusses. Auch dieser bedarf nach § 240 Abs. 1 UmwG grundsätzlich einer Mehrheit von mindestens drei Vierteln der in der Gesellschafterversammlung abgegebenen Stimmen. Ob für die Mehrheit bei der Beschlußfassung § 103 Abs. 1 AktG oder § 204 Abs. 1 UmwG maßgeblich ist, ist daher nur dann vom praktischer Bedeutung, wenn durch die Satzung der Gesellschaft das Mehrheitserfordernis für den Widerruf der Bestellung von Aufsichtsratsmitgliedern abgesenkt ist. Wegen des Wortlautes des § 203 Satz 2 UmwG ist vom Erfordernis einer Dreiviertelmehrheit auszugehen.

b) Änderung der Zusammensetzung oder Größe

Finden auf den Aufsichtsrat nach der Umwandlung andere gesetzliche Vorschriften Anwendung, so ist eine Neuwahl durchzuführen.

Nicht selten entschließen sich die Gesellschafter insbesondere bei der Umwandlung einer GmbH in eine Aktiengesellschaft, die Anzahl der Aufsichtsratsmandate zum Beispiel von drei auf sechs zu erhöhen, ohne daß sich das Aufsichtsratssystem (Verhältnis von Anteilseigner- zu Arbeitnehmervertretern) oder die relevanten Schwellenzahlen geändert haben. Es stellt sich die Frage, ob der Aufsichtsrat dann immer noch in gleicher Weise gebildet und zusammengesetzt ist. Ist dies der Fall, käme für die nicht besetzten Aufsichtsratsmandate eine Zuwahl in Betracht, anderenfalls wäre der gesamte Aufsichtsrat neu zu wählen. Die Begründung des Gesetzentwurfs[35] und die Gesetzesformulierung sprechen dafür, daß eine Neuwahl stattzufinden hat, wenn sich aufgrund des Willens der Gesellschafter die Anzahl der Aufsichtsratsmandate verändert. In § 203 UmwG heißt es „in gleicher Weise wie bei dem formwechselnden Rechtsträger ein Aufsichtsrat gebildet und zusammengesetzt" wird. Sollte das Aufsichtsratsmandat der bisherigen Aufsichtsratsmitglieder nur dann enden, wenn ein anderes gesetzliches Aufsichtsratssystem oder eine andere Schwel-

---

[34] Auf diese Vorschrift wird in § 52 Abs. 1 GmbHG, § 77 Abs. 1 BetrVG 1952 und § 6 Abs. 2 MitbestG verwiesen.

[35] In der Begründung des Gesetzentwurfs zu § 203 UmwG wird für die Kontinuität des Aufsichtsrats auch darauf abgestellt, daß sich die zahlenmäßige Zusammensetzung nicht ändert, vgl. BT-Drucks. 12/6699, S. 145.

lenzahl relevant wird, hätte es nahegelegen, § 203 UmwG in Anlehnung an § 97 AktG zu formulieren. Nach § 97 AktG ist der Vorstand verpflichtet, das Statusverfahren durchzuführen, wenn nach seiner Ansicht der Aufsichtsrat nicht nach den für ihn „maßgeblichen gesetzlichen Vorschriften zusammengesetzt ist". Eine Veränderung der Anzahl der Aufsichtsratsmandate im Sinne einer Vergrößerung des Aufsichtsrats aufgrund Satzungsänderung ist kein Fall des Statusverfahrens, da sich an den anwendbaren gesetzlichen Vorschriften nichts ändert. Daß auch eine Veränderung der Anzahl der Aufsichtsratsmandate zur Neuwahl führt, ergibt sich auch aus der Entstehungsgeschichte der Vorschrift. Sie wurde auf Wunsch der Wirtschaft aufgenommen, um Neuwahlen für den Fall zu vermeiden, daß der Aufsichtsrat in der bisherigen Form unverändert fortbestehen kann.

C. Gerichtliche Bestellung von Arbeitnehmervertretern im Aufsichtsrat nach § 104 AktG

I. Bedeutung nach der Änderung des § 31 Abs. 5 AktG

Auch wenn die Amtszeit der Arbeitnehmervertreter im ersten Aufsichtsrat bereits der vollen Amtszeit entspricht (§ 31 Abs. 5 AktG), ist der Anwendungsbereich des § 104 AktG nicht vollständig entfallen. Insbesondere bei Wahlen nach dem Mitbestimmungsgesetz werden für den Wahlvorgang mehrere Monate benötigt. Gerade unmittelbar nach der Gründung einer Aktiengesellschaft werden in der Regel weitreichende und längerfristig bedeutsame Entscheidungen getroffen (zum Beispiel Wahl des Vorstands, Erlaß der Geschäftsordnung, Festlegung der zustimmungspflichtigen Geschäfte nach § 111 Abs. 4 S. 2 AktG). Diese lassen es zumindest aus Arbeitnehmersicht wünschenswert erscheinen, daß möglichst frühzeitig Arbeitnehmervertreter dem Aufsichtsrat angehören.

Eine gerichtliche Bestellung von Arbeitnehmervertretern kommt nur für den nach § 31 Abs. 1 AktG gebildeten Aufsichtsrat (Sachgründung) in Betracht. Dem ersten Aufsichtsrat nach § 30 Abs. 1 AktG (Bargründung) gehören keine Arbeitnehmervertreter an. Bei einer Sachgründung ist der erste Aufsichtsrat – ohne Arbeitnehmervertreter – nach § 31 Abs. 2 AktG beschlußfähig. Eine gerichtliche Ergänzung nach § 104 Abs. 1 S. 1 AktG wegen Beschlußunfähigkeit des Aufsichtsrats kommt daher nicht in Betracht. Gehören dem Aufsichtsrat länger als drei Monate weniger Mitglieder als die durch Gesetz oder Satzung festgesetzte Zahl an, kann er nach § 104 Abs. 2 AktG ergänzt werden. In dringenden Fällen kann das Gericht auf Antrag den Aufsichtsrat auch schon vor Ablauf der Frist ergänzen. Nach § 104 Abs. 3 AktG ist ein dringender Fall stets gegeben, wenn einem dem Mitbestimmungsgesetz unterliegenden Aufsichtsrat nicht alle Mitglieder angehören, aus denen er nach Gesetz oder Satzung zu bestehen hat. Für den ersten Aufsichtsrat ist in § 31 Abs. 1 AktG vorgesehen, daß er bis zum Zeitpunkt der Zuwahl von Arbeitnehmervertretern nur aus

Anteilseignervertretern besteht. Diesem ersten Aufsichtsrat gehört folglich mit den Anteilseignervertretern die durch Gesetz festgesetzte Zahl an Mitgliedern an. Im Regelfall enthält jedoch auch die Satzung Regelungen zur Zusammensetzung des Aufsichtsrates. Da diese Satzungsregelungen auf Dauer angelegt sind, wird für den ersten Aufsichtsrat regelmäßig nicht die Regelung in § 31 AktG wiederholt, sondern in der Satzung wird die vollständige Besetzung des Aufsichtsrates (einschließlich Arbeitnehmervertretern) wiedergegeben. Mit den Anteilseignervertretern gehören dann dem ersten Aufsichtsrat zwar die durch Gesetz, nicht aber die durch Satzung festgesetzte Anzahl von Mitgliedern an. Die zu bejahende Frage, ob § 31 AktG eine vorrangige Spezialregelung ist, ist in diesem Zusammenhang mehr akademischer Art. In der Praxis werden von den Gerichten auch für den ersten Aufsichtsrat bereits Arbeitnehmervertreter nach § 104 Abs. 2, 3 AktG bestellt. Unterschiede ergeben sich allenfalls dahingehend, ob die Ergänzung erst nach Ablauf von drei Monaten[36] oder bereits unmittelbar nach der Gründung[37] erfolgen kann. Der Zeitpunkt der Bestellung wird jedoch auch hier regelmäßig in erster Linie davon abhängen, wann der Antrag auf Ergänzung gestellt wird.

II. Amtszeit

1. § 102 AktG

Das Amt der gerichtlich bestellten Aufsichtsratsmitglieder endet gemäß § 104 Abs. 5 AktG, sobald der Mangel behoben ist. Das bedeutet für die gerichtlich bestellten Arbeitnehmervertreter im Aufsichtsrat, daß ihr Amt erlischt, sobald durch die Arbeitnehmer die Arbeitnehmervertreter für den Aufsichtsrat gewählt wurden und diese die Wahl angenommen haben.[38] Wird der Mangel nicht durch Wahl (sei es durch die Hauptversammlung oder die Arbeitnehmer) behoben, endet das Amt der gerichtlich bestellten Aussichtsratsmitglieder, auch wenn sie an die Stelle eines vorzeitig ausgeschiedenen Aufsichtsratsmitglieds treten[39], mit Ablauf von fünf Jahren. Die gesetzliche Maximaldauer der Aufsichtsratszugehörigkeit beträgt gemäß § 102 Abs. 1 AktG fünf Jahre.[40]

---

[36] So zum Beispiel LG Hof WM 1993, 695.
[37] So u.a. durchgeführt bei der Deutsche Bahn AG und der Privatisierung der Deutsche Bundespost (Deutsche Telekom AG, Deutsche Postbank AG, Deutsche Post AG).
[38] Kölner Kommentar Aktiengesetz/*Mertens* § 104 Rn. 24; *Geßler/Hefermehl/Eckardt/Kropff*, Aktiengesetz, § 104 Rn. 44 f.; Großkommentar zum Aktiengesetz/*Meyer-Landrut* § 104 Anm. 10.
[39] Nach anderer Ansicht sind die Regeln in § 102 Abs. 2 AktG für die Ersatzmitglieder entsprechend anzuwenden, wenn das gerichtlich bestellte Aufsichtsratsmitglied an die Stelle eines ausgeschiedenen Aufsichtsratsmitglieds tritt. Die Amtszeit des gerichtlich bestellten Aufsichtsratsmitglied endet mit Ablauf der Amtszeit des ausgeschiedenen Aufsichtsratsmitglieds. So *Fuchs/Köstler* Rn. 233, 608.
[40] So auch Großkommentar zum Aktiengesetz/*Meyer-Landrut* § 104 Anm. 10; Münchener Handbuch des Gesellschaftsrechts/*Hoffmann-Becking*, Band 4, § 30 Rn. 34; *Obermüller* DB 1971, 2049, 2050.

2. § 30 Abs. 3 AktG

Für die gerichtlich bestellten Aufsichtsratsmitglieder im ersten Aufsichtsrat ergibt sich die Maximaldauer der Amtszeit aus § 30 Abs. 3 S. 1 AktG. Für den ersten Aufsichtsrat ist in § 30 Abs. 3 S. 1 AktG abweichend von § 102 AktG die gesetzliche Höchstdauer der Mitgliedschaft im Aufsichtsrat normiert.[41] Auch die Amtszeit der gerichtlich bestellten Aufsichtsratsmitglieder kann dann keine längere sein. Für die gerichtlich bestellten Arbeitnehmervertreter ist diese Frist mit der Änderung des § 31 Abs. 5 AktG nicht verlängert geworden. Nach dem Wortlaut des § 31 Abs. 5 AktG gilt die kurze Amtszeit des § 30 Abs. 3 S. 1 AktG nicht für die nach § 31 Abs. 3 AktG bestellten Aufsichtsratsmitglieder der Arbeitnehmer. Nach § 31 Abs. 3 AktG bestellt sind jedoch nur die nach den maßgeblichen mitbestimmungsrechtlichen Vorschriften in den ersten Aufsichtsrat gewählten Arbeitnehmervertreter. Die gerichtlich bestellten Arbeitnehmervertreter sind dagegen nach § 104 Abs. 2, 3 AktG bestellt. Für die gerichtlich bestellten Arbeitnehmervertreter bleibt es bei dem Grundsatz in § 30 Abs. 3 AktG.[42] Es ist auch kein Grund erkennbar, warum für gerichtlich bestellte **Anteilseigner**vertreter eine kürzere Amtszeit gelten soll als für gerichtlich bestellte **Arbeitnehmer**vertreter im Aufsichtsrat. Durch die Änderung des § 31 Abs. 5 AktG sollte verhindert werden, daß innerhalb kürzester Zeit zweimal das langwierige und kostspielige Wahlverfahren für Arbeitnehmervertreter zum Aufsichtsrat durchzuführen ist. Die gerichtliche Bestellung von Aufsichtsratsmitgliedern ist jedoch für Anteilseigner- wie für Arbeitnehmervertreter mit dem gleichen Aufwand verbunden. Wäre es möglich, die Amtszeit der gerichtlich bestellten Arbeitnehmervertreter auf eine längere Zeit als die in § 30 Abs. 3 S. 1 AktG genannte Frist zu erstrecken, so bestünde kein Anreiz, die rechtspolitisch wünschenswerte Wahl von Arbeitnehmervertretern so schnell wie möglich durchzuführen. Die Ersatzlösung der gerichtlichen Bestellung könnte zu einer Dauerlösung führen.

---

[41] *Geßler/Hefermehl/Eckardt/Kropff*, Aktiengesetz, § 102 Rn. 2.
[42] So auch *Seibert/Köster/Kiem*, Die kleine AG, 3. Aufl., S. 50 Rn. 48.

5. Kapitel
Hauptversammlung

A. Vorbemerkung

Das Aktienrecht schreibt für eine Reihe von Fällen die Einberufung der Hauptversammlung vor. Hierzu gehört die Einberufung der jährlichen ordentlichen Hauptversammlung zur Behandlung der dieser obliegenden Gegenstände (zum Beispiel Beschlußfassung über die Verwendung des Bilanzgewinns, Entlastung der Verwaltung, Wahl des Abschlußprüfers). Im Aktiengesetz ist darüber hinaus in einer Reihe weiterer Fälle die Einberufung der Hauptversammlung erforderlich (zum Beispiel § 92 Abs. 1 AktG, §§ 101, 102 AktG, § 122 AktG, § 124 Abs. 4 S. 2 AktG). In der Satzung kann – jedoch nur in engen Grenzen – die Einberufung von Hauptversammlungen vorgesehen werden (zum Beispiel § 68 Abs. 2 Satz 2 AktG).

Das Gesetz für kleine Aktiengesellschaften und zur Deregulierung des Aktienrechts hat Erleichterungen bei der Einberufung und Durchführung der Hauptversammlung geschaffen.

B. Einberufung der Hauptversammlung

I. Form und Frist

Nach alter Rechtslage war die Einberufung der Hauptversammlung nur durch Bekanntmachung in den Gesellschaftsblättern möglich (§ 121 Abs. 3 S. 1 AktG). Die Gesellschaftsblätter sind der Bundesanzeiger als Pflichtblatt (§ 25 S. 1 AktG) sowie etwaige weitere in der Satzung bezeichnete Publikationen. Mit dem Gesetz zur Namensaktie und zur Erleichterung der Stimmrechtsausübung (NaStraG) vom 18. Januar 2001 wurden § 25 Satz 2 AktG dahingehend geändert, dass als Publikationen, die die Satzung für die Veröffentlichung bezeichnen kann, neben anderen Blättern auch elektronische Informationsmedien in Betracht kommen. Da die elektronischen Informationsmedien damit lediglich als zusätzliche Gesellschaftsblätter anerkannt wurden, bleibt es auch nach der Änderung bei der grundsätzlichen Notwendigkeit, die Einberufung der Hauptversammlung mindestens im Bundesanzeiger bekanntzumachen. Die Börsen pflegen darüber hinaus regelmäßig bei der Zulassung von Aktien zum Börsenhandel die Veröffentlichung der Bekanntmachungen der Gesellschaft (auch) in den Börsenblättern vorzuschreiben. Die Einhaltung dieser letzten

Verpflichtung ist aber gesellschaftsrechtlich ohne Bedeutung.[1] In der Satzung kann einmalige oder mehrmalige Bekanntmachung vorgesehen sein.

Die Bekanntmachung der Einberufung hat mindestens einen Monat vor dem Tag der Versammlung zu erfolgen (§ 123 Abs. 1 AktG). In der Satzung kann eine längere – jedoch keine kürzere – Einberufungsfrist vorgesehen werden. Für die Berechnung der Frist gelten die allgemeinen Vorschriften (§§ 186 ff. BGB).[2] Die Frist beginnt mit der Veröffentlichung in den Gesellschaftsblättern (Erscheinungsdatum). Bei der Berechnung der Frist werden der Tag der Einberufung und der Tag der Hauptversammlung nicht mitgerechnet (vgl. § 187 Abs. 1, § 188 Abs. 2 BGB). Bei der Fristberechnung ist auch darauf zu achten, daß der Bundesanzeiger nicht an Sonntagen, Montagen, gesetzlichen Feiertagen (des Bundes und des Landes Nordrhein-Westfalen) sowie den daran anschließenden Werktagen erscheint. Wäre z.B. der letztmögliche Einberufungstag ein Sonntag oder ein Feiertag, hat die Einberufung am vorhergehenden Tag zu erfolgen, da nur dann die voll Frist zur Verfügung steht.

II. Inhalt

Nach § 121 Abs. 3 S. 2 AktG muß die Einberufung stets enthalten:
- die Firma der Gesellschaft;
- den Sitz der Gesellschaft; hat die Gesellschaft mehrere Sitze, so sind alle anzugeben;
- die Zeit der Hauptversammlung (Beginn nach Datum und Uhrzeit);
- den Ort der Hauptversammlung;
- die etwaigen besonderen Bedingungen, von denen die Teilnahme an der Hauptversammlung und die Ausübung des Stimmrechts abhängen.

Nach § 124 Abs. 1 S. 1 AktG ist bei der Einberufung der Hauptversammlung auch die Tagesordnung bekanntzumachen. Tagesordnung ist die Gesamtheit der Gegenstände, über die die Hauptversammlung verhandeln soll.[3] Zu der Tagesordnung gehören dabei die Gegenstände, über die Beschluß zu fassen ist sowie auch die Gegenstände, die von der Hauptversammlung ohne Beschlußfassung zu behandeln sind. Zu den Gegenständen der Tagesordnung, über die die Hauptversammlung einen Beschluß fassen soll, hat die Verwaltung (d.h. Vorstand und Aufsichtsrat) nach Maßgabe des § 124 Abs. 3 AktG in der Bekanntmachung der Tagesordnung Beschlußvorschläge zu machen. Vorstand und Aufsichtsrat unterbreiten jeweils einen Vorschlag, wenn

---

[1] *Geßler/Hefermehl/Eckardt/Kropff*, Aktiengesetz, § 121 Rn. 28.
[2] Vgl. dazu im einzelnen Münchener Handbuch des Gesellschaftsrechts/*Semler*, Band 4, § 35 Rn. 27.
[3] Vgl. zu der Frage, ob hierzu auch die Reihenfolge gehört, Münchener Handbuch des Gesellschaftsrechts/*Semler*, Band 4, § 35 Rn. 36 m.w.N.

es nicht um die Wahl von Aufsichtsratsmitgliedern oder Prüfern geht. In diesen Fällen ist nämlich nur der Aufsichtsrat vorschlagsberechtigt und -verpflichtet. Auch wenn die Vorschläge von Vorstand und Aufsichtsrat inhaltlich übereinstimmen, handelt es sich nicht um einen gemeinsamen, sondern um zwei Vorschläge. In der Praxis findet sich jedoch dennoch in diesen Fällen in der Tagesordnung die Formulierung „Vorstand und Aufsichtsrat schlagen vor…". Dies ist auch zulässig. Bei inhaltlich identischen Vorschlägen eine getrennte Wiedergabe in der Tagesordnung zu verlangen, wäre reiner Formalismus. Sind Vorstand und Aufsichtsrat unterschiedlicher Ansicht, so haben sie ihre inhaltlich unterschiedlichen Vorschläge unter Angabe, von wem jeder der Vorschläge stammt, bekanntzugeben. Kommt im Vorstand oder Aufsichtsrat ein wirksamer Beschluß über den zu machenden Vorschlag nicht zustande, kann ein Vorschlag dieses Organs nicht bekanntgemacht werden. In der Tagesordnung wird dann nur der Vorschlag des anderen Organs wiedergeben. Daß bei dem einen Organ ein Vorschlag nicht zustandegekommen ist, ist ebenfalls bekanntzumachen.

Es bestehen besondere Bekanntmachungserfordernisse für einzelne Tagesordnungspunkte, zum Beispiel Satzungsänderungen (§ 124 Abs. 2 S. 2 AktG), Wahl von Aufsichtsratsmitgliedern (§ 124 Abs. 2 Satz 1, Abs. 3 AktG), Kapitalerhöhungen gegen Sacheinlage und bedingte Kapitalerhöhungen (§ 183 Abs. 1 S. 2 und § 194 Abs. 1 S. 3 AktG).

III. Einberufungserleichterungen

1. Inhalt des § 121 Abs. 4 AktG

Sind die Aktionäre der Gesellschaft namentlich bekannt, so muß nach der neuen Rechtslage die Einberufung der Hauptversammlung nicht mehr notwendigerweise in dem oder den Gesellschaftsblättern bekanntgemacht werden. Nach § 121 Abs. 4 AktG kann die Hauptversammlung mit eingeschriebenem Brief einberufen werden, wenn die Aktionäre der Gesellschaft namentlich bekannt sind. Der Tag der Absendung gilt als Tag der Bekanntmachung. Das Eingreifen der Einberufungserleichterungen setzt voraus, daß in der Satzung der Aktiengesellschaft nicht die Einberufung durch Bekanntmachung im Bundesanzeiger vorgeschrieben ist.[4]

---

[4] So auch *Happ*, S. 613; siehe auch *Behrends* NZG 2000, 578 ff. der vertritt, daß auch ohne ausdrückliche Anpassung der Satzung nach § 121 Abs. 4 AktG eingeladen werden kann, jedoch eine Anpassung der Satzung für wünschenswert hält; siehe zur Ausgestaltung der Satzung Muster I.11. und zur Einberufung Muster III.1. im Anhang.

2. „Namentlich bekannt"

a) Name und Anschrift

Die Anwendbarkeit dieser Regelung setzt zunächst voraus, daß die Aktionäre der Gesellschaft „namentlich bekannt" sind. In § 121 Abs. 4 AktG ist die Einberufung „mit eingeschriebenem Brief" vorgesehen. Das bedeutet, daß der Gesellschaft nicht nur die Person des Aktionärs, sondern auch seine Anschrift bekannt sein muß. Anderenfalls kann nicht erwartet werden, daß ein eingeschriebener Brief zugeht.[5]

b) Namensaktien

Bekannt sind der Gesellschaft zunächst die Aktionäre, die Namensaktien halten. Die Eintragung im Aktienbuch weist Namen und Adressen der Aktionäre aus (§ 67 Abs. 1 AktG). Gegenüber der Gesellschaft gilt nur derjenige als Aktionär, der im Aktienbuch als solcher eingetragen ist (§ 67 Abs. 2 AktG). Diese Regelung gilt auch im Falle des § 121 Abs. 4 AktG. Für die Übertragung von Namensaktien ist die Eintragung im Aktienbuch nicht konstitutiv. Der im Aktienbuch eingetragene Aktionär braucht daher nicht der wirkliche Aktionär der Gesellschaft zu sein. Nach allgemeiner Ansicht stehen jedoch bedeutende Gesellschafterrechte wie das Bezugsrecht, das Dividendenrecht, das Stimmrecht kraft § 67 Abs. 2 AktG dem eingetragenen (Nicht-)Aktionär zu.[6] Wäre davon abweichend für die Einladung durch eingeschriebenen Brief die Person des wirklichen Aktionärs maßgeblich, so würden Eingeladener und Stimmberechtigter auseinanderfallen.[7]

Die Eintragung im Aktienbuch ist auch dann maßgeblich, wenn die Aktien der Gesellschaft an der Börse zugelassen sind und dort gehandelt werden. Nur Namensaktien mit Blankoindossament sind depot- und börsenfähig.[8] Aufgrund von Namensaktien mit Blankoindossament ist es bei börsennotierten Aktiengesellschaften häufig zweifelhaft, ob der Gesellschaft ihre Aktionäre bekannt sind. Wie sich aus der Formulierung des § 124 Abs. 4 AktG ergibt, ist die Einladung durch eingeschriebenen Brief jedoch nicht auf nicht börsennotierte Gesellschaften beschränkt. Der Gesetzgeber ging offenbar davon aus, daß auch bei börsennotierten Aktiengesellschaften der Gesellschaft ihre Aktionäre namentlich bekannt sein können.[9] Auch in § 67 Abs. 2 AktG wird nicht zwischen börsennotierten und nicht börsennotierten Ge-

---

[5] Vgl. *Lutter* AG 1994, 429, 438.

[6] *Hüffer*, Aktiengesetz, § 67 Rn. 7 f.; *Lutter* AG 1994, 429, 437; *Geßler/Hefermehl/Eckardt/Kropff*, Aktiengesetz, § 67 Rn. 26 ff.

[7] *Lutter* AG 1994, 429, 438.

[8] *Hüffer*, Aktiengesetz, § 68 Rn. 5.

[9] Aus der Begründung des Initiativentwurfs (BTDrucks. 12/6721, Seite 8) ergibt sich, daß die Einladung zur Hauptversammlung einer börsennotierten Aktiengesellschaft durch eingeschriebenen Brief lediglich als nicht praktikabel angesehen wurde.

sellschaften unterschieden. Da die Mitgliedschaftsrechte, aber auch -pflichten[10] an die Eintragung im Aktienbuch geknüpft sind, haben auch bei einer börsennotierten Gesellschaft die Inhaber von Namensaktien ein originäres Interesse, die Gesellschaft über einen Inhaberwechsel zu unterrichten. Tun sie dies nicht, verstoßen sie gegen ihre eigenen Interessen. Auch bei börsennotierten Gesellschaften kennt daher die Gesellschaft immer ihre Namensaktionäre namentlich und kann durch eingeschriebenen Brief einladen.

c) Inhaberaktien

Probleme ergeben sich bei der Ausgabe von Inhaberaktien. Name und Anschrift der Aktionäre ihrer Inhaberaktien kennt die Gesellschaft regelmäßig nicht. Aber selbst wenn der Gesellschaft vor der Einberufung der Hauptversammlung Namen und Anschriften der Inhaberaktionäre mitgeteilt wurden, stellt sich die Frage, ob sich die Gesellschaft bei der Einladung darauf verlassen darf, daß diese Angaben im Zeitpunkt der Einladung noch zutreffend sind. Das ist zu verneinen. Der Literaturansicht, die es insofern für ausreichend hält, daß die Aktionäre der Gesellschaft ursprünglich bekannt waren und eine Veränderung im Aktionärskreis der Gesellschaft ohne Verschulden unbekannt geblieben ist, ist nicht zu folgen.[11] Die genannte Literaturauffassung stützt sich auf entsprechende Überlegungen zum GmbH-Recht.[12] Nach § 16 Abs. 1 GmbHG gilt gegenüber der Gesellschaft bei einer Veräußerung von GmbH-Anteilen der Veräußerer noch so lange als Gesellschafter, bis die Veräußerung bei der Gesellschaft angemeldet ist. Eine entsprechende Regelung für Inhaberaktien gibt es im Aktiengesetz nicht. Die Situation nach dem GmbH-Recht ist daher mit der aktienrechtlichen Situation nicht vergleichbar. Auch kann durch die Satzung keine Meldeobliegenheit für die Inhaber von Inhaberaktien begründet werden. Im Rahmen der Vorüberlegungen zum Gesetz für kleine Aktiengesellschaften und zur Deregulierung des Aktienrechts ist sowohl erwogen worden, den Aktionären eine Meldeobliegenheit aufzuerlegen als auch der Gesellschaft die Möglichkeit zu eröffnen, eine Obliegenheit der Aktionäre zur Anzeige einer Übertragung von Inhaberaktien in die Satzung aufzunehmen.[13] Davon ist abgesehen worden. § 121 Abs. 4 AktG beinhaltet eine Kann-Vorschrift. Es verbleibt danach stets die Möglichkeit, den sicheren Weg der Bekanntmachung in den Gesellschaftsblättern zu wählen. Das Gesetz gibt keinen Raum für einen Vertrauensschutz des Inhalts, daß sich der Einberufende bei Inhaberaktien auf den Fortbestand der Aktionärsstellung oder der zuletzt bekanntgemachten Anschrift verlassen kann.[14] Das Risiko einer ordnungsgemäßen

---

[10] Siehe *Geßler/Hefermehl/Eckardt/Kropff*, Aktiengesetz, § 67 Rn. 24.
[11] So aber *Lutter* AG 1994, 429, 438; *Hüffer*, Aktiengesetz, § 121 Rn. 11c.
[12] *Lutter* AG 1994, 429, 438.
[13] Vgl. *Seibert/Köster/Kiem*, Die kleine AG, 3. Aufl., S. 71 f. Rn. 108, 109.
[14] So auch *Hoffmann-Becking* ZIP 1995, 1, 6; a.A. *Seibert/Köster/Kiem*, Die kleine AG, 3. Aufl., S. 80 Rn. 135.

Einladung trägt danach der Einberufende bzw. die Gesellschaft.[15] Im Zweifel sollte daher immer öffentlich bekanntgemacht werden.[16]

Auch wenn die Aufnahme einer Meldeobliegenheit in die Satzung ausscheidet, so sind die Aktionäre nicht daran gehindert, sich schuldrechtlich etwa im Rahmen von Aktionärsvereinbarungen zu verpflichten, die Übertragung von Aktien der Gesellschaft anzuzeigen. Der Einberufende kann aber auch in diesen Fällen nicht darauf vertrauen, daß die Aktionäre den schuldrechtlichen Verpflichtungen nachkommen. Es bleibt daher dabei, daß für die Einladung stets der sichere Weg der Bekanntmachung in den Gesellschaftsblättern gewählt werden sollte, wenn Zweifel über die Person auch nur eines Aktionärs oder einer ordnungsgemäßen Anschrift bestehen.

3. Rechts-, insbesondere Erbengemeinschaft

Ist eine Rechtsgemeinschaft Aktionär, so ist die Sonderregelung in § 69 Abs. 3 AktG zu berücksichtigen.[17] Danach genügt es bei Rechtsgemeinschaften, wenn eine von der Gesellschaft abzugebende Willenserklärung gegenüber einem Mitglied der Rechtsgemeinschaft an einer Aktie gemacht wird. Hat die Rechtsgemeinschaft einen gemeinschaftlichen Vertreter benannt, ist die Erklärung ihm gegenüber abzugeben. Mit Willenserklärungen im Sinne von § 69 Abs. 3 Satz 1 AktG sind Erklärungen gemeint, die sich an den einzelnen Aktionär und nicht an die Gesamtheit der Aktionäre richten.[18] Dies trifft auch auf die Einladung durch eingeschriebenen Brief zu.[19] Nach § 69 Abs. 3 AktG genügt jedoch bei einer Erbengemeinschaft die Ladung eines der Miterben nur, wenn kein gemeinsamer Vertreter (§ 69 Abs. 1 AktG) benannt ist **und** die Ladung nach Ablauf eines Monats nach dem Anfall der Erbschaft erfolgt. Erfolgt die Ladung zu einem früheren Zeitpunkt, ist sie an jeden Miterben zu richten.

4. Tagesordnung

Die Tagesordnung der Hauptversammlung ist regelmäßig bei der Einberufung bekanntzumachen. § 124 AktG wurde daher folgerichtig im Gesetz für kleine Aktien-

---

[15] *Drüke* WiB 1994, 265, 267. Der Einberufene ist zwar regelmäßig der Vorstand. Ausnahmsweise können jedoch auch Aktionäre die Hauptversammlung einberufen (vgl. § 122 Abs. 3 AktG und nachstehend C). Es ist daher eine unvollständige Aussage, wenn im Zusammenhang mit § 121 Abs. 4 AktG ausgeführt wird, der Vorstand trage das Risiko ordnungsgemäßer Einladung.

[16] *Ammon/Görlitz*, S. 55; *Dehmer* WiB 1994, 753, 758.

[17] Steht die Aktie mehreren Berechtigten gemeinschaftlich zu, ist die Einladung an den gemeinsamen Vertreter zu richten, wenn der Gesellschaft ein solcher bekannt ist. Haben die Berechtigten der Gesellschaft keinen gemeinsamen Vertreter benannt, genügt die Abgabe der Willenserklärung gegenüber einem Berechtigten (§ 69 Abs. 3 S. 1 AktG).

[18] *Hüffer*, Aktiengesetz, § 69 Rn. 8; *Geßler/Hefermehl/Eckardt/Kropff*, Aktiengesetz, § 69 Rn. 41 f.

[19] So auch *Ammon/Görlitz*, S. 55.

gesellschaften und zur Deregulierung des Aktienrechts ebenfalls geändert. In der neu eingefügten Regelung des § 124 Abs. 1 S. 3 AktG wird klargestellt, daß für die Bekanntmachung der Tagesordnung § 121 Abs. 4 AktG sinngemäß gilt, d.h. die Bekanntmachung der Tagesordnung kann ebenfalls durch eingeschriebenen Brief erfolgen, wenn die Aktionäre der Gesellschaft bekannt sind. Eigenständige Bedeutung kommt dieser Regelung dann zu, wenn Tagesordnungspunkte nach § 124 Abs. 1 S. 2 AktG binnen zehn Tagen nach Einberufung der Hauptversammlung noch bekannt gegeben werden. Insofern stellt sich dann auch die Frage, ob der Einberufende für die nachträgliche Bekanntmachung von Tagesordnungspunkten nach § 124 Abs. 1 S. 2 AktG auch eine andere Einberufungsform (Einladung durch eingeschriebenen Brief, nachträgliche Bekanntmachung im Bundesanzeiger) wählen kann. Aus der Gesetzesänderung ergibt sich an keiner Stelle, daß die einmal gewählte Einberufungs-/Bekanntmachungsform beibehalten werden muß. Ein Wechsel ist daher grundsätzlich möglich. Wegen der Rechtsfolgen einer fehlerhaften Einberufung und Bekanntmachung (vgl. § 241, § 124 Abs. 4 AktG) ist in der Praxis Vorsicht geboten. Die einmal gewählte Form sollte beibehalten werden.

5. Zeitpunkt der Bekanntmachung

Für den Zeitpunkt der Bekanntmachung ist der Tag der Absendung der eingeschriebenen Briefe, der Postaufgabe entscheidend. Erfolgt die Versendung an mehreren Tagen, so ist der letzte Absendetag maßgeblich.[20]

6. Eingeschriebener Brief

Gesetzlich vorgeschrieben ist nur die Form des eingeschriebenen Briefes. Dies ist im Hinblick auf die Beweissicherung ausreichend, da die Aktiengesellschaft anhand des Posteinlieferungsscheins die Ladung nachweisen kann. Um ganz sicherzugehen, kann auch ein Einschreiben mit Rückschein gewählt werden.

Aus der gesetzlich vorgeschriebenen Form des eingeschriebenen Briefes ist nicht zu folgern, daß die Schriftform im Sinne des § 126 Abs. 1 BGB und damit die Unterschrift des Einladenden erforderlich ist. Die Form des eingeschriebenen Briefes besagt lediglich etwas über die postalische Zustellart, aber nichts über die Form des Briefinhalts. Vorsorglich empfiehlt es sich, diese Frage in der Satzung zu regeln. Es ist ausreichend, wenn eine Einladung mit bloßem Firmenstempel ohne Unterschrift vorgesehen wird.[21] Lediglich bei einer kleinen Aktiengesellschaft mit nur wenigen Aktionären wird eine Einladung mit Unterschrift praktikabel sein.

Die Kosten der Ladung mittels eingeschriebenen Brief trägt ebenso wie auch die Kosten einer Veröffentlichung in den Gesellschaftsblättern die Aktiengesellschaft.

---

[20] *Lutter* AG 1994, 429, 437, Fn. 91; *Hüffer*, Aktiengesetz, § 121 Rn. 11 f.
[21] So *Seibert/Köster/Kiem*, Die kleine AG, 3. Aufl., S. 75 Rn. 120; *Hüffer*, Aktiengesetz, § 121 Rn. 11e, hält die Unterschrift eines (beauftragten) Vorstandsmitglieds für ratsam.

Zeitlich nach der Neuregelung des § 121 Abs. 4 AktG mit dem Gesetz für kleine Aktiengesellschaften und zur Deregulierung des Aktienrechts hat die Deutsche Post AG das sogenannte Einwurf-Einschreiben eingeführt, bei dem der Zusteller durch seine Unterschrift die Ablieferung des eingeschriebenen Briefes, etwa in Form des Einwurfes in den Briefkasten des Empfängers, bestätigt. Da im Zeitpunkt des Inkrafttretens der Gesetzesänderung es nur das Übergabe-Einschreiben, nicht jedoch das Einwurf-Einschreiben gab, sollte für die Einladung durch eingeschriebenen Brief auch weiterhin ausschließlich diese Form des Einschreibens gewählt werden.

C. Einberufender

Die Hauptversammlung wird nach § 121 Abs. 2 S. 1 AktG regelmäßig durch den Vorstand einberufen. Auch der Aufsichtsrat ist befugt und verpflichtet, eine Hauptversammlung einzuberufen, wenn es das Wohl der Gesellschaft erfordert. Darüber hinaus können einzelne Aktionäre oder Aktionärsminderheiten zur Einberufung berechtigt sein. Die Hauptversammlung ist durch den Vorstand einzuberufen, wenn Aktionäre, deren Aktien zusammen den zwanzigsten Teil des Grundkapitals erreichen, die Einberufung schriftlich unter Angabe des Zwecks und der Gründe verlangen (§ 122 Abs. 1 S. 1 AktG). Wird dieses Verlangen vom Vorstand zurückgewiesen oder ihm nicht innerhalb angemessener Frist entsprochen, kann das Amtsgericht am Sitz der Gesellschaft die Aktionäre, die das Verlangen gestellt haben, auf ihren Antrag hin ermächtigen, die Hauptversammlung selbst einzuberufen. In gleicher Weise können Aktionäre, deren Anteile zusammen den zwanzigsten Teil des Grundkapitals oder den Nennbetrag von EURO 500.000,– erreichen, verlangen, daß Gegenstände zur Beschlußfassung einer Hauptversammlung bekanntgemacht werden (§ 122 Abs. 2 Satz 2 AktG). Wird diesem Verlangen nicht entsprochen, so können diese Aktionäre ebenfalls durch das Amtsgericht am Sitz der Gesellschaft ermächtigt werden, den Gegenstand selbst bekanntzumachen.

Für die Einberufung einer Hauptversammlung durch Aktionäre nach § 122 Abs. 3 AktG gelten die gleichen Regelungen wie für die Einberufung durch Vorstand oder Aufsichtsrat. Auch die Aktionäre können danach grundsätzlich die Hauptversammlung durch eingeschriebenen Brief einberufen.[22] Die Möglichkeit, daß sich die einberufenen Aktionäre durch Einsichtnahme in das Aktienbuch (§ 67 Abs. 5 AktG) von der Person und Anschrift der übrigen Aktionäre unterrichten, ist nach der Änderung des § 67 AktG durch das NaStraG jedoch nicht mehr gegeben. Bei Inhaberaktien werden die einberufenden Aktionäre noch weniger als der Vorstand ermessen können, ob ihnen die übrigen Aktionäre bekannt sind. Sicherheitshalber sollte daher die Einberufung durch Bekanntmachung in den Gesellschaftsblättern gewählt werden,

---

[22] Vgl. zur Einberufung mittels eingeschriebenen Briefs durch einen Aktionär Muster III.2. im Anhang.

wenn Inhaberaktien ausgegeben sind. Auch für die Bekanntmachung von Gegenständen zur Tagesordnung durch Aktionäre besteht die Möglichkeit der Wahl des eingeschriebenen Briefes.[23]

D. Einberufungsmängel

Im Falle eines Verstoßes gegen § 121 Abs. 4 AktG sind die Beschlüsse der Hauptversammlung nach § 241 Nr. 1 AktG bzw. im Falle der Feststellung des Jahresabschlusses nach § 256 Abs. 3 Nr. 1 AktG nichtig. Allerdings hat der Gesetzgeber auch hier in Anlehnung an die überwiegende Ansicht im GmbH-Recht mit dem Gesetz für kleine Aktiengesellschaften und zur Deregulierung des Aktienrechts eine Milderung dieser Folge dadurch eingeführt, daß er die Möglichkeit des nicht bzw. nicht ordnungsgemäß geladenen Aktionärs zur Genehmigung der Beschlüsse ausdrücklich im Gesetz aufgenommen hat. Die Nichtigkeit eines Beschlusses nach § 241 Nr. 1 AktG kann nach § 242 Abs. 2 Satz 4 AktG nicht mehr geltendgemacht werden, wenn der **nicht geladene** Aktionär den Beschluß genehmigt. Die nicht ordnungsgemäße Einladung eines Aktionärs führt wie die Nichtladung zur Nichtigkeit des Hauptversammlungsbeschlusses. Genehmigt der **nicht ordnungsgemäß geladene** Aktionär den Beschluß der Hauptversammlung, greift § 242 Abs. 2 S. 4 AktG gleichfalls ein. Auch wenn der Gesetzestext nur auf den nicht geladenen Aktionär abstellt, ist ein sachlicher Grund für eine Differenzierung gegenüber dem nicht ordnungsgemäß geladenen Aktionär nicht ersichtlich.[24] Die „Heilung" nach § 242 Abs. 2 Satz 4 AktG erfaßt nur die Nichtigkeit nach § 241 Nr. 1 AktG.

Für den ausnahmsweise durch die Hauptversammlung festgestellten Jahresabschluß ist die Nichtigkeit wegen Einberufungsmängeln in § 256 Abs. 3 Nr. 1 AktG geregelt. Weiter ist in § 256 Abs. 6 AktG geregelt, unter welchen Voraussetzungen die Nichtigkeit nach § 256 Abs. 3 Nr. 1 AktG nicht geltend gemacht werden kann. § 256 Abs. 6 AktG ist für die Nichtigkeitsfälle des § 256 AktG Sondervorschrift zu § 242 AktG.[25] Es mutet jedoch vom Ergebnis seltsam an, daß zwar alle anderen Beschlüsse der nicht ordnungsgemäß einberufenen Hauptversammlung durch Genehmigung des nicht bzw. nicht ordnungsgemäß geladenen Aktionärs geheilt werden können, nicht aber die Feststellung des Jahresabschlusses. Die gesetzgeberische Untätigkeit in § 256 Abs. 6 AktG mag darauf zurückzuführen sein, daß die Feststellung des Jahres-

---

[23] Vgl. zur Bekanntmachung von Gegenständen zur Tagesordnung durch einen Aktionär mittels eingeschriebenen Briefs Muster III.3. im Anhang.

[24] Für dieses Auslegungsergebnis spricht auch der Wortlaut der Begründung zum Initiativentwurf, BTDrucks. 12/6721, S. 11 „die unterlassene oder nicht ordnungsgemäße Ladung".

[25] Vgl. *Hüffer*, Aktiengesetz, § 256 Rn. 21; *Geßler/Hefermehl/Eckardt/Kropff*, Aktiengesetz, § 256 Rn. 77.

abschlusses durch die Hauptversammlung die Ausnahme bildet[26] und bereits nach der bisherigen Regelung in § 256 Abs. 6 AktG die Nichtigkeit wegen Einberufungsmängeln nach Ablauf von sechs Monaten nach Bekanntmachung des Jahresabschlusses gemäß § 325 HGB im Bundesanzeiger nicht mehr geltend gemacht werden kann.

In den Fällen eines Verstoßes gegen § 121 Abs. 4 AktG, die nicht durch Genehmigung nach § 242 Abs. 2 Satz 4 AktG „geheilt" werden, kann die Nichtigkeit nach § 242 Abs. 2 S. 1 AktG nicht mehr geltend gemacht werden, wenn der Beschluß seit drei Jahren im Handelsregister eingetragen ist. Das Eingreifen dieser Heilungsvorschrift durch Zeitablauf setzt jedoch voraus, daß es sich um einen in das Handelsregister einzutragenden Beschluss handelt. Diese Heilungsvorschrift greift daher nicht, wenn der Hauptversammlungsbeschluss nicht in das Handelsregister eingetragen wird, wie z.B. die Zustimmung der Hauptversammlung zu Geschäftsführungsmaßnahmen nach § 119 Abs. 2 AktG, Wahlen von Aufsichtsratsmitgliedern.

E. Sinngemäße Geltung der §§ 125 bis 127 AktG

In § 121 Abs. 4 S. 2 AktG ist die sinngemäße Geltung der §§ 125 bis 127 AktG angeordnet. Nach § 125 Abs. 1 bis 3 AktG hat der Vorstand

– die Einberufung der Hauptversammlung,
– die Bekanntmachung der Tagesordnung mit den darin nach § 124 Abs. 3 AktG enthaltenen Vorschlägen der Verwaltung,
– etwaige Anträge oder Wahlvorschläge von Aktionären

den

– Kreditinstituten und Aktionärsvereinigungen, die in der letzten Hauptversammlung Stimmrechte für Aktionäre ausgeübt haben oder eine Mitteilung verlangt haben,
– namentlich bekannten Aktionären

und

– Aufsichtsratsmitgliedern (die dieses verlangen), auch wenn diese keine Aktionäre sind,

mitzuteilen. Ein Verstoß gegen diese Mitteilungspflichten führt zur Anfechtbarkeit des Hauptversammlungsbeschlusses.

Zweck der §§ 125 bis 127 i.V.m. § 128 AktG ist es vor allem, die Information der Aktionäre vor der Hauptversammlung sicherzustellen.[27] Die Möglichkeit der Kennt-

---

[26] Die Hauptversammlung ist nur zuständig, wenn Vorstand und Aufsichtsrat beschließen, der Hauptversammlung die Feststellung des Jahresabschlusses zu überlassen, oder wenn der Aufsichtsrat den ihm vom Vorstand vorgelegten Jahresabschluß nicht gebilligt hat (§ 173 Abs. 1 AktG).

[27] Vgl. *Hüffer*, Aktiengesetz, § 125 Rn. 1; *Geßler/Hefermehl/Eckardt/Kropff*, Aktiengesetz, § 125 Rn. 5 ff.

nisnahme der für die Hauptversammlung wesentlichen Daten wird durch Sondermitteilungspflichten erweitert. Da eine gesonderte Information der Masse der kleinen Inhaberaktionäre durch die Gesellschaft in der Regel nicht praktikabel ist, wird durch Einschaltung der Kreditinstitute und Aktionärsvereinigungen eine gesonderte Information der Aktionäre erreicht.[28]

Die Versendung der Mitteilungen nach § 125 Abs. 1 bis 4 AktG erfolgt auf Kosten der Gesellschaft. Für die Weitergabe der Mitteilungen kann das Kreditinstitut von der Gesellschaft Aufwendungsersatz verlangen. Werden nun die Aktionäre mittels eingeschriebenen Briefes über die Einberufung und Tagesordnung der bevorstehenden Hauptversammlung informiert, so ist unabhängig davon, ob man die Weitergabe nach § 128 AktG als Eigenpflicht einstuft, eine Information der Aktionäre durch die Kreditinstitute (und Aktionärsvereinigungen, § 128 Abs. 5 AktG) überflüssig.[29] Der mit den §§ 125, 128 AktG verfolgte Zweck ist bereits erreicht. Die Kreditinstitute sind dann weder berechtigt, von der Gesellschaft die entsprechende Anzahl von Informationsexemplaren für ihre Kunden anzufordern, noch die anfallenden Kosten auf die Gesellschaft abzuwälzen.

Enthält der eingeschriebene Brief keine weiteren Informationen, so bleibt der Anwendungsbereich der §§ 125 ff. AktG insoweit erhalten, als es sich um

– Anträge und Wahlvorschläge nach §§ 126, 127 AktG,
– die Information von Aufsichtsratsmitgliedern, welche keine Aktionäre sind, oder
– Mitteilungen über bereits gefaßte Hauptversammlungsbeschlüsse (§ 125 Abs. 4 AktG)

handelt. Insofern ist das Informationssystem der §§ 125 ff. AktG beizubehalten. Dieses wird also in dem Maße zurückgedrängt, wie bereits eine Information der Aktionäre mittels eingeschriebenen Briefes stattgefunden hat.[30]

Durch § 125 Abs. 1 AktG soll aber auch sichergestellt werden, daß die Kreditinstitute und Aktionärsvereinigungen zuverlässige Informationen über die bevorstehende Hauptversammlung erhalten. Nur dann sind sie in der Lage, ihr Stimmrecht für die Aktionäre gemäß §§ 128, 135 AktG auszuüben. Selbst wenn also eine umfassende briefliche Information der Aktionäre durch die Gesellschaft stattgefunden hat, besteht die Informationspflicht der Gesellschaft gegenüber den Kreditinstituten und Aktionärsvereinigungen unter den Voraussetzungen des § 125 Abs. 1 AktG fort. Die Kreditinstitute und Aktionärsvereinigungen haben jedoch die Informationen nicht mehr nach § 128 AktG weiterzuleiten und können folglich auch keinen Aufwendungsersatz von der Gesellschaft für eine (dennoch) erfolgte Weiterleitung verlangen.

---

[28] Vgl. *Hüffer*, Aktiengesetz, § 128 Rn. 1; *Geßler/Hefermehl/Eckardt/Kropff*, Aktiengesetz, § 125 Rn. 2.
[29] *Hüffer*, Aktiengesetz, § 121 Rn. 11 h.
[30] Begründung zum Initiativentwurf, BTDrucks. 12/6721, S. 8/9.

F. Vollversammlung

Mit dem Gesetz für kleine Aktiengesellschaften und zur Deregulierung des Aktienrechts wurde in § 121 AktG ein neuer Abs. 6 eingefügt. Danach kann die Hauptversammlung Beschlüsse ohne Einhaltung der Bestimmungen dieses Unterabschnitts (§§ 121–128 AktG) fassen, wenn alle Aktionäre erschienen oder vertreten sind und kein Aktionär der Beschlußfassung widerspricht. Mit dieser ausdrücklichen Regelung der Vollversammlung in § 121 Abs. 6 AktG vollzieht der Gesetzgeber eine im wesentlichen bereits übliche Praxis nach. Ein Verstoß gegen die formellen Erfordernisse der Einberufung nach § 121 Abs. 2, 3 AktG wurde schon bislang nach § 241 Nr. 1 AktG allein durch die Tatsache geheilt, daß trotz der fehlerhaften Einberufung alle Aktionäre in der Hauptversammlung erschienen oder vertreten waren. Die Regelung in § 241 Abs. 1 Nr. 1 letzter HS AktG ist mit der Neuregelung in § 121 Abs. 6 AktG folgerichtig weggefallen.

Bisher war umstritten, ob das Einverständnis der Aktionäre mit der Beschlußfassung zu den Erfordernissen einer Vollversammlung gehört. In Abweichung von der ganz überwiegenden Ansicht zu § 51 GmbHG wurde zu § 241 AktG vielfach die Ansicht vertreten, daß die Heilungswirkung bereits durch die Teilnahme eintrete und eine Zustimmung zur Beschlußfassung nicht erforderlich sei.[31] Dies zwang die Aktionäre, die sich über Beschlußgegenstände schlecht unterrichtet fühlten, zum Fernbleiben. Käme dem Realakt der Teilnahme bereits Bindewirkung zu, so führte dies auch zu Problemen im Falle der Teilnahme geschäftsunfähiger Aktionäre. Mit der Neuregelung in § 121 Abs. 6 AktG ist nunmehr klargestellt, daß eine Vollversammlung nur dann vorliegt, wenn alle Aktionäre anwesend oder vertreten sind und niemand der Beschlußfassung widerspricht.

Neben dieser Klarstellung ist durch die Regelung in § 121 Abs. 6 AktG die Heilungs- und Verzichtswirkung aber auch auf andere Einberufungsmängel als die fehlerhafte Einberufung ausgedehnt worden. Dies sind zum Beispiel die Verletzung von § 124 Abs. 1 AktG durch fehlerhafte Bekanntmachung der Tagesordnung oder die Verletzung von § 124 Abs. 3 AktG durch fehlende Beschlußvorschläge der Verwaltung. Die Praxis ging bislang auch bereits in diesen Fällen davon aus, daß solche Mängel im Falle der Vollversammlung geheilt werden. Dazu sollte der Protokollvermerk genügen, daß alle Anwesenden erklären, die Versammlung als Vollversammlung oder Universalversammlung unter ausdrücklichem Verzicht auf alle durch Gesetz oder Satzung vorgeschriebenen Formen und Fristen der Einberufung und Bekanntmachung abzuhalten.[32]

---

[31] So *Geßler/Hefermehl/Eckardt/Kropff*, Aktiengesetz, § 241 Rn. 33, der jedoch ein Anfechtungsrecht bejaht, wenn Widerspruch zu Protokoll erklärt wurde; a.A. *Hüffer*, Aktiengesetz, 1. Aufl., § 241 Rn. 12.

[32] So *Dehmer* WiB 1994, 753, 758.

Die Bekanntmachung der Tagesordnung ist gemäß § 121 Abs. 6 AktG auch dann entbehrlich, wenn für die Bekanntmachung der Tagesordnung nicht ausschließlich § 124 AktG gilt, sondern daneben auch Spezialvorschriften (§ 183 Abs. 1 Satz 2, § 186 Abs. 4, § 203 Abs. 2 Satz 2 AktG) Anwendung finden, die im Hinblick auf einzelne Beschlußgegenstände besondere Anforderungen an den Inhalt der Tagesordnung normieren. § 121 Abs. 6 AktG bezieht sich zwar nur auf Vorschriften des Unterabschnitts (§§ 121 bis 128 AktG). Die Anforderungen an den Inhalt einer bekanntzumachenden Tagesordnung in Spezialvorschriften gehen jedoch „ins Leere", wenn die Vollversammlung Beschlüsse fassen kann, ohne daß überhaupt eine Tagesordnung bekannt gemacht wurde.[33]

In einem Punkt hat jedoch auch die Neuregelung keine Klarheit geschaffen. Die Heilungswirkung bezieht sich nach dem Wortlaut von § 121 Abs. 6 AktG nur auf Verstöße gegen Bestimmungen dieses Unterabschnitts, also auf Verstöße gegen die §§ 121 bis 128 AktG. Nicht geregelt ist daher weiterhin, ob im Rahmen einer Vollversammlung von den Aktionären wirksam auch auf Informations- und Formpflichten verzichtet werden kann, die außerhalb der §§ 121 bis 128 AktG geregelt sind (z.B. die Verpflichtung des Vorstands zur Erstattung eines Berichts zum Bezugsrechtsausschluß, § 186 Abs. 4 S. 2 AktG). Dies ist zu bejahen. Die Formulierung des § 121 Abs. 6 AktG macht deutlich, daß die Vollversammlung einstimmig auf die Einhaltung der allein dem Schutz der Aktionäre dienenden Vorschriften verzichten kann. Die Vollversammlung kann danach z.B. auch auf einen schriftlichen Bericht einstimmig verzichten, wobei jedoch der Verzicht auf die Berichterstattung des Vorstands ausdrücklich erklärt und in der Niederschrift über die Vollversammlung entsprechend vermerkt werden muß. Der pauschale Verzicht auf alle durch Gesetz oder Satzung vorgeschriebenen Formen und Fristen genügt nicht.[34]

Nach § 118 Abs. 2 AktG sollen die Mitglieder des Vorstands und des Aufsichtsrats an der Hauptversammlung teilnehmen. Auch bei Vollversammlungen ist daher weiterhin darauf zu achten, daß Vorstand und Aufsichtsrat rechtzeitig vor der Hauptversammlung unter Mitteilung der Tagesordnung unterrichtet werden. Aus § 118 Abs. 2 AktG folgt ein Teilnahmerecht von Vorstand und Aufsichtsrat, dessen Verletzung zur Anfechtbarkeit der Hauptversammlungsbeschlüsse führt.[35]

Da sich die Heilungswirkung des § 121 Abs. 6 AktG nur auf die Vorschriften „dieses Unterabschnittes" bezieht, ist auch weiterhin bei der Vollversammlung die Aufstellung eines Teilnehmerverzeichnisses und die Protokollierung erforderlich.[36]

---

[33] *Hüffer*, Aktiengesetz, § 121 Rn. 23.
[34] *Hoffmann-Becking* ZIP 1995, 1, 7; *Geßler/Hefermehl/Eckardt/Kropff*, Aktiengesetz, § 186 Rn. 97; *Hüffer*, Aktiengesetz, § 186 Rn. 23.
[35] *Ammon/Görlitz*, S. 60; *Drüke* WiB 1994, 265, 267; a.A. offenbar für die Nichtunterrichtung des Vorstands, wenn die Voraussetzungen des § 130 Abs. 1 Satz 3 AktG vorliegen *Seibert/Köster/Kiem*, Die kleine AG, 3. Auflage, S. 88 Rn. 153.
[36] *Lutter* AG 1994, 429, 439; einschränkend *Seibert/Kiem*, Handbuch der kleinen AG, S. 203 Rn. 556 der bei der Einpersonengesellschaft das Teilnehmerverzeichnis für verzichtbar und die entsprechende Angabe im Protokoll als ausreichend erachtet; vgl. auch Muster III.5. im Anhang.

G. Durchführung der Hauptversammlung

I. Notarielle Beurkundung

Nach § 130 Abs. 3 S. 1 AktG ist jeder Beschluß der Hauptversammlung durch eine über die Verhandlung notariell aufgenommene Niederschrift zu beurkunden.[37] Die Beurkundung ist mit Kosten für die Gesellschaft verbunden. Werden mehrere Beschlüsse auf einer Hauptversammlung gefaßt, so fallen mehrere Gebühren an (§§ 27 Abs. 2, 44 Abs. 2 KostO). Nach § 47 S. 2 KostO betragen die Gebühren jedoch in keinem Fall mehr als Euro 5.000,–.

II. Einfache Niederschrift

1. Differenzierte Protokollierung

Nach § 130 Abs. 1 Satz 3 AktG reicht eine vom Vorsitzenden des Aufsichtsrats unterzeichnete Niederschrift der Hauptversammlung aus, wenn die Gesellschaft nicht börsennotiert ist und keine Beschlüsse gefaßt werden, für die das Gesetz eine Dreiviertel- oder größere Mehrheit vorsieht.[38]

Während in § 130 Abs. 1 Satz 3 AktG negativ formuliert ist, daß keine Beschlüsse gefaßt werden, für die das Gesetz eine Dreiviertel- oder höhere Mehrheit bestimmt, ist es in § 53 Abs. 2 GmbHG vorgesehen, daß satzungsändernde Beschlüsse der notariellen Beurkundung bedürfen. Der unterschiedliche Wortlaut dieser beiden Vorschriften wirft die Frage nach dem Umfang des Beurkundungserfordernisses in § 130 Abs. 1 Satz 3 AktG auf. Wenn ein Beschluß auf der Tagesordnung steht, für den das Gesetz eine Dreiviertel- oder größere Mehrheit vorsieht, könnte es entweder erforderlich sein, nur diesen Beschluß oder sämtliche Beschlüsse der Hauptversammlung notariell zu beurkunden. Der Wortlaut von § 130 Abs. 1 AktG spricht für die letzte Alternative.[39] Nach § 130 Abs. 1 S. 1 AktG ist jeder Beschluß der Hauptversammlung durch eine über die Verhandlung notariell aufgenommene Niederschrift zu beurkunden. Nach S. 3 reicht eine vom Vorsitzenden des Aufsichtsrats unterzeichnete Niederschrift aus, wenn die Gesellschaft nicht börsennotiert ist und soweit keine Beschlüsse gefaßt werden, für die das Gesetz eine Dreiviertel- oder größere Mehrheit bestimmt. Die Sonderregelung des § 130 Abs. 1 Satz 3 AktG scheint sich auf die gesamte Niederschrift zu beziehen, so daß nicht Satz 3, sondern Satz 1 eingreift, wenn ein Beschluß gefaßt wird, der einer Dreiviertel- oder größeren Mehrheit bedarf, und die gesamte Hauptversammlung notariell zu beurkunden wäre. Für ein Entweder-

---

[37] Vgl. Muster III.4. im Anhang.
[38] Vgl. Muster III.5. im Anhang.
[39] So *Hoffmann-Becking* ZIP 1995, 1, 7; Hüffer, Aktiengesetz, § 130 Rn. 14 c; a.A. *Lutter* AG 1994, 429, 440.

Oder spricht auch der Wortlaut des § 130 Abs. 5 AktG. Danach ist eine öffentlich beglaubigte Abschrift der Niederschrift oder im Falle des Abs. 1 Satz 3 eine vom Aufsichtsratsvorsitzenden unterzeichnete Niederschrift einzureichen. Der vom Gesetzgeber verfolgte Zweck der Reduzierung der Kosten der Hauptversammlung[40] sowie die Begründungen im Initiativentwurf[41] und im Entwurf des Rechtsausschusses[42] könnten zwar dafür sprechen, das Beurkundungserfordernis nur auf den einzelnen Beschluß zu beziehen. Angesichts der Höchstgebühr von Euro 5.000,– nach § 47 S. 2 KostO wird jedoch eine differenzierte Protokollierung häufig keinen Kostenvorteil mit sich bringen. Von einer differenzierten Protokollierung ist deshalb aus Gründen der Rechtssicherheit abzuraten.

2. Nicht zum Börsenhandel zugelassen

Die Regelung des § 130 Abs. 1 S. 3 AktG findet nur auf solche Aktiengesellschaften Anwendung, die nicht börsennotiert sind. Die Legaldefinition der börsennotierten Gesellschaft im Sinne des Aktiengesetzes findet sich in § 3 Abs. 2 AktG. Börsennotiert sind danach Gesellschaften, deren Aktien zu einem Markt zugelassen sind, der von staatlich anerkannten Stellen geregelt und überwacht wird, regelmäßig stattfindet und für das Publikum mittelbar oder unmittelbar zugänglich ist. Da die Vorschrift dem Wortlaut nach nicht auf inländische Börsen beschränkt ist, scheidet eine vom Vorsitzenden des Aufsichtsrats unterzeichnete Niederschrift auch dann aus, wenn die Aktien der Gesellschaft an einer ausländischen Börse gehandelt werden.

Damit eine vom Vorsitzenden des Aufsichtsrats unterzeichnete Niederschrift ausreichend ist, darf „die Gesellschaft nicht börsennotiert" sein. Die Gesellschaft ist dann börsennotiert, wenn ihre Aktien zum amtlichen Handel oder geregelten Markt zugelassen sind.[43] Börsennotiert im Sinne des Aktiengesetzes sind auch Aktiengesellschaften, deren Aktien zum Handel am sogenannten Neuen Markt zugelassen sind. Der Handel am Neuen Markt bedingt die Zulassung zum Geregelten Markt (§ 66a Frankfurter Börsenordnung)[44]. Die Legaldefinition des § 3 Abs. 2 AktG ist erst im Jahre 1998 mit dem Gesetz zur Kontrolle und Transparenz im Unternehmensbereich in das Aktiengesetz eingefügt worden. Bei der Änderung von § 130 Abs. 1 Satz 3 AktG mit dem Gesetz für kleine Aktiengesellschaften und zur Deregulierung des Aktienrechts im Jahre 1994 war daher zunächst fraglich, ob ob auch der Freiverkehr Börsenhandel im Sinne von § 130 AktG ist.[45] Dafür sprach: in § 78 BörsG ist vorgesehen, daß die Börse einen Freiverkehr zulassen kann (§ 78 Abs. 1 BörsG) und daß Preise für Wertpapiere, die im Freiverkehr ermittelt werden, Börsenpreise sind (§ 78 Abs. 2 S. 2 BörsG). Für den Handel der Aktien im Freiverkehr ist jedoch keine Zu-

---

[40] Begründung zum Initiativentwurf, BTDrucks. 12/6721, S. 9.
[41] BTDrucks. 12/6721, S. 9.
[42] BTDrucks. 11/7848, S. 9.
[43] *Ammon/Görlitz*, S. 64; *Bösert* DStR 1994, 1423, 1425; *Klaussen* AG 1995, 163, 171.
[44] Siehe auch *Hüffer*, Aktiengesetz, § 3 Rn. 6.
[45] So *Hüffer*, Aktiengesetz, 3. Aufl., § 130 Rn. 14b.

lassung im Sinne von § 3 Abs. 2 AktG erforderlich. Die Aktiengesellschaft, deren Aktien nur zum Freiverkehr zugelassen sind, ist daher im Sinne von § 3 Abs. 2 AktG nicht börsennotiert.[46] Ob diese Regelung sachgerecht ist, da auch der Freiverkehr ein Börsenhandel ist und die Gesellschaft Publikumsaktionäre hat, sei dahingestellt.

3. Beschlüsse mit Dreiviertelmehrheit

Eine vom Aufsichtsratsvorsitzenden unterzeichnete Niederschrift scheidet auch dann aus, wenn Beschlüsse gefaßt werden, „für die das Gesetz eine Dreiviertel- oder größere Mehrheit" bestimmt. Der Gesetzeswortlaut läßt offen, ob es sich bei der Dreiviertel- oder größeren Mehrheit um eine Stimmen- oder Kapitalmehrheit handeln muß. Für zahlreiche Beschlüsse ist im Aktiengesetz eine qualifizierte Kapitalmehrheit vorgesehen, insbesondere für Satzungsänderungen und für Kapitalmaßnahmen. Einer Mehrheit von drei Vierteln der abgegebenen Stimmen bedürfen hingegen nur wenige Beschlußfassungen (zum Beispiel Abberufung von Aufsichtsratsmitgliedern, § 103 Abs. 1 S. 2 AktG; Beschlußfassung über der Hauptversammlung vorgelegte Geschäftsführungsfragen nach § 111 Abs. 4 S. 4 AktG). Im Initiativentwurf zu der Gesetzesänderung war statt des Wortlauts „Beschlüsse, für die das Gesetz eine Dreiviertel- oder größere Mehrheit bestimmt" noch der Begriff „Grundlagenbeschlüsse" verwandt worden.[47] Die vorstehend zitierten Beschlußgegenstände, bei denen eine Dreiviertelstimmenmehrheit erforderlich ist, werden nicht zu den Grundlagenbeschlüssen gerechnet. Für alle Grundlagenbeschlüsse, wie Satzungsänderungen, Kapitalmaßnahmen, Unternehmensverträge, Verschmelzungen, ist neben der qualifizierten Kapitalmehrheit die einfache Stimmenmehrheit ausreichend. Mit der Dreiviertel- oder größeren Mehrheit im § 130 Abs. 1 S. 3 AktG ist daher die Kapitalmehrheit gemeint.[48]

Der Auffassung[49], die das Beurkundungserfordernis auch dann bejaht, wenn Beschlüsse über Strukturmaßnahmen getroffen werden, die keiner Dreiviertel- oder größeren Mehrheit bedürfen, ist nicht zu folgen. Die Zuständigkeit der Hauptversammlung für die Beschlußfassung über Strukturmaßnahmen der Gesellschaft ist nicht gesetzlich normiert, sondern geht auf die Hölzmüller-Entscheidung des Bundesgerichtshofs zurück. Der Bundesgerichtshof hat in der Holzmüller-Entscheidung[50] ausgeführt, es bestehe eine (ungeschriebene) Verpflichtung des Vorstands, die Zustimmung der Hauptversammlung einzuholen, wenn er einen Betrieb, der den wertvollsten Teil des Gesellschaftsvermögens ausmacht, durch Übertragung auf eine zu diesem Zweck errichtete Tochtergesellschaft aus dem bisherigen Gesellschaftsun-

---

[46] Bundesrats-Drucksache 872/97, S. 28.
[47] BTDrucks. 12/6721, S. 3.
[48] *Hoffmann-Becking* ZIP 1995, 1, 7; *Blanke* BB 1994, 1505, 1510; so wohl auch *Lutter* AG 1994, 429, 430; vgl. auch die Begründung zum Initiativentwurf BTDrucks. 12/6721, S. 9.
[49] *Blanke* BB 1994, 1505, 1510.
[50] BGHZ 83, 122 ff.

ternehmen ausgliedere. Dies folge aus Ermessensschrumpfung. Danach schlage das in § 119 Abs. 2 AktG vorausgesetzte Ermessen des Vorstands in eine Pflicht zur Vorlage an die Hauptversammlung um, wenn der Vorstand vernünftigerweise nicht annehmen kann, er dürfte die Entscheidung ausschließlich in eigener Verantwortung treffen, ohne die Hauptversammlung zu beteiligen. Die Literaturstimmen dazu, wann in Fortentwicklung dieser Entscheidung des Bundesgerichtshofs eine ungeschriebene Zuständigkeit der Hauptversammlung zu bejahen ist, sind vielschichtig. Eine einheitliche Linie hat sich bislang nicht herausgebildet. Insbesondere vor dem Hintergrund der Holzmüller-Entscheidung des Bundesgerichtshofs und der uneinheitlichen Literatur mag daher eine Beratung durch den Notar bei solchen Beschlüssen zwar sinnvoll sein[51], diese Auffassung findet jedoch weder in der Begründung zu den Gesetzentwürfen noch im Wortlaut des § 130 AktG eine Stütze.[52]

Aus der Regelung des § 130 Abs. 1 Satz 3 AktG ergibt sich nicht eindeutig, ob das Gesetz nur dann eine Dreiviertel- oder größere Mehrheit bestimmt, wenn nach dem Gesetzeswortlaut eine solche zwingend vorgeschrieben ist, oder ob auch die Fälle erfaßt werden, in denen das Gesetz nur dispositiv eine Dreiviertelmehrheit vorsieht, eine Herabsetzung der Mehrheitserfordernisse durch Satzung aber zuläßt (z.B. § 179 Abs. 2 AktG, § 182 Abs. 1 Satz 2 AktG, § 221 Abs. 1 AktG). Da das Gesetz auch in diesen zuletzt genannten Fällen grundsätzlich eine Dreiviertelmehrheit vorsieht, sind auch diese Beschlüsse zu den Beschlüssen zu rechnen, für die das Gesetz eine Dreiviertel- oder größere Mehrheit bestimmt.[53]

4. Niederschrift

Der Aufsichtsratsvorsitzende braucht die Niederschrift nicht selbst zu protokollieren, er kann sich hierzu Hilfskräften bedienen.[54] Der Gesetzestext weicht insofern vom Initiativentwurf ab, in dem noch ein vom Vorstand aufzunehmendes und zu unterzeichnendes Protokoll vorgesehen war. Der Aufsichtsratsvorsitzende hat jedoch die Niederschrift zu unterzeichnen und damit die Verantwortung für die Richtigkeit der Niederschrift zu übernehmen.[55] Diese neue Aufgabe zählt zu den gesetzlichen Pflichten des Aufsichtsratsvorsitzenden. Er haftet für die sorgfältige Erfüllung nach §§ 116, 93 AktG. Ist der Aufsichtsratsvorsitzende an der Teilnahme an der Hauptversammlung gehindert, hat der stellvertretende Aufsichtsratsvorsitzende die Niederschrift zu unterzeichnen.[56] Voraussetzung ist jedoch, daß die Nichtteilnahme des

---

[51] So *Blanke* BB 1994, 1505, 1510, zur Begründung.
[52] So auch *Ammon/Görlitz*, S. 65; *Hüffer*, Aktiengesetz, § 130 Rn. 14 c.
[53] *Hoffmann-Becking* ZIP 1995, 1, 7/8.
[54] *Hahn* DB 1994, 1659, 1664; *Blanke* BB 1994, 1505, 1510; *Lutter* AG 1994, 429, 439; a.A. wohl *Planck* GmbHR 1994, 501, 504.
[55] *Trölitzsch* WiB 1994, 844, 846 Anm. 16; *Seibert/Kiem*, Handbuch der kleinen AG, S. 221 Rn. 628.
[56] Begründung zum Entwurf des Rechtsausschusses BTDrucks. 12/7848, S. 9.

Aufsichtsratsvorsitzenden darauf beruht, daß dieser im Sinne des § 107 Abs. 1 Satz 3 AktG behindert ist.[57]

Ebenso wie die notarielle Niederschrift in öffentlich beglaubigter Abschrift unverzüglich nach der Hauptversammlung vom Vorstand zum Handelsregister einzureichen ist, hat der Vorstand nach § 130 Abs. 5 AktG auch die vom Aufsichtsratsvorsitzenden unterzeichnete Niederschrift einzureichen. Es wird jedoch keine beglaubigte Abschrift, sondern die vom Vorsitzenden des Aufsichtsrats unterzeichnete Niederschrift, also eine originalunterzeichnete Niederschrift, zum Register eingereicht.[58] Wird nicht das Original, sondern eine Abschrift eingereicht, so kann die Übereinstimmung mit dem Original dadurch dokumentiert werden, daß der Aufsichtsratsvorsitzende die Abschrift nochmals unterzeichnet.[59] Die Auffassung, die den Aufsichtsratsvorsitzenden statt des Vorstands für verpflichtet hält, die von ihm unterzeichnete Niederschrift zum Handelsregister einzureichen,[60] steht im Widerspruch zum eindeutigen Wortlaut des § 130 Abs. 5 AktG („… hat der Vorstand… eine vom Vorsitzenden des Aufsichtsrats unterzeichnete Abschrift der Niederschrift… einzureichen…").

Während eine inhaltliche Berichtigung der notariellen Niederschrift möglich ist bis der Notar Ausfertigungen oder beglaubigte Abschriften erteilt hat und auch danach noch Schreibfehler und offensichtliche Unrichtigkeiten im Sinne von § 319 ZPO berichtigt werden können, besteht diese Möglichkeit bei privatschriftlichen Niederschriften nicht.[61]

---

[57] Vgl. zum Begriff der Behinderung Kölner Kommentar Aktiengesetz/*Mertens*, § 107 Rn. 50.

[58] *Blanke* BB 1994, 1505, 1510. Eine Beglaubigung wäre nicht sinnvoll, da dadurch nur die Echtheit der Unterschrift bestätigt wird (§ 129 BGB), nicht aber die Authentizität der Niederschrift selbst.

[59] Vgl. *Seibert/Köster/Kiem*, Die kleine AG, 3. Aufl., S. 97 Rn. 171; *Hüffer*, Aktiengesetz, § 130 Rn. 27a.

[60] *Blanke* BB 1994, 1505, 1510.

[61] Münchener Handbuch des Gesellschaftsrechts/*Semler*, Band 4, 2. Aufl., § 40 Rn. 26.

6. Kapitel
Kapitalerhöhung

A. Arten der Kapitalerhöhung

I. Gegen Einlagen

Bei der regulären Kapitalerhöhung gegen Einlagen wird das Grundkapital durch Ausgabe neuer Aktien gegen Bar- oder Sacheinlagen erhöht. Die Kapitalerhöhung vollzieht sich in folgenden Schritten:

– Beschlußfassung der Hauptversammlung über die Kapitalerhöhung und Änderung der Satzung; zugleich etwa erforderliche Sonderbeschlüsse bei Bestehen mehrerer Aktiengattungen,[1]
– Anmeldung des Kapitalerhöhungsbeschlusses zur Eintragung in das Handelsregister,[2]
– Zeichnung der neuen Aktien,
– Leistung der Mindesteinlagen (§§ 36 Abs. 2, 36a AktG)
– Anmeldung und Eintragung der Durchführung der Kapitalerhöhung und Satzungsänderung ins Handelsregister,
– Bekanntmachung der Eintragung in den Gesellschaftsblättern.

Bei Publikumsgesellschaften werden die Aktien aus der Kapitalerhöhung üblicherweise zunächst von einer Emissionsbank oder einem Emissionskonsortium übernommen, welche sie sodann nach Weisungen der Gesellschaft weitergibt.

II. Bedingte Kapitalerhöhung

Die bedingte Kapitalerhöhung (§§ 192 ff. AktG) dient dazu, Dritten Umtausch- oder Bezugsrechte auf Aktien einzuräumen. Sie ist nur zu bestimmten Zwecken zulässig, nämlich zur Einräumung von Umtausch- oder Bezugsrechten für Gläubiger von Wandelschuldverschreibungen, zur Vorbereitung von Unternehmenszusammenschlüssen und zur Gewährung von Bezugsrechten an Arbeitnehmer (§ 192 Abs. 2 AktG).

---

[1] Vgl. 7. Kapitel A. I.
[2] Dieser Schritt kann mit der Anmeldung der Durchführung der Kapitalerhöhung zur Eintragung in das Handelsregister verbunden werden.

III. Genehmigtes Kapital

Die Hauptversammlung oder bereits die Gründer können den Vorstand durch Satzungsregelung ermächtigen, innerhalb einer Frist von bis zu fünf Jahren das Grundkapital durch Ausgabe neuer Aktien gegen Einlagen bis zu einem bestimmten Betrag zu erhöhen (genehmigtes Kapital). Der Nennbetrag des genehmigten Kapitals darf die Hälfte des Grundkapitals, das zur Zeit der Ermächtigung vorhanden ist, nicht überschreiten (§ 202 Abs. 3 Satz 1 AktG). Die Entscheidung, ob, wann und in welchem Umfang von dieser Ermächtigung Gebrauch gemacht wird, trifft der Vorstand nach eigenem Ermessen mit Zustimmung des Aufsichtsrats (§§ 202 Abs. 3 Satz 2, 204 Abs. 1 Satz 2 AktG). Auch die Festlegung der Bedingungen der Kapitalerhöhung kann weitestgehend der Verwaltung überlassen werden (z. B. Kapitalerhöhung gegen Bar- oder Sacheinlage, Bezugsrechtsausschluß).

Die Kapitalerhöhung aufgrund genehmigten Kapitals entspricht in ihrer Abwicklung weitgehend der regulären Kapitalerhöhung. Die einzelnen Schritte sind:

– Ermächtigung des Vorstands durch die Hauptversammlung (die Gründer) und Satzungsänderung; zugleich etwa erforderliche Sonderbeschlüsse bei Bestehen mehrerer Aktiengattungen,[3]
– Anmeldung und Eintragung der Ermächtigung (Satzungsänderung) ins Handelsregister und Bekanntmachung in den Gesellschaftsblättern,
– Beschluß des Vorstands über die Ausgabe neuer Aktien,
– Zustimmung des Aufsichtsrats,
– Zeichnung der neuen Aktien,
– Leistung der Mindesteinlagen,
– Anmeldung und Eintragung der Durchführung der Kapitalerhöhung und Satzungsänderung ins Handelsregister und Bekanntmachung in den Gesellschaftsblättern.[4]

Auch bei der Kapitalerhöhung aufgrund genehmigten Kapitals werden die neuen Aktien üblicherweise von einem Emissionskonsortium oder einer Emissionsbank übernommen, welche sie sodann nach Weisung der Gesellschaft weitergibt.

B. Geltung des § 36 Abs. 2 Satz 2 AktG

Für die Anmeldung der Durchführung der Kapitalerhöhung wird in § 188 Abs. 2 AktG pauschal auf § 36 Abs. 2 AktG verwiesen und für sinngemäß anwendbar erklärt. Mit diesem Verweis werden die Kapitalerhöhungsregelungen des Aktienrechts

---

[3] Vgl. 7. Kapitel A. I.
[4] Siehe zum Ablauf auch Punkt 6 in Muster III.3. und Muster IV.1 bis IV.4. im Anhang.

bei einer Einmanngesellschaft denen des GmbH-Rechts angeglichen. Nach der Einfügung des Satz 2 in § 36 Abs. 2 AktG erstreckt sich die Verweisung nämlich auch auf die Leistung einer Sicherung bei der Bargründung durch einen Gründer. Bei der Barkapitalerhöhung durch einen Alleinaktionär hat dieser also für den nicht sofort eingezahlten Teil der Bareinlage eine Sicherung zu bestellen.[5] Zu den Einzelheiten vergleiche 2. Kapitel B.X.3. Daß der Verweis in § 188 Abs. 2 AktG auf § 36 Abs. 2 AktG älter ist, als der in § 36 Abs. 2 AktG neu eingefügte Satz 2, steht der Geltung nicht entgegen.[6] § 36 Abs. 2 S. 2 AktG entspricht § 7 Abs. 2 S. 3 GmbHG.[7] In § 56a GmbHG ist ausdrücklich bestimmt, daß die Regelungen zur Bestellung einer Sicherung (§ 7 Abs. 2 S. 3 GmbHG) auch für die offenen Einlageverpflichtungen des Einmanngesellschafters aus einer Kapitalerhöhung gelten.

Dies führt für die Barkapitalerhöhung zu einer Verschärfung der aktienrechtlichen Regelungen. Die Barkapitalerhöhung durch den Alleinaktionär war bislang ohne Erbringung einer Sicherung für die ausstehende Einlage zulässig.[8] Auch wenn die Auswirkungen der Änderung des § 36 Abs. 2 AktG auf die Kapitalerhöhung wegen des bereits bestehenden Verweises in § 188 Abs. 2 AktG im Gesetzgebungsverfahren keine Beachtung gefunden haben, reicht dies für eine teleologische Reduktion der Verweisungsvorschrift nicht aus. Der Verweis in § 188 Abs. 2 AktG erstreckt sich auf den gesamten Absatz 2 des § 36 AktG und damit auch auf die Bestellung einer Sicherung.

C. Bezugsrecht

Das Bezugsrecht ist die Berechtigung des Aktionärs, im Falle einer Kapitalerhöhung an den neuen Aktien nach Maßgabe seines Anteils an dem bisherigen Grundkapital beteiligt zu werden.[9] Da die bedingte Kapitalerhöhung nur zu bestimmten Zwecken zulässig ist, besteht kein gesetzliches Bezugsrecht der Aktionäre auf Aktien aus der bedingten Kapitalerhöhung.[10] In den übrigen Fällen der (regulären) Kapitalerhöhung gegen Einlagen oder des genehmigten Kapitals hat regelmäßig jeder Aktionär Anspruch auf einen seiner bisherigen Beteiligungsquote entsprechenden Anteil der neuen Aktien (§ 186 Abs. 1 AktG). Werden bei einer Kapitalerhöhung Aktien

---

[5] *Hoffmann-Becking* ZIP 1995, 1, 2; *Hüffer*, Aktiengesetz § 188 Rn. 5; *Lutter* AG 1994, 429, 433.
[6] Vgl. 6. Kapitel E. II.
[7] Siehe 2. Kapitel B. X. 3.
[8] *Hoffmann-Becking* ZIP 1995, 1, 3.
[9] *Geßler/Hefermehl/Eckardt/Kropff*, Aktiengesetz, § 186 Rn. 14.
[10] *Hüffer*, Aktiengesetz, § 186 Rn. 3; *Geßler/Hefermehl/Eckardt/Kropff*, Aktiengesetz, § 186 Rn. 4. Jedoch ist beim bedingten Kapital nach § 192 Abs. 2 Nr. 1 AktG zur Gewährung von Umtauschoder Bezugsrechten an Gläubiger von Wandelschuldverschreibungen zu beachten, daß Aktionäre gemäß § 221 Abs. 4 AktG grundsätzlich ein Bezugsrecht auf die von der Gesellschaft ausgegebenen Wandelschuldverschreibungen haben.

unterschiedlicher Gattungen ausgegeben, erstreckt sich das Bezugsrecht grundsätzlich auf den Bezug von Aktien sämtlicher Gattungen. Sind zum Beispiel Stamm- und Vorzugsaktien neu geschaffen, so hat jeder Stammaktionär Anspruch auf Stamm- und Vorzugsaktien aus der Kapitalerhöhung sowie jeder Vorzugsaktionär Anspruch auf Vorzugs- und Stammaktien aus der Kapitalerhöhung.[11] Bei der regulären Kapitalerhöhung kann dieses Bezugsrecht nach Maßgabe des § 186 Abs. 4 AktG ausgeschlossen werden. Beim genehmigten Kapital kann der Ausschluß des Bezugsrechts bereits durch die Hauptversammlung selbst in dem Beschluß über die Ermächtigung des Vorstands zur Kapitalerhöhung erfolgen.[12] Stattdessen kann die Hauptversammlung auch den Vorstand ermächtigen, bei Ausnutzung des genehmigten Kapitals das Bezugsrecht der Aktionäre auszuschließen (§ 203 Abs. 2 AktG).

Bisher wurden im Aktiengesetz, sieht man von der Erwähnung einer Ausgabe von Aktien oder Bezugsrechten an Arbeitnehmer (§§ 192 Abs. 2 Nr. 3, 202 Abs. 4, 205 Abs. 5 AktG) ab, nur die formellen Voraussetzungen für einen Bezugsrechtsausschluß sowie der Bericht des Vorstands über die Gründe für den Bezugsrechtsausschluß und den vorgesehenen Ausgabebetrag (vgl. § 186 Abs. 3 S. 1 bis 3, Abs. 4 S. 1, 2 AktG) geregelt. Die materiellen Voraussetzungen wurden von Rechtsprechung und Schrifttum entwickelt. Nach der Kali & Salz-Entscheidung[13] des Bundesgerichtshofs muß der Ausschluß des Bezugsrechts im Interesse der Gesellschaft erforderlich sein und gegenüber den widerstreitenden Interessen der Aktionäre gerechtfertigt erscheinen. Beim genehmigten Kapital muß nach der Holzmann-Entscheidung[14] des Bundesgerichtshof die erforderliche Interessenabwägung nicht nur vom Vorstand bei der Entscheidung über den Ausschluß des Bezugsrechts, sondern bereits bei der Ermächtigung des Vorstands zum Bezugsrechtsausschluß durch die Hauptversammlung – also bei der Beschlußfassung über die Schaffung des genehmigten Kapitals – erfolgen. Diesen Anforderungen an die Darlegung des Interesses der Gesellschaft und der Verhältnismäßigkeit muß auch der Bericht des Vorstands über den Bezugsrechtsausschluß (§ 186 Abs. 4 S. 2 AktG) genügen. Der Bericht muß die Hauptversammlung in die Lage versetzen, eine sachgerechte Entscheidung zu treffen.[15] In der Praxis haben diese hohen Anforderungen der Rechtsprechung an den Bezugsrechtsausschluß zu Unsicherheiten und zu einer weitgehenden Blockade des Bezugsrechtsausschlusses geführt. Über den Bezugsrechtsausschluß wurde daher auch geurteilt, er sei für viele Unternehmen in der Vergangenheit ein Rechtsabenteuer mit meist negativem Ausgang geworden.[16]

---

[11] *Geßler/Hefermehl/Eckardt/Kropff*, Aktiengesetz, § 186 Rn. 25; *Godin/Wilhelmi*, Aktiengesetz, § 186 Anm. 2; a.A. Großkommentar Aktiengesetz/*Wiedemann*, § 186 Anm. 69, der für ein gattungsbezogenes Bezugsrecht eintritt.
[12] *Geßler/Hefermehl/Eckardt/Kropff*, Aktiengesetz, § 203 Rn. 16.
[13] BGHZ 71, 40, 46.
[14] BGHZ 83, 319, 322.
[15] BGHZ 83, 319, 326 f.
[16] *Seibert/Köster/Kiem*, Die kleine AG, 3. Aufl., S. 103 Rn. 186.

D. Erleichterung des Bezugsrechtsausschlusses nach § 186 Abs. 3 Satz 4 AktG

I. Vorbemerkung

Mit der Einführung des § 186 Abs. 3 Satz 4 in das Aktiengesetz durch das Gesetz für kleine Aktiengesellschaften und zur Deregulierung des Aktienrechts sind nunmehr für eine bestimmte Konstellation auch materielle Regeln für die Zulässigkeit eines Bezugsrechtsausschlusses geschaffen worden. Ein Ausschluß des Bezugsrechts ist danach insbesondere dann zulässig, wenn die Kapitalerhöhung gegen Bareinlagen zehn von Hundert des Grundkapitals nicht übersteigt und der Ausgabebetrag den Börsenpreis nicht wesentlich unterschreitet. Diese Neuregelung ermöglicht es börsennotierten Aktiengesellschaften, neue Aktien zu einem Preis, der dem aktuellen Börsenkurs sehr angenährt ist, auszugeben. Zwar bestand theoretisch diese Möglichkeit auch bereits zuvor. Bei der Ausgabe neuer Aktien war jedoch in der Regel das gesetzliche Bezugsrecht der Aktionäre zu wahren. Die neuen Aktien mußten zunächst den Aktionären während einer mindestens zweiwöchigen Bezugsfrist (§ 186 Abs. 1 Satz 2 AktG) zum Erwerb angeboten werden. Um das Risiko auszuschließen, daß der Börsenkurs während der Bezugsfrist unter den Ausgabepreis der neuen Aktien absank, konnte der Ausgabepreis nur mit einem erheblichen Abschlag von in der Regel 20 bis 25 % vom Börsenkurs festgesetzt werden.[17] Hinzu kam der Zeitfaktor. Für eine Kapitalerhöhung aus genehmigtem Kapital bei Bestehen von Bezugsrechten wird ein Zeitraum von mehr als fünfzig Tagen benötigt.[18]

Für die bezugsrechtsfreie Kapitalerhöhung nach § 186 Abs. 3 Satz 4 AktG wird davon ausgegangen, daß diese in zwei bis elf Tagen abgewickelt werden kann.[19] Dies ermöglicht es, den Ausgabepreis dem Börsenkurs weitgehend anzunähern. Aufgrund des in der Regel geringeren Abschlags (3 bis 5 %)[20] gegenüber dem Börsenkurs fließen der Gesellschaft im Rahmen der Kapitalerhöhung auch höhere Beträge zu. Darüber hinaus ist davon auszugehen, daß auch die Kosten der Kapitalerhöhung bei dieser Gestaltung sinken werden. Es entfällt der nicht unerhebliche Verwaltungsaufwand, der mit der Abwicklung des Bezugsrechts über die Banken verbunden ist. Wird der Ausgabebetrag in unmittelbarer zeitlicher Nähe zur Ausgabe festgelegt, sinkt das Risiko der Banken, auf von ihnen übernommenen Aktien sitzen zu bleiben. Dies könnte sich auf die Höhe des von den Banken in Ansatz gebrachten Risikozuschlags auswirken. Bei einer Emission innerhalb weniger Tage kann sich der Ausgabepreis am aktuellen Börsenpreis orientieren, so daß die Gesellschaft eine op-

---

[17] *Marsch-Barner* AG 1994, 532 Fn. 7.
[18] *Heinsius*, Festschrift Kellermann, S. 115, 124.
[19] *Seibert/Köster/Kiem*, Die kleine AG, 3. Aufl., S. 106 Rn. 193; Begründung zum Initiativentwurf, BT-Drucks. 12/6721, S. 10.
[20] Vgl. 6. Kapitel D. IV.

timale Kapitalschöpfung erreicht. Wird der zulässige Rahmen von zehn von Hundert des Grundkapitals bei der Kapitalerhöhung nicht voll ausgeschöpft, so tritt ein Beschleunigungseffekt auch dadurch ein, daß unter den Voraussetzungen des § 75 Abs. 3 b BörsZulVO die Zulassungsstelle die Gesellschaft von der Pflicht befreien kann, einen Börsenzulassungsprospekt zu erstellen. Entsprechendes gilt nach dem Regelwerk ders Neuen Marktes.

Mit der Regelung in § 186 Abs. 3 Satz 4 AktG wird durch die Formulierung „insbesondere" nicht zum Ausdruck gebracht, daß die von Rechtsprechung und Lehre aufgestellten sachlichen Voraussetzungen des Bezugsrechtsausschlusses Teil der geltenden Rechtsordung sind.[21] Die Neuregelung bringt nur zum Ausdruck, daß ein Sonderfall des Bezugsrechtsausschlusses geregelt wird. Die von Rechtsprechung und Lehre entwickelten materiellen Voraussetzungen des Bezugsrechtsausschlusses[22] werden durch die Neuregelung nicht berührt, soweit sie von § 186 Abs. 3 Satz 4 AktG nicht erfaßte Fälle betreffen.

So begrüßenswert und kurzgefaßt die Neuregelung auch ist, es bleiben jedoch eine Reihe von Zweifelsfragen.

II. Börsenpreis

1. Amtlicher Handel/Geregelter Markt/Freiverkehr

§ 186 Abs. 3 Satz 4 AktG gilt ausschließlich für börsennotierte Aktiengesellschaften. Nur wenn Aktien der Gesellschaft an einer Börse notiert sind, kann es einen Börsenpreis geben. In der gesetzlichen Neuregelung ist jedoch der Börsenpreis nicht näher definiert. Börsenpreise werden für börsennotierte Aktiengesellschaften ermittelt. Nach der Legaldefinition der börsennotierten Gesellschaften in § 3 Abs. 2 des Aktiengesetzes sind börsennotiert die Aktiengesellschaften, deren Aktien zum amtlichen Handel, geregelten Markt oder Neuen Markt in der Bundesrepublik Deutschland oder in einem vergleichbaren Marktsegment an einer ausländischen Börse zugelassen sind. Mit der Einfügung der Legaldefinition der börsennotierten Gesellschaft in § 3 Abs. 2 AktG ist auch die Frage negativ entschieden, ob der im Freiverkehr ermittelte Preis ein Börsenpreis ist.[23] Ob diese Ausgrenzung sinnvoll ist angesichts des Umstandes, daß die im Freiverkehr ermittelten Börsenpreise die gleichen Anforderungen nach § 11 Abs. 2 BörsG erfüllen müssen wie die im amtlichen Handel oder im geregelten Markt ermittelten Börsenpreise, mag dahinstehen.

---

[21] Siehe dazu Großkommentar Aktiengesetz/*Wiedemann*, § 186 Rn. 149; *Seibert/Köster/Kiem*, Die kleine AG, 3. Aufl., S. 120 Rn. 224

[22] Vgl. 5. Kapitel C.

[23] Vgl. zur Diskussion vor Einführung des § 3 Abs. 2 AktG, *Seibert/Köster/Kiem*, Die kleine AG, 3. Auflage, S. 122 Rn. 227; *Hirte* ZIP 1994, 356, 358; *Gross* DB 1994, 2431, 2434; *Marsch-Barner* AG 1994, 532, 533.

2. Deutsche oder ausländische Börse

Mit der Bezugnahme auf den Börsenpreis in § 186 Abs. 3 Satz 4 AktG wird nichts darüber gesagt, ob die Aktien an einer deutschen Börse gehandeln werden müssen oder ob auch ein Handel an einer ausländischen Börse ausreicht. In § 186 Abs. 3 Satz 4 AktG wird im Gegensatz zu § 121 Abs. 4 Satz 2 AktG allgemein der Begriff „Börsenpreis" verwandt und nicht auf eine „deutsche Börse" bezug genommen. Daher ist auch der Handel an einer ausländischen Börse ausreichend.[24] Dem steht in der Regel nicht der Aspekt der Gleichwertigkeit entgegen. Bei den Börsen der Europäischen Union und des EWR-Raumes ist diese schon aufgrund der weitgehenden Rechtsangleichung gegeben.[25] Auch die Gleichwertigkeit des US-amerikanischen Börsensystems wird in der Regel nicht bezweifelt werden können.[26] Es kann sich allenfalls im Einzelfall die Notwendigkeit ergeben, zu ermitteln, ob für die Preisbildung bei der ausländischen Börse eine der deutschen Börse vergleichbare Institution vorhanden ist.[27] Diese Frage hat jedoch kaum große praktische Bedeutung. Aktien deutscher Aktiengesellschaften werden in der Regel zumindest auch an einer Börse im Inland notiert sein. Aktiengesellschaften mit Sitz in Deutschland, deren Aktien ausschließlich zum Handel an einer Börse außerhalb der Europäischen Union, des EWR-Raums oder der USA eingeführt sind, wird es kaum geben. Angesichts der Möglichkeit der Umrechnung greift das Argument nicht, daß nur an einer deutschen Börse Aktien in DM gehandelt werden, und daher nur inländische Börsen in Betracht kämen.[28] Dieses Argument trägt mit der Einführung des Euro als einheitlicher Währung in den teilnehmenden Mitgliedsstaaten im europäischen Wirtschaftsraum ohne hin nur noch begrenzt. Auch wird in § 3 Abs. 2 AktG für die Definition der börsennotierten Aktiengesellschaft nicht darauf abgestellt, daß diese in der Bundesrepublik Deutschland börsennotiert ist. Es reicht aus, daß sie von einer „staatlich anerkannten Stelle geregelt und überwacht wird". Angesichts des Umstandes, daß die Aktien im Inland in Euro notiert werden, kann es auf eine DM-Notierung nicht mehr ankommen.

3. Mehrere Börsenpreise

Reicht auch die Preisfeststellung an einer ausländischen Börse aus, so stellt sich die Frage, welcher Börsenpreis maßgeblich ist, wenn die Aktien an mehreren Börsen (zum Beispiel inländischen und ausländischen Börsen) gehandelt werden. Beim Handel an mehreren inländischen Börsen wird es in der Regel kaum Abweichun-

---

[24] So auch *Groß* DB 1994, 2431, 2434; *Seibert/Köster/Kiem*, Die kleine AG, 3. Aufl., S. 122 Rn. 227; *Marsch-Barner* AG 1994, 532, 533; a. A. *Lutter* AG 1994, 429, 441; Großkommentar Aktiengesetz/*Wiedemann*, § 186 Rn. 153; *Hüffer*, Aktiengesetz, § 186 Rn. 39c
[25] *Hirte* ZIP 1994, 356, 359; *Marsch-Barner* AG 1994, 532, 533.
[26] *Marsch-Barner* AG 1994, 532, 533.
[27] *Hirte* ZIP 1994, 356, 359; *Marsch-Barner* AG 1994, 532, 533/534.
[28] So aber *Lutter* AG 1994, 429, 441.

gen im Börsenkurs geben.[29] Es gibt jedoch auch dann keinen einheitlichen sondern mehrere Börsenkurse, nämlich den Eröffnungs-, den Kassa- und den Schlußkurs im variablen Handel.[30] Die Aktien größerer Unternehmen werden nicht nur im Parkett-, sondern auch im Computerhandel (XETRA-Handel) angeboten. Der Schlußkurs des Parketthandels und im XETRA-Handel weisen dabei zum Teil nicht unerhebliche Differenzen auf.[31]

Sollen die neuen Aktien nicht an allen Börsen und in allen Formen gehandelt werden, ist der Börsenpreis an der Börse maßgeblich, an der die neuen Aktien notiert werden sollen.[32] Das gleiche gilt, wenn die neuen Aktien nur im Parketthandel angeboten werden sollen. Im übrigen ist in der Regel der durchschnittliche Einheitskurs zugrundezulegen. Durch die Regelung in § 186 Abs. 3 Satz 4 AktG soll gewährleistet sein, daß die neuen Aktien zu einem Preis ausgegeben werden, der dem Preisniveau der bereits börsennotierten Aktien entspricht. Die Aktionäre sollen davor geschützt werden, mit ihren Aktien bei einer Kapitalerhöhung einen Wertverlust zu erleiden, wenn die neuen Aktien zu einem niedrigeren Betrag ausgegeben würden, als es dem wirklichen Wert bzw. dem Börsenkurs der alten Aktien entspricht (Wertverwässerung).[33] Nach einer Auffassung soll es für die Frage, ob der Kurs im Parketthandel oder im XETRA-Handel maßgeblich ist, auf den Zeitpunkt der Entscheidung über den Bezugsrechtsausschluß ankommen. Werde die Entscheidung während des laufenden Parketthandels getroffen, sei der Kurs im Parketthandel heranzuziehen, ansonsten sei der im XETRA-Handel ermittelte Preis maßgeblich.[34] Warum dem so sein soll, wird nicht näher begründet. Gerade weil der Kurs im Parketthandel und der im XETRA-Handel nicht unerheblich voneinander abweichen können, ist es unter dem Aspekt eines Wertverwässerungsschutzes sachgerechter, für den Börsenpreis auf einen Durchschnittskurs statt auf den möglicherweise zufälligen Zeitpunkt der Entscheidung über den Bezugsrechtsausschluß abzustellen. Da der XETRA-Handel auf dem besten Weg ist, den Parketthandel fast vollständig zu verdrängen, ist es jedoch auch sachgerecht, lediglich auf den im XETRA-Handel ermittelten Preis abzustellen. Die Größe des dort gehandelten Volumens im Vergleich zum Parketthandel spricht dafür, dass der so ermittelte Börsenpreis dem Börsenkurs der alten Aktien entspricht.

Zur Vermeidung von Unklarheiten sollte im Kapitalerhöhungsbeschluß oder im Beschluß über das genehmigte Kapital festgelegt werden, welcher Börsenkurs maßgeblich ist. Dabei bietet sich etwa der Kassakurs an. Werden die Aktien an mehreren Börsen gehandelt, kann dann zum Beispiel der Kassakurs der Börse gewählt werden, bei der der größte Umsatz stattfindet.[35]

---

[29] So *Marsch-Barner* AG 1994, 532, 536 f.; a.A. *Hüffer*, Aktiengesetz, § 186 Rn. 39d.
[30] *Schwark*, BörsG, § 29 Rn. 1, 7, Einl. §§ 50 70 Rn. 34.
[31] *Groß* DB 1994, 2431, 2434.
[32] *Groß* DB 1994, 2431, 2434.
[33] Begründung zum Initiativentwurf BTDrucks. 12/6721, S. 10.
[34] *Groß* DB 1994, 2431, 2434.
[35] *Marsch-Barner* AG 1994, 532, 536.

4. Verschiedene Aktiengattungen

Ein Bezugsrechtsausschluß nach § 186 Abs. 3 Satz 4 AktG kommt darüber hinaus nur in Betracht, wenn und soweit die Aktien börsennotiert sind. Bestehen bei einer Gesellschaft verschiedene teils börsennotierte, teils nicht börsennotierte Aktiengattungen, so kommt ein Bezugsrechtsausschluß nur bei der börsennotierten Gattung bzw. Gattungen in Betracht. Maßgeblicher Börsenpreis bei verschiedenen, jeweils börsennotierten Gattungen ist der jeweils für die Gattung ermittelte Börsenpreis.[36]

Werden junge Aktien ausgegeben, die im Emissionsjahr nur zeitanteilig gewinnberechtigt sind, so kann zur Ermittlung des Börsenkurses die Börsennotierung der Altaktien herangezogen werden. Zwar bilden die jungen Aktien im Emissionsjahr eine eigene Gattung, da sie mit einer von den Altaktien abweichenden Gewinnberechtigung ausgestattet sind. Die jungen Aktien werden dann auch gesondert börsennotiert. Im Folgejahr stehen sie jedoch den bereits börsennotierten Aktien gleich, die unterschiedliche Börsennotierung entfällt. Der Börsenkurs der jungen Aktien läßt sich daher durch einen (Dividenden-) Abschlag aus dem Börsenpreis der bereits börsennotierten Aktien ermitteln.[37]

5. Börsenhandel

Das Bestehen eines Börsenpreises setzt voraus, daß ein Börsenhandel auch tatsächlich stattfindet. Ein solcher kommt in der Regel auch zustande, wenn nur 20 oder 30% der Aktien an der Börse gehandelt werden und der Rest zum Beispiel von einem Großaktionär gehalten wird. Darüber hinaus sorgen die Börsen mit entsprechenden Zulassungsvoraussetzungen dafür, daß eine ausreichende Anzahl von Aktien zum Handel zur Verfügung steht (vgl. zum Beispiel § 9 BörsZulVO). Kommt jedoch ein Preis für die Aktien nur gelegentlich und dabei häufig nur als Taxe zustande, so liegt kein Börsenpreis im Sinne von § 186 Abs. 3 Satz 4 AktG vor.[38]

III. Maßgeblicher Zeitpunkt für die Ermittlung des Börsenpreises

Die Regelung in § 186 Abs. 3 Satz 4 AktG besagt auch nichts über den Zeitpunkt für die Bestimmung des Börsenpreises. Bei der regulären Kapitalerhöhung kommen dafür der Tag der Bekanntmachung der Einladung zur Hauptversammlung, der Tag der Hauptversammlung, der Tag des Abschlusses des Zeichnungsvertrages oder der Zeitpunkt der Durchführung der Kapitalerhöhung in Betracht. Die beiden zuletzt genannten Zeitpunkte könnten nur herangezogen werden, wenn die Hauptversammlung den Ausgabekurs nicht selbst beschließt, sondern diesen lediglich umschreibt und den Vorstand anweist, den konkreten Ausgabebetrag entsprechend festzulegen.[39] Beim

---

[36] *Groß* DB 1994, 2431, 2434; *Marsch-Barner* AG 1994, 532, 536.
[37] *Groß* DB 1994, 2431.
[38] *Lutter* AG 1994, 429, 442.
[39] So *Marsch-Barner* AG 1994, 532, 537.

genehmigten Kapital könnte auf den Tag des Beschlusses des Vorstands über die Ausnutzung des genehmigten Kapitals, den Tag, an dem die Bedingungen der Ausgabe festgelegt werden, den Tag, an dem der Aufsichtsrat der Ausgabe zustimmt sowie den Tag des Abschlusses des Zeichnungsvertrages abgestellt werden.

Um zu gewährleisten, daß der Ausgabebetrag möglichst nahe an den Börsenkurs im Zeitpunkt der Durchführung der Kapitalerhöhung heranreicht, sollte auf einen möglichst späten Zeitpunkt zum Erhalt eines aktuellen Börsenkurses abgestellt werden. Es bietet sich dann bei einer regulären Kapitalerhöhung der Börsenkurs am Tag der Hauptversammlung bzw., wenn der Ausgabekurs erst später festgesetzt wird, der Börsenkurs an diesem Tage an. Auch bei einer regulären Kapitalerhöhung muß die Hauptversammlung den Ausgabekurs nicht unbedingt selbst beschließen. Sie kann sich vielmehr darauf beschränken, Untergrenzen festzulegen, und ergänzend den Vorstand anweisen, die Aktien zu dem im Zeitpunkt der Zeichnung aktuellen Börsenkurs bzw. einem bestimmten darunterliegenden Betrag auszugeben (vgl. § 182 Abs. 3 AktG).[40] Nach einer Ansicht[41] soll die Hauptversammlung den Ausgabekurs auch gänzlich offen lassen und zum Beispiel den Vorstand abstrakt anweisen können, den Ausgabekurs mit einem bestimmten Abschlag vom Börsenkurs im Zeitpunkt der Zeichnung der Aktien festzulegen. Dem ist nicht zu folgen. Angesichts des Wortlauts des § 182 Abs. 3 AktG („ist der Mindestbetrag, …, im Beschluß … **festzusetzen**") ist in den Hauptversammlungsbeschluß über die Kapitalerhöhung ein konkreter Betrag aufzunehmen, der bei der Ausgabe der neuen Aktien nicht unterschritten werden darf.

Für eine Orientierung an einem Börsenkurs an einem Tage nach der Hauptversammlung spricht auch, daß der Börsenkurs am Tage der ordentlichen Hauptversammlung häufig noch die Dividendenerwartung widerspiegelt. Erst nach dem Gewinnverwendungsbeschluß der Hauptversammlung wird die Aktie ohne Dividende notiert. Nur dieser um die Dividende bereinigte Börsenkurs kann für die Durchführung einer Kapitalerhöhung nach der Hauptversammlung maßgeblich sein.[42]

Dem Börsenkurs am Tage der Hauptversammlung entspricht beim genehmigten Kapital der Börsenkurs im Zeitpunkt des Kapitalerhöhungsbeschlusses durch den Vorstand. Um einen möglichst aktuellen Börsenkurs zu haben, kann es sich empfehlen, die Kapitalerhöhung zeitlich zu strecken. Der Vorstand kann zunächst die Ausnutzung des genehmigten Kapitals beschließen, den Ausgabekurs als noch offenen Punkt dann einige Tage später festlegen, wenn die Aktien von der Emissionsbank gezeichnet werden sollen. Bei dieser Vorgehensweise ist jedoch zu bedenken, daß die Zustimmung des Aufsichtsrats einzuholen ist (§ 204 Abs. 1 AktG). Bei Gesellschaften mit einem großen Aufsichtsrat kann sich selbst die Einholung der Zustimmung im Umlaufverfahren als zeitaufwendig erweisen. Empfehlenswert ist es hier, die Festlegung des Ausgabekurses rechtzeitig einem Aufsichtsratsausschuß zu

---

[40] *Geßler/Hefermehl/Eckardt/Kropff*, Aktiengesetz, § 182 Rn. 64.
[41] So *Marsch-Barner* AG 1994, 532, 537.
[42] Vgl. vorstehend D. II. 4.

D. Erleichterung des Bezugsrechtsausschlusses nach § 186 Abs. 3 Satz 4 AktG

übertragen.[43] Zulässig sollte es auch sein, dem Aufsichtsrat seine Zustimmung zu einem Ausgabekurs innerhalb einer bestimmten Bandbreite erteilen zu lassen, die dann vom Vorstand im nachhinein ausgefüllt wird.[44] Wenn dieser Weg gewählt wird, empfiehlt es sich jedoch, dies in jedem Fall vorab mit dem Registerrichter abzustimmen.

Die Frage, auf welchen Zeitpunkt für die Ermittlung des Börsenkurses abgestellt werden kann, hängt auch davon ab, zu welchem Zeitpunkt spätestens der Ausgabebetrag feststehen muß. Sowohl bei der regulären Kapitalerhöhung als auch bei der Ausnutzung genehmigten Kapitals erfolgt die Plazierung der Aktien regelmäßig über ein Emissionskonsortium oder eine Emissionsbank. Dabei werden die Aktien in der Regel von dem Emissionskonsortium bzw. der Emissionsbank zu pari, also zum Nennwert übernommen.[45] Die Aktien werden dann den Aktionären zum Bezug angeboten. Ein nichtbezogener Rest sowie Spitzenbeträge werden nach Weisung des Vorstands verwertet. Der auf diese Weise erzielte zusätzliche Erlös wird nachträglich an die Gesellschaft abgeführt und dort als Agio in die Kapitalrücklage eingestellt. Auch bei einem Bezugsrechtsausschluß nach § 186 Abs. 3 Satz 4 AktG ist eine Ausgabe zu pari an ein Emissionskonsortium bzw. eine Emissionsbank zulässig. Dafür spricht der im Initiativentwurf zunächst verwandte Begriff „Ausgabepreis".[46] Der Begriff „Ausgabebetrag" ist dann im Zuge des Gesetzgebungsverfahrens eingeführt worden, da im Aktiengesetz auch an anderer Stelle der Begriff „Ausgabebetrag" verwandt wird und eine Vereinheitlichung erzielt werden sollte.[47] Eine sachliche Änderung war damit nicht bezweckt.[48] Der Ausgabebetrag ist danach der Ausgabekurs, zu dem die neuen Aktien im Publikum plaziert werden. Dem Interesse eines Schutzes der Altaktionäre vor einer Verwässerung des Wertes ihrer Aktien[49] wird am besten gedient, wenn der Ausgabebetrag möglichst spät, also unmittelbar vor der Plazierung der neuen Aktien im Publikum festgesetzt wird. Diese Vorgehensweise trägt auch dem Interesse der Gesellschaft und ihrer Aktionäre an einem größtmöglichen Erlös aus der Kapitalerhöhung am besten Rechnung. Veränderungen des Börsenpreises nach oben können berücksichtigt werden. Ein etwaiger Risikoabschlag der Emissionbank für die Gefahr eines Sinkens des Börsenpreises nach der Zeichnung der Aktien wird so möglichst gering gehalten.[50] Der Ausgabebetrag kann also auch noch nach der Zeichnung der Aktien durch die Emissionsbank festgesetzt werden.[51]

---

[43] Zur Zulässigkeit der Übertragung auf den Ausschuß *Hüffer*, Aktiengesetz, § 204 Rn. 6.
[44] So *Marsch-Barner* AG 1994, 532, 537.
[45] Vgl. zur Zulässigkeit *Wiedemann* WM 1979, 990 ff.; Kölner Kommentar Aktiengesetz/*Lutter*, § 186 Rn. 107; *Hüffer*, Aktiengesetz, § 186 Rn. 48.
[46] BTDrucks. 12/6721 S. 3.
[47] BTDrucks. 12/7848 S. 6.
[48] So auch *Seibert/Köster/Kiem*, Die kleine AG, 3. Aufl., S. 122 f., 228; *Marsch-Barner* AG 1994, 532, 535; *Groß* DB 1994, 2431, 2435.
[49] Begründung zum Initiativentwurf BTDrucks. 12/6721 S. 10.
[50] *Groß* DB 1994, 2431, 2433.
[51] So auch *Marsch-Barner* AG 1994, 532, 535; *Groß* DB 1994, 2431, 2433.

Statt auf den Börsenkurs eines bestimmten Stichtages abzustellen, kann auch der Durchschnittskurs, zum Beispiel der letzten drei bis fünf Börsentage vor der Ausgabe, herangezogen werden.[52]

IV. Verhältnis Ausgabebetrag/Börsenpreis

Der Ausgabebetrag der neuen Aktien darf nach § 186 Abs. 3 Satz 4 AktG den Börsenpreis „nicht wesentlich" unterschreiten. Aus der Gesetzesregelung ergibt sich, daß der Ausgabebetrag höher als der Börsenpreis sein kann. Der Börsenpreis stellt keine Höchstgrenze dar. Dies kann praktische Bedeutung erlangen, wenn die neuen Aktien von einem einzigen Erwerber gegen einen Paketzuschlag erworben werden oder ein Großaktionär bereit ist, zum Zwecke der Sanierung der Gesellschaft ein höheres Agio zu zahlen.

In welchem prozentualen Rahmen eine Abweichung des Ausgabebetrages vom Börsenkurs nach unten zulässig ist, ergibt sich aus dem Gesetzestext nicht. Im Rechtsausschuß wurde eine Abweichung von 3 bis maximal 5% genannt.[53] Dies wird auch in dieser Form in der Literatur wiederholt.[54] Da diese Prozentsätze jedoch im Gesetzestext selbst nicht erwähnt sind, kommt im Einzelfall auch ein höherer Abschlag in Betracht. So kann der aktuelle Börsenkurs noch die Dividendenberechtigung für das vergangene Geschäftsjahr berücksichtigen, mit der die neuen Aktien jedoch nicht ausgestattet sind. Darüber hinaus kann der Börsenkurs spekulativ überhöht sein. Abweichungen vom Börsenkurs, die die Marge von 5% überschreiten, bedürfen jedoch einer besonderen Rechtfertigung.[55] Es wird zurecht darauf hingewiesen[56], daß immer die konkrete Situation der Gesellschaft bei der Ermittlung des Abschlags zu beachten ist. Nach § 255 Abs. 2 Satz 1 AktG kann die Anfechtung des Kapitalerhöhungsbeschlusses darauf gestützt werden, daß der Ausgabebetrag unangemessen niedrig festgesetzt ist. Um dieses Anfechtungsrisiko zu vermeiden, ist bei größeren Abschlägen Vorsicht geboten.[57] Setzt der Vorstand beim genehmigten Kapital den Ausgabebetrag zu niedrig fest, kann er und der zustimmende Aufsichtsrat nach §§ 93, 116 AktG auf Schadensersatz in Anspruch genommen werden.[58] Die

---

[52] *Lutter* AG 1994, 429, 442
[53] Begründung zum Entwurf des Rechtsausschusses BTDrucks. 12/7848 S. 9.
[54] *Bösert* DStR 1994, 1423, 1428; *Marsch-Barner* AG 1994, 532, 537; Großkommentar Aktienrecht/*Wiedemann*, § 186 Rn. 152; *Lutter* AG 1994, 429, 442 hält gar nur einen Abschlag von maximal 3 % für zulässig.
[55] *Groß* DB 1994, 2431, 2435.
[56] *Lutter* AG 1994, 429, 442.
[57] Nach Auffassung von *Seibert/Köster/Kiem*, Die kleine AG, 3. Aufl., S. 117 Rn. 218 soll § 255 Abs. 2 AktG auf § 186 Abs. 3 Satz 4 AktG als Spezialregelung keine Anwendung finden. Diese Auffassung findet jedoch keine Stütze im Gesetz. So auch *Hüffer*, Aktiengesetz, § 186 Rn. 39e.
[58] *Hüffer*, Aktiengesetz, § 204 Rn. 9; siehe zum Schadensersatzanspruch der Aktionäre gegen die Verwaltung: Kölner Kommentar Aktiengesetz/*Lutter*, § 204 Rn. 28.

Hauptversammlung kann die zulässige Abweichung näher bestimmen und auch engere Margen festlegen.[59]

Bei der Ermittlung des Ausgabebetrages sind eventuelle Kosten der Emission (Börseneinführungskosten, Kosten der Einschaltung von Kreditinstituten zum Zwecke der Plazierung der neuen Aktien usw.) nicht in Abzug zu bringen.[60] Bilanzrechtlich sind die Kosten der Emission nicht von dem in die Kapitalrücklage einzustellenden Agio abzuziehen, sondern werden als Aufwand verbucht.[61]

V. Ausschluß des Bezugsrechts

1. Beschluß über den Bezugrechtsausschluß

Bei der regulären Kapitalerhöhung muß der Bezugsrechtsausschluß im Beschluß der Hauptversammlung enthalten sein (§ 186 Abs. 3 S. 1 AktG). Beim genehmigten Kapital kann die Hauptversammlung den Bezugsrechtsausschluß selbst beschließen oder die Entscheidung darüber dem Vorstand übertragen (§ 203 Abs. 2 AktG).

Neben dem vollständigen Ausschluß des Bezugsrechts sind auch Abschwächungen möglich. So kann das Bezugsrecht auch nur für einen Teil der Kapitalerhöhung ausgeschlossen werden.[62] Angesichts des Wortlauts des § 186 Abs. 3 Satz 4 AktG („die Kapitalerhöhung... zehn von Hundert des Grundkapitals nicht übersteigt") ist es jedoch nicht möglich, einen höheren Kapitalerhöhungsbetrag (als 10%) zu beschließen und dann nur wegen eines Teilbetrags von 10% des Grundkapitals, gestützt auf § 186 Abs. 3 Satz 4 AktG, das Bezugsrecht auszuschließen. Der Wortlaut schließt jedoch nicht zwei getrennte Kapitalerhöhungen aus (eine unter Ausschluß und eine unter Einräumung des Bezugsrechts).[63] Sofern es sich jedoch nicht wie zum Beispiel bei einem Nebeneinander von regulärer Kapitalerhöhung und Schaffung genehmigten Kapitals[64] um zwei strukturell verschiedene Kapitalerhöhungen handelt, sondern um die bloße Aufspaltung einer sachlich einheitlichen Kapitalerhöhung in zwei Vorgänge, liegt die Vermutung einer unzulässigen Gesetzesumgehung nahe.[65] Einem solchen Vorgehen steht auch § 182 Abs. 4 AktG entgegen. Auch wenn es sich bei dieser Vorschrift um eine bloße Ordnungsvorschrift handelt, besteht ein Eintragungshin-

---

[59] Großkommentar Aktiengesetz/*Wiedemann*, § 186 Rn. 152.
[60] *Groß* DB 1994, 2431, 2435.
[61] Beck'scher Bilanzkommentar/*Sarx*, § 272 Rn. 63.
[62] Vgl. *Hüffer*, Aktiengesetz, § 186 Rn. 29; *Marsch-Barner* AG 1994, 532, 538; Kölner Kommentar Aktiengesetz/*Lutter* § 186 Rn. 55.
[63] So für das genehmigte Kapital *Marsch-Barner* AG 1994, 532, 535.
[64] Vgl. dazu 5. Kapitel D.VI. 2
[65] In der Praxis wird – soweit erkennbar – der Vorschlag in der Literatur zwei gleichartige Kapitalerhöhungen (mit und ohne Bezugsrechtsausschluß) in ein und derselben Hauptversammlung zu beschließen, nicht aufgegriffen. Die Praxis wählt vielmehr die Möglichkeit einer regulären Kapitalerhöhung mit Bezugsrecht und schafft durch ein gleichzeitig beschlossenes genehmigtes Kapital unter Ausschluß des Bezugsrechts Handlungsspielraum für den Vorstand.

dernis für die zweite Kapitalerhöhung, solange die erste noch nicht durchgeführt ist.[66]

Einer besonderen Betrachtung bedarf folgende Fallkonstellation: Bei zahlreichen Aktiengesellschaften sind neben Stamm- auch Vorzugsaktien ausgegeben. Bei einer Kapitalerhöhung wird dann regelmäßig das bisherige Verhältnis von Stamm- zu Vorzugsaktien fortgeschrieben. Wenn das Grundkapital zum Beispiel bislang zu 80% auf Stammaktien und zu 20% auf Vorzugsaktien entfiel, werden auch im Rahmen der Kapitalerhöhung 80% Stamm- und 20% Vorzugsaktien ausgegeben. Ebenso ist es gängige Praxis, das sogenannte Überkreuzbezugsrecht auszuschließen. Dabei handelt es sich um den Ausschluß des Bezugsrechts der Inhaber von Stammaktien auf Vorzugsaktien und umgekehrt der Ausschluß des Bezugsrechts der Inhaber von Vorzugsaktien auf Stammaktien. Der Ausschluß des Überkreuzbezugsrechts ist zulässig. Die sachliche Rechtfertigung liegt in der Aufrechterhaltung des bisherigen Beteiligungsverhältnisses der Inhaber von Stamm- und Vorzugsaktien zueinander.[67] Beim Bezugsrecht auf Aktien der jeweiligen Aktiengattung (Stamm- bzw. Vorzugsaktien) müssen bei einem Ausschluß des Überkreuzbezugsrechts die Inhaber von Stammaktien und die Inhaber von Vorzugsaktien jedoch gleich behandelt werden. Selbst wenn das Grundkapital nur um 10% erhöht wird, ist es daher nicht zulässig, daß neben dem Ausschluß des Überkreuzbezugsrechts für eine Aktiengattung (Stamm- oder Vorzugsaktien) das Bezugsrecht unter Berufung auf § 186 Abs. 3 Satz 4 AktG ausgeschlossen wird. Würde zum Beispiel das Überkreuzbezugsrecht ausgeschlossen und (da die Kapitalerhöhung 10% des Grundkapitals nicht übersteigt) zusätzlich das Bezugsrecht auf Stammaktien ausgeschlossen, hätte dies zur Folge, daß die derzeitigen Inhaber von Stamm- und Vorzugsaktien nach der Kapitalerhöhung nicht mehr im gleichen Beteiligungsverhältnis zueinander an der Gesellschaft beteiligt wären. Bei den neuen Stammaktien hätten nämlich Dritte, die bislang noch nicht an der Gesellschaft beteiligt sind, aber auch die Inhaber von Vorzugsaktien die Möglichkeit, die neu ausgegebenen Stammaktien über die Börse zu erwerben.

Im Rahmen des Bezugsrechtsausschlusses kann der Vorstand durch die Hauptversammlung angewiesen werden, die jungen Aktien möglichst breit bei privaten und/oder industriellen Anlegern zu streuen.[68] Sofern eine solche Regelung in den Beschluß der Hauptversammlung nicht aufgenommen wurde, ist es dem Vorstand erlaubt, die neuen Aktien nur einigen institutionellen Anlegern oder in besonderen Fällen auch einem einzigen Erwerber zuzuweisen. Nach anderer Ansicht hat der Vorstand unter strikter Wahrung der Gleichbehandlung und des Interesses seiner Aktionäre, insbesondere der Minderheiten vorzugehen, wenn Anweisungen zur Art und Weise des Vollzugs im Erhöhungsbeschluß fehlen. Jede Bevorzugung eines Aktionärs bei der Ausgabe von Aktien sei danach unzulässig. Dies gelte auch für die Unter-

---

[66] Vgl. *Geßler/Hefermehl/Eckardt/Kropff*, Aktiengesetz, § 182 Rn. 94 ff.
[67] *Münch* DB 1993, 769, 773; *Scheifele* BB 1990, 497, 499.
[68] *Marsch-Barner* AG 1994, 532, 535; *Hüffer*, Aktiengesetz, § 186 Rn. 40.

D. Erleichterung des Bezugsrechtsausschlusses nach § 186 Abs. 3 Satz 4 AktG

stützung Dritter beim Erwerb von Aktien.[69] Dieser Auffassung ist nicht zu folgen. Wäre der Vorstand auch beim Bezugsrechtsausschluß verpflichtet, dafür Sorge zu tragen, daß die Aktionäre gleichbehandelt werden, das heißt, daß sie im Verhältnis ihrer bisherigen Beteiligung neue Aktien erwerben können, so verfehlte der Bezugsrechtsausschluß seinen Sinn. Darüber hinaus läßt sich möglicherweise durch einen Paketzuschlag ein höherer Preis als der Börsenkurs erzielen, was dem Unternehmen zugute kommt. Auch wenn im Hauptversammlungsbeschluß die Möglichkeit der Ausgabe der Aktien an einige institutionelle Anleger oder auch an einen einzelnen Erwerber nicht ausdrücklich vorgesehen ist, ist sie im Umkehrschluß durch die Nichterwähnung aber auch nicht von vornherein ausgeschlossen.[70] Der Vorstand hat vielmehr zwischen einem etwa zu erzielenden Paketzuschlag und den strukturellen Folgen für die bisherige Verteilung des Aktienbesitzes abzuwägen. Die Grenze des Rechtsmißbrauchs ist zu beachten. So muß das Interesse der Gesellschaft an einer größtmöglichen Kapitalschöpfung und nicht eine Besserstellung einzelner Aktionäre oder Dritter für die Art und Weise der Ausgabe der Aktien maßgeblich sein. In der Regel ist nicht davon auszugehen, daß der Vorstand leichtfertig verfährt. Bei einer Pflichtverletzung droht ihm doch eine Inanspruchnahme auf Schadensersatz durch den einzelnen Aktionär wegen Pflichtverletzung.[71]

Wie jeder sonstige Bezugsrechtsausschluß ist auch der Bezugsrechtsausschluß nach § 186 Abs. 3 Satz 4 AktG ausdrücklich und ordnungsgemäß bei der Einladung zur Hauptversammlung bekanntzumachen. Nach § 124 Abs. 3 AktG hat der Vorstand mit der Bekanntmachung der Tagesordnung den Aktionären einen Beschlußvorschlag zu übermitteln.

2. Bericht des Vorstands

In dem schriftlichen Bericht nach § 186 Abs. 4 S. 2 AktG braucht der Vorstand zur sachlichen Rechtfertigung des Bezugsrechtsausschlusses keine Ausführungen mehr zu machen, da der Bezugsrechtsausschluß nach der Neuregelung von Gesetzes wegen zulässig ist.[72] Er kann sich darauf beschränken, das Interesse der Gesellschaft an der Kapitalerhöhung und dem Bezugsrechtsausschluß sowie das Vorliegen der Voraussetzungen des § 186 Abs. 3 Satz 4 AktG darzulegen.[73] Nach der Begründung des Rechtsausschusses zum Entwurf soll für die Begründung des Interesses der Gesellschaft im Vorstandsbericht die Absicht der Stützung der Eigenkapitalbasis des Unternehmens ausreichen.[74] Zum vorgesehenen Ausgabekurs braucht der Bericht nur dar-

---

[69] So *Lutter* AG 1994, 429, 444 und offenbar auch Großkommentar Aktiengesetz/*Wiedemann*, § 186 Rn. 150.
[70] So auch *Marsch-Barner* AG 1994, 532, 538; *Martens* ZIP 1994, 669, 677.
[71] *Lutter* AG 1994, 429, 444.
[72] Siehe zum Bericht des Vorstands bei der Schaffung genehmigten Kapitals auch Muster III.4. Punkt 6 im Anhang.
[73] Vgl. Begründung zum Initiativentwurf BTDrucks. 12/6721 S. 10.
[74] BTDrucks. 12/7848 S. 17.

zulegen, daß dieser den Börsenkurs nicht wesentlich unterschreitet.[75] Der Gegenauffassung ist nicht zu folgen. Die Anwendung des § 186 Abs. 3 Satz 4 AktG verlangt nicht, daß das Interesse der Gesellschaft am Ausschluß des Bezugrechts besonders begründet wird.[76] Dieser Nachweis soll dem Vorstand gerade durch die Neuregelung erspart bleiben.[77] Darüber hinaus ist es für die Anwendung des § 186 Abs. 3 Satz 4 AktG auch nicht entscheidend, ob angesichts der konkreten Verhältnisse der Gesellschaft tatsächlich ein Zukauf von Aktien über die Börse problemlos möglich ist, und der aktuelle Börsenkurs wirklich aussagefähig ist und nicht außer Verhältnis zum inneren Wert der Aktie steht.[78] Nach dem Gesetzeswortlaut wird das Bestehen dieser Voraussetzungen unwiderlegbar vermutet.[79]

Teilweise wird darüber hinaus gefordert, daß der Vorstand bei der regulären Kapitalerhöhung den Berechnungsmodus für den zugrundegelegten Börsenpreis und den daran orientierten Ausgabebetrag erläutert.[80] Dies ist jedoch nur möglich, wenn der Ausgabebetrag zum Zeitpunkt des Kapitalerhöhungsbeschlusses bereits konkret feststeht und nicht nur umschrieben wird (§ 182 Abs. 3 AktG). Ansonsten kann der Vorstand nur erläutern, wie der Börsenpreis im Zeitpunkt der konkreten Festlegung des Ausgabebetrags ermittelt werden soll.

Obgleich der Wortlaut des § 186 Abs. 3 Satz 4 AktG sowie die Gesetzesbegründung deutlich machen, daß die Anforderungen an den Vorstandsbericht bei dieser Konstellation geringer sind, ist in der Praxis Vorsicht geboten. Erste Gerichtsentscheidungen[81] geben Anlaß zu der Vermutung, daß die Rechtsprechung auch im Falle des § 186 Abs. 3 Satz 4 AktG an ihren hohen Anforderungen an den Vorstandsbericht festhält. Sollten andere Gerichte dieser restriktiven Handhabung des § 186 Abs. 3 Satz 4 AktG folgen, ist fraglich, ob § 186 Abs. 3 Satz 4 AktG tatsächlich die erhoffte Erleichterung des Bezugsrechtsausschlusses mit sich bringt.

VI. 10%-Grenze

1. Bezugsgröße

Der Bezugsrechtsausschluß nach § 186 Abs. 3 Satz 4 AktG ist nur zulässig, wenn die Kapitalerhöhung 10% des Grundkapitals nicht übersteigt. Mit der Kapitalerhöhung, welche die Obergrenze von 10% nicht übersteigt, ist der Gesamtnennbetrag der neu auszugebenden Aktien – nicht etwa auch das Agio, also nicht der durch die Kapitalerhöhung insgesamt erzielte Erlös – gemeint. In § 192 Abs. 3 und § 202 Abs. 3 Satz 1

---

[75] So auch *Hoffmann-Becking* ZIP 1995, 1, 9; *Marsch-Barner* AG 1994, 532, 533.
[76] So *Lutter* AG 1994, 429, 434.
[77] Vgl. Begründung zum Initiativentwurf BTDrucks. 12/6721 S. 10.
[78] So *Lutter* AG 1994, 429, 441 f. und offenbar auch Großkommentar Aktiengesetz/*Wiedemann*, § 186 Rn. 150.
[79] Vgl. Begründung zum Initiativentwurf BTDrucks. 12/6721 S. 10.
[80] Großkommentar Aktiengesetz/*Wiedemann* § 186 Rn. 129.
[81] LG München DB 1995, 2593, a. A offenbar OLG München AG 1996, 518.

D. Erleichterung des Bezugsrechtsausschlusses nach § 186 Abs. 3 Satz 4 AktG

AktG wird in vergleichbarer Weise auf einen Prozentsatz des Grundkapitals abgestellt. In diesen Vorschriften wird expressis verbis auf den Nennbetrag der Kapitalerhöhung im Verhältnis zum Grundkapital abgestellt. Hingegen wird in § 186 Abs. 3 Satz 4 AktG der Begriff Kapitalerhöhung ohne Differenzierung zwischen Nennbetrag und Ausgabebetrag oder Bezugskurs verwandt. Diese unterschiedliche Wortwahl ist jedoch ohne Bedeutung. Auch bei § 186 Abs. 3 Satz 4 AktG ist der Gesamtnennbetrag der neu auszugebenden Aktien entscheidend. Nur der Gesamtnennbetrag der neuen Aktien verändert die Grundkapitalziffer und kann daher zu dieser in Relation gesetzt werden.[82]

In § 186 Abs. 3 Satz 4 AktG ist nicht geregelt, welcher Zeitpunkt für die Berechnung der 10%-Grenze maßgeblich ist.[83] Als Bezugsgröße für die 10%-Grenze wird nur das Grundkapital genannt, ohne jedoch den Zeitpunkt für dessen Bestimmung zu umschreiben. Für das genehmigte Kapital wird in § 203 Abs. 1 Satz 1 AktG schlicht auf § 186 AktG verwiesen. Entscheidet die Hauptversammlung im Rahmen einer regulären Kapitalerhöhung über den Bezugsrechtsausschluß, ist das im Zeitpunkt der Beschlußfassung vorhandene Grundkapital maßgeblich.[84] Bei der Schaffung genehmigten Kapitals kann es zweifelhaft sein, ob das Grundkapital im Zeitpunkt der Ermächtigung oder das Grundkapital im Zeitpunkt der Ausnutzung des genehmigten Kapitals maßgeblich ist. Unterschiede zwischen beiden Bezugsgrößen ergeben sich, wenn zwischenzeitlich eine reguläre Kapitalerhöhung durchgeführt wurde oder das genehmigte Kapital gestuft ausgenutzt wird. Hat die Hauptversammlung im Beschluß über die Schaffung des genehmigten Kapitals ausdrücklich auf das derzeitige Grundkapital Bezug genommen, sei es, daß sie das Bezugsrecht in Höhe von 10% des derzeitigen Grundkapitals ausgeschlossen oder den Vorstand zum Ausschluß des Bezugsrechts in Höhe von 10% des derzeitigen Grundkapitals ermächtigt hat, so ist das Grundkapital im Zeitpunkt des Hauptversammlungsbeschlusses maßgeblich.

Fehlt eine Bezugnahme, so ist entscheidend, ob die Hauptversammlung selbst über den Bezugsrechtsausschluß entscheidet oder den Vorstand zur Entscheidung ermächtigt hat. Beschließt die Hauptversammlung selbst über den Bezugsrechtsausschluß, ist das Grundkapital im Zeitpunkt des Wirksamwerdens der Ermächtigung maßgeblich.[85] Für die Bestimmung des Grundkapitals ist auf das im Zeitpunkt der Eintragung der Ermächtigung ins Handelsregister bestehende Grundkapital abzustellen.

Andererseits kann nach § 203 AktG der Vorstand ermächtigt werden, über den Ausschluß des Bezugsrechts zu entscheiden. Wird von dieser Möglichkeit Gebrauch gemacht, wird die Entscheidung über den Bezugsrechtsausschluß nicht mit der Er-

---

[82] *Marsch-Barner* AG 1994, 532, 534; *Groß* DB 1994, 2431, 2432.
[83] Anders in § 192 Abs. 3 und § 202 Abs. 3 AktG, in denen für die Berechnung der 50%-Grenze auf den Zeitpunkt der Beschlußfassung bzw. der Ermächtigung abgestellt wird.
[84] Großkommentar Aktiengesetz/*Wiedemann* § 186 Rn. 151.
[85] So auch *Marsch-Barner* AG 1994, 532, 534.

mächtigung getroffen, sondern zu einem späteren Zeitpunkt. Unter dem Aspekt der Gefahr einer Verwässerung der Stimmrechte der Altaktionäre[86] ist es dann sachgerecht, auch für die 10%-Grenze auf das im Zeitpunkt der Ausnutzung des genehmigten Kapitals bestehende Grundkapital abzustellen. Wird das Grundkapital gestuft ausgenutzt, ist das jeweils bei Ausnutzung der Ermächtigung bestehende Grundkapital maßgeblich.[87] Eine klarstellende Regelung im Ermächtigungsbeschluß ist sinnvoll.[88]

2. Verhältnis reguläre Kapitalerhöhung und genehmigtes Kapital

Ein Bezugsrechtsausschluß nach § 186 Abs. 3 Satz 4 AktG kommt bei der regulären Kapitalerhöhung sowie bei dem genehmigten Kapital in Betracht. Insofern können eine reguläre Kapitalerhöhung und die Schaffung genehmigten Kapitals jeweils unter Ausnutzung der 10%-Grenze erfolgen. Aus § 186 Abs. 3 Satz 4 AktG ergibt sich nicht, daß sich die reguläre Kapitalerhöhung und die Schaffung genehmigten Kapitals jeweils unter Ausnutzung der 10%-Grenze wechselseitig ausschließen. Es handelt sich um zwei verschiedene Kapitalerhöhungen. Die Kapitalerhöhung aus genehmigtem Kapital erfolgt erst bei Ausnutzung der Ermächtigung durch Vorstand (und Aufsichtsrat). Die 10%-Grenze bezieht sich dem Wortlaut nach auf die einzelne Kapitalerhöhung.

3. Verhältnis Genehmigtes Kapital und Veräußerung eigener Aktien

Mit dem Gesetz zur Kontrolle und Transparenz im Unternehmensbereich ist der § 71 Abs. 1 Nr. 8 in das Aktiengesetz eingefügt worden. Nach dieser Regelung ist es der Aktiengesellschaft erlaubt, eigene Aktien zurückzuerwerben, ohne daß einer der speziellen Zwecke nach § 171 Nr. 1 bis 6 AktG vorliegen müßte. Auch gibt es keine branchenbezogenen Beschränkungen, wie die nach § 71 Abs. 1 Nr. 7 AktG. Nach dieser Regelung darf die Aktiengesellschaft eigene Aktien bis zur Höhe von 10% des Grundkapitals der Gesellschaft erwerben, wenn sie hierzu durch einen Beschluß der Hauptversammlung, der der einfachen Mehrheit bedarf, ermächtigt ist. Die Ermächtigung ist auf höchstens 18 Monate, gerechnet ab dem Datum der Beschlußfassung, begrenzt. Die Frist muß im Beschluß festgesetzt werden. Ebenso muß der niedrigste und der höchste Gegenwert, der für die Aktien geleistet wird, festgesetzt werden. Diese Festsetzung kann in Form kapitaler relativen Anbindung an den künftigen Aktienkurs vorgenommen werden. Die Erwerbsschranke von 10% des Grundkapitals bezieht sich auf das Erwerbsvolumen. Daneben ist § 71 Abs. 2 AktG zu beachten, der bestimmt, daß Aktien, die die Aktiengesellschaft nach § 71 Nr. 1 bis 3, 7 und 8 AktG erworben hat und die sie noch in Besitz hat, nicht mehr als 10% des Grundkapitals ausmachen dürfen. Darüber hinaus muß die Aktiengesellschaft in der

---

[86] Die 10%-Grenze soll gerade das Risiko einer Verwässerung des Stimmrechts der Altaktionäre begrenzen, vgl. *Seibert/Köster/Kiem*, Die kleine AG, 3. Aufl., S. 111 Rn. 207.
[87] So auch *Groß* DB 1994, 2431, 2432; *Lutter* AG 1994, 429, 444.
[88] Vgl. Muster III.4. Punkt 6 im Anhang.

Lage sein, eine Rücklage für eigene Aktien nach § 272 Abs. 4 HGB zu bilden. Es ist nicht erforderlich, daß die Hauptversammlung in ihrem Ermächtigungsbeschluß einen Erwerbszweck festlegt. Sie kann dies jedoch tun. Der Handel in eigenen Aktien ist nach § 71 Abs. 1 Nr. 8 Satz 2 AktG als Zweck ausgeschlossen. In § 71 Abs. 1 Nr. 8 AktG ist weiterhin bestimmt, daß bei dem Erwerb und der Veräußerung der Gleichbehandlungsgrundsatz nach § 53a AktG zu beachten ist. Durch die Regelung in Satz 4 von § 71 Abs. 1 Nr. 8 AktG wird klargestellt, daß ein Erwerb und eine Veräußerung über die Börse dem Gleichbehandlungsgrundsatz genügen. Die Hauptversammlung kann eine andere Veräußerung beschließen, dabei werden § 186 Abs. 3 und 4 AktG für entsprechend anwendbar erklärt, d.h. die Regelungen über den Bezugsrechtsausschluß bei einer regulären Kapitalerhöhung finden entsprechende Anwendung.

Die reguläre Kapitalerhöhung unter Ausnutzung der 10%-Grenze und die Veräußerung eigener Aktien, ebenfalls unter Ausnutzung der 10%-Grenze, können sich jeweils auf 10% des Grundkapitals beziehen. Sie schließen sich weder wechselseitig aus noch sind diese Vorgänge zusammen zu rechnen. Über die reguläre Kapitalerhöhung entscheidet die Hauptversammlung, während Erwerb und Veräußerung eigener Aktien – auf Basis der Ermächtigung der Hauptversammlung – eigenverantwortlich durch en Vorstand entschieden werden.

Fraglich könnte ein Nebeneinander der 10%-Grenzen in dem Verhältnis Veräußerung eigener Aktien und Ausnutzung genehmigten Kapitals sein, da über beide Maßnahmen der Vorstand entscheidet und sich in der Gesetzesbegründung[89] der Hinweis findet, dass die 10%-Schwelle nur einmal ausgenutzt werden kann. In der Praxis ist daher aus Vorsichtsgesichtspunkten anzuraten, die 10%-Grenze auf die Ausnutzung genehmigten Kapitals und die Veräußerung eigener Aktien nur insgesamt einmal anzuwenden.

4. Stufenweise Kapitalerhöhung bei genehmigtem Kapital

a) Vorbemerkung

Rechtlich problematisch können solche Fälle sein, in denen der Hauptversammlungsbeschluß eine Erleichterung des Bezugsrechtsausschlusses mehrfach vorsieht. Die Möglichkeit zur mehrfachen Ausnutzung der Erleichterung des Bezugsrechtsausschlusses nach § 186 Abs. 3 Satz 4 AktG besteht beim genehmigten Kapital.

b) Entscheidung der Hauptversammlung über den Bezugsrechtsausschluß

Der Hauptversammlungsbeschluß kann über die Laufzeit von fünf Jahren ein genehmigtes Kapital in Höhe von bis zu 50% des Grundkapitals vorsehen und den Vorstand dabei ermächtigen, diesen Rahmen durch einzelne Kapitalerhöhungen auszunutzen. Dabei kann das gesetzliche Bezugsrecht der Aktionäre grundsätzlich

---

[89] Bundesratsdrucksache 872/97, S. 33.

eingeräumt und nur für die Teilbeträge von bis zu 10% des jeweiligen Grundkapitals ausgeschlossen werden.[90] Das jeweilige Grundkapital wird definiert als das im Zeitpunkt der Ausnutzung vorhandene Grundkapital.[91] Aus dem Gesetzeswortlaut ergibt sich eine Untersagung dieser Gestaltung nicht. In § 186 Abs. 3 Satz 4 AktG ist der Zeitpunkt für die Berechnung der 10%-Grenze nicht festgelegt. Es bleibt insofern Raum für eine Festlegung durch den Ermächtigungsbeschluß. Die Kapitalerhöhung selbst erfolgt erst durch die Ausnutzung des genehmigten Kapitals seitens des Vorstands. Durch diese Gestaltung droht daher auch nicht die Gefahr, daß bei der einzelnen Kapitalerhöhung für einen höheren Prozentsatz als 10% des Grundkapitals das Bezugsrecht ausgeschlossen wird. Einen Anspruch darauf, daß die Bezugsgröße (Grundkapital) unverändert klein bleibt, hat der Aktionär nicht. Auch die Hauptversammlung könnte nacheinander mehrere Kapitalerhöhungen jeweils unter Ausnutzung der 10%-Grenze beschließen. Bei jeder nachfolgenden Kapitalerhöhung wäre auch dann die Bezugsgröße (Grundkapital) entsprechend der vorangegangenen Kapitalerhöhung eine höhere. Der vom Landgericht München in einer Entscheidung und vom Oberlandesgericht München in einem Kostenfestsetzungsbeschluß[92], die beide den gleichen Rechtsstreit betrafen, vertretenen Gegenauffassung, ist nicht zu folgen. Dennoch hat man sich in der Praxis mit diesen Gerichtsentscheidungen auseinanderzusetzen. Es sind dabei das Interesse der Gesellschaft an der gewählten Form der Schaffung genehmigten Kapitals und das Risiko einer Anfechtung des Hauptversammlungsbeschlusses gegeneinander abzuwägen.

c) Ermächtigung des Vorstands zur Entscheidung über den Bezugsrechtsausschluß

Der Beschluß der Hauptversammlung über die Schaffung genehmigten Kapitals kann aber auch die Ermächtigung des Vorstands enthalten, bei der Ausnutzung des genehmigten Kapitals über den Ausschluß des Bezugrechts zu entscheiden (§ 203 Abs. 2 AktG). Die Ermächtigung zum Ausschluß des Bezugsrechts kann sich auf das gesamte genehmigte Kapital erstrecken. Abhängig davon, in welchem Umfang der Vorstand dann nachfolgend von der Ermächtigung Gebrauch macht, gilt auch für die Entscheidung des Vorstands über den Bezugsrechtsausschluß § 186 Abs. 3 Satz 4 AktG. Die 10%-Grenze bezieht sich auf die einzelne Kapitalerhöhung, wie sie der Vorstand (mit Zustimmung des Aufsichtsrats) in vollständiger oder teilweiser Ausnutzung des genehmigten Kapitals später beschließt. Auch wenn ein genehmigtes Kapital in der maximal zulässigen Höhe von 50% des Grundkapitals geschaffen wird, dürfen Vorstand und Aufsichtsrat bei der konkreten Ausnutzung des genehmigten Kapitals nach § 186 Abs. 3 Satz 4 AktG das Bezugsrecht ausschließen, wenn die konkrete Kapitalerhöhung in Ausnutzung des genehmigten Kapitals 10% des Grundkapitals nicht übersteigt. Wie sich bereits aus dem Wortlaut der Vorschrift ergibt,

---

[90] Für die Zulässigkeit dieser Gestaltung *Marsch-Barner* AG 1994, 532, 534; *Groß* DB 1994, 2431, 2432.
[91] *Marsch-Barner* AG 1994, 532, 534.
[92] LG München DB 1995, 2593; OLG München AG 1996, 518.

erstreckt sich der Bezugsrechtsausschluß nach § 186 Abs. 3 Satz 4 AktG auf die einzelne Kapitalerhöhung. Dieser Vorgang (Kapitalerhöhung in Höhe von 10% des Grundkapitals unter Ausschluß des Bezugsrechts nach § 186 Abs. 3 Satz 4 AktG) kann von Vorstand (und Aufsichtsrat) mehrfach wiederholt werden, bis das gesamte genehmigte Kapital ausgenutzt ist.[93] Die Ausnutzung des genehmigten Kapitals tritt an die Stelle eines Kapitalerhöhungsbeschlusses durch die Hauptversammlung. Auch die Hauptversammlung könnte stets wieder aufs neue Kapitalerhöhungen von bis zu 10% des Grundkapitals beschließen und dabei nach § 186 Abs. 3 Satz 4 AktG das Bezugsrecht ausschließen. Bei der stufenweisen Kapitalerhöhung ist das Grundkapital maßgeblich, welches im Zeitpunkt der jeweiligen Kapitalerhöhung eingetragen ist. So ist für die Ermittlung der 10%-Grenze bei der zweiten Ausnutzung des genehmigten Kapitals das ehemalige Grundkapital plus der 10% aus der ersten Ausnutzung des genehmigten Kapitals maßgeblich. Vorsorglich sollte im Hauptversammlungsbeschluß über die Schaffung genehmigten Kapitals der Zeitpunkt für die Berechnung der 10%-Grenze klargestellt werden.[94] Der bereits vorstehend unter b) aufgeführten Gegenansicht ist aus den vorstehend genannten Gründen nicht zu folgen. Die Praxis hat sich jedoch, wie ebenfalls vorstehend unter b) ausgeführt, mit dieser Gegenauffassung auseinanderzusetzen.

5. Häufigkeit des Bezugsrechtsausschlusses

Wie häufig von dem Bezugsrechtsausschluß nach § 186 Abs. 3 Satz 4 AktG Gebrauch gemacht werden kann, ist nicht geregelt. Unproblematisch erscheint allgemein eine alljährliche Ausnutzung. Aber auch eine häufigere Ausnutzung ist grundsätzlich zulässig. § 186 Abs. 3 Satz 4 AktG enthält keine Fristen für die Häufigkeit der Kapitalerhöhung unter Bezugsrechtsausschluß. Die Regelung ist dem Wortlaut nach auch nicht so konzipiert, daß sie als Ausnahmefall zu verstehen ist. Maßgeblich ist danach die Situation im Einzelfall. Die Grenze liegt dort, wo im Einzelfall dieses Rechtsinstitut mißbraucht wird. Hierbei ist jedoch zu beachten, daß der Gesetzgeber mit der Zulassung des erleichterten Bezugsrechtsausschlusses in Kauf genommen hat, daß einzelne Aktionäre oder Aktionärsgruppen als Folge der Kapitalerhöhung unter ihre bisherige Beteiligungsquote absinken. Eine solche Auswirkung stellt deshalb objektiv keinen Rechtsmißbrauch dar, auch wenn die betroffenen Aktionäre dadurch eine Quote verlieren, die ihnen bestimmte Minderheitsrechte vermittelt hat. Anders kann die Sachlage dann zu beurteilen sein, wenn mit dem Bezugsrechtsausschluß gerade dieses Ergebnis verfolgt wird.

---

[93] So auch *Lutter* AG 1994, 429, 444; *Groß* DB 1994, 2431, 2432; a.A. LG München DB 1995, 2593, 2594.

[94] Vgl. dazu Muster III.4. Punkt 6 im Anhang.

E. Bezugsrechtsausschluß bei Wandelschuldverschreibungen, Optionsanleihen, Gewinnschuldverschreibungen und Genußrechten

I. Vorbemerkung

Nach § 221 Abs. 4 AktG haben die Aktionäre ein Bezugsrecht auf Gewinn- und Wandelschuldverschreibungen sowie auf Genußrechte. § 186 AktG gilt dabei sinngemäß (§ 221 Abs. 4 Satz 2 AktG). Da in § 221 Abs. 4 AktG generell auf § 186 AktG verwiesen wird, erstreckt sich diese Verweisung dem Wortlaut nach auch auf den in § 186 Abs. 3 neu eingefügten Satz 4. Es stellt sich daher die Frage, ob die erleichterte Möglichkeit des Bezugsrechtsausschlusses nach § 186 Abs. 3 Satz 4 AktG auch für die Kapitalbeschaffungsinstrumente des § 221 AktG gilt.

II. Zeitliche Abfolge

Der Geltung des § 186 Abs. 3 Satz 4 AktG im Rahmen von § 221 Abs. 4 AktG steht nicht entgegen, daß § 186 Abs. 3 Satz 4 AktG neu in das Aktiengesetz aufgenommen wurde. § 221 Abs. 4 AktG wurde im Zuge des Gesetzes für kleine Aktiengesellschaften und zur Deregulierung des Aktienrechts nicht geändert. Der Verweis in § 221 Abs. 4 Satz 2 AktG auf § 186 AktG ist mithin älter als der in § 186 Abs. 3 eingefügte neue Satz 4. Mit der Problematik, ob eine ältere Verweisungsvorschrift nur auf die zum Zeitpunkt ihres Inkrafttretens geltende Fassung einer Vorschrift verweist, hat sich der Bundesgerichtshof bereits in der Holzmann-Entscheidung[95] auseinandergesetzt. Er hat insofern ausgeführt, daß für Geltung und Umfang einer Verweisung die Zeitfolge der zueinander in Beziehung stehenden Normen belanglos ist.[96]

Auch aus dem Wortlaut der Vorschrift ergibt sich nicht, daß eine Einschränkung der Verweisung gewollt ist. Zwar hat sich der Rechtsausschuß des Deutschen Bundestages mit der Frage der entsprechenden Anwendung des § 186 Abs. 3 Satz 4 AktG befaßt und hierzu ausgeführt:

„Nach § 221 Abs. 4 S. 2 AktG gilt § 186 AktG für das Bezugsrecht bei Wandelschuldverschreibungen, Gewinnschuldverschreibungen und Genußrechten sinngemäß. § 186 Abs. 3 Satz 4 AktG paßt für diese Finanzierungsinstitute allerdings nicht. Es wird bei späterer Gelegenheit zu prüfen sein, ob eine gesetzliche Anpassung vorgenommen werden soll."[97]

Eine bloße Äußerung des Gesetzgebers – sofern man den Rechtsausschuß mit dem Gesetzgeber gleichsetzt – in den Materialien ist für den Gesetzesanwender jedoch

---
[95] BGHZ 86, 319 ff.
[96] BGHZ 83, 319, 326.
[97] BTDrucks. 12/7848 S. 17.

nicht bindend, wenn sie im Gesetzestext keinen Niederschlag gefunden hat und sich auch nicht aus dem Gesetzeszweck ergibt.[98] Bei Auslegung von Gesetzen kommt es auf den subjektiven Willen des Gesetzgebers nicht an, maßgeblich ist der im Gesetzeswortlaut objektivierte Wille des Gesetzgebers.[99]

III. Einschränkende Auslegung

Den Verweis in § 221 Abs. 4 Satz 2 AktG auf § 186 AktG hätte man bei einer teleologischen Reduktion dann einschränkend auszulegen, wenn die Regelung des § 186 Abs. 3 Satz 4 AktG ihrem Inhalt nach auch nicht sinngemäß für ein Bezugsrecht auf Gewinn- und Wandelschuldverschreibungen sowie auf Genußrechte anwendbar ist.

1. Bezug zum Grundkapital

Gewinnschuldverschreibungen sind echte Schuldverschreibungen. Sie verbriefen dem Berechtigten jedoch nicht nur einen Anspruch auf die Schuldsumme und eventuell feste Zinsen, sondern daneben oder allein Zahlungsansprüche, deren Höhe sich nach dem Gewinn der schuldenden (oder einer dritten) Aktiengesellschaft berechnet.[100] **Genußrechte** sind rein schuldrechtliche Forderungen gegen die Gesellschaft, die alle Vermögensrechte zum Gegenstand haben können, wie sie typischerweise Aktionären zustehen.[101] Meistens gehen sie auf einen Anteil am Gewinn oder am Abwicklungserlös. Sie gewähren keine Mitgliedschaftsrechte.[102] Reine Schuldverschreibungen und Genußrechte haben danach nichts mit dem Grundkapital der Gesellschaft zu tun. Ihre Ausgabe stellt keine Kapitalerhöhung dar. Gleiches gilt für die Ausgabe von Wandelschuldverschreibungen (Wandelanleihen), Optionsanleihen[103] und Wandel-/Optionsgenußscheinen. **Wandel- und Optionsanleihen** verbriefen das Recht auf Rückzahlung des Nennbetrages nach Ablauf der Laufzeit und werden während der Laufzeit in der Regel fest verzinst. Bei Wandelanleihen kommt die Befugnis hinzu, nach Ablauf der Laufzeit oder auch schon vorher die Schuldverschreibung in eine bestimmte Menge von Aktien der Gesellschaft umzutauschen.[104] Bei der Optionsanleihe wird dem Berechtigten neben dem Anspruch auf Verzinsung und Rückzahlung des Nennbetrages die Befugnis eingeräumt, innerhalb eines bestimmten Zeitraums zu einem bestimmten Preis zusätzlich eine bestimmte Zahl Aktien der Gesellschaft zu erwerben.[105] Bei **Wandelgenußscheinen** ist mit dem Genußrecht die

---

[98] *Groß* DB 1994, 2431, 2436.
[99] *Palandt/Heinrich*, Bürgerliches Gesetzbuch, Einleitung vor § 1 Rn. 34.
[100] Kölner Kommentar Aktiengesetz/*Lutter* § 221 Rn. 54.
[101] *Hüffer*, Aktiengesetz, § 221 Rn. 25.
[102] Kölner Kommentar Aktiengesetz/*Lutter* § 221 Rn. 66.
[103] Diese sind ebenfalls Schuldverschreibungen und fallen unter § 221 Abs. 4 AktG; *Hüffer*, Aktiengesetz, § 221 Rn. 6, 38.
[104] *Hüffer*, Aktiengesetz, § 221 Rn. 4.
[105] Münchener Handbuch des Gesellschaftsrechts/*Krieger*, Band 4, § 63 Rn. 4; *Hüffer*, Aktiengesetz, § 221 Rn. 6.

Befugnis zum Umtausch in Aktien verbunden. Bei **Optionsgenußscheinen** ist das Genußrecht mit einem Optionsrecht auf den Bezug von Aktien ausgestattet.[106]

Auch wenn die Ausgabe von Wandel-/Optionsanleihen und Wandel-/Optionsgenußscheinen selbst keine Kapitalerhöhung darstellt, ist sie jedoch insofern grundkapitalrelevant als sie Umtausch- oder Optionsrechte auf Aktien der Gesellschaft enthält. Werden diese Rechte ausgeübt, verändert sich die Grundkapitalziffer. Um sicherzustellen, daß die Gesellschaft ihren Verpflichtungen gegenüber den Wandlungs- und Optionsberechtigten nachkommen kann, wird die Ausgabe von Wandel- oder Optionsanleihen im allgemeinen mit der Schaffung bedingten Kapitals verbunden.[107]

Für reine Gewinnschuldverschreibungen und Genußrechte ist mangels Bezug zum Grundkapital und zum Börsenpreis der Aktien der Gesellschaft eine sinngemäße Anwendung von § 186 Abs. 3 Satz 4 AktG zu verneinen.[108] Dem wird von den Befürwortern einer sinngemäßen Anwendung entgegengehalten, daß sowohl die Regelung des § 186 AktG als auch die Regelung des § 221 AktG im Abschnitt „Maßnahmen der Kapitalbeschaffung" des Aktiengesetzes angesiedelt seien. Dem Beschluß über die Erhöhung des Grundkapitals in § 186 AktG entspreche daher im Rahmen des § 221 AktG der Beschluß über die Ausgabe der Emission.[109] Nach der Begründung im Initiativentwurf dient das gesetzliche Bezugsrecht zum einen dem Erhalt der mitgliedschaftsrechtlichen Position des Aktionärs durch die Verhinderung einer Einbuße der Stimmkraft sowie der Verhinderung einer Verwässerung des Wertes bzw. Börsenkurses der alten Aktien durch die Ausgabe neuer Aktien zu einem niedrigeren Betrag. Bei reinen Gewinnschuldverschreibungen und Genußrechten droht keine Beeinträchtigung der Mitgliedschaftsrechte des Aktionärs. Bei der Rechtfertigung eines Bezugsrechtsausschlusses geht es deshalb nur darum, ob die neuen Genußrechte Vermögensrechte der Altaktionäre beeinträchtigen. Ist dies nach ihrer Ausstattung nicht der Fall, bedarf der Bezugsrechtsausschluß schon nach bisheriger Rechtslage keiner sachlichen Rechtfertigung.[110] Für eine sinngemäße Anwendung der Regelung in § 186 Abs. 3 Satz 4 AktG ist daher bei der Ausgabe reiner Gewinnschuldverschreibungen und Genußrechte kein Raum. Dies gilt umso mehr, als auch die Literaturstimme, die die Regelung sinngemäß anwenden will, die sinngemäße Anwendung auf einzelne Passagen der Regelung beschränkt. So ist auch nach dieser Auffassung kein Raum für die Anwendung der 10%-Grenze.[111] Von der sinngemäßen Heranziehung einer Vorschrift kann jedoch nicht mehr gesprochen

---

[106] Münchener Handbuch des Gesellschaftsrechts/*Krieger*, Band 4, § 63 Rn. 28; vgl. auch *Geßler/Hefermehl/Eckardt/Kropff*, Aktiengesetz, § 221 Rn. 31.

[107] Vgl. 6. Kapitel A. II. sowie *Geßler/Hefermehl/Eckardt/Kropff*, Aktiengesetz, § 221 Rn. 129 ff.

[108] *Seibert/Köster/Kiem*, Die kleine AG, 3. Aufl., S. 124 Rn. 234; *Marsch-Barner* AG 1994, 532, 539; *Lutter* AG 1994, 429, 445.

[109] *Groß* DB 1994, 2431, 2436.

[110] BGH ZIP 1992, 1728 ff.; *Hüffer*, Aktiengesetz, § 221 Rn. 43; *Geßler*, Aktiengesetz, § 221 Rn. 14.

[111] *Groß* DB 1994, 2431, 2437.

werden, wenn sich die Heranziehung auf einzelne Teilaspekte einer in sich geschlossenen Regelung beschränkt.

Für Wandel-/Optionsanleihen und Wandel-/Optionsgenußscheine besteht hingegen über das Wandlungs- bzw. Optionsrecht auf Aktien eine Verknüpfung mit den Aktien und dem Grundkapital der Gesellschaft, so daß grundsätzlich eine sinngemäße Anwendung in Betracht kommt. Dies setzt zunächst voraus, daß diese Emissionen gegen Bareinlagen und nicht gegen Sacheinlagen erfolgt sind. Beruhen diese Emissionen etwa auf einer Umwandlung von Verbindlichkeiten, liegt keine der Barkapitalerhöhung vergleichbare Situation vor. Auch darf die zur Sicherung des Options- und Wandlungsrechts vorgenommene bedingte Kapitalerhöhung keine Sachkapitalerhöhung sein. Dabei ist zu beachten, daß bei Wandelanleihen die Wandlung nicht Einbringung der Wandeleinlageforderung als Sacheinlage, sondern Ausnutzung einer Ersetzungsbefugnis ist (§ 194 Abs. 1 S. 2 AktG).[112]

2. Ausgabebetrag

Damit ist jedoch noch nicht entschieden, was der Ausgabebetrag im Sinne von § 186 Abs. 3 Satz 4 AktG ist. In den Wandel-/Optionsbedingungen wird ein bestimmtes Wandlungsverhältnis bzw. ein bestimmter Optionspreis festgelegt. Aus dem Wandlungsverhältnis kann der Preis der Aktie (Wandlungspreis) errechnet werden. Bei der Optionsanleihe kann der Optionspreis als Ausgabebetrag herangezogen werden.[113]

In diesem Zusammenhang ist ungeklärt, ob auch die übrigen Ausstattungsmerkmale wie Zinssatz, Agio, Laufzeit, Anzahl der Optionsrechte usw. bei der Ermittlung des Ausgabebetrages miteinzurechnen sind. Dagegen spricht, daß diese Elemente der Anleihe keine Faktoren sind, die den Preis der Aktie, den Ausgabebetrag bestimmen. Sie sind nicht Entgelt für die Aktie sondern Entgelt für die Einräumung des Optionsrechts.[114]

3. Zeitpunkt der Ermittlung des Börsenpreises

Für den Vergleich des Wandlungs- oder Optionspreises und des Börsenpreises kann nicht auf den Zeitpunkt der Ausgabe neuer Aktien aufgrund der Ausübung des Wandlungs-/Optionsrechts abgestellt werden. Wäre dieser Zeitpunkt maßgeblich, dürfte während der gesamten Laufzeit des Wandlungs-/Optionsrechts der Wandlungs-/Optionspreis den Börsenpreis nicht wesentlich unterschreiten. Eine bei Ausgabe der Wandlungs-/Optionsanleihen (Wandlungs-/Optionsgenußrechte) nach § 186 Abs. 3 Satz 4 AktG bezugsrechtsfreie Emission würde dann – wegen Änderung des Börsenpreises – nachträglich unzulässig. Für ein Abstellen auf den Zeitpunkt der Ausgabe der neuen Aktien besteht auch unter Schutzaspekten kein Bedürfnis. Dem

---

[112] Kölner Kommentar Aktiengesetz/*Lutter*, § 221 Rn. 4; Großkommentar Aktiengesetz/*Schilling*, § 221 Rn. 1.
[113] *Groß* DB 1994, 2431, 2438; *Marsch-Barner* AG 1994, 532, 539.
[114] *Groß* DB 1994, 2431, 2438; *Marsch-Barner* AG 1994, 532, 539.

Risiko eines nach Ausgabe der Wandlungs-/Optionsanleihen steigenden Börsenkurses kann durch die Festlegung von Zinssätzen, Agio etc. bei der Ausgabe der Wandlungs-/Optionsanleihen entgegengewirkt werden. Darüber hinaus steht diesem Risiko gegenüber, daß durch einen nach Ausgabe der Wandlungs-/Optionsanleihen sinkenden Börsenkurs die Ausübung des Wandlungs-/Optionsrechts wirtschaftlich uninteressant werden kann.[115] Allein bereits aus Praktikabilitätsgründen kann die Gegenüberstellung des Wandlungs-/Optionspreises und des Börsenpreises nur bezogen auf den Zeitpunkt der Ausgabe der Wandlungs- und Optionsanleihe erfolgen.

Die Gegenauffassung stellt bei der sinngemäßen Anwendung des § 186 Abs. 4 Satz 3 AktG nicht Wandlungs-/Optionspreis und Börsenkurs der Aktien im Zeitpunkt der Ausgabe der Wandel-/Optionsanleihe gegenüber, sondern vergleicht den Preis neuausgegebener Wandel-/Optionsanleihen mit dem „Börsenpreis" bereits ausgegebener Wandel-/Optionsanleihen. Eine solche Gegenüberstellung kann nur zu dem Ergebnis führen, daß es praktisch keine gleichen Anleihen gibt, die in Wandlungs-(Options-)zeitpunkt und -preis, Verzinsung und Fälligkeit der Anleihe völlig gleich sind.[116] Bei Wandel-/Optionsanleihen und Wandel-/Optionsgenußrechten ergibt sich die Verknüpfung mit den Aktien und dem Grundkapital der Gesellschaft aus dem zur Absicherung dieser Rechte regelmäßig geschaffenen bedingten Kapital. Aufgrund dieses bedingten Kapitals droht die Beeinträchtigung der Mitgliedschafts- und Vermögensrechte der Altaktionäre. Bei einer entsprechenden Anwendung von § 186 Abs. 3 Satz 4 AktG im Rahmen von § 221 Abs. 4 AktG sind daher der Wandlungspreis bzw. Optionspreis und der Börsenkurs der Aktien gegenüberzustellen. Dabei ist der Börsenpreis der Aktien im Zeitpunkt der Ausgabe der Wandel-/Optionsanleihen bzw. Wandel-/Optionsgenußrechte maßgeblich. Als Entgelt für das Risiko einer Optionsausübung unter dem im Zeitpunkt der Ausgabe der Anleihen bzw. der Genußrechte aktuellen Börsenpreis erhält die Gesellschaft das Anleiheagio bzw. eine Zinsdifferenz. Dieses Entgelt für die Einräumung des Wandlungs- oder Optionsrechts führt zur Steigerung des Wertes der Gesellschaft, dadurch soll eine mögliche Vermögensverwässerung für die Aktionäre bei Wandlung oder Optionsausübung unter dem aktuellen Börsenpreis kompensiert werden.

Für Wandlungs-/Optionsanleihen und Wandel-/Optionsgenußrechte kommt danach grundsätzlich eine sinngemäße Anwendung von § 186 Abs. 3 Satz 4 AktG in Betracht. Ein erleichterter Bezugsrechtsausschluß wäre möglich, wenn der Wandlungs-/Optionspreis im Zeitpunkt der Ausgabe der Anleihe/Genußrechte den Börsenkurs der Aktien (auf die ein Umtauschrecht eingeräumt wird) nicht wesentlich unterschreitet und das zur Absicherung der Wandlungs-/Optionsrechte vorgesehene Kapital 10 % des Grundkapitals nicht überschreitet.[117] Teilweise wird darüber hinaus gefordert, daß die Emission insgesamt marktgerecht sein muß.[118] Nur wenn die

---

[115] *Groß* DB 1994, 2431, 2438.
[116] *Lutter* AG 1994, 429, 445; *Seibert/Köster/Kiem*, Die kleine AG, 3. Aufl., S. 124/125 Rn. 236.
[117] So *Marsch-Barner* AG 1994, 532, 539; *Groß* DB 1994, 2431, 2437.
[118] So *Marsch-Barner* AG 1994, 532, 539.

Emission insgesamt marktgerecht ist, sind auch die übrigen Ausstattungsmerkmale (neben dem Wandlungs-/Optionspreis) angemessen und stellen eine angemessene Sicherung gegen Börsenpreisänderung etc. während der Laufzeit des Wandlungs-/Optionsrechts dar. Ob das Kriterium der marktgerechten Emission jedoch aus § 186 Abs. 3 Satz 4 AktG abgeleitet werden kann, weil der Gesetzgeber bei der Erleichterung des Bezugsrechtsausschlusses nach § 186 Abs. 3 Satz 4 AktG davon ausgegangen sei, daß die Altaktionäre auch in ihren Vermögensrechten nicht nennenswert beeinträchtigt werden[119], erscheint fraglich. § 186 Abs. 3 Satz 4 AktG bietet keinen Ansatzpunkt für dieses Kriterium. Vielmehr ist der Vorstand nach § 93 Abs. 1 AktG verpflichtet, für eine im Interesse der Gesellschaft möglichst günstige Festlegung der Ausgestaltungsmerkmale zu sorgen.[120]

Angesichts der eindeutig gegenteiligen Auffassung des Rechtsausschusses ist jedoch fraglich, ob die Gerichte, insbesondere die unterinstanzlichen Gerichte, sich dieser Argumentation anschließen werden und entgegen der Ansicht des Rechtsausschusses urteilen. In der Praxis sollte daher von einer sinngemäßen Anwendung von § 186 Abs. 3 Satz 4 AktG im Rahmen von § 221 AktG abgesehen werden. Selbst wenn eine Anfechtungsklage im Ergebnis nicht durchdringt, kann allein die zeitliche Verzögerung durch das Anfechtungsverfahren erhebliche finanzielle Nachteile für die Gesellschaft mit sich bringen.

---

[119] *Marsch-Barner* AG 1994, 532, 539.
[120] So ergänzend auch *Marsch-Barner* AG 1994, 532, 539.

7. Kapitel
Sonstige Änderungen (im Zuge des Gesetzes für kleine Aktiengesellschaften und zur Deregulierung des Aktienrechts)

A. Sonderbeschlüsse

I. § 182 Abs. 2 Satz 1 und § 222 Abs. 2 Satz 1 AktG

1. Bisherige Rechtslage

Nach § 182 Abs. 2 Satz 1 AktG a.F. bedurfte der Beschluß der Hauptversammlung über eine Kapitalerhöhung gegen Einlagen zu seiner Wirksamkeit der Zustimmung der Aktionäre jeder Gattung in Form eines Sonderbeschlusses, wenn mehrere Gattungen von Aktien vorhanden sind. Eine gleichlautende Regelung enthielt § 222 Abs. 2 Satz 1 AktG für die ordentliche Kapitalherabsetzung. Das gleiche galt für die bedingte Kapitalerhöhung, die Beschlußfassung über genehmigtes Kapital und die Kapitalerhöhung aus Gesellschaftsmitteln. In § 193 Abs. 1 Satz 3 AktG wird für das bedingte Kapital, in § 202 Abs. 2 S. 4 AktG für das genehmigte Kapital und in § 207 Abs. 2 AktG für die Kapitalerhöhung aus Gesellschaftsmitteln auf § 182 Abs. 2 AktG verwiesen. Nach dem Wortlaut der gesetzlichen Regelungen zur Kapitalerhöhung und -herabsetzung wäre in allen Fällen ein Sonderbeschluß der Vorzugsaktionäre erforderlich. Die herrschende Meinung ging jedoch davon aus, daß in § 141 AktG die Fälle, in denen Sonderbeschlüsse der Vorzugsaktionäre erforderlich sind, abschließend geregelt sind. § 141 AktG wurde von der herrschenden Ansicht als Spezialregelung gegenüber § 182 Abs. 2 und § 222 Abs. 2 AktG in der Frage angesehen, inwieweit Sonderbeschlüsse von Vorzugsaktionären bei Änderungen des Grundkapitals erforderlich sind.[1] In § 141 AktG ist bestimmt, daß ein Beschluß, durch den der Vorzug aufgehoben oder beschränkt wird, zu seiner Wirksamkeit der Zustimmung der Vorzugsaktionäre bedarf (§ 141 Abs. 1 AktG). Darüber hinaus bedarf ein Beschluß über die Ausgabe von Vorzugsaktien, die bei der Verteilung des Gewinns oder des Gesellschaftsvermögens den Vorzugsaktien ohne Stimmrecht vorgehen oder gleichstehen, ebenfalls der Zustimmung der Vorzugsaktionäre, es sei denn, die Gesellschaft hat sich gemäß § 141 Abs. 2 S. 2 AktG die Ausgabe weiterer Vorzugsaktien vorbehalten.

---

[1] OLG Frankfurt DB 1993, 272; *Hüffer*, Aktiengesetz, § 182 Rn. 19, § 222 Rn. 18; *Geßler/Hefermehl/Eckardt/Kropff* § 222 Rn. 7; Kölner Kommentar Aktiengesetz/*Lutter* § 182 Rn. 11; Münchener Handbuch des Gesellschaftsrechts/*Krieger*, Band 4, § 56 Rn. 14; *Frey/Hirte* DB 1989, 2465, 2468f.

2. Gesetzesänderung

Mit dem Gesetz für kleine Aktiengesellschaften und zur Deregulierung des Aktienrechts wurde der Gesetzeswortlaut in § 182 Abs. 2 Satz 1 AktG und § 222 Abs. 2 Satz 1 AktG geändert. Sonderbeschlüsse sind nach dem neuen Wortlaut nur noch erforderlich, wenn mehrere Gattungen von **stimmberechtigten** Aktien vorhanden sind. Damit ist klargestellt, daß ein Sonderbeschluß der Vorzugsaktionäre ohne Stimmrecht nach § 182 Abs. 2 Satz 1 AktG und § 222 Abs. 2 Satz 1 AktG nicht erforderlich ist. Die Notwendigkeit von Sonderbeschlüssen der Vorzugsaktionäre bestimmt sich allein nach § 141 AktG. Aufgrund der Verweisung auf § 182 Abs. 2 AktG erstreckt sich die Klarstellung auch auf das bedingte Kapital, das genehmigte Kapital und die Kapitalerhöhung aus Gesellschaftsmitteln.

3. § 340c Abs. 3 Satz 1 AktG

Die Regelung des Gattungssonderbeschlusses bei der Verschmelzung in § 340c Abs. 3 Satz 1 AktG wurde korrigiert. Nach der Neuregelung waren Gattungssonderbeschlüsse nur insofern erforderlich, als mehrere Gattungen von stimmberechtigten Aktien vorhanden sind. § 340c AktG ist im Zuge des Umwandlungsgesetzes zum 1. Januar 1995 aufgehoben worden. An die Stelle von § 340c Abs. 3 AktG ist § 65 Abs. 2 UmwG getreten. In dieser Vorschrift ist ebenfalls vorgesehen, daß der Beschluß der Hauptversammlung zur Verschmelzung zu seiner Wirksamkeit eines zustimmenden Sonderbeschlusses der stimmberechtigten Aktionäre jeder Gattung bedarf, wenn mehrere Gattungen von Aktien vorhanden sind.

II. § 179 Abs. 3 AktG

Anders als in § 182 Abs. 2 AktG und § 222 Abs. 2 Satz 1 AktG ist in § 179 Abs. 3 AktG eine Klarstellung des Verhältnisses dieser Vorschrift zu § 141 AktG unterblieben. Es wäre wünschenswert gewesen, wenn der Gesetzgeber auch in § 179 Abs. 3 AktG eine – das Konkurrenzverhältnis klarstellende Änderung vorgenommen hätte. Nach § 179 Abs. 3 AktG bedarf der Beschluß der Hauptversammlung zu seiner Wirksamkeit der Zustimmung der benachteiligten Aktionäre, wenn das bisherige Verhältnis mehrerer Gattungen von Aktien zum Nachteil einer Gattung geändert werden soll. Nicht nur für die Beschlußfassung über die Kapitalerhöhung sondern auch für die Beschlußfassung über die Satzungsänderung nach § 179 AktG entspricht es herrschender und weiterhin zutreffender Meinung, daß § 141 AktG eine Sonderregelung enthält. § 141 AktG ist Spezialregelung zu § 179 Abs. 3 AktG.[2] Wenn auch der Ge-

---

[2] *Hüffer*, Aktiengesetz, § 179 Rn. 42; Kölner Kommentar zum Aktiengesetz/*Zöllner* § 179 Rn. 178 f.; *Geßler/Hefermehl/Eckardt/Kropff*, § 141 Rn. 19, § 179 Rn. 172; Münchener Handbuch des Gesellschaftsrechts/*Semler*, Band 4, § 39 Rn. 54; *Frey/Hirte* DB 1989, 2465, 2468; a.A. *Werner* AG 1971, 69, 75 f.

setzgeber anders als für § 182 AktG im Gesetz für kleine Aktiengesellschaften und zur Deregulierung des Aktienrechts nicht durch die Hinzufügung des Wortes „stimmberechtigten" den Anwendungsbereich von § 179 Abs. 3 AktG klargestellt hat, ergibt sich aus den Materialien zur Gesetzesänderung kein Hinweis für einen etwaigen Willen, eine von der bisherigen herrschenden Meinung abweichenden Regelung zu treffen.

Nach einer entgegengesetzten Auffassung soll § 179 Abs. 3 AktG Auffangfunktion haben und eingreifen, wenn die Voraussetzungen von § 141 Abs. 1 und 2 AktG nicht vorliegen.[3] Diese Auffassung ist abzulehnen. Die genaue Abgrenzung der Fälle in § 141 AktG, in denen ein Sonderbeschluß der Vorzugsaktionäre notwendig ist, wäre überflüssig und sinnentleert.[4] Darüber hinaus ist kein Grund ersichtlich, warum ein Sonderbeschluß nach § 182 AktG und § 222 AktG für Kapitalerhöhung und -herabsetzung – insbesondere nach der Klarstellung durch den Gesetzgeber – nicht erforderlich ist, § 179 Abs. 3 AktG jedoch in anderen Fällen der Satzungsänderung Auffangfunktion haben soll. Da § 182 Abs. 1 n.F. AktG und § 222 Abs. 2 n.F. AktG nur noch bei mehreren Gattungen stimmberechtigter Aktien Anwendung finden, könnte die ansonsten durch die Spezialvorschriften verdrängte Regelung des § 179 Abs. 3 AktG wieder zur Anwendung gelangen.[5]

B. Verbot der Einlagenrückgewähr

Der Gesetzgeber hat mit dem Gesetz für kleine Aktiengesellschaften und zur Deregulierung des Aktienrechts systematische Korrekturen vorgenommen. Die bisherige Regelung des § 58 Abs. 5 AktG ist als neuer Abs. 3 an § 57 AktG angefügt worden. Die Regelung sieht vor, daß vor Auflösung der Gesellschaft unter die Aktionäre nur der Bilanzgewinn verteilt werden darf. Im Initiativentwurf war zunächst vorgesehen, § 58 Abs. 5 AktG ersatzlos zu streichen. Es wurde die Auffassung vertreten, § 58 Abs. 5 AktG sei verzichtbar, weil diese Vorschrift im Grunde nur das wiederhole, was bereits in § 57 Abs. 1 AktG geregelt sei.[6] In § 57 Abs. 1 AktG ist jedoch lediglich das Verbot der Einlagenrückgewähr normiert. Die Beschränkung der Ausschüttung auf den Bilanzgewinn geht über das Verbot der bloßen Einlagenrückgewähr hinaus. Diese Regelung fügt sich systematisch besser in § 57 AktG als in § 58 AktG – der die Verwendung des Jahresüberschusses zum Gegenstand hat – ein.[7]

---

[3] Großkommentar Aktiengesetz/*Wiedemann*, § 179 Rn. 140.
[4] *Frey/Hirte* DB 1989, 2465, 2468.
[5] Vgl. zum Konkurrenzverhältnis Kölner Kommentar Aktiengesetz/*Zöllner* § 179 Rn. 177.
[6] BTDrucks. 12/6721, Satz 3.
[7] Vgl. Begründung zum Entwurf des Rechtsausschusses BTDrucks. 12/7848, S. 9.

C. Bildung von Rücklagen

Neu geregelt wurde auch die Bildung von Rücklagen in § 58 Abs. 2 AktG. Nach der bisherigen Gesetzesfassung konnten Vorstand und Aufsichtsrat – ohne daß es einer besonderen Ermächtigung in der Satzung bedurfte, – bis zu 50 % des Jahresüberschusses in Gewinnrücklagen einstellen. Durch die Satzung konnten Vorstand und Aufsichtsrat darüber hinaus ermächtigt werden, die übrigen 50 % zum Teil oder ganz in die Gewinnrücklagen einzustellen. Für börsennotierte Gesellschaften ist es bei dieser Regelung verblieben. Hingegen kann bei nicht börsennotierten Gesellschaften in der Satzung die Kompetenz von Vorstand und Aufsichtsrat zur Rücklagendotierung auf einen unter 50 % liegenden Prozentsatz beschränkt oder ganz ausgeschlossen werden. Dieses ergibt sich im Umkehrschluß aus der Neuregelung des § 58 Abs. 2 S. 2 AktG. In § 58 Abs. 2 S. 2 AktG ist bestimmt, daß die Satzung Vorstand und Aufsichtsrat zur Einstellung eines größeren oder kleineren Teils, bei börsennotierten Gesellschaften nur eines größeren Teils des Jahresüberschusses in Gewinnrücklagen ermächtigen kann. Nach der alten Fassung des § 58 Abs. 2 AktG war die Gesetzesformulierung „Die Satzung kann Vorstand und Aufsichtsrat zur Einstellung eines größeren Teils als die Hälfte... ermächtigen." dahingehend zu verstehen, daß durch Satzungsregelung die Einstellung von bis zu 100 % des Jahresüberschusses in Gewinnrücklagen vorgesehen werden kann.[8] Die Neufassung des § 58 Abs. 2 AktG ermöglicht nun für nicht börsennotierte Aktiengesellschaften auch die Ausweitung dieser Satzungskompetenz „nach unten". Was für die Ausweitung des Rechts zur Bildung von Gewinnrücklagen gilt, muß dann ebenso für die Einschränkung dieser Rechte gelten. Die Formulierung „Einstellung eines... kleinen Teils... ermächtigen" ist folglich dahingehend zu verstehen, daß die Kompetenz von Vorstand und Aufsichtsrat zur Bildung von Gewinnrücklagen bei nicht börsennotierten Gesellschaften zukünftig ganz beseitigt werden kann.[9]

Auch in § 58 Abs. 2 AktG wird zwischen börsennotierten und nicht börsennotierten Aktiengesellschaften unterschieden. Börsennotiert ist nach der Legaldefinition in § 3 Abs. 2 AktG die Aktiengesellschaft, wenn ihre Aktien zum amtlichen Handel, geregelten Markt oder Neuen Markt zugelassen sind.[10] Ob nicht börsennotierten Aktiengesellschaften zu raten ist, von der Ermächtigung in § 58 Abs. 2 AktG Gebrauch zu machen, ist fraglich und muß von den tatsächlichen Verhältnissen im Einzelfall abhängig gemacht werden.[11] Familienunternehmen wählen nicht selten die Rechtsform der Aktiengesellschaft auch unter dem Aspekt der Stärkung der Kompetenz von Vorstand und Aufsichtsrat gegenüber den Einwirkungsrechten der

---

[8] BGHZ 55, 359, 360 ff; *Geßler/Hefermehl/Eckardt/Kropff*, Aktiengesetz, § 58 Rn. 40; Kölner Kommentar Aktiengesetz/*Lutter*, § 58 Rn. 30.
[9] So auch *Lutter* AG 1994, 429, 436; *Hoffmann-Becking* ZIP 1995, 1, 5.
[10] Vgl. auch 5. Kapitel G. II. 2. zur Frage der Börsennotierung
[11] Insofern für die Anwendung der Vorschrift *Lutter* AG 1994, 429, 436.

Anteilseigner, um zu einer sachbezogenen und kompetenten Unternehmensführung zu gelangen.[12]

Unverändert geblieben ist die Regelung des § 58 Abs. 2 Satz 3 AktG. Danach dürfen Vorstand und Aufsichtsrat trotz Satzungsermächtigung keine Beträge in andere Gewinnrücklagen einstellen, wenn und soweit die anderen Gewinnrücklagen die Hälfte des Grundkapitals übersteigen oder mit der Einstellung übersteigen würden.

D. § 188 Abs. 3 Nr. 2 AktG

In § 188 Abs. 3 Nr. 2 AktG wurde der zweite Halbsatz gestrichen. Dadurch entfällt die bisherige Pflicht, den schriftlichen Bericht des Sachkapitalerhöhungsprüfers der Industrie- und Handelskammer einzureichen und dies dem Registergericht bei der Kapitalerhöhung nachzuweisen (§ 188 Abs. 3 Nr. 4 AktG). Die Änderung folgt der Neufassung von § 34 Abs. 3 AktG und der Streichung des zweiten Halbsatzes in § 37 Abs. 4 Nr. 4 AktG, durch welche die Pflicht, den schriftlichen Bericht des Gründungsprüfers (insbesondere bei der Sachgründung) der Industrie- und Handelskammer einzureichen und dieses dem Registergericht bei der Anmeldung der Gesellschaft nachzuweisen (§ 37 Abs. 4 Nr. 4 AktG), entfallen ist. Die Gründungsvorschriften und die Vorschriften zur Kapitalerhöhung sind gleichermaßen geändert worden. Ebensowenig wie bei der Gründung besteht bei der Kapitalerhöhung ein Bedürfnis für die Hinterlegung des Prüfungsberichtes bei der Industrie- und Handelskammer. Der Prüfungsbericht wird zum Handelsregister eingereicht und dort bei den Registerakten verwahrt, wo er von jedem Interessierten eingesehen werden kann.[13]

---

[12] *Hoffmann-Becking* ZIP 1995, 1, 5.
[13] Siehe 2. Kapitel B. IX. 3.

Anhang

Übersicht

A. Muster

I. Gründung einer Aktiengesellschaft
  1. Einpersonengründung, Gründungsprotokoll bei Bargründung
  2. Gründungsvollmacht
  3. Wahlen innerhalb des ersten Aufsichtsrats und Bestellung des ersten Vorstands
  4. Einzahlungsquittung und Bestätigung des Kreditinstituts
  5. Gründungsbericht bei Bargründung
  6. Gründungsprüfungsbericht der Mitglieder des Vorstands und des Aufsichtsrats bei Bargründung
  7. Antrag auf Bestellung von Gründungsprüfern
  8. Bericht des Gründungsprüfers bei Bargründung
  9. Anmeldung der Gesellschaft zum Handelsregister bei Einpersonengründung (Bargründung)
  10. Satzung einer Einpersonen-Aktiengesellschaft (Bargründung)
  11. Satzung (ausführliche Fassung)
  12. Mitteilung der späteren Entwicklung zur Einpersonen-Aktiengesellschaft
  13. Mitteilung bei bereits bestehender Einpersonen-Aktiengesellschaft
  14. Mitteilung über die Beendigung des Status der Einpersonen-Aktiengesellschaft

II. Umwandlung einer GmbH in eine Aktiengesellschaft
  1. Verzicht auf die Erstattung eines Umwandlungsberichts
  2. Einladung zur Gesellschafterversammlung, in der die Umwandlung einer GmbH in eine AG beschlossen werden soll
  3. Protokoll der Umwandlung einer GmbH in eine AG
  4. Gründungsbericht gemäß § 32 AktG i.V.m. § 197 AktG
  5. Gründungsprüfungsbericht des Vorstands und des Aufsichtsrats gemäß §§ 33, 34 AktG i.V.m. § 197 AktG
  6. Antrag auf Bestellung eines Umwandlungsprüfers
  7. Bericht über die Umwandlungsprüfung
  8. Anmeldung der Umwandlung zum Handelsregister

III. Hauptversammlung einer Aktiengesellschaft
  1. Einberufung der ordentlichen Hauptversammlung durch eingeschriebenen Brief
  2. Einberufung einer Hauptversammlung durch eingeschriebenen Brief durch einen Aktionär aufgrund Ermächtigung des Gerichts
  3. Bekanntmachung eines Gegenstandes zur Beschlußfassung in der Hauptversammlung durch einen Aktionär durch eingeschriebenen Brief
  4. Notarielle Niederschrift über die ordentliche Hauptversammlung (mit Schaffung genehmigten Kapitals)
  5. Niederschrift über eine außerordentliche Hauptversammlung in Form einer Vollversammlung

IV. Kapitalerhöhung (genehmigtes Kapital)
  1. Anmeldung der Satzungsänderung zum genehmigten Kapital zum Handelsregister
  2. Beschluß des Vorstands über die Ausnutzung des genehmigten Kapitals

3. Zustimung des Aufsichtsrats zur Aktienausgabe
4. Anmeldung der Durchführung der Erhöhung des Grundkapitals und der Änderung der Satzungsfassung bei genehmigtem Kapital zum Handelsregister

V. Aktionärsvereinbarung, Poolvertrag mit Stimmbindung und Veräußerungsbeschränkung

B. Gesetzestexte

1. Aktiengesetz (Auszug)
2. Betriebsverfassungsgesetz 1952 (Auszug)
3. Umwandlungsgesetz (Auszug)

Stichwortverzeichnis

A. Muster

I. Gründung einer Aktiengesellschaft

1. Einpersonengründung

Gründungsprotokoll bei Bargründung

Verhandelt am 7. Mai 2001 in .... (Ort)

Vor dem unterzeichnenden Notar N in .... (Ort) erschien:

Herr C, Rechtsanwalt in .... (Ort, Straße)

Der Erschienene hat sich dem Notar durch Vorlage seines mit Lichtbild versehenen Personalausweises ausgewiesen.

Der Erschienene handelt im Namen der X-GmbH in .... (Ort) aufgrund der ihm erteilten notariell beglaubigten Vollmacht vom .... Er überreicht die Vollmacht zu den Akten des amtierenden Notars. Eine Bescheinigung über die Vertretungsberechtigung des Unterzeichners der Vollmacht ist aus der Urkunde ersichtlich.

Der Erschienene erklärt:

I.

Die X-GmbH errichtet eine Aktiengesellschaft unter der Firma

A-Aktiengesellschaft.

Gründer ist die X-GmbH. Sitz der Aktiengesellschaft ist .... (Ort).

II.

Die Satzung stelle ich wie folgt fest:

...

III.

Vom Grundkapital der Gesellschaft in Höhe von € 1.000.000,– übernimmt

    die X-GmbH   10.000 Aktien im Nennbetrag von je € 100,–.

Die Ausgabe der Aktien erfolgt zum Nennbetrag. Die Einlage ist in bar zu leisten. Sie ist in Höhe von € 500.000,– sofort zur Zahlung fällig. Die restliche Bareinlage ist nach Aufforderung durch den Vorstand am .... zur Zahlung fällig. Die Aufforderung erfolgt durch eingeschriebenen Brief.

IV.

Die Herren L, M, N, O, P und Q werden für die Zeit bis zur Beendigung der Hauptversammlung, die über die Entlastung des Aufsichtsrats für das am 31. Dezember 2001 endende Rumpfgeschäftsjahr beschließt, zu Mitgliedern des ersten Aufsichtsrats bestellt.

V.

Die R-Wirtschaftsprüfungsgesellschaft AG in .... (Ort) wird zum Abschlußprüfer für das am 31. Dezember 2001 endende Rumpfgeschäftsjahr bestimmt.

VI.

Ich bevollmächtige hiermit ...., etwa erforderliche Änderungen oder Ergänzungen dieser notariellen Urkunde, insbesondere der Satzung, vorzunehmen, sofern das Registergericht dies zur Eintragung in das Handelsregister verlangt. Der Bevollmächtigte ist von den Beschränkungen des § 181 BGB befreit. Die Niederschrift wurde vom Notar vorgelesen, von dem Erschienenen genehmigt und von ihm und dem Notar eigenhändig unterschrieben:

gez. C
gez. ..., Notar

I. Gründung einer Aktiengesellschaft

2. Gründungsvollmacht

Vollmacht

Die X-GmbH in .... (Ort) bevollmächtigt hiermit

Herrn C, Rechtsanwalt in .... (Ort)

sie bei der Gründung der mit einem Grundkapital von € 1.000.000,– zu errichtenden

A-Aktiengesellschaft in .... (Ort)

zu vertreten.

Herr C ist im einzelnen zur Vertretung der X-GmbH bei der Feststellung der Satzung, der Bestellung des ersten Aufsichtsrats und der Wahl des ersten Abschlußprüfers berechtigt. Er ist bevollmächtigt, 10.000 Stück Inhaberaktien im Nennbetrag von je € 100,–, insgesamt also Aktien im Nennbetrag von

€ 1.000.000,–

zu übernehmen.

Herr C ist von den Beschränkungen des § 181 BGB befreit. Er ist berechtigt, Untervollmachten – auch unter Befreiung von den Beschränkungen des § 181 BGB – zu erteilen.

.... (Ort), den ....
                                    X-GmbH
                                    G
                                    (Geschäftsführer)

(Beglaubigungsvermerk und notarielle Bescheinigung über die Vertretungsberechtigung des Herrn G).

3. Wahlen innerhalb des ersten Aufsichtsrats und Bestellung des ersten Vorstands

Niederschrift

über die Sitzung des Aufsichtsrats der A-Aktiengesellschaft in .... (Ort)

Laut Gründungsprotokoll vom 7. Mai 2001 sind die Herren L, M, N, O, P und Q zu Mitgliedern des Aufsichtsrats der A-Aktiengesellschaft bestellt worden. Sie nehmen die Bestellung an, treten zu einer Sitzung zusammen und fassen einstimmig folgende Beschlüsse:

1. Zum Vorsitzenden des Aufsichtsrats wird Herr Dipl.-Kfm. L, zu seinem Stellvertreter Herr Bankier M gewählt. Die Herren L und M nehmen die Wahl an.
2. Die Herren

I und J

werden für die Dauer von fünf Jahren zu Vorstandsmitgliedern bestellt.

Die dem Aufsichtsrat vorliegenden Anstellungsverträge werden genehmigt. Der Vorsitzende des Aufsichtsrats wird ermächtigt, sie im Namen des Aufsichtsrats mit den Vorstandsmitgliedern abzuschließen.

.... (Ort), den 8. Mai 2001

....
(Unterschriften)

4. Einzahlungsquittung und Bestätigung des Kreditinstituts

H-Bank AG .... (Ort), den 14. Mai 2001

Hiermit wird gemäß §§ 37 Abs. 1, 54 Abs. 3 AktG bestätigt, daß bei uns ein Konto auf den Namen der in Gründung befindlichen A-Aktiengesellschaft errichtet wurde. Auf dieses Konto hat die X-GmbH als alleinige Gründerin € 500.000,– eingezahlt.

Es wird versichert, daß der Betrag von € 500.000,– endgültig zur freien Verfügung des Vorstands der Gesellschaft steht.

....
(Unterschriften)

5. Gründungsbericht bei Bargründung

Der unterzeichnende Gründer der A-Aktiengesellschaft in .... (Ort), erstattet über den Hergang der Gründung den folgenden Bericht:

I.

Die Satzung der Gesellschaft wurde gemäß notariellem Gründungsprotokoll vom .... (UR-Nr. 1000/2001 des Notars N in ....) festgestellt.

II.

Als alleiniger Gründer hat sich die X-GmbH beteiligt.

III.

Das Grundkapital der Gesellschaft beträgt € 1.000.000,–. Der Gründer hat die zum Nennbetrag ausgegebenen Aktien übernommen. Hierauf hat er ausschließlich bare Einlagen, und zwar in Höhe von 50 % der Nennbeträge, auf das Konto der Gesellschaft bei der H-Bank AG in .... (Ort) geleistet. Diese Einlagen stehen laut Bescheinigung der H-Bank AG in voller Höhe von € 500.000,–, endgültig zur freien Verfügung des Vorstands. Für den Teil der Bareinlage, der den eingeforderten Betrag von € 500.000,– übersteigt, hat der Gründer eine Sicherung in Form einer selbstschuldnerischen Bürgschaft der K-Bank gestellt.

IV.

Als Mitglieder des ersten Aufsichtsrats wurden von dem Gründer die Herren L, M, N, O, P und Q bestellt. Zum Vorsitzenden des Aufsichtsrats ist Herr L, zu seinem Stellvertreter Herr M gewählt worden.

V.

Der Aufsichtsrat hat durch Beschluß vom 8. Mai 2001 die Herren

I und J

zu Mitgliedern des ersten Vorstands bestellt.

VI.

Bei der Gründung wurden keine Aktien für Rechnung eines Mitglieds des Vorstands oder des Aufsichtsrats übernommen. Weder ein Mitglied des Vorstands noch ein Mitglied des Aufsichtsrats hat sich einen besonderen Vorteil oder für die Gründung oder ihre Vorbereitung eine Entschädigung oder Belohnung ausbedungen.

VII.

Die Gesellschaft hat die Gründungskosten in geschätzter Höhe von € ... gemäß § ... der Satzung übernommen.

.... (Ort), den 14. Mai 2001

....
(Unterschriften)

6. Gründungsprüfungsbericht der Mitglieder des Vorstands und des Aufsichtsrats bei Bargründung

Wir, die unterzeichnenden Mitglieder des ersten Vorstands und des ersten Aufsichtsrats der A-Aktiengesellschaft in .... (Ort), haben den Hergang der Gründung geprüft.

Bei der Prüfung haben uns die folgenden Unterlagen vorgelegen:

1. Notarielle Urkunde vom 7. Mai 2001 über die Gründung der A-Aktiengesellschaft, die Feststellung ihrer Satzung, die Übernahme der Aktien durch den Gründer, die Bestellung des ersten Aufsichtsrats und die Bestellung des Abschlußprüfers (UR-Nr. 1000/2001 des Notars N .... in ....),
2. Niederschrift über die Bestellung des Vorstands durch den Aufsichtsrat vom 8. Mai 2001,
3. Quittung der H-Bank AG in .... (Ort) über die Einzahlung von € 500.000,– auf ein von der Gesellschaft errichtetes Konto, sowie Bestätigung der H-Bank AG vom 14. Mai 2001 darüber, daß der genannte eingezahlte Betrag endgültig zur freien Verfügung des Vorstands steht.
4. Gründungsbericht des Gründers vom 14. Mai 2001.
5. Selbstschuldnerische Bürgschaft der K-Bank über einen Betrag von € 500.000,–.

Der Hergang der Gründung entspricht nach unseren Feststellungen den gesetzlichen Vorschriften. Die Angaben des Gründers über die Übernahme der Aktien und über die Einlagen auf das Grundkapital sind richtig und vollständig. Die Satzung enthält keine Festsetzungen über besondere Vorteile für einzelne Aktionäre oder über Entschädigungen oder Belohnungen für die Gründung oder ihre Vorbereitung. Gemäß § ... der Satzung hat die Gesellschaft die Gründungskosten in geschätzter Höhe von € ... übernommen. Gegen den Ansatz der Gründungskosten bestehen keine Einwendungen.

.... (Ort), den 15. Mai 2001

....
(Unterschriften)

7. Antrag auf Bestellung von Gründungsprüfern

An das
Amtsgericht
– Handelsregister –

Die X-GmbH ist der alleinige Gründer der A-Aktiengesellschaft mit dem Sitz in .... (Ort).

Der geschäftsführende Gesellschafter der X-GmbH G ist zum Mitglied des Vorstands der Gesellschaft bestellt worden.[1] Nach § 33 Abs. 2 Nr. 1 AktG ist daher eine Prüfung durch einen Gründungsprüfer erforderlich.

Es wird vorgeschlagen, die Y-Wirtschaftsprüfungsgesellschaft in .... (Ort) zum Gründungsprüfer zu bestellen.

Die Industrie- und Handelskammer zu ...., deren Stellungnahme beigefügt wird, ist mit der Bestellung einverstanden.

Eine beglaubigte Abschrift der notariellen Urkunde vom 7. Mai 2001 über die Errichtung der Gesellschaft und der Niederschrift über die Aufsichtsratssitzung vom 8. Mai 2001, in der Herr G zum Vorstandsmitglied bestellt wurde, wird als Anlage beigefügt.

.... (Ort), den 9. Mai 2001

....
(Unterschriften)

---

[1] Im Unterschied zu den vorangegangenen Formularen wird hier unterstellt, daß G zum Mitglied des Vorstandes bestellt wurde.

8. Bericht des Gründungsprüfers bei Bargründung

Bericht des Gründungsprüfers über die Prüfung der Gründung der A-Aktiengesellschaft in .... (Ort)

I. Prüfungsauftrag

1. Durch Beschluß des Amtsgerichts .... (Ort) vom .... (Geschäfts-Nummer HRB ...) sind wir gemäß § 33 Abs. 3 AktG zum Gründungsprüfer bestellt worden. Die Prüfung hat gemäß § 33 Abs. 2 Nr. 1 AktG stattzufinden, da laut der Niederschrift über die Aufsichtsratssitzung vom 8. Mai 2001 der Geschäftsführer des Gründers, Herr G, zum Vorstandsmitglied bestellt worden ist.

2. Bei der Prüfung haben uns an Unterlagen vorgelegen:
   a) Notarielle Urkunde vom 7. Mai 2001 über die Gründung der A-Aktiengesellschaft, die Feststellung ihrer Satzung, die Übernahme der Aktien durch den Gründer, die Bestellung des ersten Aufsichtsrats und die Bestellung des Abschlußprüfers (UR-Nr. 1000/2001 des Notars N .... in .... (Ort)),
   b) Niederschrift über die Bestellung des Vorstands durch Beschluß des Aufsichtsrats in seiner konstituierenden Sitzung vom 8. Mai 2001,
   c) Einzahlungsquittung und Bestätigung der H-Bank AG vom 14. Mai 2001,
   d) Gründungsbericht der Gründer vom 14. Mai 2001,
   e) Gründungsprüfungsbericht der Mitglieder des Vorstands und des Aufsichtsrats vom 15. Mai 2001,
   f) Selbstschuldnerische Bürgschaft der K-Bank.

Der Umfang unserer Prüfung ergibt sich aus § 34 Abs. 1 Nr. 1 AktG.

II. Prüfungsergebnis

1. Die Gesellschaft ist laut Gründungsprotokoll am 7. Mai 2001 errichtet worden. Als Gründer hat sich die X-GmbH beteiligt.

Das Grundkapital der Gesellschaft beträgt € 1.000.000,– und ist in 10.000 Aktien im Nennbetrag von je € 100,– eingeteilt. Der Gründer hat alle Aktien übernommen. Auf die Aktien hat der Gründer den eingeforderten Betrag von € 500.000,– eingezahlt, für den nicht eingeforderten Betrag von € 500.000,– hat er eine Sicherung in Form einer selbstschuldnerischen Bürgschaft der K-Bank gestellt.

Zu Mitgliedern des ersten Aufsichtsrats wurden die Herren L, M, N, O, P und Q bestellt. Sie haben, wie sich aus der Niederschrift über die konstituierende Sitzung des Aufsichtsrats vom 8. Mai 2001 ergibt, das Amt angenommen und die Herren G und J zum ersten Vorstand bestellt.

2. Die Angaben des Gründers und die Angaben der Mitglieder des Vorstands und des Aufsichtsrats über die Übernahme der Aktien, über die Einlage auf das Grundkapital und über die Festsetzungen nach § 26 AktG sind nach unseren Feststellungen richtig und vollständig.

III. Bestätigungsvermerk

Aufgrund unserer Prüfungen erteilen wir den folgenden Bestätigungsvermerk:

Nach dem abschließenden Ergebnis unserer pflichtmäßigen Prüfung gemäß §§ 33, 34 AktG aufgrund der uns vorgelegten Urkunden und Schriften sowie der uns erteilten Aufklärungen und Nachweise bestätigen wir, daß die Angaben des Gründers über die Übernahme der Aktien, über die Einlagen auf das Grundkapital und über die Festsetzungen nach § 26 AktG richtig und vollständig sind.

.... (Ort), den 21. Mai 2001

....
(Unterschriften)

9. Anmeldung der Gesellschaft zum Handelsregister bei Einpersonengründung (Bargründung)

An das
Amtsgericht
– Handelsregister –

Wir, der unterzeichnende Gründer, die Mitglieder des Vorstands und die Mitglieder des Aufsichtsrats melden die

A-Aktiengesellschaft

mit Sitz in .... (Ort) zur Eintragung in das Handelsregister an.

I.

Gründer der Gesellschaft und alleiniger Aktionär ist die X-GmbH mit Sitz in .... (Ort). Der Gegenstand des Unternehmens der X-GmbH ist ....

Mitglieder des ersten Aufsichtsrats sind die Herren:
…

Zum Vorsitzenden des Aufsichtsrats wird Herr L, zu seinem Stellvertreter Herr M gewählt.

Mitglieder des Vorstands sind die Herren:
…

II.

Das Grundkapital der Gesellschaft beträgt € 1.000.000,– und ist eingeteilt in 10.000 Aktien im Nennbetrag von je € 100,–. Die Aktien wurden gegen Bareinlage zum Nennbetrag ausgegeben. Auf die Aktien ist der eingeforderte Betrag in Höhe der Hälfte des Nennbetrags auf das Konto der Gesellschaft bei der H-Bank AG eingezahlt. Der eingezahlte Betrag von insgesamt € 500.000,– steht, soweit er nicht bereits zur Bezahlung der bei der Gründung angefallenen Gebühren verwendet wurde, endgültig zur freien Verfügung des Vorstands. An Gebühren sind gezahlt worden:

…

Für den Teil der Bareinlage, der den eingeforderten Betrag von € 500.000,– übersteigt, hat der Gründer eine Sicherung in Form einer selbstschuldnerischen Bürgschaft der K-Bank gestellt.

Damit sind die Voraussetzungen des § 36 Abs. 2 AktG erfüllt.

III.

Die Gesellschaft wird durch zwei Mitglieder des Vorstands oder durch ein Mitglied des Vorstands in Gemeinschaft mit einem Prokuristen gesetzlich vertreten. Die Vorstandsmitglieder zeichnen ihre Unterschrift zur Aufbewahrung bei Gericht wie folgt:

....
(Unterschrift I)   (Unterschrift J)

Die Geschäftsräume der Gesellschaft befinden sich in .... (Ort, Straße).

IV.

Wir, die unterzeichnenden Mitglieder des Vorstands versichern, daß keine Umstände vorliegen, die unserer Bestellung nach § 76 Abs. 3 Satz 3 und 4 AktG entgegenstehen. Wir sind durch den beurkundenden Notar über unsere uneingeschränkte Auskunftspflicht gegenüber dem Gericht belehrt worden.

V.

Wir fügen der Anmeldung bei:

1. Gründungsprotokoll vom 7. Mai 2001 (UR-Nr. 1000/2001 des Notars .... in .... (Ort)) mit der Feststellung der Satzung, der Übernahme der Aktien durch den Gründer, der Errichtung der Gesellschaft und der Bestellung der Mitglieder des ersten Aufsichtsrats,
2. Niederschrift vom 8. Mai 2001 über die Bestellung des ersten Vorstands durch den Aufsichtsrat,
3. Gründungsbericht des Gründers,
4. Prüfungsbericht der Mitglieder des Vorstands und des Aufsichtsrats,
5. Bestätigung der H-Bank AG in … (Ort) über die Einzahlung des Betrags von € 500.000,– auf ein Konto der Gesellschaft sowie Bestätigung, daß dieser Betrag endgültig zur freien Verfügung des Vorstands steht,
6. Selbstschuldnerische Bürgschaft der K-Bank über den nicht eingeforderten Betrag der Bareinlage,
7. Nachweis über die von dem eingezahlten Betrag gezahlten Gebühren.

....
(Unterschrift I)   (Beglaubigungsvermerk)

10. Satzung einer Einpersonen-Aktiengesellschaft (Bargründung)

I. Allgemeine Bestimmungen

§ 1
Firma, Sitz und Geschäftsjahr

(1) Die Gesellschaft führt die Firma

„A-Aktiengesellschaft".

(2) Sie hat ihren Sitz in .... (Ort).

(3) Geschäftsjahr ist das Kalenderjahr.

§ 2
Gegenstand des Unternehmens

(1) Gegenstand des Unternehmens sind die Herstellung und der Vertrieb von ...

(2) Die Gesellschaft ist zu allen Geschäften und Maßnahmen berechtigt, die dem Gegenstand des Unternehmens dienen. Sie kann zu diesem Zweck auch andere Unternehmen gründen, erwerben und sich an ihnen beteiligen.

§ 3
Bekanntmachungen

Die Bekanntmachungen der Gesellschaft erfolgen ausschließlich im Bundesanzeiger.

II. Grundkapital und Aktien

§ 4
Höhe und Einteilung des Grundkapitals

(1) Das Grundkapital der Gesellschaft beträgt € 50.000,– und ist eingeteilt in 500 Aktien im Nennbetrag von je € 100,–.

(2) Die Aktien lauten auf den Inhaber.

(3) Die Form der Aktienurkunden und der Gewinnanteil- und Erneuerungsscheine bestimmt der Vorstand. Ein Anspruch auf Einzelverbriefung der Aktien besteht nicht. Jeder Aktionär hat lediglich einen Anspruch auf Ausstellung einer Mehrfachurkunde über alle von ihm gehaltenen Aktien.

III. Vorstand

§ 5
Zusammensetzung

(1) Der Aufsichtsrat bestimmt die Anzahl der Mitglieder des Vorstandes. Der Vorstand besteht aus mindestens zwei Personen.

(2) Beschlüsse des Vorstandes werden mit einfacher Stimmenmehrheit gefaßt. Ist ein Vorstandsmitglied zum Vorsitzenden des Vorstands ernannt, so entscheidet bei Stimmengleichheit seine Stimme.

§ 6
Vertretung der Gesellschaft

Die Gesellschaft wird durch zwei Vorstandsmitglieder oder durch ein Vorstandsmitglied gemeinschaftlich mit einem Prokuristen vertreten.

IV. Aufsichtsrat

§ 7
Zusammensetzung und Amtsdauer

(1) Der Aufsichtsrat besteht aus sechs Mitgliedern.

(2) Die Amtszeit der Aufsichtsratsmitglieder endet mit der Beendigung derjenigen Hauptversammlung, die über die Entlastung für das vierte Geschäftsjahr nach dem Beginn der Amtszeit beschließt. Das Geschäftsjahr, in dem die Amtszeit beginnt, wird nicht mitgerechnet.

(3) Wird ein Aufsichtsratsmitglied anstelle eines vorzeitig ausscheidenden Mitglieds in Ermangelung eines Ersatzmitglieds gewählt, so besteht sein Amt für den Rest der Amtsdauer des ausscheidenden Mitglieds.

§ 8
Vorsitzender und Stellvertreter

(1) Der Aufsichtsrat wählt im Anschluß an die ordentliche Hauptversammlung, mit deren Beendigung die Amtszeit der von der Hauptversammlung gewählten Mitglieder beginnt, in einer Sitzung, zu der es einer besonderen Einladung nicht bedarf, aus seiner Mitte für die Dauer seiner Amtszeit einen Vorsitzenden und seinen Stellvertreter.

(2) Scheidet der Vorsitzende oder sein Stellvertreter aus, so ist eine Neuwahl für den Rest der Amtszeit vorzunehmen.

(3) Willenserklärungen des Aufsichtsrats werden in dessen Namen von dem Vorsitzenden und, wenn dieser verhindert ist, von seinem Stellvertreter abgegeben.

V. Hauptversammlung

§ 9
Ort und Einberufung

(1) Die Hauptversammlung findet am Sitz der Gesellschaft statt.

(2) Sie wird durch den Vorstand einberufen.

(3) Die Einberufung muß mindestens einen Monat vor dem Tage der Versammlung erfolgen. Dabei werden der Tag der Bekanntmachung (§ 121 Abs. 3, 4 AktG) und der Tag der Hauptversammlung nicht mitgerechnet.

§ 10
Vorsitz in der Hauptversammlung

Den Vorsitz in der Hauptversammlung führt der Vorsitzende des Aufsichtsrats, im Falle seiner Verhinderung sein Stellvertreter. Wenn sowohl der Vorsitzende des Aufsichtsrats als auch sein Stellvertreter verhindert sind, wird der Vorsitzende durch die Hauptversammlung gewählt.

§ 11
Beschlußfassung

(1) Je € 100,– Nennbetrag der Aktien gewähren in der Hauptversammlung eine Stimme. Das Stimmrecht beginnt, wenn auf die Aktien die gesetzliche Mindesteinlage geleistet ist.

(2) Die Beschlüsse der Hauptversammlung werden, soweit nicht zwingend gesetzliche Vorschriften entgegenstehen, mit einfacher Mehrheit der abgegebenen Stimmen und, sofern das Gesetz außer der Stimmenmehrheit eine Kapitalmehrheit vorschreibt, mit der einfachen Mehrheit des bei der Beschlußfassung vertretenen Grundkapitals gefaßt.

VI. Jahresabschluß

§ 12
Jahresabschluß und ordentliche Hauptversammlung

(1) Der Vorstand hat in den ersten drei Monaten des Geschäftsjahres den Jahresabschluß sowie den Lagebericht für das vergangene Geschäftsjahr aufzustellen und dem Aufsichtsrat vorzulegen. Dieser erteilt dem Abschlußprüfer unverzüglich den Prüfungsauftrag für den Jahresabschluss. Zugleich hat der Vorstand dem Aufsichtsrat den Vorschlag vorzulegen, den er der Hauptversammlung für die Verwendung des Bilanzgewinns machen will. Nach Eingang des Prüfungsberichts beim Aufsichtsrat sind der Jahresabschluß, der Lagebericht, der Vorschlag über die Verwendung des Bilanzgewinns und der Prüfungsbericht den anderen Mitgliedern des Aufsichtsrats zwecks Prüfung zur Kenntnis zu bringen.

(2) Nach Eingang des Berichts des Aufsichtsrats über das Ergebnis seiner Prüfung hat der Vorstand unverzüglich die ordentliche Hauptversammlung einzuberufen, die innerhalb der ersten acht Monate eines jeden Geschäftsjahres stattzufinden hat. Sie beschließt über die Bestellung des Abschlußprüfers, die Entlastung des Vorstands und des Aufsichtsrats sowie über die Verwendung des Bilanzgewinns.

(3) Stellt die Hauptversammlung den Jahresabschluß fest, kann sie bis zur Hälfte des Jahresüberschusses in andere Gewinnrücklagen einstellen. Dabei sind Beträge, die

in die gesetzlichen Rücklagen einzustellen sind, und ein Verlustvortrag vorab vom Jahresüberschuß abzuziehen.

§ 13
Gründungsaufwand

Die Gründungskosten bis zur Höhe von € .... trägt die Gesellschaft.

11. Satzung (ausführliche Fassung)

I. Allgemeine Bestimmungen

§ 1
Firma, Sitz und Geschäftsjahr

(1) Die Aktiengesellschaft führt die Firma

„X Aktiengesellschaft".

(2) Sie hat ihren Sitz in .... (Ort).

(3) Das Geschäftsjahr läuft vom .... bis zum .... des Folgejahres.

§ 2
Gegenstand des Unternehmens

(1) Gegenstand des Unternehmens sind die Herstellung und der Vertrieb von ...

(2) Die Gesellschaft ist zu allen Geschäften und Maßnahmen berechtigt, die unmittelbar oder mittelbar dem Gegenstand des Unternehmens zu dienen geeignet sind. Sie ist insbesondere berechtigt, im In- und Ausland Zweigniederlassungen zu errichten, sich an anderen Unternehmen gleicher oder verwandter Art im In- und Ausland zu beteiligen sowie solche Unternehmen zu erwerben, zu gründen und für eigene oder fremde Rechnung zu führen. Die Gesellschaft ist außerdem ermächtigt, ihren Betrieb ganz oder teilweise in verbundene Unternehmen auszugliedern oder verbundenen Unternehmen zu überlassen.

§ 3
Bekanntmachung

Die Bekanntmachungen der Gesellschaft erfolgen ausschließlich im Bundesanzeiger.

II. Grundkapital und Aktien

§ 4
Grundkapital

(1) Das Grundkapital der Gesellschaft beträgt € 35.000.000,00 und ist eingeteilt in 35.000.000 Aktien im Nennbetrag von je € 1,00. Die Aktien lauten auf den Inhaber.

(2) Sind Vorzugsaktien ohne Stimmrecht auszugeben, so ergibt sich deren Ausstattung aus §§ 20 und 24 der Satzung. Zur Ausgabe weiterer Vorzugsaktien, Genußscheine, Optionsanleihen, Wandelanleihen und ähnlicher Titel, die bei der Verteilung des Gewinns und/oder des Gesellschaftsvermögens den jeweils bestehenden Vorzugsaktien ohne Stimmrecht gleichstehen oder vorgehen, bedarf es nicht der Zustimmung der Vorzugsaktionäre.

(3) Bei Ausgabe neuer Aktien kann deren Gewinnbeteiligung abweichend von § 60 Abs. (2) AktG festgesetzt werden. Die Form der Aktienurkunden, der Gewinnanteils- und Erneuerungsscheine setzt der Vorstand mit Zustimmung des Aufsichtsrats fest.

(4) Die Aktionäre erhalten lediglich eine Mehrfachurkunde über alle von ihnen gehaltenen Aktien. Begehrt ein Aktionär die Ausstellung von Einzelurkunden über jeweils eine bestimmte Anzahl von Aktien oder über jede einzelne von ihm gehaltene Aktie, hat er die hierdurch der Gesellschaft entstehenden Kosten zu tragen.

(5) Der Vorstand ist ermächtigt, das Grundkapital in der Zeit bis zum 31. Juni 2004 mit Zustimmung des Aufsichtsrats einmalig oder mehrmals um insgesamt bis zu € 17.500.000,00 durch Ausgabe neuer Stammaktien gegen Bar- oder Sacheinlagen zu erhöhen (genehmigtes Kapital). Den Aktionären ist dabei ein Bezugsrecht einzuräumen. Der Vorstand ist jedoch ermächtigt, mit Zustimmung des Aufsichtsrats, Spitzenbeträge von dem Bezugsrecht der Aktionäre auszunehmen und das Bezugsrecht auch auszuschließen, soweit es erforderlich ist, damit die Aktien gegen Sacheinlagen ausgegeben werden können. Darüber hinaus ist der Vorstand ermächtigt, mit Zustimmung des Aufsichtsrats das Bezugsrecht bei der jeweiligen Ausnutzung der Ermächtigung durch Kapitalerhöhung gegen Bareinlagen (jedoch höchstens einmal innerhalb von 12 Monaten) auch dann auszuschließen, wenn die Kapitalerhöhung 10 % des im Zeitpunkt der Ausnutzung der Ermächtigung bestehenden Grundkapitals der Gesellschaft nicht übersteigt, die neu ausgegebenen Aktien mit bereits börsennotierten Aktien der Gesellschaft ausstattungsgleich sind, und der Ausgabepreis der neuen Aktien den Börsenpreis der Aktien zum Zeitpunkt der Festlegung des Ausgabepreises durch den Vorstand nicht wesentlich unterschreitet. Der Vorstand ist ferner ermächtigt, mit Zustimmung des Aufsichtsrats den weiteren Inhalt der Aktienrechte und die Bedingungen der Aktienausgabe festzulegen. Der Aufsichtsrat wird ermächtigt, die Fassung der Satzung entsprechend dem Umfang der Kapitalerhöhung aus dem genehmigten Kapital zu ändern.

III. Verfassung und Verwaltung der Gesellschaft

§ 5
Organe

Organe der Gesellschaft sind:

(a) der Vorstand,
(b) der Aufsichtsrat,
(c) die Hauptversammlung.

§ 6
Zusammensetzung des Vorstands

(1) Der Vorstand besteht aus mindestens zwei Personen. Die Bestellung von stellvertretenden Mitgliedern des Vorstands ist zulässig. Diese haben in bezug auf die Vertretung der Gesellschaft nach außen dieselben Rechte wie die ordentlichen Mitglieder des Vorstands.

(2) Die Bestimmung der Anzahl sowie die Bestellung der ordentlichen Vorstandsmitglieder und der stellvertretenden Vorstandsmitglieder sowie der Widerruf der Bestellung erfolgen durch den Aufsichtsrat, ebenso die Ernennung eines Mitglieds des Vorstands zum Vorstandsvorsitzenden sowie weitere Vorstandsmitglieder zu stellvertretenden Vorsitzenden.

§ 7
Geschäftsordnung und Beschlußfassung des Vorstands

(1) Der Aufsichtsrat kann eine Geschäftsordnung für den Vorstand erlassen.

(2) Die Beschlüsse des Vorstands werden mit Stimmenmehrheit gefaßt. Bei Stimmengleichheit gibt die Stimme des Vorsitzenden, im Falle seiner Verhinderung die des stellvertretenden Vorstandsvorsitzenden, den Ausschlag.

§ 8
Gesetzliche Vertretung der Gesellschaft

Die Gesellschaft wird gesetzlich vertreten durch zwei Vorstandsmitglieder oder durch ein Vorstandsmitglied in Gemeinschaft mit einem Prokuristen.

§ 9
Zusammensetzung des Aufsichtsrats

(1) Der Aufsichtsrat besteht aus sechs Mitgliedern, und zwar aus vier Mitgliedern, die von der Hauptversammlung gewählt werden, und zwei Mitglieder, deren Wahl sich nach dem Betriebsverfassungsgesetz 1952 richtet.

(2) Soweit die Hauptversammlung nicht bei der Wahl einen kürzeren Zeitraum beschließt, werden die Aufsichtsratsmitglieder bis zur Beendigung der ordentlichen Hauptversammlung bestellt, die über die Entlastung für das vierte Geschäftsjahr nach dem Beginn der Amtszeit beschließt. Das Jahr, in welchem die Amtszeit beginnt, wird nicht mitgerechnet.

(3) Für Aufsichtsratsmitglieder können Ersatzmitglieder gewählt werden, die in einer bei der Wahl festgelegten Reihenfolge an die Stelle vorzeitig ausscheidender Aufsichtsratsmitglieder treten.

(4) Wird ein Aufsichtsratsmitglied der Anteilseigner anstelle eines ausscheidenden Mitglieds gewählt, so besteht sein Amt für den Rest der Amtsdauer des ausscheidenden Mitglieds. Tritt ein Ersatzmitglied an die Stelle des Ausscheidenden, so

erlischt sein Amt mit Beendigung der nächsten Hauptversammlung, in der mit einer Mehrheit, die mindestens Dreiviertel der abgegebenen Stimmen umfaßt, ein neues Aufsichtsratsmitglied gewählt wird, spätestens jedoch mit Ablauf der Amtszeit des ausscheidenden Aufsichtsratsmitglieds. Die Wahl von Ersatzmitgliedern für die Aufsichtsratsmitglieder der Arbeitnehmer richtet sich nach dem Betriebsverfassungsgesetz 1952.

(5) Die Mitglieder und die Ersatzmitglieder des Aufsichtsrats können ihr Amt durch eine an den Vorsitzenden des Aufsichtsrats oder den Vorstand zu richtende schriftliche Erklärung unter Einhaltung einer Frist von vier Wochen niederlegen.

§ 10
Aufgaben und Befugnisse des Aufsichtsrats

(1) Der Aufsichtsrat hat alle Aufgaben und Rechte, die ihm durch das Gesetz oder die Satzung zugewiesen werden.

(2) Der Aufsichtsrat kann in der Geschäftsordnung für den Vorstand oder durch Beschluß anordnen, daß bestimmte Arten von Geschäften seiner Zustimmung bedürfen. Der Aufsichtsrat kann den Katalog der zustimmungspflichtigen Geschäfte jederzeit ändern. Er kann seine Zustimmung allgemein oder im Einzelfall erteilen.

§ 11
Willenserklärung des Aufsichtsrats

(1) Willenserklärungen des Aufsichtrats und seiner Ausschüsse werden namens des Aufsichtsrats durch den Vorsitzenden, im Fall seiner Verhinderung durch dessen Stellvertreter, abgegeben.

(2) Ständiger Vertreter des Aufsichtsrats gegenüber Dritten, insbesondere gegenüber Gerichten und Behörden sowie gegenüber dem Vorstand ist der Vorsitzende oder, im Falle seiner Verhinderung, dessen Stellvertreter.

§ 12
Der Vorsitzende des Aufsichtsrats und sein Stellvertreter

(1) Der Aufsichtsrat wählt aus seiner Mitte einen Vorsitzenden und einen Stellvertreter für die in § 9 Abs. (2) dieser Satzung bestimmte Amtszeit. Die Wahl erfolgt im Anschluß an die Hauptversammlung, in der die von der Hauptversammlung zu wählenden Aufsichtsratsmitglieder der Anteilseigner bestellt worden sind, in einer ohne besondere Einberufung stattfindenden Sitzung. Scheidet der Vorsitzende oder sein Stellvertreter vor Ablauf der Amtszeit aus seinem Amt aus, so hat der Aufsichtsrat eine Neuwahl für die restliche Amtszeit des Ausgeschiedenen vorzunehmen.

(2) Sind der Vorsitzende und dessen Stellvertreter an der Ausübung ihrer Obliegenheiten gehindert, so hat diese Obliegenheiten für die Dauer der Verhinderung das an Lebensjahren älteste Aufsichtsratsmitglied der Anteilseigner zu übernehmen.

§ 13
Geschäftsordnung und Ausschüsse

(1) Der Aufsichtsrat gibt sich eine Geschäftsordnung.

(2) Der Aufsichtsrat kann aus seiner Mitte Ausschüsse bilden und ihnen – soweit gesetzlich zulässig – auch Entscheidungsbefugnisse übertragen.

§ 14
Einberufung

(1) Die Sitzung des Aufsichtsrats wird durch den Vorsitzenden, im Falle seiner Verhinderung durch dessen Stellvertreter, mit einer Frist von vierzehn Tagen schriftlich einberufen. Bei der Berechnung der Frist werden der Tag der Absendung der Einladung und der Tag der Sitzung nicht mitgerechnet. In dringenden Fällen kann der Vorsitzende die Frist abkürzen und mündlich, fernmündlich, fernschriftlich oder per Telefax einberufen.

(2) Mit der Einladung sind die Gegenstände der Tagesordnung mitzuteilen und Beschlußvorschläge zu übermitteln.

§ 15
Beschlußfassung

(1) Der Aufsichtsrat ist beschlußfähig, wenn alle Mitglieder unter der zuletzt bekanntgegebenen Anschrift eingeladen sind und mindestens die Hälfte der Mitglieder, aus denen er insgesamt zu bestehen hat, an der Beschlußfassung teilnimmt. Ein Mitglied nimmt auch dann an der Beschlußfassung teil, wenn es sich der Stimmabgabe enthält. Die Beschlußfassung über einen Gegenstand der Tagesordnung, der in der Einladung nicht enthalten war, ist nur zulässig, wenn kein anwesendes Mitglied des Aufsichtsrats der Beschlußfassung widerspricht und mindestens zwei Drittel der Mitglieder anwesend sind. Abwesenden Aufsichtsratsmitgliedern ist in einem solchen Fall Gelegenheit zu geben, binnen einer vom Vorsitzenden festzusetzenden angemessenen Frist der Beschlußfassung zu widersprechen oder ihre Stimme schriftlich abzugeben. Der Beschluß wird erst wirksam, wenn keines der abwesenden Aufsichtsratsmitglieder innerhalb der Frist widerspricht.

(2) Beschlüsse des Aufsichtsrats werden mit einfacher Stimmenmehrheit gefaßt, soweit das Gesetz nichts anderes bestimmt. Das gilt auch für Wahlen.

(3) Ergibt eine Abstimmung Stimmengleichheit, so findet eine neue Aussprache nur statt, wenn die Mehrheit des Aufsichtsrats dies beschließt. Anderenfalls muß unverzüglich neu abgestimmt werden. Bei dieser neuen Abstimmung über denselben Gegenstand hat der Vorsitzende des Aufsichtsrats, wenn auch sie Stimmengleichheit ergibt, zwei Stimmen.

(4) Ein abwesendes Aufsichtsratsmitglied kann seine schriftliche Stimmabgabe durch ein anderes Aufsichtsratsmitglied überreichen lassen. Dies gilt auch für die Abgabe der Zweitstimme des Vorsitzenden des Aufsichtsrats.

(5) Eine Beschlußfassung durch schriftliche, fernmündliche oder fernschriftliche Stimmabgabe oder Stimmabgabe per Telefax ist zulässig, wenn sie der Vorsitzende des Aufsichtsrats oder im Verhinderungsfall dessen Stellvertreter aus besonderen Gründen anordnet und wenn ihr kein Mitglied widerspricht. Abs. (2) und (3) gelten entsprechend.

§ 16
Niederschriften

Über die Beschlüsse und Sitzungen des Aufsichtsrats und seiner Ausschüsse ist eine Niederschrift zu fertigen, die vom Leiter der jeweiligen Sitzung oder im Falle des § 15 Abs. (5) vom Vorsitzenden des Aufsichtsrats zu unterzeichnen ist.

§ 17
Vergütung des Aufsichtsrats

(1) Die Mitglieder des Aufsichtsrates erhalten außer dem Ersatz ihrer Auslagen eine feste, nach Ablauf des Geschäftsjahres zahlbare jährliche Vergütung, deren Höhe die Hauptversammlung festsetzt.

(2) Der Vorsitzende des Aufsichtsrats erhält die doppelte, Stellvertreter des Vorsitzenden erhalten die anderthalbfache Vergütung.

(3) Die Gesellschaft erstattet jedem Aufsichtsratsmitglied die auf seine Vergütung entfallende Umsatzsteuer.

§ 18
Einberufung der Hauptversammlung

(1) Die Hauptversammlung findet am Sitz der Gesellschaft, am Sitz einer Niederlassung der Gesellschaft im Inland oder am Sitz einer deutschen Wertpapierbörse statt.

(2) Die ordentliche Hauptversammlung wird innerhalb der ersten acht Monate eines jeden Geschäftsjahres abgehalten. Außerordentliche Hauptversammlungen können so oft einberufen werden, wie es im Interesse der Gesellschaft erforderlich erscheint.

(3) Die Einberufung der Hauptversammlung erfolgt durch einmalige Bekanntmachung im Bundesanzeiger oder durch eingeschriebenen Brief mit den gesetzlich erforderlichen Angaben derart, daß zwischen Tag der Veröffentlichung und dem letzten Hinterlegungstag gemäß § 19 Abs. (2) der Satzung, beide Tage nicht mitgerechnet, eine Frist von einem Monat liegt.

§ 19
Recht zur Teilnahme an der Hauptversammlung

(1) Zur Teilnahme an der Hauptversammlung sind diejenigen Aktionäre berechtigt, die bei der Gesellschaft oder sonst in der Einberufung zu bezeichnenden Stellen oder bei einer Wertpapiersammelbank oder bei einem Notar ihre Aktien während der üblichen Geschäftsstunden hinterlegt und bis zur Beendigung der Hauptversammlung dort belassen haben.

(2) Die Hinterlegung hat so zeitig zu erfolgen, daß zwischen dem Tag der Hinterlegung und dem Tag der Hauptversammlung sieben Tage frei bleiben.

(3) Die Hinterlegung ist auch dann ordnungsgemäß erfolgt, wenn Aktien mit Zustimmung einer Hinterlegungsstelle für sie bei anderen Kreditinstituten bis zur Beendigung der Hauptversammlung gesperrt gehalten werden.

(4) Im Falle der Hinterlegung der Aktien beim Notar ist die Bescheinigung des Notars über die erfolgte Hinterlegung in Urschrift oder beglaubigter Abschrift spätestens einen Tag nach Ablauf der Hinterlegungsfrist bei der Gesellschaft einzureichen.

§ 20
Stimmrecht

(1) Je € 1,00 Nennwert einer Aktie gewähren eine Stimme.

(2) Das Stimmrecht kann durch Bevollmächtigte ausgeübt werden. Für die Vollmacht ist die schriftliche Form erforderlich und ausreichend.

(3) Den Vorzugsaktionären steht kein Stimmrecht zu. Soweit jedoch den Vorzugsaktionären nach dem Gesetz ein Stimmrecht zwingend zusteht, gewähren je € 1,00 Nennbetrag der Vorzugsaktie eine Stimme.

(4) Solange Aktienurkunden nicht ausgegeben sind, werden in der Einladung zur Hauptversammlung die Voraussetzungen bestimmt, unter denen die Aktionäre ihr Stimmrecht in der Hauptversammlung ausüben können.

§ 21
Vorsitz in der Hauptversammlung

(1) Zum Vorsitz in der Hauptversammlung ist der Vorsitzende des Aufsichtsrats berufen. Im Falle seiner Verhinderung bestimmt er ein anderes Aufsichtsratsmitglied, das diese Aufgabe wahrnimmt. Ist der Vorsitzende verhindert und hat er niemanden zu seinem Vertreter bestimmt, so leitet ein von den Anteilseignervertretern im Aufsichtsrat gewähltes Aufsichtsratsmitglied die Hauptversammlung.

(2) Der Vorsitzende leitet die Verhandlungen und bestimmt die Reihenfolge der Verhandlungsgegenstände sowie die Form der Abstimmung. Das Ergebnis der Abstimmung kann im Subtraktionsverfahren durch Abzug der Ja- oder Nein-Stim-

men und der Stimmenthaltungen von den den Stimmberechtigten insgesamt zustehenden Stimmen ermittelt werden.

§ 22
Beschlußfassung der Hauptversammlung

(1) Die Beschlüsse der Hauptversammlung bedürfen der einfachen Mehrheit der abgegebenen Stimmen, soweit nicht das Gesetz zwingend etwas anderes vorschreibt. In den Fällen, in denen das Gesetz eine Mehrheit des bei der Beschlußfassung vertretenen Grundkapitals erfordert, genügt die einfache Mehrheit des vertretenen Grundkapitals, sofern nicht durch Gesetz eine größere Mehrheit zwingend vorgeschrieben ist.

(2) Im Fall der Stimmengleichheit gilt, ausgenommen bei Wahlen, ein Antrag als abgelehnt.

(3) Sofern bei Wahlen im ersten Wahlgang die einfache Stimmenmehrheit nicht erreicht wird, findet eine Stichwahl zwischen den beiden Personen statt, die die höchsten Stimmzahlen erhalten haben. Bei gleicher Stimmzahl im zweiten Wahlgang entscheidet das Los.

IV. Jahresabschluß, Lagebericht und Verwendung des Bilanzgewinns

§ 23
Jahresabschluß und Lagebericht, Entlastung des Vorstands und Aufsichtsrats

(1) Der Vorstand hat den Lagebericht und den Jahresabschluß für das vergangene Geschäftsjahr in den ersten drei Monaten eines jeden Geschäftsjahres aufzustellen und dem Aufsichtsrat vorzulegen. Dieser erteilt dem Abschlußprüfer unverzüglich den Prüfungsauftrag für den Jahresabschluß. Zugleich hat der Vorstand dem Aufsichtsrat den Vorschlag vorzulegen, den er der Hauptversammlung für die Verwendung des Bilanzgewinns machen will. Nach Eingang des Prüfungsberichts beim Aufsichtsrat sind der Jahresabschluss, der Lagebericht, der Vorschlag über die Verwendung des Bilanzgewinns und der Prüfungsbericht den anderen Mitgliedern des Aufsichtsrats zwecks Prüfung zur Kenntnis zu bringen.

(2) Der Jahresabschluß, der Lagebericht, der Bericht des Aufsichtsrats und der Vorschlag des Vorstands über die Verwendung des Bilanzgewinns sind von der Einberufung an in den Geschäftsräumen der Gesellschaft zur Einsicht der Aktionäre auszulegen.

(3) Die Hauptversammlung beschließt alljährlich, nach Entgegennahme des gemäß § 171 Abs. (2) AktG vom Aufsichtsrat zu erstattenden Berichts, in den ersten acht Monaten des Geschäftsjahres über die Entlastung des Vorstands und Aufsichtsrats, die Verwendung des Bilanzgewinns die Wahl des Abschlußprüfers und in den im Gesetz vorgeschriebenen Fällen über die Feststellung des Jahresabschlusses.

(4) Stellen Vorstand und Aufsichtsrat den Jahresabschluß fest, so können sie von dem Jahresüberschuß, der nach Abzug der in die gesetzlichen Rücklagen einzustellenden Beträge und eines etwaigen Verlustvortrags verbleibt, bis zu 60 % in andere Gewinnrücklagen einstellen.

§ 24
Gewinnverwendung

(1) Sind Vorzugsaktien ohne Stimmrecht ausgegeben, so erhalten diese aus dem jährlichen Bilanzgewinn eine Vorzugsdividende in Höhe von 4 % ihres Nennbetrages.

(2) Reicht der Bilanzgewinn eines oder mehrerer Geschäftsjahre nicht zur Vorwegausschüttung von mindestens 4 % auf die Vorzugsaktien ohne Stimmrecht aus, so ist der Rückstand ohne Zinsen aus dem Bilanzgewinn der folgenden Geschäftsjahre in der Weise nachzuzahlen, daß die älteren Rückstände vor den jüngeren zu tilgen und die aus dem Gewinn eines Geschäftsjahres für dieses zu zahlenden Vorzugsbeträge erst nach Tilgung sämtlicher Rückstände zu leisten sind. Das Nachzahlungsrecht ist Bestandteil des Gewinnanteils desjenigen Geschäftsjahres, aus dessen Bilanzgewinn die Nachzahlung auf die Vorzugsaktie gewährt wird.

(3) Nach Nachzahlung etwaiger Rückstände von Gewinnanteilen auf die stimmrechtslosen Vorzugsaktien aus den Vorjahren (Abs. 2) und Ausschüttung der Vorzugsdividende von 4 % auf die stimmrechtslosen Vorzugsaktien (Abs. 1) erfolgt aus dem verbleibenden Bilanzgewinn zunächst die Zahlung eines Gewinnanteils auf die Stammaktien von bis zu 4 % ihres Nennbetrages. Nach Ausschüttung eines Gewinnanteils von 4 % auf die Stammaktien nehmen Vorzugs- und Stammaktien im Verhältnis ihrer Nennbeträge an einer weiteren Gewinnausschüttung in der Weise teil, daß die stimmrechtslosen Vorzugsaktien über die auf die Stammaktien entfallende Dividende hinaus eine Mehrdividende von 2 % erhalten.

(4) Soweit die Gesellschaft mit Zustimmung der Hauptversammlung Genußrechte gewährt hat und sich aus den jeweiligen Genußrechtsbedingungen für die Genußrechtsinhaber ein Anspruch auf Ausschüttung aus dem Bilanzgewinn ergibt, ist der Anspruch der Aktionäre auf diesen Teil des Bilanzgewinns ausgeschlossen (§ 58 Abs. 4 AktG).

§ 25
Gründungsaufwand

Die Gründungskosten bis zur Höhe von € .... trägt die Gesellschaft.

12. Mitteilung der späteren Entwicklung zur Einpersonen-Aktiengesellschaft

An das

Amtsgericht
– Registergericht –

Betr: A-Aktiengesellschaft
– HRB ... –

Als gemeinsam zur Vertretung berechtigte Vorstandsmitglieder der A-Aktiengesellschaft melden wir gemäß § 42 AktG an, daß alle Aktien einem Aktionär gehören. Herr Jürgen X, ... (Geburtsdatum), wohnhaft in .... (Ort) hat der Gesellschaft am ...... mitgeteilt, daß er alle Aktien an der Gesellschaft erworben hat.

.... (Ort), den ....

....
(Unterschriften)

13. Mitteilung bei bereits bestehender Einpersonen-Aktiengesellschaft

An das

Amtsgericht
– Registergericht –

Betr: A-Aktiengesellschaft
– HRB ... –

Als gemeinsam zur Vertretung berechtigte Vorstandsmitglieder der A-Aktiengesellschaft melden wir gemäß § 42 AktG an, daß der X-GmbH mit Sitz in .... (Ort), alle Aktien an der Gesellschaft gehören. Das Stammkapital der Gesellschaft ist eingeteilt in 500 Namensaktien zu € 100,00. Im Aktienregister der Gesellschaft ist die X-GmbH mit Sitz in .... (Ort) als Inhaber aller Aktien eingetragen. Der letzte Eintrag datiert vom .... (Datum).

.... (Ort), den ....

....
(Unterschriften)

14. Mitteilung über die Beendigung des Status der Einpersonen-Aktiengesellschaft

An das

Amtsgericht
– Registergericht –

Betr: A-Aktiengesellschaft
– HRB … –

Als gemeinsam zur Vertretung berechtigte Vorstandsmitglieder der A-Aktiengesellschaft melden wir zum Register an, daß nicht mehr alle Aktien allein oder neben der Gesellschaft einem Aktionär gehören. Herr Jürgen X, ……… (Geburtsdatum), wohnhaft in …………… (Ort), hat der Gesellschaft am ……… mitgeteilt, daß er einen Teil der von ihm gehaltenen Aktien an einen Dritten veräußert hat.

…………… (Ort), den ………

………………………
(Unterschriften)

II. Umwandlung einer GmbH in eine Aktiengesellschaft

1. Verzicht auf die Erstattung eines Umwandlungsberichts

Verhandelt am 17. September 2001 in .... (Ort)

Vor dem unterzeichnenden Notar N in .... (Ort) erschienen:

1. Herr A, geboren am ...., geschäftsansässig in .... (Ort)

handelnd nicht im eigenen Namen sondern aufgrund der in beglaubigter Ablichtung vorliegenden Vollmacht für die A-GmbH mit Sitz in .... (Ort), eingetragen im Handelsregister des Amtsgerichts .... (Ort) unter HRB .... Er überreicht die Vollmacht zu den Akten des amtierenden Notars. Eine Bescheinigung über die Vertretungsberechtigung des Unterzeichners der Vollmacht ist aus der Urkunde ersichtlich.

2. Herr B, geboren am ...., wohnhaft in .... (Ort).

3. Herr C, geboren am ...., wohnhaft in .... (Ort).

Die Erschienenen zu 1. bis 3. sind dem Notar von Person bekannt.

Die Erschienenen zu 1. bis 3. erklären:

Die von dem Erschienenen zu 1. vertretene A-GmbH und die Erschienenen zu 2. und 3. sind die alleinigen Gesellschafter der Y-GmbH mit Sitz in .... (Ort), eingetragen im Handelsregister des Amtsgerichts .... (Ort) unter HRB ....

Die A-GmbH und die Erschienenen zu 2. und 3. beabsichtigen, die Y-GmbH in eine Aktiengesellschaft unter der Firma Y-Aktiengesellschaft umzuwandeln. Die A-GmbH und die Erschienenen zu 2. und 3. verzichten hiermit gemäß § 192 Abs. 3 UmwG auf die Erstattung eines Umwandlungsberichts durch die Geschäftsführung der Y-GmbH.

Diese Niederschrift wurde den Erschienenen von dem Notar vorgelesen, von ihnen genehmigt und sodann eigenhändig wie folgt unterschrieben:

2. Einladung zur Gesellschafterversammlung, in der die Umwandlung einer GmbH in eine AG beschlossen werden soll

Die Geschäftsführung der Y-GmbH
....
.... (Ort)

Einschreiben/Rückschein

An
....
....
....

....

.... (Ort), den 21. September 2001

Einladung zur Gesellschafterversammlung der Y-GmbH

Sehr geehrter ....,

hiermit laden wir zu einer Gesellschafterversammlung der Y-GmbH am 6. Mai 1996 in .... (Ort) um ...... (Uhrzeit) ein.

Einziger Tagesordnungspunkt dieser Gesellschafterversammlung ist die Umwandlung (Formwechsel) der Y-GmbH in eine Aktiengesellschaft. In der notariellen Urkunde des Notars N in .... (Ort), UR-Nr. ... vom .... haben alle Gesellschafter der Y-GmbH auf die Erstattung eines Umwandlungsberichts verzichtet. Zu Ihrer näheren Unterrichtung fügen wir diesem Schreiben den Entwurf des Umwandlungsbeschlusses nebst Entwurf der Satzung der Aktiengesellschaft bei.

Gemäß §§ 207, 231 UmwG teilen wir Ihnen das Barabfindungsangebot wie folgt mit: Jedem Gesellschafter, der gegen den Umwandlungsbeschluß Widerspruch zur Niederschrift erklärt, bietet die Y-GmbH hiermit an, daß er von der Y-Aktiengesellschaft bei Ausscheiden aus der Gesellschaft eine Barabfindung in Höhe von Euro ... je Inhaberstammaktie im Nennwert von Euro 50,00 erhält. Falls auf Antrag eines widersprechenden Gesellschafters das Gericht eine abweichende Barabfindung bestimmt, gilt diese als angeboten. Die Barabfindung ist zahlbar im Zeitpunkt der Übertragung der Aktien auf die Y-Aktiengesellschaft. Der Abfindungsbetrag ist nach Ablauf des Tages, an dem das letzte der Blätter erschienen ist, in denen das Registergericht den Formwechsel bekannt gemacht hat, mit 2% über dem jeweiligen Basiszinssatz zu verzinsen. Das Angebot kann nur binnen zwei Monaten nach dem Tage angenommen werden, an dem die Eintragung der neuen Rechtsform „Aktiengesellschaft" in das Handelsregister in dem letzten der Bekanntmachungsblätter bekannt gemacht wurde. Ist nach § 212 UmwG ein Antrag auf Bestimmung der Barabfindung durch das Gericht gestellt worden, so kann das Angebot binnen zwei Monaten nach dem Tage angenommen werden, an dem die Entscheidung im Bundesanzeiger bekannt gemacht worden ist.

Mit freundlichen Grüßen

....
(Geschäftsführung)

3. Protokoll der Umwandlung einer GmbH in eine AG

Verhandelt am 2. Oktober 2001 in .... (Ort)

Vor dem unterzeichnenden Notar N in .... (Ort) erschienen:

1. Herr A, geboren am ...., geschäftsansässig .... in .... (Ort)

handelnd nicht im eigenen Namen, sondern aufgrund der in beglaubigter Ablichtung vorliegenden Vollmacht für die A-GmbH mit Sitz in .... (Ort), eingetragen im Handelsregister des Amtsgerichts .... (Ort) unter HRB ... Er überreicht die Vollmacht zu den Akten des amtierenden Notars .... Eine Bescheinigung über die Vertretungsberechtigung des Unterzeichners der Vollmacht ist aus der Urkunde ersichtlich.

2. Herr B, geboren am ...., wohnhaft .... in .... (Ort).

3. Herr C, geboren am ...., wohnhaft .... in .... (Ort).

Die Erschienenen zu 1. bis 3. sind dem Notar von Person bekannt.

Die Erschienenen zu 1. bis 3. erklären:

Die von dem Erschienenen zu 1. vertretene A-GmbH mit Geschäftsanteilen im Nennbetrag von insgesamt Euro 25.000.000,00, der Erschienene zu 2. mit Geschäftsanteilen im Nennbetrag von insgesamt Euro 5.000.000,00 und der Erschienene zu 3. mit Geschäftsanteilen im Nennbetrag von insgesamt Euro 5.000.000,00 sind die alleinigen Gesellschafter der Y-GmbH mit Sitz in .... (Ort), eingetragen im Handelsregister des Amtsgerichts .... (Ort) unter HRB ..., deren voll eingezahltes Stammkapital Euro 35.000.000,00 beträgt.

Dies vorausgeschickt erklären die Erschienenen:

Wir treten zu einer Gesellschafterversammlung zusammen. Diese Gesellschafterversammlung ist unter Beachtung der satzungsmäßigen und gesetzlichen Bestimmungen, insbesondere der §§ 238, 230, 231 UmwG, form- und fristgerecht einberufen worden. Wir fassen einstimmig folgende

Gesellschafterbeschlüsse:

1. Die Y-GmbH wird formwandelnd in eine Aktiengesellschaft unter der Firma Y-Aktiengesellschaft umgewandelt. Die Aktiengesellschaft hat ihren Sitz in ....

2. Die Satzung der Gesellschaft wird festgestellt. Ihre Fassung ergibt sich aus der dieser Niederschrift beigefügten Anlage.

3. Zum Abschlußprüfer für das am 31. Dezember 2001 endende Geschäftsjahr bestellen wir .... in ....

4. Die Gesellschafter sind nach der Umwandlung an der Y-Aktiengesellschaft wie folgt beteiligt:

   a) die A-GmbH mit 500.000 Inhaberstammaktien im Nennbetrag von je Euro 50,00;

   b) Herr B mit 100.000 Inhaberstammaktien im Nennbetrag von je Euro 50,00;

   c) Herr C mit 100.000 Inhaberstammaktien im Nennbetrag von je Euro 50,00;

   Durch den Formwechsel wird das bisherige Stammkapital der Y-GmbH zum Grundkapital der Y-Aktiengesellschaft.

5. Einzelnen Gesellschaftern werden keine Sonderrechte oder Vorzüge gewährt. Stimmrechtslose Geschäftsanteile, Vorzugsgeschäftsanteile, Mehrstimmrechtsanteile, Schuldverschreibungen, Genußrechte oder sonstige besondere Rechte oder Vorzüge bestehen bei der Y-GmbH nicht.

6. Jedem Gesellschafter, der gegen den Umwandlungsbeschluß Widerspruch zur Niederschrift erklärt, bietet die Y-GmbH hiermit an, daß er von der Y-Aktiengesellschaft bei Ausscheiden aus der Gesellschaft eine Barabfindung in Höhe von Euro .... je Inhaberstammaktie im Nennwert von Euro 50,00 erhält. Falls auf Antrag eines widersprechenden Gesellschafters das Gericht eine abweichende Barabfindung bestimmt, gilt diese als angeboten. Die Barabfindung ist zahlbar im Zeitpunkt der Übertragung der Aktien auf die Y-Aktiengesellschaft. Der Abfindungsbetrag ist nach Ablauf des Tages, an dem das letzte der Blätter erschienen ist, in denen das Registergericht den Formwechsel bekannt gemacht hat, mit 2% über dem jeweiligen Basiszinssatz zu verzinsen. Das Angebot kann nur binnen zwei Monaten nach dem Tage angenommen werden, an dem die Eintragung der neuen Rechtsform „Aktiengesellschaft" in das Handelsregister in dem letzten der Bekanntmachungsblätter bekannt gemacht wurde. Ist nach § 212 UmwG ein Antrag auf Bestimmung der Barabfindung durch das Gericht gestellt worden, so kann das Angebot binnen zwei Monaten nach dem Tage angenommen werden, an dem die Entscheidung im Bundesanzeiger bekannt gemacht worden ist.

   Die Erschienenen zu 1. bis 3. erklären, daß sie sich an der Umwandlung beteiligen und von dem Abfindungsangebot keinen Gebrauch machen.

7. Bei der Y-GmbH ist gemäß dem BetrVG 1952 ein aus sechs Mitgliedern (vier Aufsichtsratsmitglieder der Gesellschafter und zwei Aufsichtsratsmitglieder der Arbeitnehmer) bestehender Aufsichtsrat gebildet worden. Auch nach der Umwandlung ist bei der Y-Aktiengesellschaft ein Aufsichtsrat nach Maßgabe des BetrVG 1952 zu bilden, da die Gesellschaft regelmäßig mehr als 500 und weniger als 2.000 Arbeitnehmer beschäftigt. Gemäß § ... Abs. ... der beigefügten Satzung der Y-Aktiengesellschaft besteht der Aufsichtsrat zukünftig ebenfalls aus sechs Mitgliedern (vier Aufsichtsratsmitglieder der Aktionäre und zwei Aufsichts-

ratsmitglieder der Arbeitnehmer). Da sich die Zusammensetzung des Aufsichtsrats und die Zahl der Aufsichtsratsmitglieder nicht ändert, bleiben die bisherigen Aufsichtsratsmitglieder entsprechend § 203 UmwG im Amt. Mitglieder des ersten Aufsichtsrats der Y-Aktiengesellschaft sind danach ..., ..., ..., ..., ... und ... Ihre Amtszeit endet ....

8. Die Formumwandlung hat außer den unter Ziffer 7. aufgeführten keine weiteren Folgen für die Arbeitnehmer und ihre Vertretung. Die Arbeitsverhältnisse mit den Arbeitnehmern der Gesellschaft werden von ihr auch in der neuen Rechtsform fortgesetzt. Die Institutionen nach dem Betriebsverfassungsgesetz 1976 insbesondere der Betriebsrat bleiben bestehen. Unberührt bleiben auch bestehende Betriebsvereinbarungen und Tarifverträge.

9. Nach Belehrung durch den Notar erklären die Erschienenen:

Wir verzichten gemäß §§ 246 Abs. 1, 198 Abs. 3, 16 Abs. 2 Satz 2 UmwG auf die Klage gegen die Wirksamkeit des Umwandlungsbeschlusses.

Die Kosten dieser Urkunde und ihres Vollzuges trägt die Gesellschaft bis zur Höhe von Euro ......

Der beurkundende Notar weist die Erschienenen zu 1. bis 3. darauf hin, daß

– die A-GmbH und die Erschienenen zu 2. und 3. nach § 245 Abs. 1 UmwG als Gründer der Aktiengesellschaft gelten, mit allen daraus abzuleitenden Verantwortlichkeiten.
– das Grundkapital der Aktiengesellschaft das nach Abzug der Schulden verbleibende Vermögen der formwechselnden Gesellschaft nicht übersteigen darf. Ansonsten besteht ein Eintragungshindernis. Wird der Rechtsformwechsel dennoch eingetragen, ist der Formwechsel wirksam, die für den Formwechsel stimmenden Gesellschafter sind jedoch verpflichtet, den Differenzbetrag in Geld zu leisten.
– die Vorschriften über die Nachgründung (§ 52 AktG) zu beachten sind, wenn die Aktiengesellschaft innerhalb der ersten zwei Jahre nach der Umwandlung Anlagen oder andere Vermögensgegenstände für eine zehn Prozent des Grundkapitals übersteigende Vergütung von ihren Gründern oder Aktionären, die mit mehr als 10 vom Hundert des Grundkapitals an ihr beteiligt sind, erwerben sollte, es sei denn, der Erwerb von Vermögensgegenständen erfolgt im Rahmen laufender Geschäfte, in der Zwangsvollstreckung oder an der Börse.
– die Geschäftsführer der Gesellschaft bei Verletzung ihrer Sorgfaltspflichten gesamtschuldnerisch verpflichtet sind, der Gesellschaft, ihren Gesellschaftern und Gläubigern allen Schaden zu ersetzen, den diese durch den Formwechsel erleiden.
– der Formwechsel erst wirksam, wenn die neue Rechtsform Aktiengesellschaft in dem für sie zuständigen Register eingetragen ist.

- Rechte an den Gesellschaftsanteilen an der Gesellschaft an künftigen Aktien fortbestehen.
- das Registergericht die Eintragung des Formwechsels bekannt machen wird. In der Bekanntmachung werden die Gläubiger der Gesellschaft auf folgendes Recht hingewiesen: Wenn sie binnen sechs Monaten nach der Bekanntmachung ihren Anspruch nach Grund und Höhe gegenüber der Aktiengesellschaft schriftlich anmelden und glaubhaft machen, daß die Erfüllung ihrer Forderung durch den Formwechsel gefährdet wird, können sie Sicherheitsleistung verlangen, sofern sie nicht schon die Befriedigung ihrer Forderung beanspruchen können.

Die Gesellschafterversammlung ist hiermit beendet.

Diese Niederschrift samt Anlage wurde den Erschienenen von dem Notar vorgelesen, von ihnen genehmigt und sodann eigenhändig von ihnen und dem Notar wie folgt unterschrieben:

....
(Unterschriften)

4. Gründungsbericht gemäß § 32 AktG i.V.m. § 197 UmwG

Wir, die unterzeichnenden Gesellschafter, sind an der Umwandlung der Y-GmbH in eine Aktiengesellschaft unter der Firma Y-Aktiengesellschaft in .... (Ort) beteiligt. Über den Hergang der Umwandlung erstatten wir den folgenden Bericht:

I.

Die Y-GmbH wurde gemäß notariellem Umwandlungsprotokoll vom 2. Oktober 2001, Urkundenrolle-Nr. 1000/2001des Notars N in .... (Ort) in eine Aktiengesellschaft unter der Firma Y Aktiengesellschaft umgewandelt. Die Satzung wurde gemäß dem Inhalt des Umwandlungsprotokolls festgestellt.

II.

Als Gründer haben sich beteiligt:

1. Die A-GmbH, ... (Ort);

2. Herr B, ... (Ort);

3. Herr C, ... (Ort).

III.

Das Grundkapital der Gesellschaft beträgt Euro 35.000.000,00. Es ist nach der Umwandlung eingeteilt in 700.000 auf den Inhaber lautende Stammaktien im Nennwert von je Euro 50,00. Die Gesellschafter sind nach der Umwandlung wie folgt beteiligt:

a) die A-GmbH mit 500.000 Inhaberstammaktien im Nennbetrag von je Euro 50,00;

b) Herr B mit 100.000 Inhaberstammaktien im Nennbetrag von je Euro 50,00;

c) Herr C mit 100.000 Inhaberstammaktien im Nennbetrag von je Euro 50,00.

IV.

Dazu, daß der Wert des Gesellschaftsvermögens den Nennbetrag des Grundkapitals übersteigt, sowie zum bisherigen Geschäftsverlauf und der Lage der Y-GmbH legen wir folgendes dar:

....

Der Nennbetrag des Grundkapitals übersteigt nicht das nach Abzug der Schulden verbleibende Vermögen (§ 220 Abs. 1 UmwG).

Deilmann

V.

Der Aufsichtsrat der Gesellschaft besteht nach § ... Abs. ... der Satzung aus sechs Mitgliedern. Ihm gehören nach § 76 Abs. 1 BetrVG 1952 zwei Arbeitnehmervertreter an. Der bisherige Aufsichtsrat der Y-GmbH bestand aus sechs Mitgliedern, davon zwei Arbeitnehmervertreter. Da sich die Zusammensetzung und die Anzahl der Aufsichtsratsmitglieder nicht geändert hat, greift § 203 UmwG ein. Mitglieder des ersten Aufsichtsrats sind daher die Mitglieder des bisherigen Aufsichtsrats der Y-GmbH.

VI.

Der Aufsichtsrat hat durch Beschluß vom heutigen Tage

Herrn .... und Herrn ....

zu Mitgliedern des ersten Vorstands bestellt.

VII.

Weder ein Mitglied des Vorstands noch ein Mitglied des Aufsichtsrats hat sich einen besonderen Vorteil oder für die Gründung oder ihre Vorbereitung eine Entschädigung oder Belohnung ausbedungen.

VIII.

Die Gesellschaft hat die Umwandlungskosten in geschätzter Höhe von Euro ...... übernommen.

.... (Ort), den 4. Oktober 2001

....
(Unterschriften)

5. Gründungsprüfungsbericht des Vorstands und des Aufsichtsrats gemäß §§ 33, 34 AktG i.V.m. § 197 UmwG

Wir, die unterzeichnenden Mitglieder des Vorstands und des Aufsichtsrats der Y-Aktiengesellschaft in .... (Ort) haben den Hergang der Umwandlung der Gesellschaft geprüft.

Bei der Prüfung haben uns folgende Unterlagen vorgelegen:

1. Notarielle Urkunde vom .... (Urkundenrolle-Nr. .../2001 des Notars N in .... (Ort)) über den Verzicht der Gesellschafter auf die Erstattung eines Umwandlungsberichts (§§ 246 Abs. 1, 198 Abs. 3, 16 Abs. 2 Satz 2 UmwG);
2. Notarielle Urkunde vom 2. Oktober 2001 über die Umwandlung der Y-GmbH in die Y-Aktiengesellschaft, die Feststellung der Satzung, die Übernahme der Aktien durch die an der Umwandlung beteiligten Gesellschafter und die Bestellung des Abschlußprüfers (Urkundenrolle-Nr. 1000/2001 des Notars N in .... (Ort));
3. Niederschrift über die Bestellung des Vorstands durch den Aufsichtsrat vom 4. Oktober 2001
4. Gründungsbericht der Gesellschafter vom 4. Oktober 2001;
5. Die geprüften und testierten Jahresabschlüsse der Y-GmbH zum .... und zum ....

...

...

Der Hergang der Umwandlung entspricht nach unseren Feststellungen den gesetzlichen Vorschriften. Die Angaben der an der Umwandlung beteiligten Gesellschafter über die Übernahme der Aktien, die Einlagen auf das Grundkapital und die Feststellung zum Wert der umgewandelten Gesellschaft, den bisherigen Geschäftsverlauf und die Lage der Y-GmbH, zu Sondervorteilen und zum Umwandlungsaufwand sind richtig und vollständig. Weder ein Mitglied des Vorstands noch ein Mitglied des Aufsichtsrats hat sich einen besonderen Vorteil oder – für die Umwandlung und deren Vorbereitung – eine Entschädigung oder Belohnung ausbedungen.

Der Wert des Unternehmens erreicht den Ausgabebetrag der dafür zu gewährenden Aktien (nähere Begründung zur Wertermittlung). Der Nennbetrag des Grundkapitals übersteigt nicht das nach Abzug der Schulden verbleibende Vermögen (§ 220 Abs. 1 UmwG).

.... (Ort), den 5. Oktober 2001

....
(Unterschriften)

6. Antrag auf Bestellung eines Umwandlungsprüfers

An das
Amtsgericht
– Handelsregister –

.... (Ort)

.... (Ort), den 2. Oktober 2001

Y-GmbH, HRB ...

Wir, die unterzeichnenden Gesellschafter, sind an der Umwandlung der Y-GmbH in eine Aktiengesellschaft unter der Firma Y-Aktiengesellschaft in .... (Ort) beteiligt. Nach §§ 245 Abs. 1, 220 Abs. 3 UmwG, § 33 Abs. 2 AktG hat eine Gründungsprüfung zu erfolgen.

Wir schlagen vor, die .... in .... zum Umwandlungsprüfer zu bestellen. Die Industrie- und Handelskammer .... (Ort), deren Stellungnahme beigefügt wird, ist mit der Bestellung einverstanden.

Eine beglaubigte Abschrift der notariellen Urkunde vom .... über die Umwandlung der Gesellschaft wird als Anlage beigefügt.

....
(Unterschriften)

7. Bericht über die Umwandlungsprüfung

Bericht über die Prüfung der Umwandlung der Y-GmbH in eine Aktiengesellschaft unter der Firma Y-Aktiengesellschaft, ... (Ort)

I. Prüfungsauftrag

Durch Beschluß des Amtsgerichts .... (Ort) vom .... sind wir zu Umwandlungsprüfern bestellt worden. Die Prüfung hat stattzufinden, da die Y-Aktiengesellschaft durch Umwandlung der Y-GmbH und damit im Wege der Sachgründung entsteht (§§ 220 Abs. 3, 245 Abs. 1 UmwG).

Bei der Prüfung haben an Unterlagen vorgelegen:

1. Notarielle Urkunde vom .... (Urkundenrolle-Nr. .../2001 des Notars N in .... (Ort)) über den Verzicht der Gesellschafter auf die Erstattung eines Umwandlungsberichts (§§ 246 Abs. 1, 198 Abs. 3, 16 Abs. 2 Satz 2 UmwG;
2. Notarielle Urkunde vom 2. Oktober 2001 über die Umwandlung der Y-GmbH in die Y-Aktiengesellschaft, die Feststellung der Satzung, die Übernahme der Aktien durch die an der Umwandlung beteiligten Gesellschafter und die Bestellung des Abschlußprüfers (Urkundenrolle-Nr. 1000/2001 des Notars N in .... (Ort));
3. Niederschrift über die Bestellung des Vorstands durch den Aufsichtsrat vom 4. Oktober 2001;
4. Gründungsbericht der Gesellschafter vom 4. Oktober 2001;
5. Gründungsprüfungsbericht der Mitglieder des Vorstands und des Aufsichtsrats vom 5. Oktober 2001;
6. Die geprüften und testierten Jahresabschlüsse der Y-GmbH zum .... und zum ....
...

Der Umfang unserer Prüfung ergibt sich aus § 34 AktG, § 220 UmwG. Unsere Prüfung erstreckt sich insbesondere auf den Wert der Sacheinlage im Verhältnis zum Nennbetrag der dafür zu gewährenden Aktien.

II. Prüfungsergebnis

1. Die Y-GmbH wurde laut Umwandlungsprotokoll vom 2. Oktober 2001 in die Y-Aktiengesellschaft umgewandelt. An der Umwandlung haben sich beteiligt:
    a) die A-GmbH, ... (Ort);
    b) Herr B, ... (Ort);
    c) Herr C, ... (Ort).

Das Grundkapital der Gesellschaft beträgt Euro 35.000.000,00 und ist eingeteilt in 700.000 Inhaberstammaktien im Nennbetrag von je Euro 50,00. Die beteiligten Gesellschafter haben alle Aktien übernommen.

Mitglieder des ersten Aufsichtsrats sind gemäß § 203 UmwG die bisherigen Mitglieder des Aufsichtsrats der Y-GmbH. Sie haben, wie sich aus der Niederschrift über die Sitzung des Aufsichtsrats vom 4. Oktober 2001 ergibt, die Herren .... und .... zu Mitgliedern des ersten Vorstands bestellt.

2. Die Angaben der an der Umwandlung beteiligten Gesellschafter und die Angaben der Mitglieder des Vorstands und des Aufsichtsrats über die Übernahme der Aktien, über die Einlagen auf das Grundkapital, die Festsetzung nach §§ 26, 27 AktG, den bisherigen Geschäftsverlauf und die Lage der Y-GmbH sind nach unseren Feststellungen richtig und vollständig.

3. Unsere Prüfung, ob der Wert des Vermögens der Y-GmbH nach Abzug der Schulden den Nennbetrag der dafür zu gewährenden Aktien erreicht, hat folgendes ergeben:

...

III. Bestätigungsvermerk

Aufgrund unserer Prüfung erteilen wir den folgenden Bestätigungsvermerk:

Nach dem abschließenden Ergebnis unserer pflichtgemäßen Prüfung gemäß §§ 33, 34 AktG, § 220 UmwG aufgrund der uns vorgelegten Urkunden und Schriften sowie der uns erteilten Aufklärungen und Nachweise bestätigen wir, daß die Angaben der an der Umwandlung beteiligten Gesellschafter über die Übernahme der Aktien, über die Einlagen auf das Grundkapital und über Festsetzung nach §§ 26, 27 AktG richtig und vollständig sind. Der Nennbetrag des Grundkapitals übersteigt nicht das nach Abzug der Schulden verbleibende Vermögen der Gesellschaft.

.... (Ort), den 12. Oktober 2001

....
(Unterschriften)

II. Umwandlung einer GmbH in eine Aktiengesellschaft

8. Anmeldung der Umwandlung zum Handelsregister

An das
Amtsgericht
– Handelsregister –

.... (Ort)

.... (Ort), den 15. Oktober 2001

Y-GmbH, HRB ...

Als Geschäftsführer der Y-GmbH überreichen wir:

1. Ausfertigung der notariellen Urkunde vom 2. Oktober 2001, Urkundenrolle-Nr. 1000/2001 des Notars N in................ (Ort) mit dem Beschluß über die Umwandlung der Y-GmbH in die Rechtsform der Aktiengesellschaft und Feststellung der Satzung der umgewandelten Gesellschaft sowie Verzichtserklärung der Gesellschafter gemäß §§ 246 Abs. 1, 198 Abs. 3, 16 Abs. 2 Satz 2 UmwG;

2. Urschrift des Beschlusses des Aufsichtsrats über die Bestellung der Herren .... und .... zu Mitgliedern des Vorstands;

3. Bericht der Gesellschafter, die der Umwandlung zugestimmt haben, über den Hergang der Umwandlung;

4. Prüfungsbericht des Vorstands und des Aufsichtsrats über den Hergang der Umwandlung;

5. Prüfungsbericht des vom Gericht bestellten Prüfers, der ...., über den Hergang der Umwandlung;

6. vollständiger Wortlaut der Satzung vom 2. Oktober 2001;

7. notariell beurkundete Erklärungen der Gesellschafter über den Verzicht auf die Vorlage eines Umwandlungsberichts gemäß § 192 Abs. 3 UmwG;

8. Erklärung des Vorsitzenden des Betriebsrats der Y-GmbH, Herrn ...., über die Zuleitung des Entwurfs des Umwandlungsbeschlusses gemäß § 194 Abs. 2 UmwG.

Wir melden die Umwandlung der Gesellschaft in eine Aktiengesellschaft unter der Firma Y-Aktiengesellschaft und die Bestellung der Herren .... und .... zu

Mitgliedern des Vorstands der Gesellschaft zur Eintragung in das Handelsregister an. Die Herren ……… und ……… vertreten die Gesellschaft gemeinschaftlich oder zusammen mit einem Prokuristen. Sie versichern, daß keine Umstände vorliegen, die ihrer Bestellung nach § 76 Abs. 3 Satz 2 bis 4 AktG entgegenstehen und daß sie über ihre uneingeschränkte Auskunftspflicht gegenüber dem Gericht belehrt wurden.

Herr ……… zeichnet seine Unterschrift wie folgt:

……………

Herr ……… zeichnet seine Unterschrift wie folgt:

……………

Der bisherige Aufsichtsrat der Y-GmbH bleibt gemäß § 203 UmwG im Amt. Vorsitzender des Aufsichtsrats ist Herr ……… , Stellvertreter ist Herr ………

Eine Klage gegen die Wirksamkeit des Umwandlungsbeschlusses wurde nicht erhoben. Die Gesellschafter haben in der notariellen Urkunde (Urkundenrolle-Nr. 1000/2001) des Notars N vom 2. Oktober 2001 auf die Klage verzichtet.

Die Geschäftsräume der umgewandelten Gesellschaft befinden sich nach wie vor in …………… (Straße, Ort).

III. Hauptversammlung einer Aktiengesellschaft

1. Einberufung der ordentlichen Hauptversammlung durch eingeschriebenen Brief

Einschreiben/Rückschein

An
Herrn X

.... (Ort)

.... (Ort), den 5. Juli 2001

Betr.: Ordentliche Hauptversammlung der A-AG, ... (Ort), für das Geschäftsjahr 2000

Sehr geehrter Herr X,

wir, der Vorstand der A-Aktiengesellschaft, ... (Ort), laden Sie als unseren Aktionär zu der

ordentlichen Hauptversammlung

unserer Gesellschaft am Donnerstag, den 30. August 2001, 12.00 Uhr, im Messezentrum in .... (Ort, Straße), ein.

Tagesordnung:

1. Vorlage des festgestellten Jahresabschlusses zum 31. Dezember 2000, des Lageberichts und des Berichts des Aufsichtsrats sowie des Konzernabschlusses zum 31. Dezember 2000 und des Konzernlageberichts.

2. Verwendung des Bilanzgewinns

   Vorstand und Aufsichtsrat schlagen vor, den Bilanzgewinn von   Euro 7.025.827,–
   wie folgt zu verwenden:

   a) Verteilung an die Aktionäre durch Ausschüttung einer Dividende von Euro 3,– je Aktie im Nennbetrag von Euro 50,– (6 %)   Euro 6.000.000,–

b) Einstellung in Gewinnrücklagen Euro 1.025.000,–

c) Gewinnvortrag Euro ....

d) Zusätzliche Körperschaftsteuer – Aufwand durch den Gewinnvortrag Euro Euro ....

3. Entlastung der Mitglieder des Vorstands
Vorstand und Aufsichtsrat schlagen vor, den Mitgliedern des Vorstands für das Geschäftsjahr 2000 Entlastung zu erteilen.

4. Entlastung der Mitglieder des Aufsichtsrats
Vorstand und Aufsichtsrat schlagen vor, den Mitgliedern des Aufsichtsrats, einschließlich der ausgeschiedenen Mitglieder, Entlastung für das Geschäftsjahr 2000 zu erteilen.

5. Wahl des Abschlußprüfers für das Geschäftsjahr 2001
Der Aufsichtsrat schlägt vor, die V-Wirtschaftsprüfungsgesellschaft, ... (Ort), zum Abschlußprüfer für das Geschäftsjahr 2001 zu wählen.

Zur Ausübung des Stimmrechts in der Hauptversammlung sind nach § ... der Satzung diejenigen Aktionäre berechtigt, die ihre Aktien spätestens am 27. August 2001 während der Geschäftsstunden bei einer der nachstehend genannten Stellen hinterlegen und bis zur Beendigung der Hauptversammlung dort belassen.

Die Aktien können bei unserer Gesellschaftskasse, ... (Ort, Straße), bei einem deutschen Notar, einer deutschen Wertpapiersammelbank oder einem der folgenden Kreditinstitute hinterlegt werden:

D-Bank AG,
E-Bank AG,
....

Die Hinterlegung kann auch derart erfolgen, daß die Aktien mit Zustimmung einer Hinterlegungsstelle für diese bei einem Kreditinstitut bis zur Beendigung der Hauptversammlung im Sperrdepot gehalten werden. Im Falle der Hinterlegung bei einem Notar oder bei einer Wertpapiersammelbank ist die von diesen auszustellende Hinterlegungsbescheinigung spätestens am 28. August 2001 bei uns einzureichen.

A-Aktiengesellschaft
Der Vorstand

2. Einberufung einer Hauptversammlung durch eingeschriebenen Brief durch einen Aktionär aufgrund Ermächtigung des Gerichts

Einschreiben/Rückschein

An
Herrn X

.... (Ort)

.... (Ort), den 18. Dezember 2001

Betr. Außerordentliche Hauptversammlung der A-Aktiengesellschaft .... (Ort)

Sehr geehrter Herr X,

aufgrund der mir vom Amtsgericht .... (Ort) erteilten Ermächtigung vom 14. Dezember 2001 berufe ich als Aktionär der Gesellschaft eine

       außerordentliche Hauptversammlung der A-Aktiengesellschaft
auf
       Freitag, den 8. Februar 2002, 10.00 Uhr
ein.

Die Hauptversammlung findet in .... (Ort), Messezentrum .... (Straße) statt.
Zum Vorsitzenden der Hauptversammlung hat das Amtsgericht .... (Ort) in der genannten Ermächtigung Herrn Rechtsanwalt Z, ... (Ort), bestimmt.

Tagesordnung

1. Geltendmachung von Ersatzansprüchen der Gesellschaft gegen die Mitglieder des Vorstands und des Aufsichtsrats gemäß § 147 AktG aufgrund eines Mehrheitsbeschlusses der Hauptversammlung oder eines Minderheitsverlangens von Aktionären.

2. Abberufung der durch die Hauptversammlung gewählten Mitglieder des Aufsichtsrats gemäß § 103 AktG.

3. Neuwahlen zum Aufsichtsrat. Der Aufsichtsrat ist gemäß §§ 96, 101 AktG, 76 BetrVG 1952 zusammenzusetzen. Er besteht satzungsgemäß aus sechs Mitglie-

dern. Von diesen sind vier Mitglieder von der Hauptversammlung ohne Bindung an Wahlvorschläge zu wählen.

Ich schlage vor, zu den einzelnen Punkten der Tagesordnung folgende Beschlüsse zu fassen:

Zu 1:
Die Gesellschaft erhebt gegen die Mitglieder des Vorstands und des Aufsichtrats als Gesamtschuldner Schadenersatzansprüche in Höhe von insgesamt Euro 700.000,–.

Zu 2:
Die von der Hauptversammlung gewählten Mitglieder des Aufsichtsrats werden aus wichtigem Grunde gemäß § 103 AktG vorzeitig abberufen.

Zu 3:
Zu Mitgliedern des Aufsichtsrats werden die Herren

L, Rechtsanwalt in .... (Ort),
M, Mitglied der Geschäftsführung M-GmbH in .... (Ort),
N, Bankdirektor in .... (Ort),
O, Beamter im Ruhestand, ... (Ort),

für den Rest der Amtszeit der gemäß § 103 AktG abberufenen Mitglieder des Aufsichtsrats gewählt.

Zur Teilnahme an der Hauptversammlung und zur Ausübung des Stimmrechts in der Hauptversammlung sind nach §– der Satzung diejenigen Aktionäre berechtigt, die ihre Aktien spätestens am 4. Februar 2002 während der Geschäftsstunden bei einer der nachstehend genannten Stellen hinterlegen und bis zur Beendigung der Hauptversammlung dort belassen. Die Aktien können bei der Gesellschaftskasse .... (Ort, Straße), bei einem deutschen Notar, einer deutschen Wertpapiersammelbank oder einem der folgenden Kreditinstitute hinterlegt werden:

H-Bank AG
....

Die Hinterlegen kann auch derart erfolgen, daß die Aktien mit Zustimmung einer Hinterlegungsstelle für diese bei einem Kreditinstitut bis zur Beendigung der Hauptversammlung im Sperrdepot gehalten werden. Im Falle der Hinterlegung bei einem Notar oder bei einer Wertpapiersammelbank ist die von diesen auszustellende Hinterlegungsbescheinigung spätestens am 5. Februar 2002 beim Vorstand der Gesellschaft einzureichen.

Deilmann

Ich mache ausdrücklich darauf aufmerksam: Das Verlangen einer Minderheit, Ersatzansprüche der Gesellschaft gegen Mitglieder des Vorstands und des Aufsichtsrats geltend zu machen, ist nur zu berücksichtigen, wenn Aktionäre, welche die Minderheit bilden, seit mindestens drei Monaten vor dem Tage der Hauptversammlung Inhaber der Aktien sind. Diese Tatsache ist glaubhaft zu machen, was urkundlich (z.B. Bankbescheinigung) oder durch eine vor einem Notar abzugebende eidesstattliche Versicherung erfolgen kann.

B, Aktionär

3. Bekanntmachung eines Gegenstandes zur Beschlußfassung in der Hauptversammlung durch einen Aktionär durch eingeschriebenen Brief

Einschreiben/Rückschein

An
Herrn X

.... (Ort)

.... (Ort), den 10. Juli 2001

Betr.: Ordentliche Hauptversammlung der A-Aktiengesellschaft, (Ort), für das Geschäftsjahr 2000

Sehr geehrter Herr X,

aufgrund der mir vom Amtsgericht .... (Ort) erteilten Ermächtigung vom 9. Juli 2001 kündige ich als Aktionär der Gesellschaft für die vom Vorstand mit eingeschriebenem Brief vom heutigen Tage einberufene ordentliche Hauptversammlung der A-Aktiengesellschaft in .... (Ort) für das Geschäftsjahr 2001 den weiteren Punkt der Tagesordnung an:

Beschlußfassung über die Geltendmachung eines Schadenersatzanspruchs nach §§ 116, 93 AktG gegen das Aufsichtsratsmitglied L.

Ich schlage vor, zu beschließen, daß dieser Schadenersatzanpruch geltend gemacht wird.

S, Aktionär

4. Notarielle Niederschrift über die ordentliche Hauptversammlung (mit Schaffung genehmigten Kapitals)

Verhandelt am ....
in .... (Ort) im Messezentrum,
.... (Straße)

Der unterzeichnete Notar ....
mit dem Amtssitz in .... (Ort) begab sich heute auf Ersuchen des Vorstands in das Messezentrum, ... (Straße). Dort nahm er die Niederschrift über die

ordentliche Hauptversammlung

der

A-Aktiengesellschaft

mit dem Sitz in .... (Ort) auf.

Der Notar traf an:

I. Folgende Mitglieder des Aufsichtsrats:

　1. ...
　2. ...
　　...;

II. die Vorstandsmitglieder

　1. ...
　2. ...
　　...;

III. die in dem beigefügten Teilnehmerverzeichnis aufgeführten Aktionäre und Vertreter von Aktionären.

Der Vorsitzende des Aufsichtsrats, Herr M, übernahm den Vorsitz. Die Versammlung wurde von ihm um 12.10 Uhr eröffnet. Er teilte mit, daß die Reden und Diskussionsbeiträge zur Erleichterung der Tätigkeit des Notars auf ein Tonband aufgenommen werden, es sei denn, ein Redner widerspricht dem ausdrücklich.

Der Vorsitzende des Aufsichtsrats stellte fest: Die Einberufung der Hauptversammlung wurde mit Tagesordnung im Bundesanzeiger Nr. ... vom ... bekanntgemacht. Die Bekanntmachung enthält folgende

Deilmann

Tagesordnung

1. Vorlage des festgestellten Jahresabschlusses zum 31. Dezember 20.., des Lageberichts und des Berichts des Aufsichtsrats sowie die des Konzernabschlusses zum 31. Dezember 20.. und des Konzernlageberichts.
2. Verwendung des Bilanzgewinns.
3. Entlastung der Mitglieder des Vorstands.
4. Entlastung der Mitglieder des Aufsichtsrats.
5. Wahl des Abschlußprüfers für das Geschäftsjahr 20…
6. Schaffung eines genehmigten Kapitals.

Ein Belegexemplar des Bundesanzeigers Nr. … vom … ist dieser Niederschrift als Anlage 1 beigefügt.

Der Vorsitzende stellte weiterhin fest: Der Gegenantrag des Aktionärs V zu Punkt 2 der Tagesordnung ist nach § 125 AktG allen Kreditinstituten und Aktionärsvereinigungen, die in der letzten Hauptversammlung Stimmrechte für Aktionäre ausgeübt haben, vor Ablauf von 12 Tagen nach der Bekanntmachung der Einberufung mitgeteilt worden. Eine entsprechende Mitteilung wurde sämtlichen Aktionären übersandt, die entweder Aktien bei der Gesellschaft hinterlegt haben, es nach der Bekanntmachung der Einberufung der Hauptversammlung im Bundesanzeiger verlangt haben oder spätestens zwei Wochen vor dem Tage der Hauptversammlung als Aktionäre im Aktienbuch der Gesellschaft eingetragen sind.

Der Vorsitzende unterzeichnete das Verzeichnis der erschienenen oder vertretenen Aktionäre und der Aktionärsvertreter. Das Teilnehmerverzeichnis wurde von der ersten Abstimmung für die gesamte Dauer der Hauptversammlung zur Einsicht für alle Teilnehmer ausgelegt. Bei Änderungen der Präsenz fertigte der Vorsitzende des Aufsichtsrats vor jeder Abstimmung Nachträge, die ebenfalls für die restliche Dauer der Hauptversammlung zur Einsicht ausgelegt wurden. Er stellte die Änderungen jeweils vor der nächsten Abstimmung fest. Die in ihm aufgeführten Aktionäre und Aktionärsvertreter haben ihre Berechtigung zur Teilnahme und zur Ausübung des Stimmrechts der Hauptversammlung ordnungsgemäß nachgewiesen.

Der Vorsitzende bestimmt gemäß § … der Satzung die folgende Abstimmungsart:

An jeden Aktionär oder Aktionärsvertreter sind von 1 bis 20 fortlaufend numerierte Lochkarten ausgehändigt worden. Diese dienen als Stimmkarten. Soll zu einem Beschlußvorschlag mit „Ja" gestimmt werden, so ist die Stimmkarte in den Stimmkasten mit dem Aufdruck „Ja", soll mit „Nein" gestimmt werden, so ist die Stimmkarte in den Stimmkasten mit dem Aufruck „Nein" zu werfen. Die Nummer der

Stimmkarte, die für die jeweilige Abstimmung zu verwenden ist, gibt der Vorsitzende vor jeder Abstimmung bekannt. Bei Stimmenthaltungen ist die Stimmkarte nicht abzugeben.

Nach jeder Abstimmung werden die Stimmkästen unter Aufsicht des beurkundenden Notars entleert. Die Stimmkarten werden mit Hilfe einer EDV-Anlage unter Aufsicht des Notars gezählt.

Danach wurde die Tagesordnung erledigt:

Zu Punkt 1 der Tagesordnung

In der Hauptversammlung wurden der Jahresabschluß, der Lagebericht, der Bericht des Aufsichtsrats sowie der Konzernabschluß und der Konzernlagebericht für das Geschäftsjahr 19.. vorgelegt. Die Vorlagen sind in ihrer gedruckten Fassung dieser Niederschrift als Anlage 2 beigefügt.

Der Vorsitzende stellte fest, daß

a) die Vorlagen von der Einberufung der Hauptversammlung an in den Geschäftsräumen der Gesellschaft zur Einsicht der Aktionäre ausgelegt waren und für alle Teilnehmer der Hauptversammlung in gedruckter Form im Versammlungsraum zur Einsicht und Mitnahme auslagen,

b) der Jahresabschluß, der Lagebericht, der Konzernabschluß und der Konzernlagebericht von der V-Wirtschaftsprüfungsgesellschaft geprüft und mit uneingeschränkten Bestätigungsvermerken versehen worden sind,

c) der Aufsichtsrat den Jahresabschluß, den Lagebericht und den Vorschlag für die Verwendung des Bilanzgewinns gebilligt sowie den Konzernabschluß und den Konzernlagebericht zustimmend zur Kenntnis genommen hat.

Der Vorsitzende des Vorstands, Herr F, berichtete über die Geschäftslage. Er erläuterte die Vorlagen des Vorstands. Der Bericht des Aufsichtsrats wurde von seinem Vorsitzenden, Herrn M, erläutert.

Keiner der Anwesenden begehrte die Verlesung der Vorlagen. Anträge zur Beschlußfassung wurden nicht gestellt.

Zu Punkt 2 der Tagesordnung

Der Aktionär V stellte den angekündigten Gegenantrag zur Verwendung des Bilanzgewinns:

Der Bilanzgewinn von Euro 7.025.827,– wird wie folgt verwendet:

a) Verteilung an die Aktionäre durch Ausschüttung
   einer Dividende von Euro 3,50 je Aktie im
   Nennbetrag von Euro 50,– (7%)   7.000.000,– Euro
b) Gewinnvortrag   .... Euro
c) zusätzlicher Körperschaftsteuer-Aufwand durch den
   Gewinnvortrag   .... Euro

Der Vorsitzende des Vorstands begründete unter Stellungnahme zum Gegenantrag den Vorschlag der Verwaltung. Er stellte ihn zur Abstimmung:

– Verteilung an die Aktionäre durch Ausschüttung
  einer Dividende von Euro 3,– je Aktie
  im Nennbetrag von Euro 50,– (6%)   6.000.000,– Euro
– Einstellung in Gewinnrücklagen   1.025.000,– Euro
– Gewinnvortrag   .... Euro
– zusätzlicher Körperschaftsteuer-Aufwand durch den
  Gewinnvortrag   .... Euro

Der Vorsitzende gab die Präsenz von …Stimmen bekannt. Er wies darauf hin, daß die Stimmkarte 1 zu verwenden sei. Die Abstimmung ergab

… Ja-Stimmen,
… Nein-Stimmen,
… Stimmenthaltungen.

Der Vorsitzende gab das Ergebnis der Abstimmung bekannt. Er stellte fest, daß der Vorschlag der Verwaltung für die Verwendung des Bilanzgewinns angenommen und der Gegenantrag des Aktionärs V abgelehnt ist.

Zu Punkt 3 der Tagesordnung

Der Aktionär B stellte den Antrag:

„Über die Entlastung der Mitglieder des Vorstands wird für jedes Mitglied gesondert abgestimmt."

Es erfolgt eine Aussprache über den Antrag. Der Vorsitzende stellte ihn alsdann zur Abstimmung, bei der die Stimmkarte 2 zu verwenden sei.

Bei einer Präsenz von … Stimmen ergab die Abstimmung

… Ja-Stimmen,
… Nein-Stimmen,
… Stimmenthaltungen.

Der Vorsitzende gab das Ergebnis der Abstimmung bekannt. Er stellte fest, daß der Antrag abgelehnt ist und die Zahl der Ja-Stimmen weder den 10. Teil des Grundkapitals noch den Nennbetrag von Euro 1.000.000,– erreicht.

Der Vorsitzende stellte nunmehr den Vorschlag der Verwaltung zur Abstimmung:

„Den Mitgliedern des Vorstands wird für das Geschäftsjahr 20.. Entlastung erteilt."

Der Vorsitzende bat, die Stimmkarte 3 für die Abstimmung zu verwenden. Auf das Stimmverbot nach § 136 Abs. 1 AktG machte er ausdrücklich aufmerksam.

Bei einer Präsenz von … Stimmen ergab die Abstimmung

… Ja-Stimmen,
… Nein-Stimmen,
… Stimmenthaltungen.

Der Vorsitzende gab das Ergebnis der Abstimmung bekannt und stellte fest, daß den Mitgliedern des Vorstands für das Geschäftsjahr 20.. Entlastung erteilt ist.

Zu Punkt 4 der Tagesordnung

Der Vorsitzende stellte den Vorschlag der Verwaltung zur Abstimmung:

„Den Mitgliedern des Aufsichtsrats wird für das Geschäftsjahr 20.. Entlastung erteilt."

Der Vorsitzende bat, die Stimmkarte 4 für die Abstimmung zu verwenden. Auf das Stimmverbot nach § 136 Abs. 1 AktG machte er ausdrücklich aufmerksam.

Bei einer Präsenz von. Stimmen ergab die Abstimmung

… Ja-Stimmen,
… Nein-Stimmen,
… Stimmenthaltungen.

Der Vorsitzende gab das Ergebnis der Abstimmung bekannt. Er stellte fest, daß den Mitgliedern des Aufsichtsrats für das Geschäftsjahr 20.. Entlastung erteilt wurde.

Zu Punkt 5 der Tagesordnung

Der Vorsitzende stellte den Vorschlag des Aufsichtsrats zur Abstimmung:

„Die V-Wirtschaftsprüfungsgesellschaft, …………… (Ort), wird zum Abschlußprüfer für das Geschäftsjahr 20.. gewählt."

Der Vorsitzende teilte mit, daß für die Abstimmung die Stimmkarte 5 zu verwenden sei.

Bei einer Präsenz von … Stimmen ergab die Abstimmung

… Ja-Stimmen,
… Nein-Stimmen,
… Stimmenthaltungen.

Der Vorsitzende gab das Ergebnis der Abstimmung bekannt. Er stellte fest, daß die V-Wirtschaftsprüfungsgesellschaft, …………… (Ort), zum Abschlußprüfer für das Geschäftsjahr 20.. gewählt ist.

Zu Punkt 6 der Tagesordnung

Der Vorsitzende stellte den Vorschlag von Vorstand und Aufsichtsrat zur Abstimmung:

„Der Vorstand ist ermächtigt, das Grundkapital in der Zeit bis zum … mit Zustimmung des Aufsichtsrats einmalig oder mehrmalig um insgesamt bis zu Euro … durch Ausgabe neuer Stammaktien gegen Bareinlagen zu erhöhen (genehmigtes Kapital). Den Aktionären ist dabei ein Bezugsrecht einzuräumen. Der Vorstand ist jedoch ermächtigt, mit Zustimmung des Aufsichtsrats, Spitzenbeträge vom Bezugsrecht der Aktionäre auszunehmen. Darüber hinaus ist der Vorstand ermächtigt, mit Zustimmung des Aufsichtsrats das Bezugsrecht bei der jeweiligen Ausnutzung der Ermächtigung durch Kapitalerhöhung gegen Bareinlagen (jedoch höchstens einmal innerhalb von 12 Monten) auch dann auszuschließen, wenn die Kapitalerhöhung 10% des im Zeitpunkt der Ausnutzung der Ermächtigung bestehenden Grundkapitals der Gesellschaft nicht überschreitet, die neu ausgegebenen Aktien mit bereits börsennotierten Aktien der Gesellschaft ausstattungsgleich sind, und der Ausgabepreis der neuen Aktien den Börsenpreis der Aktien zum Zeitpunkt der Festlegung des Ausgabepreises durch den Vorstand nicht wesentlich unterschreitet. Der Vorstand ist ferner ermächtigt, mit Zustimmung des Aufsichtsrats den weiteren Inhalt der Aktienrechte und die Bedingungen der Aktienausgabe festzulegen. Der Aufsichtsrat wird ermächtigt, die Fassung der Satzung entsprechend dem Umfang der Kapitalerhöhung aus dem genehmigten Kapital zu ändern.

§ … der Satzung wird aufgrund des vorstehenden Beschlusses um einen Absatz 4 erweitert, der folgenden Wortlaut hat:

„Der Vorstand ist ermächtigt, das Grundkapital in der Zeit bis zum … mit Zustimmung des Aufsichtsrats einmalig oder mehrmalig um insgesamt bis zu Euro … durch Ausgabe neuer Stammaktien gegen Bareinlagen zu erhöhen (genehmigtes Kapital). Den Aktionären ist dabei ein Bezugsrecht einzuräumen. Der Vorstand ist jedoch ermächtigt, mit Zustimmung des Aufsichtsrats, Spitzenbeträge vom Bezugsrecht der Aktionäre auszunehmen. Darüber hinaus ist der Vorstand ermächtigt, mit Zustimmung des Aufsichtsrats das Bezugsrecht bei der jeweiligen Ausnutzung der Ermächtigung durch Kapitalerhöhung gegen Bareinlagen (jedoch höchstens einmal innerhalb von 12 Monaten) auch dann auszuschließen, wenn die Kapitalerhöhung 10% des im Zeitpunkt der Ausnutzung der Ermächtigung bestehenden Grundkapitals der Gesellschaft nicht überschreitet, die neu ausgegebenen Aktien mit bereits börsennotierten Aktien der Gesellschaft ausstattungsgleich sind, und der Ausgabepreis der neuen Aktien den Börsenpreis der Aktien zum Zeitpunkt der Festlegung des Ausgabepreises durch den Vorstand nicht wesentlich unterschreitet. Der Vorstand ist ferner ermächtigt, mit Zustimmung des Aufsichtsrats den weiteren Inhalt der Aktienrechte und die Bedingungen der Aktienausgabe festzulegen. Der Aufsichtsrat wird ermächtigt, die Fassung der Satzung entsprechend dem Umfang der Kapitalerhöhung aus dem genehmigten Kapital zu ändern."

Der Vorsitzende stellt fest, daß der Vorstand in einem mit der Einladung zur Hauptversammlung übermittelten und der Hauptversammlung vorliegenden schriftlichen Bericht die bei der späteren Aktienausgabe mögliche Notwendigkeit des Ausschlusses des Bezugsrechts begründet hat. Der Vorsitzende des Vorstands begründete alsdann nochmals eingehend die Notwendigkeit der Ermächtigung des Vorstands zur Entscheidung über den Bezugsrechtsausschluß. Der Vorstand berichtet zu Punkt 6 der Tagesordnung gemäß § 203 Abs. 2 i.V.m. § 186 Abs. 4 AktG wie folgt:

....

Der Vorsitzende teilte mit, daß für die Abstimmung die Stimmkarte 6 zu verwenden sei.

Bei einer Präsenz von ... Stimmen ergab die Abstimmung

... Ja-Stimmen,
... Nein-Stimmen,
... Stimmenthaltungen.

Der Vorsitzende gab das Ergebnis der Abstimmung bekannt. Er stellte fest, daß der Vorschlag von Vorstand und Aufsichtsrat angenommen ist.

Damit war die Tagesordnung erledigt. Der Vorsitzende schloß die Hauptversammlung um 16.20 Uhr.

Diese Niederschrift wurde vom Notar aufgenommen und von ihm eigenhändig wie folgt unterschrieben:

..., Notar

Deilmann

5. Niederschrift über eine außerordentliche Hauptversammlung in Form einer Vollversammlung

Niederschrift über die außerordentliche Hauptversammlung der

A-Aktiengesellschaft

am 12. Juni 2001 im Sitzungssaal der Gesellschaft in .... (Ort).

Beginn der Sitzung: 10 Uhr

Es waren anwesend:

1. die Aufsichtsratsmitglieder L, M, N, O, P und Q,
2. sämtliche Mitglieder des Vorstands, nämlich die Herren I und J,
3. sämtliche Aktionäre der Gesellschaft, nämlich Frau C und die Herren A, B, und D.

Alle Aktionäre der Gesellschaft sind erschienen. Die Gesellschaft ist mit einem Grundkapital von Euro 3.000.000,– ausgestattet. Einzige Aktionäre sind:

– Herr A, Kaufmann in .... (Ort)
  mit Namensaktien im Nennbetrag von   Euro 1.000.000,–

– Herr B, Kaufmann in .... (Ort)
  mit Namensaktien im Nennbetrag von   Euro 1.000.000,–

– Frau C, Kauffrau in .... (Ort)
  mit Namensaktien im Nennbetrag von   Euro   500.000,–

– Herr D, Kaufmann in .... (Ort)
  mit Namensaktien im Nennbetrag von   Euro   500.000,–

                                                        Euro 3.000.000,–

Der Vorsitzende des Aufsichtsrats, Herr L, übernahm den Vorsitz und eröffnete die Hauptversammlung um 10.15 Uhr.

Er stellte das Teilnehmerverzeichnis, das vor der ersten Abstimmung zur Einsicht ausgelegt war, als richtig fest und unterzeichnete es.

Der Vorsitzende stellte weiter fest, daß gemäß dem Teilnehmerverzeichnis in der außerordentlichen Hauptversammlung das gesamte Aktienkapital vertreten war und kein Aktionär der Beschlußfassung widersprochen hat und es daher für die Beschlußfähigkeit der Versammlung einer förmlichen Einberufung nicht bedurfte.

III. Hauptversammlung einer Aktiengesellschaft

Der einzige Punkt der

Tagesordnung

lautete: ...

Durch Handaufheben wurde einstimmig beschlossen: ...

Der Vorsitzende schloß die Hauptversammlung um 11.00 Uhr.

L
Vorsitzender des Aufsichtrats

IV. Kapitalerhöhung (genehmigtes Kapital)

1. Anmeldung der Satzungsänderung zum genehmigten Kapital zum Handelsregister

An das
Amtsgericht
– Handelsregister –

.... (Ort), den.........

A-Aktiengesellschaft, HRB ...

Als gemeinsam zur Vertretung berechtigte Vorstandsmitglieder der A-Aktiengesellschaft melden wir zur Eintragung in das Handelsregister an:

Die Hauptversammlung hat am .... beschlossen, den § ... der Satzung zur Schaffung eines genehmigten Kapitals durch einen Absatz 4 zu ergänzen.

Als Anlage fügen wir bei:

1. eine notariell beglaubigte Abschrift mit Niederschrift über die Hauptversammlung vom .... mit dem Beschluß über die Satzungsänderung,

2. den vollständigen Wortlaut der neuen Satzung mit der Bescheinigung des Notars nach § 181 AktG.

....
(Unterschriften mit Beglaubigungsvermerk)

2. Beschluß des Vorstands über die Ausnutzung des genehmigten Kapitals

Beschluß des Vorstands der A-Aktiengesellschaft

1. Nach § ... Abs. 4 der Satzung der A-Aktiengesellschaft in der Fassung der Eintragung in das Handelsregister .... (Ort) vom .... ist der Vorstand ermächtigt, bis zum ... das Grundkapital der Gesellschaft durch Ausgabe neuer Stammaktien gegen Bareinlagen einmal oder mehrmals, insgesamt jedoch um höchstens Euro ...... zu erhöhen. Er ist weiter ermächtigt, mit Zustimmung des Aufsichtsrats Spitzenbeträge von dem Bezugsrecht der Aktionäre auszunehmen und das Bezugsrecht auch dann auszuschließen, wenn die Kapitalerhöhung 10 % des im Zeitpunkt der Ausnutzung der Ermächtigung bestehenden Grundkapitals der Gesellschaft nicht übersteigt, die neu ausgegebenen Aktien mit bereits börsennotierten Aktien der Gesellschaft ausstattungsgleich sind und der Ausgabepreis der neuen Aktien den Börsenpreis der Aktien zum Zeitpunkt der Festlegung des Ausgabpreises durch den Vorstand nicht wesentlich unterschreitet.

2. Der Vorstand beschließt:

   a) Das Grundkapital der Gesellschaft von derzeit Euro ... wird um Euro ... (dies entspricht 10 % des derzeitigen Grundkapitals) auf Euro ... durch Ausgabe von ... neuen auf den Inhaber lautenden Stammaktien im Nennbetrag von je Euro 100,– zum Ausgabebetrag von Euro 121,– je Aktie erhöht.

   b) Die neuen Aktien sind ab dem 1. Januar 20.. gewinnberechtigt.

   c) Das Bezugsrecht der Aktionäre wird ausgeschlossen, weil.... Die neuen Stammaktien sind mit den derzeitigen Stammaktien der Gesellschaft ausstattungsgleich. Die Stammaktien der Gesellschaft sind zum amtlichen Handel zugelassen. Der Börsenpreis der derzeitigen Stammaktien betrug am heutigen Tage bei Börsenschluß Euro 123,– je Aktie im Nennbetrag von Euro 100,–. Der Ausgabebetrag der neuen Aktien unterschreitet damit den Börsenpreis der bereits börsennotierten Aktien unwesentlich. Die neuen Aktien werden von der D-Bank AG übernommen. Diese hat sich verpflichtet, die jungen Aktien breit gestreut zu plazieren.

.... (Ort), den ....

....
(Unterschriften)

3. Zustimmung des Aufsichtsrats zur Aktienausgabe

Beschluß des Aufsichtsrats der A-Aktiengesellschaft

1. Der Vorstand der Gesellschaft hat am .... beschlossen:

„a) Das Grundkapital der Gesellschaft von derzeit Euro ...... wird um Euro ...... (dies entspricht 10% des derzeitigen Grundkapitals) auf Euro ...... durch Ausgabe von ...... neuen auf den Inhaber lautenden Stammaktien im Nennbetrag von je Euro 100,– zum Ausgabebetrag von Euro 121,– je Aktie erhöht.

b) Die neuen Aktien sind ab dem 1. Januar 20.. gewinnberechtigt.

c) Das Bezugsrecht der Aktionäre wird ausgeschlossen, weil .... Die neuen Stammaktien sind mit den derzeitigen Stammaktien der Gesellschaft ausstattungsgleich. Die Stammaktien der Gesellschaft sind zum amtlichen Handel zugelassen. Der Börsenpreis der derzeitigen Stammaktien betrug am heutigen Tage bei Börsenschluß DM 123,– je Aktie im Nennbetrag von DM 100,–. Der Ausgabebetrag der neuen Aktien unterschreitet damit den Börsenpreis der bereits börsennotierten Aktien unwesentlich. Die neuen Aktien werden von der D-Bank AG übernommen. Diese hat sich verpflichtet, die jungen Aktien breit gestreut zu plazieren."

Der Aufsichtsrat erteilt zu dem vorstehenden Beschluß des Vorstands seine Zustimmung.

2. Gemäß der ihm auf der Hauptversammlung der Gesellschaft vom ...... erteilten Ermächtigung beschließt der Aufsichtsrat, daß mit der Eintragung der Durchführung der Kapitalerhöhung im Handelsregister § ... Abs. 1 und 4 der Satzung folgende Fassung erhalten:

„(1) Das Grundkapital der Gesellschaft beträgt Euro ... und ist eingeteilt in ... Stammaktien im Nennbetrag von je Euro 100,–. Die Aktien lauten auf den Inhaber.

...

(4) Der Vorstand ist ermächtigt, das Grundkapital in der Zeit bis zum ... mit Zustimmung des Aufsichtsrats einmalig oder mehrmalig um insgesamt bis zu Euro ... durch Ausgabe neuer Stammaktien gegen Bareinlagen zu erhöhen (genehmigtes Kapital). Den Aktionären ist dabei ein Bezugsrecht einzuräumen. Der Vorstand ist jedoch ermächtigt, mit Zustimmung des Aufsichtsrats, Spitzenbeträge vom Bezugsrecht der Aktionäre auszunehmen. Darüber hinaus ist der Vorstand ermächtigt, mit Zustimmung des Aufsichtsrats das Bezugsrecht bei der jeweiligen Ausnutzung der Ermächtigung durch Kapitalerhöhung gegen Bareinlagen (jedoch höchstens einmal innerhalb von 12 Monten) auch dann auszuschließen, wenn die Kapitalerhöhung 10% des im Zeitpunkt der Ausnutzung

IV. Kapitalerhöhung (genehmigtes Kapital)

der Ermächtigung bestehenden Grundkapitals der Gesellschaft nicht überschreitet, die neu ausgegebenen Aktien mit bereits börsennotierten Aktien der Gesellschaft ausstattungsgleich sind, und der Ausgabepreis der neuen Aktien den Börsenpreis der Aktien zum Zeitpunkt der Festlegung des Ausgabepreises durch den Vorstand nicht wesentlich unterschreitet. Der Vorstand ist ferner ermächtigt, mit Zustimmung des Aufsichtsrats den weiteren Inhalt der Aktienrechte und die Bedingungen der Aktienausgabe festzulegen. Der Aufsichtsrat wird ermächtigt, die Fassung der Satzung entsprechend dem Umfang der Kapitalerhöhung aus dem genehmigten Kapital zu ändern.

.... (Ort), den ...

Dipl.-Kfm. L
Vorsitzender des Aufsichtsrats

4. Anmeldung der Durchführung der Erhöhung des Grundkapitals und der Änderung der Satzungsfassung bei genehmigtem Kapital zum Handelsregister

An das
Amtsgericht
– Handelsregister –

.... (Ort), den ....

A-Aktiengesellschaft, HRB ...

Durch Beschluß der Hauptversammlung der A-Aktiengesellschaft vom ... wurde der Vorstand ermächtigt, bis zum ... das Grundkapital der Gesellschaft durch Ausgabe neuer Stammaktien gegen Bareinlagen einmal oder mehrmals, insgesamt jedoch um höchstens Euro ..., zu erhöhen. Er ist weiter ermächtigt, mit Zustimmung des Aufsichtsrats Spitzenbeträge vom Bezugsrecht der Aktionäre auszunehmen und das Bezugsrecht auch dann auszuschließen, wenn die Kapitalerhöhung 10 % des im Zeitpunkt der Ausnutzung der Ermächtigung bestehenden Grundkapitals der Gesellschaft nicht übersteigt, die neu ausgegebenen Aktien mit bereits börsennotierten Aktien der Gesellschaft ausstattungsgleich sind und der Ausgabepreis der neuen Aktien den Börsenpreis der Aktien zum Zeitpunkt der Festlegung des Ausgabepreises durch den Vorstand nicht wesentlich unterschreitet. Die entsprechende Änderung der Satzung durch Ergänzung des § ... wurde am ... in das Handelsregister eingetragen. Der Vorstand hat in seiner Sitzung vom ... beschlossen, das genehmigte Kapital teilweise auszunutzen und beschlossen:

a) Das Grundkapital der Gesellschaft von derzeit Euro ...... wird um Euro ...... (dies entspricht 10 % des derzeitigen Grundkapitals) auf Euro ...... durch Ausgabe von ...... neuen auf den Inhaber lautenden Stammaktien im Nennbetrag von je Euro 100,– zum Ausgabebetrag von Euro 121,– je Aktie erhöht.

b) Die neuen Aktien sind ab dem 1. Januar 20.. gewinnberechtigt.

c) Das Bezugsrecht der Aktionäre wird ausgeschlossen, weil ...... Die neuen Stammaktien sind mit den derzeitigen Stammaktien der Gesellschaft ausstattungsgleich. Die Stammaktien der Gesellschaft sind zum amtlichen Handel zugelassen. Der Börsenpreis der derzeitigen Stammaktien betrug am heutigen Tage bei Börsenschluß Euro 123,– je Aktie im Nennbetrag von Euro 100,–. Der Ausgabebetrag der neuen Aktien unterschreitet damit den Börsenpreis der bereits börsennotierten Aktien unwesentlich. Die neuen Aktien werden von der D-Bank AG übernommen. Diese hat sich verpflichtet, die jungen Aktien breit gestreut zu plazieren.

Deilmann

Der Aufsichtsrat hat den vorstehenden Beschlüssen des Vorstands zugestimmt.

C und D als gemeinsam zur Vertretung berechtigte Mitglieder des Vorstands, L als Vorsitzender des Aufsichtsrats der A-Aktiengesellschaft, melden zur Eintragung in das Handelsregister an:

1. Die Erhöhung des Grundkapitals ist im Umfang von Euro … durchgeführt.

2. Die D-Bank AG hat … neue auf den Inhaber lautende Aktien im Nennbetrag von je Euro 100,00 zur Ausgabebetrag von Euro 121,00 je Aktie gezeichnet. Auf die neuen Aktien wurden Euro … eingezahlt. Die Einzahlung erfolgte durch Gutschrift auf ein Konto der A-Aktiengesellschaft bei der D-Bank AG. Der gutgeschriebene Betrag steht zur freien Verfügung des Vorstands.

Wir versichern, daß keine Einlagen auf das bisherige Grundkapital ausstehen.

3. § … Abs. 1 und 4 der Satzung sind in Anpassung an die Kapitalerhöhung geändert worden.

Dazu erklären wir:

In seiner Sitzung vom … hat der Aufsichtsrat beschlossen, wegen der teilweisen Ausnutzung des genehmigten Kapitals die Fassung des § … Abs. 1 und 4 der Satzung zu ändern.

Als Anlagen werden beigefügt:

1. Zweitschrift des Zeichnungsscheins,

2. vom Vorstand unterschriebenes Verzeichnis der Zeichner,

3. Berechnung der für die Gesellschaft durch die Ausgabe der neuen Aktien entstehenden Kosten,

4. Bescheinigung der D-Bank AG,

5. notariell beglaubigte Abschrift der Niederschrift des Aufsichtsratsbeschlusses vom ……

6. vollständiger Wortlaut der geänderten Satzung mit Bescheinigung des Notars nach § 181 AktG.

…………………………………………………

(Unterschriften mit Beglaubigungsvermerk)

V. Aktionärsvereinbarung

Poolvertrag mit Stimmbindung und Veräußerungsbeschränkung

§ 1
Präambel

Die in Anlage 1 aufgeführten Personen (im folgenden „Poolbeteiligte" genannt) sind Aktionäre der

A-Aktiengesellschaft
(im folgenden „Gesellschaft" genannt).

Sie schließen sich zu einem Pool nach Maßgabe der nachstehenden Bestimmungen zusammen.

§ 2
Gebundener Aktienbesitz

(1) Die Poolbeteiligten treten dem Pool mit dem in Anlage 2 benannten Aktienbesitz an der Gesellschaft (im folgenden „gebundene Aktien" genannt) bei. Hinsichtlich ihres nicht gebundenen Aktienbesitzes unterliegen die Poolbeteiligten durch diesen Vertrag keinerlei Beschränkungen. Die Poolbeteiligten verpflichten sich, neue Aktien, die sie bei Kapitalerhöhungen aus Gesellschaftsmitteln aus ihren bereits gebundenen Aktien beziehen, unverzüglich der Poolbindung zu unterwerfen.

(2) Die gebundenen Aktien verbleiben im Sondereigentum der Poolbeteiligten. Eigentum zur gesamten Hand oder Miteigentum wird durch diesen Vertrag nicht begründet.

§ 3
Hinterlegung der gebundenen Aktien/Verfügungsberechtigung

(1) Die gebundenen Aktien werden von den Poolbeteiligten für die Dauer ihrer Poolbeteiligung bei der Gesellschaft in einem nach den einzelnen Poolbeteiligten unterteilten Depot in der Weise hinterlegt, daß die vertragsgemäße Vertretung der Aktien, insbesondere in der Hauptversammlung der Gesellschaft, gewährleistet ist. Die Gesellschaft ist berechtigt, sich zur Verwahrung der Aktien einer deutschen Geschäftsbank zu bedienen.

(2) Die Hinterlegung erfolgt mit der Maßgabe, daß über die Entnahme von Stücken aus dem Depot nur gemeinsam durch den Vorsitzenden des Pools (§ 5) und den Poolbeteiligten, dessen Aktien betroffen sind, verfügt werden kann.

§ 4
Zweck des Pools

(1) Der Zweck des Pools besteht vor allem darin, von der Aktionärsseite die Kontinuität und Unabhängigkeit sowie die weitere erfolgreiche wirtschaftliche Entwicklung der Gesellschaft zu sichern. Dabei soll den Interessen der Gesellschaft der Vorrang vor den Interessen der einzelnen Aktionäre eingeräumt werden.

(2) Zur Erreichung dieses Zwecks wollen die Poolbeteiligten mit ihren gebundenen Aktien insbesondere:

- die wesentlichen, die Gesellschaft betreffenden Fragen unbeschadet der gesetzlichen und satzungsmäßigen Zuständigkeiten von Hauptversammlung, Aufsichtsrat und Vorstand miteinandern behandeln,
- für eine einheitliche Wahrnehmung des Stimmrechts in der Hauptversammlung der Gesellschaft sorgen,
- die freie Verfügung über die gebundenen Aktien einschränken.

§ 5
Vorsitzender

(1) Die Poolbeteiligten wählen mit Zweidrittelmehrheit einen Vorsitzenden des Pools (im folgenden „Vorsitzender" genannt), der nicht Aktionär und nicht Mitglied des Vorstands oder Aufsichtsrats der Gesellschaft sein darf. Die Wahl gilt für drei Jahre. Eine vorzeitige Abberufung ist mit Zweidrittelmehrheit jederzeit möglich.

(2) In gleicher Weise wird ein Stellvertreter gewählt, der ebenfalls nicht Aktionär oder Mitglied des Vorstands oder Aufsichtsrats der Gesellschaft sein darf. Der stellvertretende Vorsitzende vertritt den Vorsitzenden, wenn dieser an der Ausübung seines Amtes gehindert ist.

(3) Kommt eine Zweidrittelmehrheit in zwei aufeinanderfolgenden Poolversammlungen nicht zustande, wird die Entscheidung über die Person des Vorsitzenden bzw. seines Vertreters durch Los getroffen. Für die Losentscheidung kann jeder Poolbeteiligte einen Kandidaten vorschlagen. Für die Loswahl kandidieren nur die drei Kandidaten mit den meisten Vorschlagstimmen.

(4) Zum ersten Vorsitzenden des Pools wird Herr ... und zu seinem Stellvertreter wird Herr ... bestimmt.

(5) Der Vorsitzende bzw. der stellvertretende Vorsitzende hat die in diesem Vertrag festgelegten Aufgaben. Die Poolversammlung kann mit einfacher Mehrheit eine Vergütung für die Tätigkeit des Vorsitzenden bzw. stellvertretenden Vorsitzenden festsetzen. Der Vorsitzende und der stellvertretende Vorsitzende haben stets Anspruch auf Erstattung ihrer Auslagen. Den Auslagenersatz sowie eine eventuell festgesetzte Vergütung tragen die Poolbeteiligten im Verhältnis ihrer Beteiligung zueinander.

§ 6
Poolbeteiligung

(1) Die Poolversammlung besteht aus den Poolbeteiligten.

(2) Eine ordentliche Poolversammlung findet mindestens einmal jährlich rechtzeitig, spätestens aber drei Wochen vor der ordentlichen Hauptversammlung der Gesellschaft statt. Auf Verlangen von mindestens einem Drittel der gebundenen Aktien ist eine außerordentliche Poolversammlung unter Angabe des Einberufungsgrundes abzuhalten. Ferner ist im Falle der Einberufung einer außerordentlichen Hauptversammlung der Gesellschaft alsbald eine Poolversammlung einzuberufen, die spätestens drei Wochen vor der außerordentlichen Hauptversammlung stattfindet.

(3) Poolversammlungen sind von dem Vorsitzenden durch Brief an die Poolbeteiligten mit einer Einladungsfrist von acht Tagen (beginnend mit dem Tage der Absendung des Briefes) unter Angabe der Tagesordnung einzuberufen. Die Einladungsfrist kann in dringenden Fällen verkürzt werden, insbesondere, wenn unmittelbar vor der Hauptversammlung der Gesellschaft eine Opposition gegen die Vorschläge der Verwaltung bzw. Ergänzungsvorschläge bekannt werden oder wenn Poolbeteiligte gemäß Abs. 2 Satz 2 die Einberufung einer außerordentlichen Poolversammlung verlangen.

(4) Die Poolversammlungen sollen am Sitz der Gesellschaft stattfinden.

(5) An der Poolversammlung können auf entsprechenden Beschluß der Poolversammlung Mitglieder des Vorstands und/oder des Aufsichtsrats der Gesellschaft sowie bei besonderem Anlaß Sachverständige und zur Verschwiegenheit verpflichtete Dritte teilnehmen.

(6) Im Falle seiner Verhinderung kann ein Poolbeteiligter sich mittels schriftlicher Vollmacht durch einen anderen Poolbeteiligten oder mittels Stimmbotschaft vertreten lassen.

(7) Der Poolversammlung obliegt die Beratung und Beschlußfassung zu allen ihr nach diesem Vertrag obliegenden Angelegenheiten, dieses sind insbesondere:
– Die Änderungen dieses Vertrages, die Aufnahme neuer Poolbeteiligter und die Veräußerung gebundener Aktien an Dritte.
– Alle Angelegenheiten, die die Gesellschaft betreffen; hierbei ist insbesondere auch dem Zweck dieses Pools und den Interessen der Poolbeteiligten Rechnung zu tragen.
– Die Entscheidung, wie zu einem jeden Tagesordnungspunkt der Hauptversammlung der Gesellschaft das Stimmrecht aus den gebundenen Aktien auszuüben ist.

(8) Beschlüsse der Poolversammlung, die den Pool betreffen, werden mit einfacher Mehrheit gefaßt, soweit dieser Vertrag keine anderen Mehrheitserfordernisse

vorsieht. Beschlüsse der Poolversammlung über Gegenstände der Tagesordnung der Hauptversammlung der Gesellschaft erfordern dieselben Mehrheiten, die bei den entsprechenden Beschlußgegenständen für diese Hauptversammlung vorgeschrieben sind. Eine schriftliche oder fernschriftliche Abstimmung ist nur zulässig, wenn dem alle Poolbeteiligten zustimmen.

(9) Jede Aktie von nominell € 50,– gewährt eine Stimme. Ein Stimmrecht besteht jedoch insoweit nicht, als Poolbeteiligte zum konkreten Beschlußgegenstand ein Stimmrecht in der Hauptversammlung nicht ausüben können (§ 136 AktG).

(10) Über die Poolversammlung, insbesondere über die Abstimmungen, ist ein Protokoll zu erstellen und von dem Vorsitzenden zu unterzeichnen. Das Protokoll ist den Poolbeteiligten zuzustellen.

(11) Etwa anfallende Kosten anläßlich einer Poolversammlung haben die Poolbeteiligten selbst zu tragen.

§ 7
Beschlußfähigkeit

Die Poolversammlung ist beschlußfähig, wenn zwei Drittel des im Poolvertrag gebundenen Kapitals (Aktiennennbeträge) vertreten sind. Ist die Poolversammlung von dem Vorsitzenden als nicht beschlußfähig erklärt oder kommt kein wirksamer Beschluß zustande, so hat der Vorsitzende eine neue Poolversammlung anzusetzen, für deren Einberufung § 6 entsprechend gilt. Diese zweite Poolversammlung ist in jedem Fall beschlußfähig.

§ 8
Veräußerung gebundener Aktien

(1) Die Veräußerung gebundener Aktien ist nur nach Maßgabe der nachfolgenden Bestimmungen zulässig.

(2) Beabsichtigt ein Poolbeteiligter, seine Aktien sämtlich oder zu einem Teil an einen Dritten zu veräußern, so hat er sie zuvor sämtlichen übrigen Poolbeteiligten mittels eingeschriebenen Briefes an den Vorsitzenden, der für die Weiterleitung an die Poolbeteiligten sorgt, zum Erwerb anzubieten. Dabei sind der Preis und die Bedingungen für die Abgabe der Aktien anzugeben. Das Angebot kann nur durch eingeschriebenen Brief innerhalb von einem Monat seit Zugang des Angebotsschreibens angenommen werden. Nehmen mehrere Poolbeteiligte das Angebot an, so erwerben sie die Aktien, sofern sie sich untereinander nicht anderweitig verständigen, im Verhältnis des bisherigen Aktienbesitzes zueinander. Soweit sich hierbei einzelne Aktien als Spitzen ergeben, sind diese unter ihnen zu verlosen. Das Angebot kann nur als Ganzes angenommen werden, wobei es jedoch, wenn einzelne Poolbeteiligte das Angebot nur für einen Teil der angebotenen Aktien annehmen, genügt, daß die mehreren Annahmeerklärungen zusammen die gesamten angebotenen Aktien erfassen. Bei mehreren Erwerbern

haftet jeder nur für den Teil des Gegenwertes, der auf die von ihm erworbenen Aktien entfällt.

(3) Wird das Angebot nicht angenommen oder decken die Annahmeerklärungen nicht die gesamten angebotenen Aktien, so können die angebotenen Aktien nunmehr innerhalb von sechs Monaten nach Angebotsabgabe gegenüber dem Vorsitzenden an beliebige Dritte veräußert werden. Innerhalb der ersten … Jahre nach Abschluß des Poolvertrages steht die Veräußerungsmöglichkeit an Dritte jedoch unter dem Vorbehalt der Zustimmung der Poolversammlung mit Dreiviertelmehrheit.

(4) Dem Vorsitzenden sind unverzüglich und vor Abschluß des Vertrages mit einem Dritten alle relevanten Unterlagen betreffend die Veräußerung, insbesondere der unter dem Vorbehalt der Zustimmung der Poolversammlung stehende Veräußerungsvertrag in notariell beglaubigter Form zu übergeben. Diesen Unterlagen hinzuzufügen ist eine verbindliche und unbedingte Erklärung des Erwerbers, daß ihm die Poolbindung der zu erwerbenden Aktien bekannt ist und daß er dem Pool beitritt. Will der Veräußerer jedoch die Aktien zu einem Preis abgeben, der unter dem Angebotspreis nach Abs. 2 liegt, oder zu Konditionen, die günstiger sind, als er sie den Poolbeteiligten angeboten hatte, so muß er zunächst wieder die Aktien zu diesem Preis und zu diesen Konditionen den übrigen Poolbeteiligten nach Maßgabe des vorstehend Gesagten andienen.

(5) Die gebundenen Aktien bleiben auch nach einer Veräußerung poolgebunden. Bei Erwerb durch einen Dritten ist dieser entsprechend zu verpflichten.

(6) Eine Übertragung gebundener Aktien ist unverzüglich dem Vorsitzenden mitzuteilen.

§ 9
Poolbindung der Erben und Vermächtnisnehmer

Stirbt ein Poolbeteiligter, so wird der Pool hinsichtlich der gebundenen Aktien mit den bedachten Erben und/oder Vermächtnisnehmern fortgesetzt. Im Falle der Zuwendung durch Vermächtnis werden Erblasser und Erben die Übertragung der Aktien davon abhängig machen, daß der Vermächtnisnehmer dem Pool beitritt.

§ 10
Nachträgliche Einbringung von Aktien in den Pool

(1) Mit Zustimmung der Poolversammlung mit Dreiviertelmehrheit können Poolbeteiligte jederzeit ihre nicht gebundenen Aktien – ganz oder teilweise – in den Pool einbringen.

(2) Die Poolbeteiligten können mit Zustimmung einer Dreiviertelmehrheit der Poolversammlung die Aufnahme weiterer Aktionäre in den Pool gestatten.

§ 11
Schadenersatz/Vertragsstrafe

(1) Stimmt ein Poolbeteiligter in der Hauptversammlung der Gesellschaft entgegen dem festgelegten Abstimmungsverhalten ab, so unterliegt er unbeschadet eventueller Schadensersatzansprüche insofern einer Verstragsstrafe in Höhe von € …

(2) Handelt ein Poolbeteiligter § 8 dieses Vertrages zuwider, so unterliegt er unbeschadet eventueller Schadensersatzansprüche einer Vertragsstrafe in Höhe eines von einem Dritten für eine etwaige Veräußerung seiner gebundenen Aktien zu zahlenden oder empfangenden Entgelts; anstelle des Entgelts tritt der Börsenkurs zum Zeitpunkt der Zuwiderhandlung, wenn die Aktien börsennotiert sind.

(3) Handelt ein Poolbeteiligter sonstigen Bestimmungen dieses Vertrages zuwider, so unterliegt er unbeschadet eventueller Schadensersatzansprüche einer Vertragsstrafe in Höhe von € …

(4) Die Vertragsstrafe fließt den übrigen Poolbeteiligten im Verhältnis ihrer Beteiligung am Pool zu.

(5) Bei Zuwiderhandlungen gegen die Bestimmungen des § 8 wird die Vertragsstrafe erlassen, sofern sich der Poolbeteiligte innerhalb eines Monats mit Aktien in Höhe des vertragswidrig veräußerten Nennbetrages wieder eindeckt und diese den Bestimmungen dieses Vertrages unterwirft.

§ 12
Laufzeit des Poolvertrages

(1) Der Poolvertrag gilt zunächst für die Zeit bis zum 31. Dezember … Er verlängert sich dann jeweils um weitere … Jahre.

(2) Vor diesem Zeitpunkt, frühestens zum 31. Dezember …, kann ein Beteiligter seine Poolbeteiligung aufkündigen, falls bis zu diesem Zeitpunkt die Aktien der Gesellschaft nicht an der Börse eingeführt sein sollten.

(3) Jeder Poolbeteiligte kann mit einer Frist von sechs Monaten seine Mitgliedschaft zu den in Abs. 1 festgesetzten Ablaufterminen aufkündigen. Jeder andere Poolbeteiligte kann sich innerhalb der ersten drei Monate dieser Kündigungsfrist der Kündigung anschließen.

(4) Die Kündigung ist mit eingeschriebenem Brief an den Vorsitzenden auszusprechen, der unverzüglich die übrigen Poolbeteiligten hierüber informiert.

(5) Die Poolbeteiligten, die gekündigt haben, scheiden mit Ablauf der Kündigungsfrist zum Ablauftermin aus dem Pool aus.

(6) Die übrigen Poolbeteiligten setzen den Pool fort.

§ 13
Fortsetzung des Pools im Falle der Insolvenz oder der Liquidation eines Poolbeteiligten

Im Falle der Insolvenz oder der Liquidation eines Poolbeteiligten wird der Pool zwischen den anderen Poolbeteiligten fortgesetzt.

§ 14
Schiedsvertrag

(1) Die Poolbeteiligten werden sich im Falle von Meinungsverschiedenheiten und Streitigkeiten aus und im Zusammenhang mit diesem Vertrag bemühen, diese einvernehmlich im Interesse aller Beteiligten zu lösen.

(2) Sollte sich gleichwohl eine solche einvernehmliche Lösung nicht herstellen lassen, so werden derartige Meinungsverschiedenheiten und Streitigkeiten unter Ausschluß des ordentlichen Rechtsweges durch ein Schiedsgericht entschieden.

(3) Der Schiedsvertrag ist in einer gesonderten Urkunde niedergelegt.

§ 15
Änderung des Poolvertrages

(1) Änderungen dieses Poolvertrages bedürfen eines einstimmigen Beschlusses der Poolversammlung.

(2) Die Anlagen sind Bestandteil dieses Vertrages.

§ 16
Vollmachten

Die Poolbeteiligten werden dem von ihnen gewählten Vorsitzenden für die Dauer seiner Amtszeit eine unwiderrufliche Vollmacht zur Ausübung des Stimmrechts aus den von ihnen gehaltenen Aktien in der Hauptversammlung der Gesellschaft mit dem Recht zur Erteilung von Untervollmachten einschließlich des Rechts der Vollmachtserteilung an ein Kreditinstitut erteilen.

§ 17
Salvatorische Klausel

Sollte eine Bestimmung dieses Vertrages unwirksam oder undurchführbar sein oder werden oder sollte sich eine Vertragslücke zeigen, so wird hierdurch die Gültigkeit der übrigen Bestimmungen des Vertrages nicht berührt. Die Poolbeteiligten werden sich nach besten Kräften bemühen, an die Stelle der unwirksamen oder undurchführbaren Bestimmung oder zur Ausfüllung einer Lücke eine wirksame und durchführbare Regelung zu setzen, die soweit dies nur rechtlich möglich und zulässig ist, dem am nächsten kommt, was die Poolbeteiligten bei Abschluß dieses Vertrages vereinbart hätten, wenn ihnen die Notwendigkeit einer geeigneten Regelung bewußt gewesen wäre.

B. Gesetzestexte

1. Aktiengesetz

Vom 6. September 1965 (BGBl. I S. 1089),
zuletzt geändert durch Art. 7 Gesetz vom 20.12.2001 (BGBl. I S. 3822)

– Auszug –

Erstes Buch. Aktiengesellschaft

Erster Teil. Allgemeine Vorschriften

§ 2
Gründerzahl

An der Feststellung des Gesellschaftsvertrags (der Satzung) müssen sich eine oder mehrere Personen beteiligen, welche die Aktien gegen Einlagen übernehmen.

§ 10
Aktien und Zwischenscheine

(1) Die Aktien können auf den Inhaber oder auf Namen laufen.

(2) Sie müssen auf Namen lauten, wenn sie vor der vollen Leistung des Ausgabebetrags ausgegeben werden. Der Betrag der Teilleistungen ist in der Akte anzugeben.

(3) Zwischenscheine müssen auf Namen lauten.

(4) Zwischenscheine auf den Inhaber sind nichtig. Für den Schaden aus der Ausgabe sind die Ausgeber den Inhabern als Gesamtschuldner verantwortlich.

(5) In der Satzung kann der Anspruch des Aktionärs auf Verbriefung seines Anteils ausgeschlossen oder eingeschränkt werden.

Zweiter Teil. Gründung der Gesellschaft

§ 31
Bestellung des Aufsichtsrats bei Sachgründung

(1) Ist in der Satzung als Gegenstand einer Sacheinlage oder Sachübernahme die Einbringung oder Übernahme eines Unternehmens oder eines Teils eines Unternehmens festgesetzt worden, so haben die Gründer nur so viele Aufsichtsratsmitglieder zu bestellen, wie nach den gesetzlichen Vorschriften, die nach ihrer Ansicht nach

der Einbringung oder Übernahme für die Zusammensetzung des Aufsichtsrats maßgebend sind, von der Hauptversammlung ohne Bindung an Wahlvorschläge zu wählen sind. Sie haben jedoch, wenn dies nur zwei Aufsichtsratmitglieder sind, drei Aufsichtsratsmitglieder zu bestellen.

(2) Der nach Absatz 1 Satz 1 bestellte Aufsichtsrat ist, soweit die Satzung nichts anderes bestimmt, beschlußfähig, wenn die Hälfte, mindestens jedoch drei seiner Mitglieder an der Beschlußfassung teilnehmen.

(3) Unverzüglich nach der Einbringung oder Übernahme des Unternehmens oder des Unternehmensteils hat der Vorstand bekanntzumachen, nach welchen gesetzlichen Vorschriften nach seiner Ansicht der Aufsichtsrat zusammengesetzt sein muß. §§ 97 bis 99 gelten sinngemäß. Das Amt der bisherigen Aufsichtsratsmitglieder erlischt nur, wenn der Aufsichtsrat nach anderen als den von den Gründern für maßgebend gehalten Vorschriften zusammenzusetzen ist oder wenn die Gründer drei Aufsichtsratsmitglieder bestellt haben, der Aufsichtsrat aber auch aus Aufsichtsratsmitgliedern der Arbeitnehmer zu bestehen hat.

(4) Absatz 3 gilt nicht, wenn das Unternehmen oder der Unternehmensteil erst nach der Bekanntmachung des Vorstands nach § 30 Abs. 3 Satz 2 eingebracht oder übernommen wird.

(5) § 30 Abs. 3 Satz 1 gilt nicht für die nach Absatz 3 bestellten Aufsichtsratsmitglieder der Arbeitnehmer.

§ 34
Umfang der Gründungsprüfung

(1) Die Prüfung durch die Mitglieder des Vorstands und des Aufsichtsrats sowie die Prüfung durch die Gründungsprüfer haben sich namentlich darauf zu erstrecken,
1. ob die Angaben der Gründer über die Übernahme der Aktien, über die Einlagen auf das Grundkapital und über die Festsetzungen nach §§ 26 und 27 richtig und vollständig sind;
2. ob der Wert der Sacheinlagen oder Sachübernahmen den geringsten Ausgabebetrag der dafür zu gewährenden Aktien oder den Wert der dafür zu gewährenden Leistungen erreicht.

(2) Über jede Prüfung ist unter Darlegung dieser Umstände schriftlich zu berichten. In dem Bericht ist der Gegenstand jeder Sacheinlage oder Sachübernahme zu beschreiben sowie anzugeben, welche Bewertungsmethoden bei der Ermittlung des Wertes angewandt worden sind.

(3) Je ein Stück des Berichts der Gründungsprüfer ist dem Gericht und dem Vorstand einzureichen. Jedermann kann den Bericht bei dem Gericht einsehen.

§ 36
Anmeldung der Gesellschaft

(1) Die Gesellschaft ist bei dem Gericht von allen Gründern und Mitgliedern des Vorstands und des Aufsichtsrats zur Eintragung in das Handelsregister anzumelden.

(2) Die Anmeldung darf erst erfolgen, wenn auf jede Aktie, soweit nicht Sacheinlagen vereinbart sind, der eingeforderte Betrag ordnungsgemäß eingezahlt worden ist (§ 54 Abs. 3) und, soweit er nicht bereits zur Bezahlung der bei der Gründung angefallenen Steuern und Gebühren verwandt wurde, endgültig zur freien Verfügung des Vorstands steht. Wird die Gesellschaft nur durch eine Person errichtet, so hat der Gründer zusätzlich für den Teil der Geldeinlage, der den eingeforderten Betrag übersteigt, eine Sicherung zu bestellen.

§ 36a
Leistung der Einlagen

(1) Bei Bareinlagen muß der eingeforderte Betrag (§ 36 Abs. 2) mindestens ein Viertel des geringsten Ausgabebetrags und bei Ausgabe der Aktien für einen höheren als diesen auch den Mehrbetrag umfassen.

(2) Sacheinlagen sind vollständig zu leisten. Besteht die Sacheinlage in der Verpflichtung, einen Vermögensgegenstand auf die Gesellschaft zu übertragen, so muß diese Leistung innerhalb von fünf Jahren nach der Eintragung der Gesellschaft in das Handelsregister zu bewirken sein. Der Wert muß dem geringsten Ausgabebetrag und bei Ausgabe der Aktien für einen höheren als diesen auch dem Mehrbetrag entsprechen.

§ 37
Inhalt der Anmeldung

(1) In der Anmeldung ist zu erklären, daß die Voraussetzungen des § 36 Abs. 2 und des § 36a erfüllt sind; dabei sind der Betrag, zu dem die Aktien ausgegeben werden, und der darauf eingezahlte Betrag anzugeben. Es ist nachzuweisen, daß der eingezahlte Betrag endgültig zur freien Verfügung des Vorstands steht. Ist der Betrag gemäß § 54 Abs. 3 durch Gutschrift auf ein Konto eingezahlt worden, so ist der Nachweis durch eine Bestätigung des kontoführenden Instituts zu führen. Für die Richtigkeit der Bestätigung ist das Institut der Gesellschaft verantwortlich. Sind von dem eingezahlten Betrag Steuern und Gebühren bezahlt worden, so ist dies nach Art und Höhe der Beträge nachzuweisen.

(2) In der Anmeldung haben die Vorstandsmitglieder zu versichern, daß keine Umstände vorliegen, die ihrer Bestellung nach § 76 Abs. 3 Satz 3 und 4 entgegenstehen, und daß sie über ihre unbeschränkte Auskunftspflicht gegenüber dem Gericht belehrt worden sind. Die Belehrung nach *§ 51 Abs. 2* des Gesetzes über das Zentralregister und das Erziehungsregister in der Fassung der Bekanntmachung vom *22. Juli 1976 (BGBl. I S. 2005)* kann auch durch einen Notar vorgenommen werden.

(3) In der Anmeldung ist ferner anzugeben, welche Vertretungsbefugnis die Vorstandsmitglieder haben.

(4) Der Anmeldung sind beizufügen
1. die Satzung und die Urkunden, in denen die Satzung festgestellt worden ist und die Aktien von den Gründern übernommen worden sind;
2. im Fall der §§ 26 und 27 die Verträge, die den Festsetzungen zugrunde liegen oder zu ihrer Ausführung geschlossen worden sind, und eine Berechnung des der Gesellschaft zur Last fallenden Gründungsaufwands; in der Berechnung sind die Vergütungen nach Art und Höhe und die Empfänger einzeln anzuführen;
3. die Urkunden über die Bestellung des Vorstands und des Aufsichtsrats;
4. der Gründungsbericht und die Prüfungsberichte der Mitglieder des Vorstands und des Aufsichtsrats sowie der Gründungsprüfer nebst ihren urkundlichen Unterlagen;
5. wenn der Gegenstand des Unternehmens oder eine andere Satzungsbestimmung der staatlichen Genehmigung bedarf, die Genehmigungsurkunde.

(5) Die Vorstandsmitglieder haben ihre Namensunterschrift zur Aufbewahrung beim Gericht zu zeichnen.

(6) Die eingereichten Schriftstücke werden beim Gericht in Urschrift, Ausfertigung oder öffentlich beglaubigter Abschrift aufbewahrt.

§ 40
Bekanntmachung der Eintragung

(1) In die Bekanntmachung der Eintragung sind außer deren Inhalt aufzunehmen
1. die Festsetzungen nach § 23 Abs. 3 und 4, §§ 24, 25 Satz 2, §§ 26 und 27 sowie Bestimmungen der Satzung über die Zusammensetzung des Vorstands;
2. der Ausgabebetrag der Aktien;
3. Name und Wohnort der Gründer;
4. Name, Beruf und Wohnort der Mitglieder des ersten Aufsichtsrats.

(2) Zugleich ist bekanntzumachen, daß die mit der Anmeldung eingereichten Schriftstücke, namentlich die Prüfungsberichte der Mitglieder des Vorstands und des Aufsichtsrats sowie der Gründungsprüfer, bei dem Gericht eingesehen werden können.

§ 42
Einpersonen-Gesellschaft

Gehören alle Aktien allein oder neben der Gesellschaft einem Aktionär, ist unverzüglich eine entsprechende Mitteilung unter Angabe von Name, Vorname, Beruf und Wohnort des alleinigen Aktionärs unverzüglich bei dem Gericht anzumelden.

Dritter Teil. Rechtsverhältnisse der Gesellschaft und der Gesellschafter

§ 57
Keine Rückgewähr, keine Verzinsung der Einlagen

(1) Den Aktionären dürfen die Einlagen nicht zurückgewährt werden. Als Rückgewähr von Einlagen gilt nicht die Zahlung des Erwerbspreises beim zulässigen Erwerb eigener Aktien.

(2) Den Aktionären dürfen Zinsen weder zugesagt noch ausgezahlt werden.

(3) Vor Auflösung der Gesellschaft darf unter die Aktionäre nur der Bilanzgewinn verteilt werden.

§ 58
Verwendung des Jahresüberschusses

(1) Die Satzung kann nur für den Fall, daß die Hauptversammlung den Jahresabschluß feststellt, bestimmen, daß Beträge aus dem Jahresüberschuß in andere Gewinnrücklagen einzustellen sind. Auf Grund einer solchen Satzungsbestimmung kann höchstens die Hälfte des Jahresüberschusses in andere Gewinnrücklagen eingestellt werden. Dabei sind Beträge, die in die gesetzliche Rücklage einzustellen sind, und ein Verlustvortrag vorab vom Jahresüberschuß abzuziehen.

(2) Stellen Vorstand und Aufsichtsrat den Jahresabschluß fest, so können sie einen Teil des Jahresüberschusses, höchstens jedoch die Hälfte, in andere Gewinnrücklagen einstellen. Die Satzung kann Vorstand und Aufsichtsrat zur Einstellung eines größeren oder kleineren Teils, bei börsennotierten Gesellschaften nur eines größeren Teils des Jahresüberschusses ermächtigen. Auf Grund einer solchen Satzungsbestimmung dürfen Vorstand und Aufsichtsrat keine Beträge in andere Gewinnrücklagen einstellen, wenn die anderen Gewinnrücklagen die Hälfte des Grundkapitals übersteigen oder soweit sie nach der Einstellung die Hälfte übersteigen würden. Absatz 1 Satz 3 gilt sinngemäß.

(2a) Unbeschadet der Absätze 1 und 2 können Vorstand und Aufsichtsrat den Eigenkapitalanteil von Wertaufholungen bei Vermögensgegenständen des Anlage- und Umlaufvermögens und von bei der steuerrechtlichen Gewinnermittlung gebildeten Passivposten, die nicht im Sonderposten mit Rücklageanteil ausgewiesen werden dürfen, in andere Gewinnrücklagen einstellen. Der Betrag dieser Rücklagen ist entweder in der Bilanz gesondert auszuweisen oder im Anhang anzugeben.

(3) Die Hauptversammlung kann im Beschluß über die Verwendung des Bilanzgewinns weitere Beträge in Gewinnrücklagen einstellen oder als Gewinn vortragen. Sie kann ferner, wenn die Satzung sie hierzu ermächtigt, auch eine andere Verwendung als nach Satz 1 oder als die Verteilung unter die Aktionäre beschließen.

(4) Die Aktionäre haben Anspruch auf den Bilanzgewinn, soweit er nicht nach Gesetz oder Satzung, durch Hauptversammlungsbeschluß nach Absatz 3 oder als zusätzlicher Aufwand auf Grund des Gewinnverwendungsbeschlusses von der Verteilung unter die Aktionäre ausgeschlossen ist.

Vierter Teil. Verfassung der Aktiengesellschaft

Vierter Abschnitt. Hauptversammlung

Zweiter Unterabschnitt. Einberufung der Hauptversammlung

§ 121
Allgemeines

(1) Die Hauptversammlung ist in den durch Gesetz oder Satzung bestimmten Fällen sowie dann einzuberufen, wenn das Wohl der Gesellschaft es fordert.

(2) Die Hauptversammlung wird durch den Vorstand einberufen, der darüber mit einfacher Mehrheit beschließt. Personen, die in das Handelsregister als Vorstand eingetragen sind, gelten als befugt. Das auf Gesetz oder Satzung beruhende Recht anderer Personen, die Hauptversammlung einzuberufen, bleibt unberührt.

(3) Die Einberufung ist in den Gesellschaftsblättern bekanntzumachen. Sie muß die Firma, den Sitz der Gesellschaft, Zeit und Ort der Hauptversammlung und die Bedingungen angeben, von denen die Teilnahme an der Hauptversammlung und die Ausübung des Stimmrechts abhängen.

(4) Sind die Aktionäre der Gesellschaft namentlich bekannt, so kann die Hauptversammlung mit eingeschriebenem Brief einberufen werden, wenn die Satzung nichts anderes bestimmt; der Tag der Absendung gilt als Tag der Bekanntmachung. Die §§ 125 bis 127 gelten sinngemäß.

(5) Wenn die Satzung nichts anderes bestimmt, soll die Hauptversammlung am Sitz der Gesellschaft stattfinden. Sind die Aktien der Gesellschaft an einer deutschen Börse zum amtlichen Handel zugelassen, so kann, wenn die Satzung nichts anderes bestimmt, die Hauptversammlung auch am Sitz der Börse stattfinden.

(6) Sind alle Aktionäre erschienen oder vertreten, kann die Hauptversammlung Beschlüsse ohne Einhaltung der Bestimmungen dieses Unterabschnitts fassen, soweit kein Aktionär der Beschlußfassung widerspricht.

§ 124
Bekanntmachung der Tagesordnung

(1) Die Tagesordnung der Hauptversammlung ist bei der Einberufung in den Gesellschaftsblättern bekanntzumachen. Hat die Minderheit nach der Einberufung der Hauptversammlung die Bekanntmachung von Gegenständen zur Beschlußfassung der Hauptversammlung verlangt, so genügt es, wenn diese Gegenstände binnen zehn

Tagen nach der Einberufung der Hauptversammlung bekanntgemacht werden. § 121 Abs. 4 gilt sinngemäß.

(2) Steht die Wahl von Aufsichtsratsmitgliedern auf der Tagesordnung, so ist in der Bekanntmachung anzugeben, nach welchen gesetzlichen Vorschriften sich der Aufsichtsrat zusammensetzt, und ob die Hauptversammlung an Wahlvorschläge gebunden ist. Soll die Hauptversammlung über eine Satzungsänderung oder über einen Vertrag beschließen, der nur mit Zustimmung der Hauptversammlung wirksam wird, so ist auch der Wortlaut der vorgeschlagenen Satzungsänderung oder der wesentliche Inhalt des Vertrags bekanntzumachen.

(3) Zu jedem Gegenstand der Tagesordnung, über den die Hauptversammlung beschließen soll, haben der Vorstand und der Aufsichtsrat, zur Wahl von Aufsichtsratsmitgliedern und Prüfern nur der Aufsichtsrat, in der Bekanntmachung der Tagesordnung Vorschläge zur Beschlußfassung zu machen. Dies gilt nicht, wenn die Hauptversammlung bei der Wahl von Aufsichtsratsmitgliedern nach § 6 des Montan-Mitbestimmungsgesetzes an Wahlvorschläge gebunden ist, oder wenn der Gegenstand der Beschlußfassung auf Verlangen einer Minderheit auf die Tagesordnung gesetzt worden ist. Der Vorschlag zur Wahl von Aufsichtsratsmitgliedern oder Prüfern hat deren Namen, ausgeübten Beruf und Wohnort anzugeben. Hat der Aufsichtsrat auch aus Aufsichtsratsmitgliedern der Arbeitnehmer zu bestehen, so bedürfen Beschlüsse des Aufsichtsrats über Vorschläge zur Wahl von Aufsichtsratsmitgliedern nur der Mehrheit der Stimmen der Aufsichtsratsmitglieder der Aktionäre; § 8 des Montan-Mitbestimmungsgesetzes bleibt unberührt.

(4) Über Gegenstände der Tagesordnung, die nicht ordnungsgemäß bekanntgemacht sind, dürfen keine Beschlüsse gefaßt werden. Zur Beschlußfassung über den in der Versammlung gestellten Antrag auf Einberufung einer Hauptversammlung, zu Anträgen, die zu Gegenständen der Tagesordnung gestellt werden, und zu Verhandlungen ohne Beschlußfassung bedarf es keiner Bekanntmachung.

Dritter Unterabschnitt. Verhandlungsniederschrift. Auskunftsrecht

§ 130
Niederschrift

(1) Jeder Beschluß der Hauptversammlung ist durch eine über die Verhandlung notariell aufgenommene Niederschrift zu beurkunden. Gleiches gilt für jedes Verlangen einer Minderheit nach § 120 Abs. 1 Satz 2, §§ 137 und 147 Abs. 1. Bei nichtbörsennotierten Gesellschaften reicht eine vom Vorsitzenden des Aufsichtsrats zu unterzeichnende Niederschrift aus, soweit keine Beschlüsse gefaßt werden, für die das Gesetz eine Dreiviertel- oder größere Mehrheit bestimmt.

(2) In der Niederschrift sind der Ort und der Tag der Verhandlung, der Name des Notars sowie die Art und das Ergebnis der Abstimmung und die Feststellung des Vorsitzenden über die Beschlußfassung anzugeben.

(3) Die Belege über die Einberufung der Versammlung sind der Niederschrift als Anlagen beizufügen, wenn sie nicht unter Angabe ihres Inhalts in der Niederschrift aufgeführt sind.

(4) Die Niederschrift ist von dem Notar zu unterschreiben. Die Zuziehung von Zeugen ist nicht nötig.

(5) Unverzüglich nach der Versammlung hat der Vorstand eine öffentlich beglaubigte, im Falle des Absatzes 1 Satz 3 eine vom Vorsitzenden des Aufsichtsrats unterzeichnete Abschrift der Niederschrift und ihrer Anlagen zum Handelsregister einzureichen.

Sechster Teil. Satzungsänderung. Maßnahmen der Kapitalbeschaffung und Kapitalherabsetzung

Zweiter Abschnitt. Maßnahmen der Kapitalbeschaffung

Erster Unterabschnitt. Kapitalerhöhung gegen Einlagen

§ 182
Voraussetzungen

(1) Eine Erhöhung des Grundkapitals gegen Einlagen kann nur mit einer Mehrheit beschlossen werden, die mindestens drei Viertel des bei der Beschlußfassung vertretenen Grundkapitals umfaßt. Die Satzung kann eine andere Kapitalmehrheit, für die Ausgabe von Vorzugsaktien ohne Stimmrecht jedoch nur eine größere Kapitalmehrheit bestimmen. Sie kann weitere Erfordernisse aufstellen. Die Kapitalerhöhung kann nur durch Ausgabe neuer Aktien ausgeführt werden. Bei Gesellschaften mit Stückaktien muß sich die Zahl der Aktien in demselben Verhältnis wie das Grundkapital erhöhen.

(2) Sind mehrere Gattungen von stimmberechtigten Aktien vorhanden, so bedarf der Beschluß der Hauptversammlung zu seiner Wirksamkeit der Zustimmung der Aktionäre jeder Gattung. Über die Zustimmung haben die Aktionäre jeder Gattung einen Sonderbeschluß zu fassen. Für diesen gilt Absatz 1.

(3) Sollen die neuen Aktien für einen höheren Betrag als den geringsten Ausgabebetrag ausgegeben werden, so ist der Mindestbetrag, unter dem sie nicht ausgegeben werden sollen, im Beschluß über die Erhöhung des Grundkapitals festzusetzen.

(4) Das Grundkapital soll nicht erhöht werden, solange ausstehende Einlagen auf das bisherige Grundkapital noch erlangt werden können. Für Versicherungsgesellschaften kann die Satzung etwas anderes bestimmen. Stehen Einlagen in verhältnismäßig unerheblichem Umfang aus, so hindert dies die Erhöhung des Grundkapitals nicht.

§ 186
Bezugsrecht

(1) Jedem Aktionär muß auf sein Verlangen ein seinem Anteil an dem bisherigen Grundkapital entsprechender Teil der neuen Aktien zugeteilt werden. Für die Ausübung des Bezugsrechts ist eine Frist von mindestens zwei Wochen zu bestimmen.

(2) Der Vorstand hat den Ausgabebetrag und zugleich eine nach Absatz 1 bestimmte Frist in den Gesellschaftsblättern bekanntzumachen.

(3) Das Bezugsrecht kann ganz oder zum Teil nur im Beschluß über die Erhöhung des Grundkapitals ausgeschlossen werden. In diesem Fall bedarf der Beschluß neben den in Gesetz oder Satzung für die Kapitalerhöhung aufgestellten Erfordernissen einer Mehrheit, die mindestens drei Viertel des bei der Beschlußfassung vertretenen Grundkapitals umfaßt. Die Satzung kann eine größere Kapitalmehrheit und weitere Erfordernisse bestimmen. Ein Ausschluß des Bezugsrechts ist insbesondere dann zulässig, wenn die Kapitalerhöhung gegen Bareinlagen zehn vom Hundert des Grundkapitals nicht übersteigt und der Ausgabebetrag den Börsenpreis nicht wesentlich unterschreitet.

(4) Ein Beschluß, durch den das Bezugsrecht ganz oder zum Teil ausgeschlossen wird, darf nur gefaßt werden, wenn die Ausschließung ausdrücklich und ordnungsgemäß (§ 124 Abs. 1) bekanntgemacht worden ist. Der Vorstand hat der Hauptversammlung eine schriftlichen Bericht über den Grund für die Teilweisen oder vollständigen Ausschluß des Bezugsrechts vorzulegen; in dem Bericht ist der vorgeschlagene Ausgabebetrag zu begründen.

(5) Als Ausschluß des Bezugsrechts ist es nicht anzusehen, wenn nach dem Beschluß die neuen Aktien von einem Kreditinstitut oder einem nach § 53 Abs. 1 Satz 1 oder § 53 b Abs. 1 Satz 1 oder Abs. 7 des Gesetzes über das Kreditwesen tätigen Unternehmen mit der Verpflichtung übernehmen werden sollen, sie den Aktionären zum Bezug anzubieten. Der Vorstand hat das Bezugsangebot des Kreditinstituts oder Unternehmens im Sinne des Satzes 1 unter Angabe des für die Aktien zu leistenden Entgelts und einer für die Annahme des Angebots gesetzten Frist in den Gesellschaftsblättern bekanntzumachen; gleiches gilt, wenn die neuen Aktien von einem anderen als einem Kreditinstitut oder Unternehmen im Sinne des Satzes 1 mit der Verpflichtung übernommen werden sollen, sie den Aktionären zum Bezug anzubieten.

§ 188
Anmeldung und Eintragung der Durchführung

(1) Der Vorstand und der Vorsitzende des Aufsichtsrats haben die Durchführung der Erhöhung des Grundkapitals zur Eintragung in das Handelsregister anzumelden.

(2) Für die Anmeldung gelten sinngemäß § 36 Abs. 2, § 36a und § 37 Abs. 1. Durch Gutschrift auf ein Konto des Vorstands kann die Einzahlung nicht geleistet werden.

(3) Der Anmeldung sind für das Gericht des Sitzes der Gesellschaft beizufügen

1. die Zweitschriften der Zeichnungsscheine und ein vom Vorstand unterschriebenes Verzeichnis der Zeichner, das die auf jeden entfallenden Aktien und die auf sie geleisteten Einzahlungen angibt;
2. bei einer Kapitalerhöhung mit Sacheinlagen die Verträge, die den Festsetzungen nach § 183 zugrunde liegen oder zu ihrer Ausführung geschlossen worden sind;
3. eine Berechnung der Kosten, die für die Gesellschaft durch die Ausgabe der neuen Aktien entstehen werden;
4. wenn die Erhöhung des Grundkapitals der staatlichen Genehmigung bedarf, die Genehmigungsurkunde.

(4) Anmeldung und Eintragung der Durchführung der Erhöhung des Grundkapitals können mit Anmeldung und Eintragung des Beschlusses über die Erhöhung verbunden werden.

(5) Die eingereichten Schriftstücke werden beim Gericht in Urschrift, Ausfertigung oder öffentlich beglaubigter Abschrift aufbewahrt.

Dritter Abschnitt. Maßnahmen der Kapitalherabsetzung

Erster Unterabschnitt. Ordentliche Kapitalherabsetzung

§ 222
Voraussetzungen

(1) Eine Herabsetzung des Grundkapitals kann nur mit einer Mehrheit beschlossen werden, die mindestens drei Viertel des bei der Beschlußfassung vertretenen Grundkapitals umfaßt. Die Satzung kann eine größere Kapitalmehrheit und weitere Erfordernisse bestimmen.

(2) Sind mehrere Gattungen von stimmberechtigten Aktien vorhanden, so bedarf der Beschluß der Hauptversammlung zu seiner Wirksamkeit der Zustimmung der Aktionäre jeder Gattung. Über die Zustimmung haben die Aktionäre jeder Gattung einen Sonderbeschluß zu fassen. Für diesen gilt Absatz 1.

(3) In dem Beschluß ist festzusetzen, zu welchem Zweck die Herabsetzung stattfindet, namentlich ob Teile des Grundkapitals zurückgezahlt werden sollen.

(4) Die Herabsetzung des Grundkapitals erfordert bei Gesellschaften mit Nennbetragaktien die Herabsetzung des Nennbetrags der Aktien. Soweit der auf die einzelne Aktie entfallende anteilige Betrag des herabgesetzten Grundkapitals den Mindestbetrag nach § 8 Abs. 2 Satz 1 oder Abs. 3 Satz 3 unterschreiten würde, erfolgt die Herabsetzung durch Zusammenlegung der Aktien. Der Beschluß muß die Art der Herabsetzung angeben.

1. Aktiengesetz

Siebenter Teil. Nichtigkeit von Hauptversammlungsbeschlüssen und des festgestellten Jahresabschlusses. Sonderprüfung wegen unzulässiger Unterbewertung

Erster Abschnitt. Nichtigkeit von Hauptversammlungsbeschlüssen

Erster Unterabschnitt. Allgemeines

§ 241
Nichtigkeitsgründe

Ein Beschluß der Hauptversammlung ist außer in den Fällen des § 192 Abs. 4, §§ 212, 217 Abs. 2, § 228 Abs. 2, § 234 Abs. 3 und § 235 Abs. 2 nur dann nichtig, wenn er

1. in einer Hauptversammlung gefaßt worden ist, die unter Verstoß gegen § 121 Abs. 2 und 3 oder 4 einberufen war,
2. nicht nach § 130 Abs. 1, 2 und 4 beurkundet ist,
3. mit dem Wesen der Aktiengesellschaft nicht zu vereinbaren ist oder durch seinen Inhalt Vorschriften verletzt, die ausschließlich oder überwiegend zum Schutz der Gläubiger der Gesellschaft oder sonst im öffentlichen Interesse gegeben sind,
4. durch seinen Inhalt gegen die guten Sitten verstößt,
5. auf Anfechtungsklage durch Urteil rechtskräftig für nichtig erklärt worden ist,
6. nach § 144 Abs. 2 des Gesetzes über die Angelegenheiten der freiwilligen Gerichtsbarkeit auf Grund rechtskräftiger Entscheidung als nichtig gelöscht worden ist.

§ 242
Heilung der Nichtigkeit

(1) Die Nichtigkeit eines Hauptversammlungsbeschlusses, der entgegen § 130 Abs. 1, 2 und 4 nicht oder nicht gehörig beurkundet worden ist, kann nicht mehr geltend gemacht werden, wenn der Beschluß in das Handelsregister eingetragen worden ist.

(2) Ist ein Hauptversammlungsbeschluß nach § 241 Nr. 1, 3 oder 4 nichtig, so kann die Nichtigkeit nicht mehr geltend gemacht werden, wenn der Beschluß in das Handelsregister eingetragen worden ist und seitdem drei Jahre verstrichen sind. Ist bei Ablauf der Frist eine Klage auf Feststellung der Nichtigkeit des Hauptversammlungsbeschlusses rechtshängig, so verlängert sich die Frist, bis über die Klage rechtskräftig entschieden ist oder sie sich auf andere Weise endgültig erledigt hat. Eine Löschung des Beschlusses von Amts wegen nach § 144 Abs. 2 des Gesetzes über die Angelegenheiten der freiwilligen Gerichtsbarkeit wird durch den Zeitablauf nicht ausgeschlossen. Ist ein Hauptversammlungsbeschluß wegen Verstoßes gegen § 121 Abs. 4 nach § 241 Nr. 1 nichtig, so kann die Nichtigkeit auch dann nicht mehr geltend gemacht werden, wenn der nicht geladene Aktionär den Beschluß genehmigt.

(3) Absatz 2 gilt entsprechend, wenn in den Fällen des § 217 Abs. 2, § 228 Abs. 2, § 234 Abs. 3 und § 235 Abs. 2 die erforderlichen Eintragungen nicht fristgemäß vorgenommen worden sind.

Zweiter Abschnitt. Nichtigkeit des festgestellten Jahresabschlusses

§ 256
Nichtigkeit

(1) Ein festgestellter Jahresabschluß ist außer in den Fällen des § 173 Abs. 3, § 234 Abs. 3 und § 235 Abs. 2 nichtig, wenn

1. er durch seinen Inhalt Vorschriften verletzt, die ausschließlich oder überwiegend zum Schutze der Gläubiger der Gesellschaft gegeben sind,
2. er im Falle einer gesetzlichen Prüfungspflicht nicht nach § 316 Abs. 1 und 3 des Handelsgesetzbuchs geprüft worden ist,
3. er im Falle einer gesetzlichen Prüfungspflicht von Personen geprüft worden ist, die nicht zum Abschlußprüfer bestellt sind oder nach § 319 Abs. 1 des Handelsgesetzbuchs oder nach Artikel 25 des Einführungsgesetzes zum Handelsgesetzbuches nicht Abschlußprüfer sind,
4. bei seiner Feststellung die Bestimmungen des Gesetzes oder der Satzung über die Einstellung von Beträgen in Kapital- oder Gewinnrücklagen oder über die Entnahme von Beträgen aus Kapital- oder Gewinnrücklagen verletzt worden sind.

(2) Ein von Vorstand und Aufsichtsrat festgestellter Jahresabschluß ist außer nach Absatz 1 nur nichtig, wenn der Vorstand oder der Aufsichtsrat bei seiner Feststellung nicht ordnungsgemäß mitgewirkt hat.

(3) Ein von der Hauptversammlung festgestellter Jahresabschluß ist außer nach Absatz 1 nur nichtig, wenn die Feststellung

1. in einer Hauptversammlung beschlossen worden ist, die unter Verstoß gegen § 121 Abs. 2 und 3 oder 4 einberufen war,
2. nicht nach § 130 Abs. 1, 2 und 4 beurkundet ist,
3. auf Anfechtungsklage durch Urteil rechtskräftig für nichtig erklärt worden ist.

(4) Wegen Verstoßes gegen die Vorschriften über die Gliederung des Jahresabschlusses sowie wegen der Nichtbeachtung von Formblättern, nach denen der Jahresabschluß zu gliedern ist, ist der Jahresabschluß nur nichtig, wenn seine Klarheit und Übersichtlichkeit dadurch wesentlich beeinträchtigt sind.

(5) Wegen Verstoßes gegen die Bewertungsvorschriften ist der Jahresabschluß nur nichtig, wenn

1. Posten überbewertet oder
2. Posten unterbewertet sind und dadurch die Vermögens- und Ertragslage der Gesellschaft vorsätzlich unrichtig wiedergegeben oder verschleiert wird.

Überbewertet sind Aktivposten, wenn sie mit einem höheren Wert, Passivposten, wenn sie mit einem niedrigeren Betrag angesetzt sind, als nach §§ 253 bis 256 des Handelsgesetzbuchs in Verbindung mit §§ 279 bis 283 des Handelsgesetzbuchs zulässig ist. Unterbewertet sind Aktivposten, wenn sie mit einem niedrigeren Wert, Passivposten, wenn sie mit einem höheren Betrag angesetzt sind, als nach §§ 253 bis 256 des Handelsgesetzbuchs in Verbindung mit §§ 279 bis 283 des Handelsgesetzbuchs zulässig ist. Bei Kreditinstituten oder Finanzdienstleistungsinstituten liegt ein Verstoß gegen die Bewertungsvorschriften nicht vor, soweit die Abweichung nach den für Kreditinstitute geltenden Vorschriften, insbesondere den §§ 340e bis 340g des Handelsgesetzbuchs, zulässig ist; dies gilt entsprechend für Versicherungsunternehmen nach Maßgabe der für sie geltenden Vorschriften, insbesondere der §§ 341 b bis 341 h des Handelsgesetzbuchs.

(6) Die Nichtigkeit nach Absatz 1 Nr, 1, 3 und 4, Absatz 2, Absatz 3 Nr. 1 und 2, Absatz 4 und 5 kann nicht mehr geltend gemacht werden, wenn seit der Bekanntmachung nach § 325 Abs. 1 Satz 2 oder Abs. 2 Satz 1 des Handelsgesetzbuchs im Bundesanzeiger in den Fällen des Absatzes 1 Nr. 3 und 4, des Absatzes 2 und des Absatzes 3 Nr. 1 und 2 sechs Monate, in den anderen Fällen drei Jahre verstrichen sind. Ist bei Ablauf der Frist eine Klage auf Feststellung der Nichtigkeit des Jahresabschlusses rechtshängig, so verlängert sich die Frist, bis über die Klage rechtskräftig entschieden ist oder sie sich auf andere Weise endgültig erledigt hat.

(7) Für die Klage auf Feststellung der Nichtigkeit gegen die Gesellschaft gilt § 249 sinngemäß.

Fünftes Buch. Sonder-, Straf- und Schlußvorschriften

Dritter Teil. Straf- und Bußgeldvorschriften. Schlußvorschriften

§ 399
Falsche Angaben

(1) Mit Freiheitsstrafe bis zu drei Jahren oder mit Geldstrafe wird bestraft, wer

1. als Gründer oder als Mitglied des Vorstands oder des Aufsichtsrats zum Zweck der Eintragung der Gesellschaft über die Übernahme der Aktien, die Einzahlung auf Aktien, die Verwendung eingezahlter Beträge, den Ausgabebetrag der Aktien, über Sondervorteile, Gründungsaufwand, Sacheinlagen, Sachübernahmen und Sicherungen für nicht voll einbezahlte Geldeinlagen,

2. als Gründer oder als Mitglied des Vorstands oder des Aufsichtsrats im Gründungsbericht, im Nachgründungsbericht oder im Prüfungsbericht,

3. in der öffentlichen Ankündigung nach § 47 Nr. 3,

4. als Mitglied des Vorstands oder des Aufsichtsrats zum Zweck der Eintragung einer Erhöhung des Grundkapitals (§§ 182 bis 206) über die Einbringung des bisherigen, die Zeichnung oder Einbringung des neuen Kapitals, den Ausgabebetrag der Aktien, die Ausgabe der Bezugsaktien oder über Sacheinlagen,

5. als Abwickler zum Zweck der Eintragung der Fortsetzung der Gesellschaft in dem nach § 274 Abs. 3 zu führenden Nachweis oder
6. als Mitglied des Vorstands in der nach § 37 Abs. 2 Satz 1 oder § 81 Abs. 3 Satz 1 abzugebenden Versicherung oder als Abwickler in der nach § 266 Abs. 3 Satz 1 abzugebenden Versicherung falsche Angaben macht oder erhebliche Umstände verschweigt.

(2) Ebenso wird bestraft, wer als Mitglied des Vorstands oder des Aufsichtsrats zum Zweck der Eintragung einer Erhöhung des Grundkapitals die in § 210 Abs. 1 Satz 2 vorgeschriebene Erklärung der Wahrheit zuwider abgibt.

2. Betriebsverfassungsgesetz 1952

Vom 11. Oktober 1952 (BGBl. I S. 681) in der Fassung des BetrVG vom 15. Januar 1972 (BGBl. I S. 13), zuletzt geändert durch Art. 9 Gesetz vom 23.7.2001 (BGBl. I S. 1852)

– Auszug –

§ 76
Vertretungen der Arbeitnehmer im Aufsichtsrat

(1) Der Aufsichtsrat einer Aktiengesellschaft oder einer Kommanditgesellschaft auf Aktien muß zu einem Drittel aus Vertretern der Arbeitnehmer bestehen.

(2) Die Vertreter der Arbeitnehmer werden in allgemeiner, geheimer, gleicher und unmittelbarer Wahl von allen nach § 7 des Betriebsverfassungsgesetzes wahlberechtigten Arbeitnehmern der Betriebe des Unternehmens für die Zeit gewählt, die im Gesetz oder in der Satzung für die von der Hauptversammlung zu wählenden Aufsichtsratsmitglieder bestimmt ist. Ist ein Vertreter der Arbeitnehmer zu wählen, so muß dieser in einem Betrieb des Unternehmens als Arbeitnehmer beschäftigt sein. Sind zwei oder mehr Vertreter der Arbeitnehmer zu wählen, so müssen sich unter diesen mindestens zwei Arbeitnehmer aus den Betrieben des Unternehmens befinden. Sind in den Betrieben des Unternehmens mehr als die Hälfte der Arbeitnehmer Frauen, so soll mindestens eine von ihnen Arbeitnehmervertreter im Aufsichtsrat sein. Für die Vertreter der Arbeitnehmer gilt § 78 des Betriebsverfassungsgesetzes entsprechend.

(3) Die Betriebsräte und die Arbeitnehmer können Wahlvorschläge machen. Die Wahlvorschläge der Arbeitnehmer müssen von mindestens einem Zehntel der wahlberechtigten Arbeitnehmer der Betriebe des Unternehmens oder von mindestens einhundert wahlberechtigten Arbeitnehmern unterzeichnet sein.

(4) An der Wahl der Vertreter der Arbeitnehmer für den Aufsichtsrat des herrschenden Unternehmens eines Konzerns (§ 18 Abs. 1 Satz 1 und 2 des Aktiengesetzes) nehmen auch die Arbeitnehmer der Betriebe der übrigen Konzernunternehmen teil. In diesen Fällen kann die Wahl durch Delegierte erfolgen.

(5) Die Bestellung eines Vertreters der Arbeitnehmer zum Aufsichtsratsmitglied kann vor Ablauf der Wahlzeit auf Antrag der Betriebsräte oder von mindestens einem Fünftel der wahlberechtigten Arbeitnehmer der Betriebe des Unternehmens durch Beschluß der wahlberechtigten Arbeitnehmer widerrufen werden. Der Beschluß bedarf einer Mehrheit, die mindestens drei Viertel der abgegebenen Stimmen umfaßt. Auf die Beschlußfassung finden die Vorschriften der Absätze 2 und 4 Anwendung.

(6) Auf Aktiengesellschaften, die weniger als fünfhundert Arbeitnehmer beschäftigen, finden die Vorschriften über die Beteiligung der Arbeitnehmer im Aufsichtsrat keine Anwendung; für Aktiengesellschaften, die vor dem 10. August 1994 eingetragen worden sind, gilt dies nur, wenn sie Familiengesellschaften sind. Als Familienge-

sellschaften gelten solche Aktiengesellschaften, deren Aktionär eine einzelne natürliche Person ist oder deren Aktionäre untereinander im Sinne von § 15 Abs. 1 Nr. 2 bis 8, Abs. 2 der Abgabenordnung verwandt oder verschwägert sind. Dies gilt entsprechend für Kommanditgesellschaften auf Aktien.

3. Umwandlungsgesetz (UmwG)

Vom 28. Oktober 1994 (BGBl. I S. 3210, ber. 1995 I S. 428), zuletzt geändert durch Art. 5 Abs. 17 Gesetz zur Modernisierung des Schuldrechts vom 26.11.2001 (BGBl. I S. 3138)

– Auszug –

Erstes Buch. Möglichkeiten von Umwandlungen

§ 1
Arten der Umwandlung; gesetzliche Beschränkungen

(1) Rechtsträger mit Sitz im Inland können umgewandelt werden

1. durch Verschmelzung;
2. durch Spaltung (Aufspaltung, Abspaltung, Ausgliederung);
3. durch Vermögensübertragung;
4. durch Formwechsel.

(2) Eine Umwandlung im Sinne des Absatzes 1 ist außer in den in diesem Gesetz geregelten Fällen nur möglich, wenn sie durch ein anderes Bundesgesetz oder ein Landesgesetz ausdrücklich vorgesehen ist.

(3) Von den Vorschriften dieses Gesetzes kann nur abgewichen werden, wenn dies ausdrücklich zugelassen ist. Ergänzende Bestimmungen in Verträgen, Satzungen, Statuten oder Willenserklärungen sind zulässig, es sei denn, daß dieses Gesetz eine abschließende Regelung enthält.

§ 8
Verschmelzungsbericht

(1) Die Vertretungsorgane jedes der an der Verschmelzung beteiligten Rechtsträger haben einen ausführlichen schriftlichen Bericht zu erstatten, in dem die Verschmelzung, der Verschmelzungsvertrag oder sein Entwurf im einzelnen und insbesondere das Umtauschverhältnis der Anteile oder die Angaben über die Mitgliedschaft bei dem übernehmenden Rechtsträger sowie die Höhe einer anzubietenden Barabfindung rechtlich und wirtschaftlich erläutert und begründet werden (Verschmelzungsbericht); der Bericht kann von den Vertretungsorganen auch gemeinsam erstattet werden. Auf besondere Schwierigkeiten bei der Bewertung der Rechtsträger sowie auf die Folgen für die Beteiligung der Anteilsinhaber ist hinzuweisen. Ist ein an der Verschmelzung beteiligter Rechtsträger ein verbundenes Unternehmen im Sinne des § 15 des Aktiengesetzes, so sind in dem Bericht auch Angaben über alle für die Verschmelzung wesentlichen Angelegenheiten der anderen verbundenen Unternehmen zu machen. Auskunftspflichten der Vertretungsorgane erstrecken sich auch auf diese Angelegenheiten.

(2) In den Bericht brauchen Tatsachen nicht aufgenommen zu werden, deren Bekanntwerden geeignet ist, einem der beteiligten Rechtsträger oder einem verbundenen Unternehmen einen nicht erheblichen Nachteil zuzufügen. In diesem Falle sind in dem Bericht die Gründe, aus denen die Tatsachen nicht aufgenommen worden sind, darzulegen.

(3) Der Bericht ist nicht erforderlich, wenn alle Anteilsinhaber aller beteiligten Rechtsträger auf seine Erstattung verzichten oder sich alle Anteile des übertragenden Rechtsträgers in der Hand des übernehmenden Rechtsträgers befinden. Die Verzichtserklärungen sind notariell zu beurkunden.

§ 15
Verbesserung des Umtauschverhältnisses

(1) Ist das Umtauschverhältnis der Anteile zu niedrig bemessen oder ist die Mitgliedschaft bei dem übernehmenden Rechtsträger kein ausreichender Gegenwert für den Anteil oder die Mitgliedschaft bei einem übertragenden Rechtsträger, so kann jeder Anteilsinhaber dieses übertragenden Rechtsträgers, dessen Recht, gegen die Wirksamkeit des Verschmelzungsbeschlusses Klage zu erheben, nach § 14 Abs. 2 ausgeschlossen ist, von dem übernehmenden Rechtsträger einen Ausgleich durch bare Zuzahlung verlangen; die Zuzahlungen können den zehnten Teil des auf die gewährten Anteile entfallenden Betrags des Grund- oder Stammkapitals übersteigen.

(2) Die bare Zuzahlung ist nach Ablauf des Tages, an dem die Eintragung der Verschmelzung in das Register des Sitzes des übernehmenden Rechtsträgers nach § 19 Abs. 3 als bekanntgemacht gilt, mit jährlich zwei vom Hundert über dem jeweiligen Diskontsatz der Deutschen Bundesbank zu verzinsen. Die Geltendmachung eines weiteren Schadens ist nicht ausgeschlossen.

§ 16
Anmeldung der Verschmelzung

(1) Die Vertretungsorgane jedes der an der Verschmelzung beteiligten Rechtsträger haben die Verschmelzung zur Eintragung in das Register (Handelsregister, Partnerschaftsregister, Genossenschaftsregister oder Vereinsregister) des Sitzes ihres Rechtsträgers anzumelden. Das Vertretungsorgan des übernehmenden Rechtsträgers ist berechtigt, die Verschmelzung auch zur Eintragung in das Register des Sitzes jedes der übertragenden Rechtsträger anzumelden.

(2) Bei der Anmeldung haben die Vertretungsorgane zu erklären, daß eine Klage gegen die Wirksamkeit eines Verschmelzungsbeschlusses nicht oder nicht fristgemäß erhoben oder eine solche Klage rechtskräftig abgewiesen oder zurückgenommen worden ist; hierüber haben die Vertretungsorgane dem Registergericht auch nach der Anmeldung Mitteilung zu machen. Liegt die Erklärung nicht vor, so darf die Verschmelzung nicht eingetragen werden, es sei denn, daß die klageberechtigten Anteilsinhaber durch notariell beurkundete Verzichtserklärung auf die Klage gegen die Wirksamkeit des Verschmelzungsbeschlusses verzichten.

(3) Der Erklärung nach Absatz 2 Satz 1 steht es gleich, wenn nach Erhebung einer Klage gegen die Wirksamkeit eines Verschmelzungsbeschlusses das für diese Klage zuständige Prozeßgericht auf Antrag des Rechtsträgers, gegen dessen Verschmelzungsbeschluß sich die Klage richtet, durch rechtskräftigen Beschluß festgestellt hat, daß die Erhebung der Klage der Eintragung nicht entgegensteht. Der Beschluß nach Satz 1 darf nur ergehen, wenn die Klage gegen die Wirksamkeit des Verschmelzungsbeschlusses unzulässig oder offensichtlich unbegründet ist oder wenn das alsbaldige Wirksamwerden der Verschmelzung nach freier Überzeugung des Gerichts unter Berücksichtigung der Schwere mit der Klage geltend gemachten Rechtsverletzungen zur Abwendung der vom Antragsteller dargelegten wesentlichen Nachteile für die an der Verschmelzung beteiligten Rechtsträger und ihre Anteilsinhaber vorrangig erscheint. Der Beschluß kann in dringenden Fällen ohne mündliche Verhandlung ergehen. Die vorgebrachten Tatsachen, auf Grund derer der Beschluß nach Satz 2 ergehen kann, sind glaubhaft zu machen. Gegen den Beschluß findet die sofortige Beschwerde statt. Erweist sich die Klage als begründet, so ist der Rechtsträger, der den Beschluß erwirkt hat, verpflichtet, dem Antragsgegner den Schaden zu ersetzen, der ihm aus einer auf dem Beschluß beruhenden Eintragung der Verschmelzung entstanden ist; als Ersatz des Schadens kann nicht die Beseitigung der Wirkungen der Eintragung der Verschmelzung im Register des Sitzes des übernehmenden Rechtsträgers verlangt werden.

§ 22
Gläubigerschutz

(1) Den Gläubigern der an der Verschmelzung beteiligten Rechtsträger ist, wenn sie binnen sechs Monaten nach dem Tag, an dem die Eintragung der Verschmelzung in das Register des Sitzes desjenigen Rechtsträgers, dessen Gläubiger sie sind, nach § 19 Abs. 3 als bekanntgemacht gilt, ihren Anspruch nach Grund und Höhe schriftlich anmelden, Sicherheit zu leisten, soweit sie nicht Befriedigung verlangen können. Dieses Recht steht den Gläubigern jedoch nur zu, wenn sie glaubhaft machen, daß durch die Verschmelzung die Erfüllung ihrer Forderung gefährdet wird. Die Gläubiger sind in der Bekanntmachung der jeweiligen Eintragung auf dieses Recht hinzuweisen.

(2) Das Recht, Sicherheitsleistung zu verlangen, steht Gläubigern nicht zu, die im Falle der Insolvenz ein Recht auf vorzugsweise Befriedigung aus einer Deckungsmasse haben, die nach gesetzlicher Vorschrift zu ihrem Schutz errichtet und staatlich überwacht ist.

§ 23
Schutz der Inhaber von Sonderrechten

Den Inhabern von Rechten in einem übertragenden Rechtsträger, die kein Stimmrecht gewähren, insbesondere den Inhabern von Anteilen ohne Stimmrecht, von Wandelschuldverschreibungen, von Gewinnschuldverschreibungen und von Genußrechten, sind gleichwertige Rechte in dem übernehmenden Rechtsträger zu gewähren.

§ 24
Wertansätze des übernehmenden Rechtsträgers

In den Jahresbilanzen des übernehmenden Rechtsträgers können als Anschaffungskosten im Sinne des § 253 Abs. 1 des Handelsgesetzbuchs auch die in der Schlußbilanz eines übertragenden Rechtsträgers angesetzten Werte angesetzt werden.

§ 25
Schadensersatzpflicht der Verwaltungsträger der übertragenden Rechtsträger

(1) Die Mitglieder des Vertretungsorgans und, wenn ein Aufsichtsorgan vorhanden ist, des Aufsichtsorgans eines übertragenden Rechtsträgers sind als Gesamtschuldner zum Ersatz des Schadens verpflichtet, den dieser Rechtsträger, seine Anteilsinhaber oder seine Gläubiger durch die Verschmelzung erleiden. Mitglieder der Organe, die bei der Prüfung der Vermögenslage der Rechtsträger und beim Abschluß des Verschmelzungsvertrags ihre Sorgfaltspflicht beobachtet haben, sind von der Ersatzpflicht befreit.

(2) Für diese Ansprüche sowie weitere Ansprüche, die sich für und gegen den übertragenden Rechtsträger nach den allgemeinen Vorschriften auf Grund der Verschmelzung ergeben, gilt dieser Rechtsträger als fortbestehend. Forderungen und Verbindlichkeiten vereinigen sich insoweit durch die Verschmelzung nicht.

(3) Die Ansprüche aus Absatz 1 verjähren in fünf Jahren seit dem Tage, an dem die Eintragung der Verschmelzung in das Register des Sitzes des übernehmenden Rechtsträgers nach § 19 Abs. 3 als bekanntgemacht gilt.

§ 26
Geltendmachung des Schadensersatzanspruchs

(1) Die Ansprüche nach § 25 Abs. 1 und 2 können nur durch einen besonderen Vertreter geltend gemacht werden. Das Gericht des Sitzes eines übertragenden Rechtsträgers hat einen solchen Vertreter auf Antrag eines Anteilsinhabers oder eines Gläubigers dieses Rechtsträgers zu bestellen. Gläubiger sind nur antragsberechtigt, wenn sie von dem übernehmenden Rechtsträger keine Befriedigung erlangen können. Gegen die Entscheidung findet die sofortige Beschwerde statt.

(2) Der Vertreter hat unter Hinweis auf den Zweck seiner Bestellung die Anteilsinhaber und Gläubiger des betroffenen übertragenden Rechtsträgers aufzufordern, die Ansprüche nach § 25 Abs. 1 und 2 binnen einer angemessenen Frist, die mindestens einen Monat betragen soll, anzumelden. Die Aufforderung ist im Bundesanzeiger und, wenn der Gesellschaftsvertrag, der Partnerschaftsvertrag, die Satzung oder das Statut andere Blätter für die öffentlichen Bekanntmachungen des übertragenden Rechtsträgers bestimmt hatte, auch in diesen Blättern bekanntzumachen.

(3) Der Vertreter hat den Betrag, der aus der Geltendmachung der Ansprüche eines übertragenden Rechtsträgers erzielt wird, zur Befriedigung der Gläubiger dieses Rechtsträgers zu verwenden, soweit die Gläubiger nicht durch den übernehmenden Rechtsträger befriedigt oder sichergestellt sind. Für die Verteilung gelten die Vorschriften über die Verteilung, die im Falle der Abwicklung eines Rechtsträgers in der Rechtsform des übertragenden Rechtsträgers anzuwenden sind, entsprechend. Gläubiger und Anteilsinhaber, die sich nicht fristgemäß gemeldet haben, werden bei der Verteilung nicht berücksichtigt.

(4) Der Vertreter hat Anspruch auf Ersatz angemessener barer Auslagen und auf Vergütung für seine Tätigkeit. Die Auslagen und die Vergütung setzt das Gericht fest. Es bestimmt nach den gesamten Verhältnissen des einzelnen Falles nach freiem Ermessen, in welchem Umfange die Auslagen und die Vergütung von beteiligten Anteilsinhabern und Gläubigern zu tragen sind. Gegen die Entscheidung findet die sofortige Beschwerde statt; die weitere Beschwerde ist ausgeschlossen. Aus der rechtskräftigen Entscheidung findet die Zwangsvollstreckung nach der Zivilprozeßordnung statt.

§ 27
Schadenersatzpflicht der Verwaltungsträger des übernehmenden Rechtsträgers

Ansprüche auf Schadenersatz, die sich auf Grund der Verschmelzung gegen ein Mitglied des Vertretungsorgans oder, wenn ein Aufsichtsorgan vorhanden ist, des Aufsichtsorgans des übernehmenden Rechtsträgers ergeben, verjähren in fünf Jahren seit dem Tage, an dem die Eintragung der Verschmelzung in das Register des Sitzes des übernehmenden Rechtsträgers nach § 19 Abs. 3 als bekanntgemacht gilt.

§ 28
Unwirksamkeit des Verschmelzungsbeschlusses eines übertragenden Rechtsträgers

Nach Eintragung der Verschmelzung in das Register des Sitzes des übernehmenden Rechtsträgers ist eine Klage gegen die Wirksamkeit des Verschmelzungsbeschlusses eines übertragenden Rechtsträgers gegen den übernehmenden Rechtsträger zu richten.

§ 29
Abfindungsangebot im Verschmelzungsvertrag

(1) Bei der Verschmelzung eines Rechtsträgers im Wege der Aufnahme durch einen Rechtsträger anderer Rechtsform hat der übernehmende Rechtsträger im Verschmelzungsvertrag oder in seinem Entwurf jedem Anteilsinhaber, der gegen den Verschmelzungsbeschluß des übertragenden Rechtsträgers Widerspruch zur Niederschrift erklärt, den Erwerb seiner Anteile oder Mitgliedschaften gegen eine angemessene Barabfindung anzubieten; § 71 Abs. 4 Satz 2 des Aktiengesetzes ist insoweit nicht anzuwenden. Das gleiche gilt, wenn bei einer Verschmelzung von Rechtsträgern derselben Rechtsform die Anteile oder Mitgliedschaften an dem übernehmen-

den Rechtsträger Verfügungsbeschränkungen unterworfen sind. Kann der übernehmende Rechtsträger auf Grund seiner Rechtsform eigene Anteile oder Mitgliedschaften nicht erwerben, so ist die Barabfindung für den Fall anzubieten, daß der Anteilsinhaber sein Ausscheiden aus dem Rechtsträger erklärt. Eine erforderliche Bekanntmachung des Verschmelzungsvertrags oder seines Entwurfs als Gegenstand der Beschlußfassung muß den Wortlaut dieses Angebots enthalten. Der übernehmende Rechtsträger hat die Kosten für eine Übertragung zu tragen.

(2) Dem Widerspruch zur Niederschrift im Sinne des Absatzes 1 steht es gleich, wenn ein nicht erschienener Anteilsinhaber zu der Versammlung der Anteilsinhaber zu Unrecht nicht zugelassen worden ist oder die Versammlung nicht ordnungsgemäß einberufen oder der Gegenstand der Beschlußfassung nicht ordnungsgemäß bekanntgemacht worden ist.

§ 30
Inhalt des Anspruchs auf Barabfindung und Prüfung der Barabfindung

(1) Die Barabfindung muß die Verhältnisse des übertragenden Rechtsträgers im Zeitpunkt der Beschlußfassung über die Verschmelzung berücksichtigen. § 15 Abs. 2 ist auf die Barabfindung entsprechend anzuwenden.

(2) Die Angemessenheit einer anzubietenden Barabfindung ist stets durch Verschmelzungsprüfer zu prüfen. Die §§ 10 bis 12 sind entsprechend anzuwenden. Die Berechtigten können auf die Prüfung oder den Prüfungsbericht verzichten; die Verzichtserklärungen sind notariell zu beurkunden.

§ 31
Annahme des Angebots

Das Angebot nach § 29 kann nur binnen zwei Monaten nach dem Tage angenommen werden, an dem die Eintragung der Verschmelzung in das Register des Sitzes des übernehmenden Rechtsträgers nach § 19 Abs. 3 als bekanntgemacht gilt. Ist nach § 34 ein Antrag auf Bestimmung der Barabfindung durch das Gericht gestellt worden, so kann das Angebot binnen zwei Monaten nach dem Tage angenommen werden, an dem die Entscheidung im Bundesanzeiger bekanntgemacht worden ist.

Zweiter Abschnitt. Verschmelzung unter Beteiligung von Gesellschaften mit beschränkter Haftung

Erster Unterabschnitt. Verschmelzung durch Aufnahme

§ 50
Beschluß der Gesellschafterversammlung

(1) Der Verschmelzungsbeschluß der Gesellschafterversammlung bedarf einer Mehrheit von mindestens drei Vierteln der abgegebenen Stimmen. Der Gesellschaftsvertrag kann eine größere Mehrheit und weitere Erfordernisse bestimmen.

(2) Werden durch die Verschmelzung auf dem Gesellschaftsvertrag beruhende Minderheitsrechte eines einzelnen Gesellschafters einer übertragenden Gesellschaft oder die einzelnen Gesellschaftern einer solchen Gesellschaft nach dem Gesellschaftsvertrag zustehenden besonderen Rechte in der Geschäftsführung der Gesellschaft, bei der Bestellung der Geschäftsführer oder hinsichtlich eines Vorschlagsrechts für die Geschäftsführung beeinträchtigt, so bedarf der Verschmelzungsbeschluß dieser übertragenden Gesellschaft der Zustimmung dieser Gesellschafter.

Dritter Abschnitt. Verschmelzung unter Beteiligung von Aktiengesellschaften

Erster Unterabschnitt. Verschmelzung durch Aufnahme

§ 65
Beschluß der Hauptversammlung

(1) Der Verschmelzungsbeschluß der Hauptversammlung bedarf einer Mehrheit, die mindestens drei Viertel des bei der Beschlußfassung vertretenen Grundkapitals umfaßt. Die Satzung kann eine größere Kapitalmehrheit und weitere Erfordernisse bestimmen.

(2) Sind mehrere Gattungen von Aktien vorhanden, so bedarf der Beschluß der Hauptversammlung zu seiner Wirksamkeit der Zustimmung der stimmberechtigten Aktionäre jeder Gattung. Über die Zustimmung haben die Aktionäre jeder Gattung einen Sonderbeschluß zu fassen. Für diesen gilt Absatz 1.

Fünftes Buch. Formwechsel

Erster Teil. Allgemeine Vorschriften

§ 190
Allgemeiner Anwendungsbereich

(1) Ein Rechtsträger kann durch Formwechsel eine andere Rechtsform erhalten.

(2) Soweit nicht in diesem Buch etwas anderes bestimmt ist, gelten die Vorschriften über den Formwechsel nicht für Änderungen der Rechtsform, die in anderen Gesetzen vorgesehen oder zugelassen sind.

§ 191
Einbezogene Rechtsträger

(1) Formwechselnde Rechtsträger können sein:
1. Personenhandelsgesellschaften (§ 3 Abs. 1 Nr. 1) und Partnerschaftsgesellschaften;
2. Kapitalgesellschaften (§ 3 Abs. 1 Nr. 2);
3. eingetragene Genossenschaften;

4. rechtsfähige Vereine;
5. Versicherungsvereine auf Gegenseitigkeit;
6. Körperschaften und Anstalten des öffentlichen Rechts.

(2) Rechtsträger neuer Rechtsform können sein:
1. Gesellschaften des bürgerlichen Rechts;
2. Personenhandelsgesellschaften und Partnergesellschaften;
3. Kapitalgesellschaften;
4. eingetragene Genossenschaften.

(3) Der Formwechsel ist auch bei aufgelösten Rechtsträgern möglich, wenn ihre Fortsetzung in der bisherigen Rechtsform beschlossen werden könnte.

§ 192
Umwandlungsbericht

(1) Das Vertretungsorgan des formwechselnden Rechtsträgers hat einen ausführlichen schriftlichen Bericht zu erstatten, in dem der Formwechsel und insbesondere die künftige Beteiligung der Anteilsinhaber an dem Rechtsträger rechtlich und wirtschaftlich erläutert und begründet werden (Umwandlungsbericht). § 8 Abs. 1 Satz 2 bis 4 und Abs. 2 ist entsprechend anzuwenden. Der Umwandlungsbericht muß einen Entwurf des Umwandlungsbeschlusses enthalten.

(2) Dem Bericht ist eine Vermögensaufstellung beizufügen, in der die Gegenstände und Verbindlichkeiten des formwechselnden Rechtsträgers mit dem wirklichen Wert anzusetzen sind, der ihnen am Tage der Erstellung des Berichts beizulegen ist. Die Aufstellung ist Bestandteil des Berichts.

(3) Ein Umwandlungsbericht ist nicht erforderlich, wenn an dem formwechselnden Rechtsträger nur ein Anteilsinhaber beteiligt ist oder wenn alle Anteilsinhaber auf seine Erstattung verzichten. Die Verzichtserklärungen sind notariell zu beurkunden.

§ 193
Umwandlungsbeschluß

(1) Für den Formwechsel ist ein Beschluß der Anteilsinhaber des formwechselnden Rechtsträgers (Umwandlungsbeschluß) erforderlich. Der Beschluß kann nur in einer Versammlung der Anteilsinhaber gefaßt werden.

(2) Ist die Abtretung der Anteile des formwechselnden Rechtsträgers von der Genehmigung einzelner Anteilsinhaber abhängig, so bedarf der Umwandlungsbeschluß zu seiner Wirksamkeit ihrer Zustimmung.

(3) Der Umwandlungsbeschluß und die nach diesem Gesetz erforderlichen Zustimmungserklärungen einzelner Anteilsinhaber einschließlich der erforderlichen

Zustimmungserklärungen nicht erschienener Anteilsinhaber müssen notariell beurkundet werden. Auf Verlangen ist jedem Anteilsinhaber auf seine Kosten unverzüglich eine Abschrift der Niederschrift des Beschlusses zu erteilen.

§ 194
Inhalt des Umwandlungsbeschlusses

(1) In dem Umwandlungsbeschluß müssen mindestens bestimmt werden:
1. die Rechtsform, die der Rechtsträger durch den Formwechsel erlangen soll,
2. der Name oder die Firma des Rechtsträgers neuer Rechtsform;
3. eine Beteiligung der bisherigen Anteilsinhaber an dem Rechtsträger nach den für die neue Rechtsform geltenden Vorschriften, soweit ihre Beteiligung nicht nach diesem Buch entfällt;
4. Zahl, Art und Umfang der Anteile oder der Mitgliedschaften, welche die Anteilsinhaber durch den Formwechsel erlangen sollen oder die einem beitretenden persönlich haftenden Gesellschafter eingeräumt werden sollen;
5. die Rechte, die einzelnen Anteilsinhabern sowie den Inhabern besonderer Rechte wie Anteile ohne Stimmrecht, Vorzugsaktien, Mehrstimmrechtsaktien, Schuldverschreibungen und Genußrechte in dem Rechtsträger gewährt werden sollen, oder die Maßnahmen, die für diese Personen vorgesehen sind;
6. ein Abfindungsangebot nach § 207, sofern nicht der Umwandlungsbeschluß zu seiner Wirksamkeit der Zustimmung aller Anteilsinhaber bedarf oder an dem formwechselnden Rechtsträger nur ein Anteilsinhaber beteiligt ist;
7. die Folgen des Formwechsels für die Arbeitnehmer und ihre Vertretungen sowie die insoweit vorgesehenen Maßnahmen.

(2) Der Entwurf des Umwandlungsbeschlusses ist spätestens einen Monat vor dem Tage der Versammlung der Anteilsinhaber, die den Formwechsel beschließen soll, dem zuständigen Betriebsrat des formwechselnden Rechtsträgers zuzuleiten.

§ 195
Befristung und Ausschluß von Klagen gegen den Umwandlungsbeschluß

(1) Eine Klage gegen die Wirksamkeit des Umwandlungsbeschlusses muß binnen eines Monats nach der Beschlußfassung erhoben werden.

(2) Eine Klage gegen die Wirksamkeit des Umwandlungsbeschlusses kann nicht darauf gestützt werden, daß die in dem Beschluß bestimmten Anteile an dem Rechtsträger neuer Rechtsform zu niedrig bemessen sind oder daß die Mitgliedschaft kein ausreichender Gegenwert für die Anteile oder die Mitgliedschaft bei dem formwechselnden Rechtsträger ist.

§ 196
Verbesserung des Beteiligungsverhältnisses

Sind die in dem Umwandlungsbeschluß bestimmten Anteile an dem Rechtsträger neuer Rechtsform zu niedrig bemessen oder ist die Mitgliedschaft bei diesem kein ausreichender Gegenwert für die Anteile oder die Mitgliedschaft bei dem formwechselnden Rechtsträger, so kann jeder Anteilsinhaber, dessen Recht, gegen die Wirksamkeit des Umwandlungsbeschlusses Klage zu erheben, nach § 195 Abs. 2 ausgeschlossen ist, von dem Rechtsträger einen Ausgleich durch bare Zuzahlung verlangen. § 15 Abs. 2 ist entsprechend anzuwenden.

§ 197
Anzuwendende Gründungsvorschriften

Auf den Formwechsel sind die für die neue Rechtsform geltenden Gründungsvorschriften anzuwenden, soweit sich aus diesem Buch nichts anderes ergibt. Vorschriften, die für die Gründung eine Mindestzahl der Gründer vorschreiben, sowie die Vorschriften über die Bildung und Zusammensetzung des ersten Aufsichtsrats sind nicht anzuwenden.

§ 198
Anmeldung des Formwechsels

(1) Die neue Rechtsform des Rechtsträgers ist zur Eintragung in das Register, in dem der formwechselnde Rechtsträger eingetragen ist, anzumelden.

(2) Ist der formwechselnde Rechtsträger nicht in einem Register eingetragen, so ist der Rechtsträger neuer Rechtsform bei dem zuständigen Gericht zur Eintragung in das für die neue Rechtsform maßgebende Register anzumelden. Das gleiche gilt, wenn sich durch den Formwechsel die Art des für den Rechtsträger maßgebenden Registers ändert oder durch eine mit dem Formwechsel verbundene Sitzverlegung die Zuständigkeit eines anderen Registergerichts begründet wird. Im Falle das Satzes 2 ist die Umwandlung auch zur Eintragung in das Register anzumelden, in dem der formwechselnde Rechtsträger eingetragen ist. Diese Eintragung ist mit dem Vermerk zu versehen, daß die Umwandlung erst mit der Eintragung des Rechtsträgers neuer Rechtsform in das für diese maßgebende Register wirksam wird. Der Rechtsträger neuer Rechtsform darf erst eingetragen werden, nachdem die Umwandlung nach den Sätzen 3 und 4 eingetragen worden ist.

(3) § 16 Abs. 2 und 3 ist entsprechend anzuwenden.

§ 199
Anlagen der Anmeldung

Der Anmeldung der neuen Rechtsform oder des Rechtsträgers neuer Rechtsform sind in Ausfertigung oder öffentlich beglaubigter Abschrift oder, soweit sie nicht notariell zu beurkunden sind, in Urschrift oder Abschrift außer den sonst erforderlichen Unterlagen auch die Niederschrift des Umwandlungsbeschlusses, die nach diesem Gesetz erforderlichen Zustimmungserklärungen einzelner Anteilsinhaber einschließlich der Zustimmungserklärungen nicht erschienener Anteilsinhaber, der Umwandlungsbericht oder die Erklärungen über den Verzicht auf seine Erstellung, ein Nachweis über die Zuleitung nach § 194 Abs. 2 sowie, wenn der Formwechsel der staatlichen Genehmigung bedarf, die Genehmigungsurkunde beizufügen.

§ 200
Firma oder Name des Rechtsträgers

(1) Der Rechtsträger neuer Rechtsform darf seine bisher geführte Firma beibehalten, soweit sich aus diesem Buch nichts anderes ergibt. Zusätzliche Bezeichnungen, die auf die Rechtsform der formwechselnden Gesellschaft hinweisen, dürfen auch dann nicht verwendet werden, wenn der Rechtsträger die bisher geführte Firma beibehält.

(2) Auf eine nach dem Formwechsel beibehaltene Firma ist § 19 des Handelsgesetzbuchs, § 4 des Gesetzes betreffend die Gesellschaften mit beschränkter Haftung, §§ 4, 279 des Aktiengesetzes oder § 3 des Gesetzes betreffend die Erwerbs- und Wirtschaftsgenossenschaften entsprechend anzuwenden.

(3) Wer an dem formwechselnden Rechtsträger eine natürliche Person beteiligt, deren Beteiligung an dem Rechtsträger entfällt, so darf der Name dieses Anteilsinhaber nur dann in der beibehaltenen bisherigen oder in der neu gebildeten Firma verwendet werden, wenn der betroffene Anteilsinhaber oder dessen Erben ausdrücklich in die Verwendung des Namens einwilligen.

(4) Ist formwechselnder Rechtsträger oder Rechtsträger neuer Rechtsform eine Partnergesellschaft, gelten für die Beibehaltung oder Bildung der Firma oder des Namens die Absätze 1 und 3 entsprechend. Eine Firma darf als Name einer Partnergesellschaft nur unter den Voraussetzungen des § 2 Abs. 1 des Partnerschaftsgesellschaftsgesetzes beibehalten werden. § 1 Abs. 3 und § 11 des Partnerschaftsgesellschaftsgesetzes sind entsprechend anzuwenden.

(5) Durch den Formwechsel in eine Gesellschaft des bürgerlichen Rechts erlischt die Firma der formwechselnden Gesellschaft.

§ 201
Bekanntmachung des Formwechsels

Das für die Anmeldung der neuen Rechtsform oder des Rechtsträgers neuer Rechtsform zuständige Gericht hat die Eintragung der neuen Rechtsform oder des Rechtsträgers neuer Rechtsform durch den Bundesanzeiger und durch mindestens ein anderes Blatt ihrem ganzen Inhalt nach bekanntzumachen. Mit dem Ablauf des Tages, an dem das letzte der die Bekanntmachung enthaltenden Blätter erschienen ist, gilt die Bekanntmachung als erfolgt.

§ 202
Wirkungen der Eintragung

(1) Die Eintragung der neuen Rechtsform in das Register hat folgende Wirkungen:

1. Der formwechselnde Rechtsträger besteht in der in dem Umwandlungsbeschluß bestimmten Rechtsform weiter.
2. Die Anteilsinhaber des formwechselnden Rechtsträgers sind an dem Rechtsträger nach den für die neue Rechtsform geltenden Vorschriften beteiligt, soweit ihre Beteiligung nicht nach diesem Buch entfällt. Rechte Dritter an den Anteilen oder Mitgliedschaften des formwechselnden Rechtsträgers bestehen an den an ihre Stelle tretenden Anteilen oder Mitgliedschaften des Rechtsträgers neuer Rechtsform weiter.
3. Der Mangel der notariellen Beurkundung des Umwandlungsbeschlusses und gegebenfalls erforderlicher Zustimmungs- oder Verzichtserklärungen einzelner Anteilsinhaber wird geheilt.

(2) Die in Absatz 1 bestimmten Wirkungen treten in den Fällen des § 198 Abs. 2 mit der Eintragung des Rechtsträgers neuer Rechtsform in das Register ein.

(3) Mängel des Formwechsels lassen die Wirkungen der Eintragung der neuen Rechtsform oder des Rechtsträgers neuer Rechtsform in das Register unberührt.

§ 203
Amtsdauer von Aufsichtsratsmitgliedern

Wird bei einem Formwechsel bei dem Rechtsträger neuer Rechtform in gleicher Weise wie bei dem formwechselnden Rechtsträger ein Aufsichtsrat gebildet und zusammengesetzt, so bleiben die Mitglieder des Aufsichtsrats für den Rest ihrer Wahlzeit als Mitglieder des Aufsichtsrats des Rechtsträgers neuer Rechtsform im Amt. Die Anteilsinhaber des formwechselnden Rechtsträger können im Umwandlungsbeschluß für ihre Aufsichtsratsmitglieder die Beendigung des Amtes bestimmen.

§ 204
Schutz der Gläubiger und der Inhaber von Sonderrechten

Auf den Schutz der Gläubiger ist § 22, auf den Schutz der Inhaber von Sonderrechten § 23 entsprechend anzuwenden.

§ 205
Schadenersatzpflicht der Verwaltungsträger des formwechselnden Rechtsträgers

(1) Die Mitglieder des Vertretungsorgans und, wenn ein Aufsichtsorgan vorhanden ist, des Aufsichtsorgans des formwechselnden Rechtsträgers sind als Gesamtschuldner zum Ersatz des Schadens verpflichtet, den der Rechtsträger, seine Anteilsinhaber oder seine Gläubiger durch den Formwechsel erleiden. § 25 Abs. 1 Satz 2 ist entsprechend anzuwenden.

3. Umwandlungsgesetz

(2) Die Ansprüche nach Absatz 1 verjähren in fünf Jahren seit dem Tage, an dem die anzumeldende Eintragung der neuen Rechtsform oder des Rechtsträgers neuer Rechtsform in das Register nach § 201 Satz 2 als bekanntgemacht gilt.

§ 206
Geltendmachung des Schadenersatzanspruchs

Die Ansprüche nach § 205 Abs. 1 können nur durch einen besonderen Vertreter geltend gemacht werden. Das Gericht des Sitzes des Rechtsträgers neuer Rechtsform hat einen solchen Vertreter auf Antrag eines Anteilinhabers oder eines Gläubigers des formwechselnden Rechtsträgers zu bestellen. § 26 Abs. 1 Satz 3 und 4, Abs. 2, Abs. 3 Satz 2 und 3 und Abs. 4 ist entsprechend anzuwenden; an die Stelle der Blätter für die öffentlichen Bekanntmachungen des übertragenden Rechtsträgers treten die entsprechenden Blätter des Rechtsträgers neuer Rechtsform.

§ 207
Angebot der Barabfindung

(1) Der formwechselnde Rechtsträger hat jedem Anteilsinhaber, der gegen den Umwandlungsbeschluß Widerspruch zur Niederschrift erklärt, den Erwerb seiner umgewandelten Anteile oder Mitgliedschaften gegen eine angemessene Barabfindung anzubieten; § 71 Abs. 4 Satz 2 des Aktiengesetzes ist insoweit nicht anzuwenden. Kann der Rechtsträger auf Grund seiner neuen Rechtsform eigene Anteile oder Mitgliedschaften nicht erwerben, so ist die Barabfindung für den Fall anzubieten, daß der Anteilsinhaber sein Ausscheiden aus dem Rechtsträger erklärt. Der Rechtsträger hat die Kosten für eine Übertragung zu tragen.

(2) § 29 Abs. 2 ist entsprechend anzuwenden.

§ 208
Inhalt des Anspruchs auf Barabfindung und Prüfung der Barabfindung

Auf den Anspruch auf Barabfindung ist § 30 entsprechend anzuwenden.

§ 209
Annahme des Angebots

Das Angebot nach § 207 kann nur binnen zwei Monaten nach dem Tage angenommen werden, an dem die Eintragung der neuen Rechtsform oder des Rechtsträgers neuer Rechtsform in das Register nach § 201 Satz 2 als bekanntgemacht gilt. Ist nach § 212 ein Antrag auf Bestimmung der Barabfindung durch das Gericht gestellt worden, so kann das Angebot binnen zwei Monaten nach dem Tage angenommen werden, an dem die Entscheidung im Bundesanzeiger bekanntgemacht worden ist.

§ 210
Ausschluß von Klagen gegen den Umwandlungbeschluß

Eine Klage gegen die Wirksamkeit des Umwandlungsbeschlusses kann nicht darauf gestützt werden, daß das Angebot nach § 207 zu niedrig bemessen oder daß die Barabfindung im Umwandlungsbeschluß nicht oder nicht ordnungsgemäß angeboten worden ist.

§ 211
Anderweitige Veräußerung

Einer anderweitigen Veräußerung des Anteils durch den Anteilsinhaber stehen nach Fassung des Umwandlungsbeschlusses bis zum Ablauf der in § 209 bestimmten Frist stehen Verfügungsbeschränkungen nicht entgegen.

§ 212
Gerichtliche Nachprüfung der Abfindung

Macht ein Anteilsinhaber geltend, daß eine im Umwandlungsbeschluß bestimmte Barabfindung, die ihm nach § 207 Abs. 1 anzubieten war, zu niedrig bemessen sei, so hat auf seinen Antrag das Gericht die angemessene Barabfindung zu bestimmen. Das gleiche gilt, wenn die Barabfindung nicht oder nicht ordnungsgemäß angeboten worden ist.

§ 213
Bezeichnung unbekannter Aktionäre

Auf die Bezeichnung unbekannter Aktionäre ist § 35 entsprechend anzuwenden.

Zweiter Teil. Besondere Vorschriften

Erster Abschnitt. Formwechsel von Personenhandelsgesellschaften

§ 214
Möglichkeit des Formwechsels

(1) Eine Personenhandelsgesellschaft kann auf Grund eines Umwandlungsbeschlusses nach diesem Gesetz nur die Rechtsform einer Kapitalgesellschaft oder einer eingetragenen Genossenschaft erlangen.

(2) Ein aufgelöste Personenhandelsgesellschaft kann die Rechtsform nicht wechseln, wenn die Gesellschafter nach § 145 des Handelsgesetzbuchs eine andere Art der Auseinandersetzung als die Abwicklung oder als den Formwechsel vereinbart haben.

§ 215
Umwandlungsbericht

Ein Umwandlungsbericht ist nicht erforderlich, wenn alle Gesellschafter der formwechselnden Gesellschaft zur Geschäftsführung berechtigt sind.

§ 216
Unterrichtung der Gesellschafter

Das Vertretungsorgan der formwechselnden Gesellschaft hat allen von der Geschäftsführung ausgeschlossenen Gesellschaftern spätestens zusammen mit der Einberufung der Gesellschafterversammlung, die den Formwechsel beschließen soll, diesen Formwechsel als Gegenstand der Beschlußfassung in Textform anzukündigen und einen nach diesem Buch erforderlichen Umwandlungsbericht sowie ein Abfindungsangebot nach § 207 zu übersenden.

§ 217
Beschluß der Gesellschafterversammlung

(1) Der Umwandlungsbeschluß der Gesellschafterversammlung bedarf der Zustimmung aller anwesenden Gesellschafter; ihm müssen auch die nicht erschienenen Gesellschafter zustimmen. Der Gesellschaftsvertrag der formwechselnden Gesellschaft kann eine Mehrheitsentscheidung der Gesellschafter vorsehen. Die Mehrheit muß mindestens drei Viertel der Stimmen der Gesellschafter betragen.

(2) Die Gesellschafter, die im Falle einer Mehrheitsentscheidung für den Formwechsel gestimmt haben, sind in der Niederschrift über den Umwandlungsbeschluß namentlich aufzuführen.

(3) Dem Formwechsel in eine Kommanditgesellschaft auf Aktien müssen alle Gesellschafter zustimmen, die in dieser Gesellschaft die Stellung eines persönlich haftenden Gesellschafters haben sollen.

§ 218
Inhalt des Umwandlungsbeschlusses

(1) In dem Umwandlungsbeschluß muß auch der Gesellschaftsvertrag der Gesellschaft mit beschränkter Haftung oder das Statut der Genossenschaft enthalten sein oder die Satzung der Aktiengesellschaft oder der Kommanditgesellschaft auf Aktien festgestellt werden. Eine Unterzeichnung des Statuts durch die Genossen ist nicht erforderlich.

(2) Der Beschluß zur Umwandlung in eine Kommanditgesellschaft auf Aktien muß vorsehen, daß sich an dieser Gesellschaft mindestens ein Gesellschafter der formwechselnden Gesellschaft als persönlich haftender Gesellschafter beteiligt oder daß der Gesellschaft mindestens ein persönlich haftender Gesellschafter beitritt.

(3) Der Beschluß zur Umwandlung in eine Genossenschaft muß die Beteiligung jedes Genossen mit mindestens einem Geschäftsanteil vorsehen. In dem Beschluß kann auch bestimmt werden, daß jeder Genosse bei der Genossenschaft mit mindestens einem und im übrigen mit so vielen Geschäftsanteilen, wie sie durch Anrechnung seines Geschäftsguthabens bei dieser Genossenschaft als voll eingezahlt anzusehen sind, beteiligt wird.

§ 219
Rechtsstellung als Gründer

Bei der Anwendung der Gründungsvorschriften stehen den Gründern die Gesellschafter der formwechselnden Gesellschaft gleich. Im Falle einer Mehrheitsentscheidung treten an die Stelle der Gründer die Gesellschafter, die für den Formwechsel gestimmt haben, sowie beim Formwechsel in eine Kommanditgesellschaft auf Aktien auch beitretende persönlich haftende Gesellschafter.

§ 220
Kapitalschutz

(1) Der Nennbetrag des Stammkapitals einer Gesellschaft mit beschränkter Haftung oder des Grundkapitals einer Aktiengesellschaft oder einer Kommanditgesellschaft auf Aktien darf das nach Abzug der Schulden verbleibende Vermögen der formwechselnden Gesellschaft nicht übersteigen.

(2) In dem Sachgründungsbericht beim Formwechsel in eine Gesellschaft mit beschränkter Haftung oder in dem Gründungsbericht beim Formwechsel in eine Aktiengesellschaft oder in eine Kommanditgesellschaft auf Aktien sind auch der bisherige Geschäftsverlauf und die Lage der formwechselnden Gesellschaft darzulegen.

(3) Beim Formwechsel in eine Aktiengesellschaft oder in eine Kommanditgesellschaft auf Aktien hat die Gründungsprüfung durch einen oder mehrere Prüfer (§ 33 Abs. 2 des Aktiengesetzes) in jedem Fall stattzufinden. Die für Nachgründungen in § 52 Abs. 1 des Aktiengesetzes bestimmte Frist von zwei Jahren beginnt mit dem Wirksamwerden des Formwechsels.

§ 221
Beitritt persönlich haftender Gesellschafter

Der in einem Beschluß zur Umwandlung in eine Kommanditgesellschaft auf Aktien vorgesehene Beitritt eines Gesellschafters, welcher der formwechselnden Gesellschaft nicht angehört hat, muß notariell beurkundet werden. Die Satzung der Kommanditgesellschaft auf Aktien ist von jedem beitretenden persönlich haftenden Gesellschafter zu genehmigen.

§ 222
Anmeldung des Formwechsels

(1) Die Anmeldung nach § 198 einschließlich der Anmeldung des Statuts der Genossenschaft ist durch alle Mitglieder des künftigen Vertretungsorgans sowie, wenn der Rechtsträger nach den für die neue Rechtsform geltenden Vorschriften einen Aufsichtsrat haben muß, auch durch alle Mitglieder dieses Aufsichtsrats vorzunehmen. Zugleich mit der Genossenschaft sind die Mitglieder ihres Vorstandes zur Eintragung in das Register anzumelden.

(2) Ist der Rechtsträger neuer Rechtsform eine Aktiengesellschaft oder eine Kommanditgesellschaft auf Aktien, so haben die Anmeldung nach Absatz 1 auch alle Gesellschafter vorzunehmen, die nach § 219 den Gründern dieser Gesellschaft gleichstehen.

(3) Die Anmeldung der Umwandlung zur Eintragung in das Register nach § 198 Abs. 2 Satz 3 kann auch von den zur Vertretung der formwechselnden Gesellschaft ermächtigten Gesellschaftern vorgenommen werden.

§ 223
Anlagen der Anmeldung

Der Anmeldung der neuen Rechtsform oder des Rechtsträgers neuer Rechtsform sind beim Formwechsel in eine Kommanditgesellschaft auf Aktien außer den sonst erforderlichen Unterlagen auch die Urkunden über den Beitritt aller beitretenden persönlich haftenden Gesellschafter in Ausfertigung oder öffentlich beglaubigter Abschrift beizufügen.

§ 224
Fortdauer und zeitliche Begrenzung der persönlichen Haftung

(1) Der Formwechsel berührt nicht die Ansprüche der Gläubiger der Gesellschaft gegen einen ihrer Gesellschafter aus Verbindlichkeiten der formwechselnden Gesellschaft, für die dieser im Zeitpunkt des Formwechsels nach § 128 des Handelsgesetzbuchs persönlich haftet.

(2) Der Gesellschafter haftet für diese Verbindlichkeiten, wenn sie vor Ablauf von fünf Jahren nach dem Formwechsel fällig und daraus Ansprüche gegen ihn in einer in § 197 Abs. 1 Nr. 3 bis 5 des Bürgerlichen Gesetzbuchs bezeichneten Art festgestellt sind oder eine gerichtliche oder behördliche Vollstreckungshandlung vorgenommen oder beantragt wird; bei öffentlich-rechtlichen Verbindlichkeiten genügt der Erlass eines Verwaltungsakts.

(3) Die Frist beginnt mit dem Tage, an dem die Eintragung der neuen Rechtsform oder des Rechtsträgers neuer Rechtsform in das Register nach § 201 Satz 2 als bekanntgemacht gilt. Die für die Verjährung geltenden §§ 204, 206, 210, 211 und 212 Abs. 2 und 3 des Bürgerlichen Gesetzbuchs sind entsprechend anzuwenden.

(4) Einer Feststellung in einer in § 197 Abs. 1 Nr. 3 bis 5 des Bürgerlichen Gesetzbuchs bezeichneten Art bedarf es nicht, soweit der Gesellschafter den Anspruch schriftlich anerkannt hat.

(5) Die Absätze 1 bis 4 sind auch anzuwenden, wenn der Gesellschafter in dem Rechtsträger anderer Rechtsform geschäftsführend tätig wird.

§ 225
Prüfung des Abfindungsangebots

Im Falle des § 217 Abs. 1 Satz 2 ist die Angemessenheit der angebotenen Barabfindung nach § 208 in Verbindung mit § 30 Abs. 2 nur auf Verlangen eines Gesellschafters zu prüfen. Die Kosten trägt die Gesellschaft.

Zweiter Abschnitt. Formwechsel von Kapitalgesellschaften

Erster Unterabschnitt. Allgemeine Vorschriften

§ 226
Möglichkeit des Formwechsels

Eine Kapitalgesellschaft kann auf Grund eines Umwandlungsbeschlusses nach diesem Gesetz nur die Rechtsform einer Gesellschaft des bürgerlichen Rechts, einer Personenhandelsgesellschaft, einer Partnerschaftsgesellschaft, einer anderen Kapitalgesellschaft oder einer eingetragenen Genossenschaft erlangen.

§ 227
Nicht anzuwendende Vorschriften

Die §§ 207 bis 212 sind beim Formwechsel einer Kommanditgesellschaft auf Aktien nicht auf deren persönlich haftende Gesellschafter anzuwenden.

Zweiter Unterabschnitt. Formwechsel in eine Personengesellschaft

§ 228
Maßgeblichkeit des Unternehmensgegenstandes

(1) Durch den Formwechsel kann eine Kapitalgesellschaft die Rechtsform einer Personenhandelsgesellschaft nur erlangen, wenn der Unternehmensgegenstand im Zeitpunkt des Wirksamwerdens des Formwechsels den Vorschriften über die Gründung einer offenen Handelsgesellschaft (§ 105 Abs. 1 und § 4 Abs. 1 des Handelsgesetzbuchs) genügt.

(2) Genügt der Gegenstand des Unternehmens diesen Vorschriften nicht, kann durch den Umwandlungsbeschluß bestimmt werden, daß die formwechselnde Gesellschaft die Rechtsform einer Gesellschaft des bürgerlichen Rechts erlangen soll.

(3) Ein Formwechsel in eine Partnerschaftsgesellschaft ist nur möglich, wenn im Zeitpunkt seines Wirksamwerdens alle Anteilsinhaber des formwechselnden Rechtsträgers natürliche Personen sind, die einen Freien Beruf ausüben (§ 1 Abs. 1 und 2 des Partnerschaftsgesellschaftsgesetzes). § 1 Abs. 3 des Partnerschaftsgesellschaftsgesetzes bleibt unberührt.

§ 229
Vermögensaufstellung

Beim Formwechsel einer Kommanditgesellschaft auf Aktien ist die Vermögensaufstellung nach § 192 Abs. 2, soweit erforderlich, nach den Grundsätzen aufzustellen, die für die Auseinandersetzung mit den persönlich haftenden Gesellschaftern vorgesehen sind. Soll für die Auseinandersetzung ein Stichtag maßgebend sein, der vor dem Tage der Einberufung der Hauptversammlung liegt, so kann die Vermögensaufstellung auf diesen Stichtag aufgestellt werden.

§ 230
Vorbereitung der Versammlung der Anteilsinhaber

(1) Die Geschäftsführer einer formwechselnden Gesellschaft mit beschränkter Haftung haben allen Gesellschaftern spätestens zusammen mit der Einberufung der Gesellschafterversammlung, die den Formwechsel beschließen soll, diesen Formwechsel als Gegenstand der Beschlußfassung in Textform anzukündigen und den Umwandlungsbericht zu übersenden.

(2) Der Umwandlungsbericht einer Aktiengesellschaft oder einer Kommanditgesellschaft auf Aktien ist von der Einberufung der Hauptversammlung an, die den Formwechsel beschließen soll, in dem Geschäftsraum der Gesellschaft zur Einsicht der Aktionäre auszulegen. Auf Verlangen ist jedem Aktionär und jedem von der Geschäftsführung ausgeschlossenen persönlich haftenden Gesellschafter unverzüglich und kostenlos eine Abschrift des Umwandlungsberichts zu erteilen.

§ 231
Mitteilung des Abfindungsangebots

Das Vertretungsorgan der formwechselnden Gesellschaft hat den Gesellschaftern oder Aktionären spätestens zusammen mit der Einberufung der Gesellschafterversammlung oder der Hauptversammlung, die den Formwechsel beschließen soll, das Abfindungsangebot nach § 207 zu übersenden. Der Übersendung steht es gleich, wenn das Abfindungsangebot im Bundesanzeiger und den sonst bestimmten Gesellschaftsblättern bekanntgemacht wird.

§ 232
Durchführung der Versammlung der Anteilsinhaber

(1) In der Gesellschafterversammlung oder in der Hauptversammlung, die den Formwechsel beschließen soll, ist der Umwandlungsbericht anzulegen.

(2) Der Entwurf des Umwandlungsbeschlusses einer Aktiengesellschaft oder einer Kommanditgesellschaft auf Aktien ist von deren Vertretungsorgan zu Beginn der Verhandlung mündlich zu erläutern.

§ 233
Beschluß der Versammlung der Anteilsinhaber

(1) Der Umwandlungsbeschluß der Gesellschaftsversammlung oder der Hauptversammlung bedarf, wenn die formwechselnde Gesellschaft die Rechtsform einer Gesellschaft des bürgerlichen Rechts, einer offenen Handelsgesellschaft oder einer Partnerschaftsgesellschaft erlangen soll, der Zustimmung aller anwesenden Gesellschafter oder Aktionäre; ihm müssen auch die nicht erschienenen Anteilsinhaber zustimmen.

(2) Soll die formwechselnde Gesellschaft in eine Kommanditgesellschaft umgewandelt werden, so bedarf der Umwandlungsbeschluß einer Mehrheit von mindestens drei Vierteln der bei der Gesellschafterversammlung einer Gesellschaft mit beschränkter Haftung abgegebenen Stimmen oder des bei der Beschlußfassung einer Aktiengesellschaft oder einer Kommanditgesellschaft auf Aktien vertretenen Grundkapitals; § 50 Abs. 2 und § 65 Abs. 2 sind entsprechend anzuwenden. Der Gesellschaftsvertrag oder die Satzung der formwechselnden Gesellschaft kann eine größere Mehrheit und weitere Erfordernisse bestimmen. Dem Formwechsel müssen alle Gesellschafter oder Aktionäre zustimmen, die in der Kommanditgesellschaft die Stellung eines persönlich haftenden Gesellschafters haben sollen.

(3) Dem Formwechsel einer Kommanditgesellschaft auf Aktien müssen ferner deren persönlich haftende Gesellschafter zustimmen. Die Satzung der formwechselnden Gesellschaft kann für den Fall des Formwechsels in eine Kommanditgesellschaft eine Mehrheitsentscheidung dieser Gesellschafter vorsehen. Jeder dieser Gesellschafter kann sein Ausscheiden aus dem Rechtsträger für den Zeitpunkt erklären, in dem der Formwechsel wirksam wird.

§ 234
Inhalt des Umwandlungsbeschlusses

In dem Umwandlungsbeschluß müssen auch erhalten sein:
1. die Bestimmung des Sitzes der Personengesellschaft;
2. beim Formwechsel in eine Kommanditgesellschaft die Angabe der Kommanditisten sowie des Betrages der Einlage eines jeden von ihnen.
3. beim Formwechsel in eine Partnerschaftsgesellschaft der Partnerschaftsvertrag.
§ 213 ist nicht anzuwenden.

§ 235
Anmeldung des Formwechsels

(1) Beim Formwechsel in eine Gesellschaft des bürgerlichen Rechts ist statt der neuen Rechtsform die Umwandlung der Gesellschaft zur Eintragung in das Register, in dem die formwechselnde Gesellschaft eingetragen ist, anzumelden. § 198 Abs. 2 ist nicht anzuwenden.

(2) Die Anmeldung nach Absatz 1 oder nach § 198 ist durch das Vertretungsorgan der formwechselnden Gesellschaft vorzunehmen.

§ 236
Wirkungen des Formwechsels

Mit dem Wirksamwerden des Formwechsels einer Kommanditgesellschaft auf Aktien scheiden persönlich haftende Gesellschafter, die nach § 233 Abs. 3 Satz 3 ihr Ausscheiden aus dem Rechtsträger erklärt haben, aus der Gesellschaft aus.

§ 237
Fortdauer und zeitliche Begrenzung der persönlichen Haftung

Erlangt ein persönlich haftender Gesellschafter einer formwechselnden Kommanditgesellschaft auf Aktien beim Formwechsel in eine Kommanditgesellschaft die Rechtsstellung eines Kommanditisten, so ist auf seine Haftung für die im Zeitpunkt des Formwechsels begründeten Verbindlichkeiten der formwechselnden Gesellschaft § 224 entsprechend anzuwenden.

Dritter Unterabschnitt. Formwechsel in einer Kapitalgesellschaft anderer Rechtsform

§ 238
Vorbereitung der Versammlung der Anteilsinhaber

Auf die Vorbereitung der Gesellschafterversammlung oder der Hauptversammlung, die den Formwechsel beschließen soll, sind die §§ 230 und 231 entsprechend anzuwenden. § 192 Abs. 2 ist nicht anzuwenden. § 192 Abs. 3 bleibt unberührt.

§ 239
Durchführung der Versammlung der Anteilsinhaber

(1) In der Gesellschafterversammlung oder in der Hauptversammlung, die den Formwechsel beschließen soll, ist der Umwandlungsbericht auszulegen.

(2) Der Entwurf des Umwandlungsbeschlusses einer Aktiengesellschaft oder einer Kommanditgesellschaft auf Aktien ist von deren Vertretungsorgan zu Beginn der Verhandlung mündlich zu erläutern.

§ 240
Beschluß der Versammlung der Anteilsinhaber

(1) Der Umwandlungsbeschluß bedarf einer Mehrheit von mindestens drei Vierteln der bei der Gesellschafterversammlung einer Gesellschaft mit beschränkter Haftung abgegebenen Stimmen oder des bei der Beschlußfassung einer Aktiengesellschaft oder einer Kommanditgesellschaft auf Aktien vertretenen Grundkapitals; § 65 Abs. 2 ist entsprechend anzuwenden. Der Gesellschaftsvertrag oder die Satzung der formwechselnden Gesellschaft kann eine größere Mehrheit und weitere Erfordernisse, beim Formwechsel einer Kommanditgesellschaft auf Aktien in eine Aktiengesellschaft auch eine geringere Mehrheit bestimmen.

(2) Dem Formwechsel einer Gesellschaft mit beschränkter Haftung oder einer Aktiengesellschaft in eine Kommanditgesellschaft auf Aktien müssen alle Gesellschafter oder Aktionäre zustimmen, die in der Gesellschaft neuer Rechtsform die Stellung eines persönlich haftenden Gesellschafters haben sollen. Auf den Beitritt persönlich haftender Gesellschafter ist § 221 entsprechend anzuwenden.

(3) Dem Formwechsel einer Kommanditgesellschaft auf Aktien müssen ferner deren persönlich haftende Gesellschafter zustimmen. Die Satzung der formwechselnden Gesellschaft kann eine Mehrheitsentscheidung dieser Gesellschafter vorsehen.

§ 241
Zustimmungserfordernisse beim Formwechsel einer Gesellschaft mit beschränkter Haftung

(1) Werden durch den Umwandlungsbeschluß einer formwechselnden Gesellschaft mit beschränkter Haftung die Aktien in der Satzung der Aktiengesellschaft oder der Kommanditgesellschaft auf Aktien auf einen höheren als den Mindestbetrag nach § 8 Abs. 2 oder 3 des Aktiengesetzes und abweichend vom Nennbetrag der Geschäftsanteile der formwechselnden Gesellschaft gestellt, so muß dem jeder Gesellschafter zustimmen, der sich nicht dem Gesamtnennbetrag seiner Geschäftsanteile entsprechend beteiligen kann. § 17 Abs. 6 des Gesetzes betreffend die Gesellschaften mit beschränkter Haftung gilt insoweit nicht.

(2) Auf das Erfordernis der Zustimmung einzelner Gesellschafter ist ferner § 50 Abs. 2 entsprechend anzuwenden.

(3) Sind einzelnen Gesellschaftern außer der Leistung von Kapitaleinlagen noch andere Verpflichtungen gegenüber der Gesellschaft auferlegt und können diese wegen der einschränkenden Bestimmung des § 55 des Aktiengesetzes bei dem Formwechsel nicht aufrechterhalten werden, so bedarf der Formwechsel auch der Zustimmung dieser Gesellschafter.

§ 242
Zustimmungserfordernis beim Formwechsel einer Aktiengesellschaft oder einer Kommanditgesellschaft auf Aktien

Wird durch den Umwandlungsbeschluß einer formwechselnden Aktiengesellschaft oder Kommanditgesellschaft auf Aktien der Nennbetrag der Geschäftsanteile in dem Gesellschaftsvertrag der Gesellschaft mit beschränkter Haftung abweichend vom Betrag der Aktien festgesetzt und ist dies nicht durch § 243 Abs. 3 Satz 2 bedingt, so muß der Festsetzung jeder Aktionär zustimmen, der sich nicht mit seinem gesamten Anteil beteiligen kann.

§ 243
Inhalt des Umwandlungsbeschlusses

(1) Auf den Umwandlungsbeschluß ist § 218 entsprechend anzuwenden. Festsetzungen über Sondervorteile, Gründungsaufwand, Sacheinlagen und Sachübernahmen, die in dem Gesellschaftsvertrag oder in der Satzung der formwechselnden Gesellschaft enthalten sind, sind in den Gesellschaftsvertrag oder in die Satzung der Gesellschaft neuer Rechtsform zu übernehmen. § 26 Abs. 4 und 5 des Aktiengesetzes bleibt unberührt.

(2) Vorschriften anderer Gesetze über die Änderung des Stammkapitals oder des Grundkapitals bleiben unberührt.

(3) In dem Gesellschaftsvertrag oder in der Satzung der Gesellschaft neuer Rechtsform kann der auf die Anteile entfallene Betrag des Stamm- oder Grundkapitals abweichend vom Betrag der Anteile der formwechselnden Gesellschaft festgesetzt werden. Bei einer Gesellschaft mit beschränkter Haftung muß er in jedem Fall mindestens fünfzig Euro betragen und durch zehn teilbar sein.

§ 244
Niederschrift über den Umwandlungsbeschluß; Gesellschaftsvertrag

(1) In der Niederschrift über den Umwandlungsbeschluß sind die Personen, die nach § 245 Abs. 1 bis 3 den Gründern der Gesellschaft gleichstehen, namentlich aufzuführen.

(2) Beim Formwechsel einer Aktiengesellschaft oder einer Kommanditgesellschaft auf Aktien in eine Gesellschaft mit beschränkter Haftung braucht der Gesellschaftsvertrag von den Gesellschaftern nicht unterzeichnet zu werden.

§ 245
Rechtsstellung als Gründer; Kapitalschutz

(1) Bei einem Formwechsel einer Gesellschaft mit beschränkter Haftung in eine Aktiengesellschaft oder in eine Kommanditgesellschaft auf Aktien treten bei der Anwendung der Gründungsvorschriften des Aktiengesetzes an die Stelle der Gründer

die Gesellschafter, die für den Formwechsel gestimmt haben, sowie beim Formwechsel einer Gesellschaft mit beschränkter Haftung in eine Kommanditgesellschaft auf Aktien auch beitretende persönlich haftende Gesellschafter. § 220 ist entsprechend anzuwenden.

(2) Beim Formwechsel einer Aktiengesellschaft in eine Kommanditgesellschaft auf Aktien treten bei der Anwendung der Gründungsvorschriften des Aktiengesetzes an die Stelle der Gründer die persönlich haftenden Gesellschafter der Gesellschaft neuer Rechtsform. § 220 ist entsprechend anzuwenden.

(3) Beim Formwechsel einer Kommanditgesellschaft auf Aktien in eine Aktiengesellschaft treten bei der Anwendung der Gründungsvorschriften des Aktiengesetzes an die Stelle der Gründer die persönlich haftenden Gesellschafter der formwechselnden Gesellschafter. § 220 ist entsprechend anzuwenden.

(4) Beim Formwechsel einer Aktiengesellschaft oder einer Kommanditgesellschaft auf Aktien in eine Gesellschaft mit beschränkter Haftung ist ein Sachgründungsbericht nicht erforderlich.

§ 246
Anmeldung des Formwechsels

(1) Die Anmeldung nach § 198 ist durch das Vertretungsorgan der formwechselnden Gesellschaft vorzunehmen.

(2) Zugleich mit der neuen Rechtsform oder mit dem Rechtsträger neuer Rechtsform sind die Geschäftsführer der Gesellschaft mit beschränkter Haftung, die Vorstandsmitglieder der Aktiengesellschaft oder die persönlich haftenden Gesellschafter der Kommanditgesellschaft auf Aktien zur Eintragung in das Register anzumelden.

(3) § 8 Abs 2 des Gesetzes betreffend die Gesellschaften mit beschränkter Haftung und § 37 Abs. 1 des Aktiengesetzes sind auf die Anmeldung nach § 198 nicht anzuwenden.

§ 247
Wirkungen des Formwechsels

(1) Durch den Formwechsel wird das bisherige Stammkapital einer formwechselnden Gesellschaft mit beschränkter Haftung zum Grundkapital der Gesellschaft neuer Rechtsform oder das bisherige Grundkapital einer formwechselnden Aktiengesellschaft oder Kommanditgesellschaft auf Aktien zum Stammkapital der Gesellschaft neuer Rechtsform.

(2) Eine vereinfachte Kapitalherabsetzung nach dem Formwechsel kann in der Jahresbilanz auch dann rückwirkend berücksichtigt werden, wenn diese Bilanz das letzte vor dem Formwechsel abgelaufene Geschäftsjahr einer formwechselnden Gesellschaft mit beschränkter Haftung betrifft.

(3) Durch den Formwechsel einer Kommanditgesellschaft auf Aktien scheiden deren persönlich haftende Gesellschafter als solche aus der Gesellschaft aus.

§ 248
Umtausch der Anteile

(1) Auf den Umtausch der Geschäftsanteile einer formwechselnden Gesellschaft mit beschränkter Haftung gegen Aktien ist § 73 des Aktiengesetzes, bei Zusammenlegung von Geschäftsanteilen § 226 des Aktiengesetzes über die Kraftloserklärung von Aktien entsprechend anzuwenden.

(2) Auf den Umtausch der Aktien einer formwechselnden Aktiengesellschaft oder Kommanditgesellschaft auf Aktien gegen Geschäftsanteile einer Gesellschaft mit beschränkter Haftung ist § 73 Abs. 1 und 2 des Aktiengesetzes, bei Zusammenlegung von Aktien § 226 Abs. 1 und 2 des Aktiengesetzes über die Kraftloserklärung von Aktien entsprechend anzuwenden.

(3) Einer Genehmigung des Gerichts bedarf es nicht.

§ 249
Gläubigerschutz

Auf den Formwechsel einer Kommanditgesellschaft auf Aktien in eine Gesellschaft mit beschränkter Haftung oder in eine Aktiengesellschaft ist auch § 224 entsprechend anzuwenden.

§ 250
Nicht anzuwendende Vorschriften

Die §§ 207 bis 212 sind auf den Formwechsel einer Aktiengesellschaft in eine Kommanditgesellschaft auf Aktien oder einer Kommanditgesellschaft auf Aktien in eine Aktiengesellschaft nicht anzuwenden.

Vierter Unterabschnitt. Formwechsel in eine eingetragene Genossenschaft

§ 251
Vorbereitung und Durchführung der Versammlung der Anteilsinhaber

(1) Auf die Vorbereitung der Gesellschafterversammlung oder der Hauptversammlung, die den Formwechsel beschließen soll, sind die §§ 229 bis 231 entsprechend anzuwenden. § 192 Abs. 3 bleibt unberührt.

(2) Auf die Gesellschafterversammlung oder die Hauptversammlung, die den Formwechsel beschließen soll, ist § 239 Abs. 1, auf die Hauptversammlung auch § 239 Abs. 2 entsprechend anzuwenden.

§ 252
Beschluß der Versammlung der Anteilsinhaber

(1) Der Umwandlungsbeschluß der Gesellschafterversammlung oder der Hauptversammlung bedarf, wenn das Statut der Genossenschaft eine Verpflichtung der Genossen zur Leistung von Nachschüssen vorsieht, der Zustimmung aller anwesenden Gesellschafter oder Aktionäre; ihm müssen auch die nicht erschienenen Anteilsinhaber zustimmen.

(2) Sollen die Genossen nicht zur Leistung von Nachschüssen verpflichtet werden, so bedarf der Umwandlungsbeschluß einer Mehrheit von mindestens drei Vierteln der bei der Gesellschafterversammlung einer Gesellschaft mit beschränkter Haftung abgegebenen Stimmen oder des bei der Beschlußfassung einer Aktiengesellschaft oder einer Kommanditgesellschaft auf Aktien vertretenen Grundkapitals; § 50 Abs. 2 und § 65 Abs. 2 sind entsprechend anzuwenden. Der Gesellschaftsvertrag oder die Satzung der formwechselnden Gesellschaft kann eine größere Mehrheit und weitere Erfordernisse bestimmen.

(3) Auf den Formwechsel einer Kommanditgesellschaft auf Aktien ist § 240 Abs. 3 entsprechend anzuwenden.

§ 253
Inhalt des Umwandlungsbeschlusses

(1) In dem Umwandlungsbeschluß muß auch das Statut der Genossenschaft enthalten sein. Eine Unterzeichnung des Statuts durch die Genossen ist nicht erforderlich.

(2) Der Umwandlungsbeschluß muß die Beteiligung jedes Genossen mit mindestens einem Geschäftsanteil vorsehen. In dem Beschluß kann auch bestimmt werden, daß jeder Genosse bei der Genossenschaft mit mindestens einem und im übrigen mit so vielen Geschäftsanteilen, wie sie durch Anrechnung seines Geschäftsguthabens bei dieser Genossenschaft als voll eingezahlt anzusehen sind, beteiligt wird.

§ 254
Anmeldung des Formwechsels

(1) Die Anmeldung nach § 198 einschließlich der Anmeldung des Statuts der Genossenschaft ist durch das Vertretungsorgan der formwechselnden Gesellschaft vorzunehmen.

(2) Zugleich mit der Genossenschaft sind die Mitglieder ihres Vorstandes zur Eintragung in das Register anzumelden.

§ 255
Wirkungen des Formwechsels

(1) Jeder Anteilsinhaber, der die Rechtsstellung eines Genossen erlangt, ist bei der Genossenschaft nach Maßgabe des Umwandlungsbeschlusses beteiligt. Eine Verpflichtung zur Übernahme weiterer Geschäftsanteile bleibt unberührt. § 202 Abs. 1 Nr. 2 Satz 2 ist mit der Maßgabe anzuwenden, daß die an den bisherigen Anteilen bestehenden Rechte Dritter an den durch den Formwechsel erlangten Geschäftsguthaben weiterbestehen.

(2) Das Gericht darf eine Auflösung der Genossenschaft von Amts wegen nach § 80 des Gesetzes betreffend die Erwerbs- und Wirtschaftsgenossenschaften nicht vor Ablauf eines Jahres seit dem Wirksamwerden des Formwechsels aussprechen.

(3) Durch den Formwechsel einer Kommanditgesellschaft auf Aktien scheiden deren persönlich haftende Gesellschafter als solche aus dem Rechtsträger aus.

§ 256
Geschäftsguthaben; Benachrichtigung der Genossen

(1) Jedem Genossen ist als Geschäftsguthaben der Wert der Geschäftsanteile oder der Aktien gutzuschreiben, mit denen er an der formwechselnden Gesellschaft beteiligt war.

(2) Übersteigt das durch den Formwechsel erlangte Geschäftsguthaben eines Genossen den Gesamtbetrag der Geschäftsanteile, mit denen er bei der Genossenschaft beteiligt ist, so ist der übersteigende Betrag nach Ablauf von sechs Monaten seit dem Tage, an dem die Eintragung der Genossenschaft in das Register nach § 201 Satz 2 als bekanntgemacht gilt, an den Genossen auszuzahlen. Die Auszahlung darf jedoch nicht erfolgen, bevor die Gläubiger, die sich nach § 204 in Verbindung mit § 22 gemeldet haben, befriedigt oder sichergestellt sind.

(3) Die Genossenschaft hat jedem Genossen unverzüglich nach der Bekanntmachung der Eintragung der Genossenschaft in das Register in Textform mitzuteilen:

1. den Betrag seines Geschäftsguthabens;
2. den Betrag und die Zahl der Geschäftsanteile, mit denen er bei der Genossenschaft beteiligt ist;
3. den Betrag der von dem Genossen nach Anrechnung seines Geschäftsguthabens noch zu leistenden Einzahlung oder den Betrag, der nach Absatz 2 an ihn auszuzahlen ist;
4. den Betrag der Haftsumme der Genossenschaft, sofern die Genossen Nachschüsse bis zu einer Haftsumme zu leisten haben.

§ 257
Gläubigerschutz

Auf den Formwechsel einer Kommanditgesellschaft auf Aktien ist auch § 224 entsprechend anzuwenden.

Dritter Abschnitt. Formwechsel eingetragener Genossenschaften

§ 258
Möglichkeit des Formwechsels

(1) Eine eingetragene Genossenschaft kann auf Grund eines Umwandlungsbeschlusses nach diesem Gesetz nur die Rechtsform einer Kapitalgesellschaft erlangen.

(2) Der Formwechsel ist nur möglich, wenn auf jeden Genossen, der an der Gesellschaft neuer Rechtsform beteiligt wird, als beschränkt haftender Gesellschafter ein durch zehn teilbarer Geschäftsanteil von mindestens fünfzig Euro oder als Aktionär mindestens eine volle Aktie entfällt.

§ 259
Gutachten des Prüfungsverbandes

Vor der Einberufung der Generalversammlung, die den Formwechsel beschließen soll, ist eine gutachtliche Äußerung des Prüfungsverbandes einzuholen, ob der Formwechsel mit den Belangen der Genossen und der Gläubiger der Genossenschaft vereinbar ist, insbesondere ob bei der Festsetzung des Stammkapitals oder des Grundkapitals § 263 Abs. 2 Satz 2 und § 264 Abs. 1 beachtet sind (Prüfungsgutachten).

§ 260
Vorbereitung der Generalversammlung

(1) Der Vorstand der formwechselnden Genossenschaft hat allen Genossen spätestens zusammen mit der Einberufung der Generalversammlung, die den Formwechsel beschließen soll, diesen Formwechsel als Gegenstand der Beschlußfassung in Textform anzukündigen. In der Ankündigung ist auf die für die Beschlußfassung nach § 262 Abs. 1 erforderlichen Mehrheiten sowie auf die Möglichkeit der Erhebung eines Widerspruchs und die sich daraus ergebenden Rechte hinzuweisen.

(2) Auf die Vorbereitung der Generalversammlung sind die §§ 229, 230 Abs. 2 und § 231 Satz 1 entsprechend anzuwenden. § 192 Abs. 3 bleibt unberührt.

(3) In dem Geschäftsraum der formwechselnden Genossenschaft ist außer den sonst erforderlichen Unterlagen auch das nach § 259 erstattete Prüfungsgutachten zur Einsicht der Genossen auszulegen. Auf Verlangen ist jedem Genossen unverzüglich und kostenlos eine Abschrift dieses Prüfungsgutachtens zu erteilen.

§ 261
Durchführung der Generalversammlung

(1) In der Generalversammlung, die den Formwechsel beschließen soll, ist der Umwandlungsbericht, sofern er nach diesem Buch erforderlich ist, und das nach § 259 erstattete Prüfungsgutachten auszulegen. Der Vorstand hat den Umwandlungsbeschluß zu Beginn der Verhandlung mündlich zu erläutern.

(2) Das Prüfungsgutachten ist in der Generalversammlung zu verlesen. Der Prüfungsverband ist berechtigt, an der Generalversammlung beratend teilzunehmen.

§ 262
Beschluß der Generalversammlung

(1) Der Umwandlungsbeschluß der Generalversammlung bedarf einer Mehrheit von mindestens drei Vierteln der abgegebenen Stimmen. Er bedarf einer Mehrheit von neun Zehnteln der abgegebenen Stimmen, wenn spätestens bis zum Ablauf des dritten Tages vor der Generalversammlung wenigstens hundert Genossen, bei Genossenschaften mit weniger als tausend Genossen ein Zehntel der Genossen, durch eingeschriebenen Brief Widerspruch gegen den Formwechsel erhoben haben. Das Statut kann größere Mehrheiten und weitere Erfordernisse bestimmen.

(2) Auf den Formwechsel in eine Kommanditgesellschaft auf Aktien ist § 240 Abs. 2 entsprechend anzuwenden.

§ 263
Inhalt des Umwandlungsbeschlusses

(1) Auf den Umwandlungsbeschluß sind auch die §§ 218, 243 Abs. 3 und § 244 Abs. 2 entsprechend anzuwenden.

(2) In den Beschluß ist bei der Festlegung von Zahl, Art und Umfang der Anteile (§ 194 Abs. 1 Nr. 4) zu bestimmen, daß an dem Stammkapital oder an dem Grundkapital der Gesellschaft neuer Rechtsform jeder Genosse, der die Rechtsstellung eines beschränkt haftenden Gesellschafters oder eines Aktionärs erlangt, in dem Verhältnis beteiligt wird, in dem am Ende des letzten vor der Beschlußfassung über den Formwechsel abgelaufenen Geschäftsjahres sein Geschäftsguthaben zur Summe der Geschäftsguthaben aller Genossen gestanden hat, die durch den Formwechsel Gesellschafter oder Aktionäre geworden sind. Der Nennbetrag des Grundkapitals ist so zu bemessen, daß auf jeden Genossen möglichst eine volle Aktie entfallen.

(3) Die Geschäftsanteile einer Gesellschaft mit beschränkter Haftung sollen auf einen höheren Nennbetrag als hundert Euro nur gestellt werden, soweit auf die Genossen der formwechselnden Genossenschaft volle Geschäftsanteile mit dem höheren Betrag entfallen. Aktien können auf einen höheren Betrag als der Mindestbetrag nach § 8 Abs. 2 und 3 des Aktiengesetzes nur gestellt werden, soweit volle Aktien mit dem höheren Betrag auf die Genossen entfallen. Wird das Vertretungsorgan der Ak-

tiengesellschaft oder der Kommanditgesellschaft auf Aktien in der Satzung ermächtigt, das Grundkapital bis zu einem bestimmten Nennbetrag durch Ausgabe neuer Aktien gegen Einlagen zu erhöhen, so darf die Ermächtigung nicht vorsehen, daß das Vertretungsorgan über den Ausschluß des Bezugsrechts entscheidet.

§ 264
Kapitalschutz

(1) Der Nennbetrag des Stammkapitals einer Gesellschaft mit beschränkter Haftung oder des Grundkapitals einer Aktiengesellschaft oder einer Kommanditgesellschaft auf Aktien darf das nach Abzug der Schulden verbleibende Vermögen der formwechselnden Genossenschaft nicht übersteigen.

(2) Beim Formwechsel in eine Gesellschaft mit beschränkter Haftung sind die Genossen der formwechselnden Genossenschaft nicht verpflichtet, einen Sachgründungsbericht zu erstatten.

(3) Beim Formwechsel in eine Aktiengesellschaft oder in eine Kommanditgesellschaft auf Aktien hat die Gründungsprüfung durch einen oder mehrere Prüfer (§ 33 Abs. 2 des Aktiengesetzes) in jedem Fall stattzufinden. Jedoch sind die Genossen der formwechselnden Genossenschaft nicht verpflichtet, einen Gründungsbericht zu erstatten; die §§ 32, 35 Abs. 1 und 2 und § 46 des Aktiengesetzes sind nicht anzuwenden. Die für Nachgründungen in § 52 Abs. 1 des Aktiengesetzes bestimmte Frist von zwei Jahren beginnt mit dem Wirksamwerden des Formwechsels.

§ 265
Anmeldung des Formwechsels

Auf die Anmeldung nach § 198 ist § 222 Abs. 1 Satz 1 und Abs. 3 entsprechend anzuwenden. Der Anmeldung ist das nach § 259 erstattete Prüfungsgutachten in Urschrift oder in öffentlich beglaubigter Abschrift beizufügen.

§ 266
Wirkungen des Formwechsels

(1) Durch den Formwechsel werden die bisherigen Geschäftsanteile zu Anteilen an der Gesellschaft neuer Rechtsform und zu Teilrechten. § 202 Abs. 1 Nr. 2 Satz 2 ist mit der Maßgabe anzuwenden, daß die an den bisherigen Geschäftsguthaben bestehenden Rechte Dritter an den durch den Formwechsel erlangten Anteilen und Teilrechten weiterbestehen.

(2) Teilrechte, die durch den Formwechsel entstehen, sind selbständig veräußerlich und vererblich.

(3) Die Rechte aus einer Aktie einschließlich des Anspruchs auf Ausstellung einer Aktienurkunde können nur ausgeübt werden, wenn Teilrechte, die zusammen eine volle Aktie ergeben, in einer Hand vereinigt sind oder wenn mehrere Berechtig-

te, deren Teilrechte zusammen eine volle Aktie ergeben, sich zur Ausübung der Rechte zusammenschließen. Der Rechtsträger soll die Zusammenführung von Teilrechten zu vollen Aktien vermitteln.

§ 267
Benachrichtigung der Anteilsinhaber

(1) Das Vertretungsorgan der Gesellschaft neuer Rechtsform hat jedem Anteilsinhaber unverzüglich nach der Bekanntmachung der Eintragung der Gesellschaft in das Register deren Inhalt sowie die Zahl und, mit Ausnahme von Stückaktien, den Nennbetrag der Anteile und des Teilrechts, die auf ihn entfallen sind, in Textform mitzuteilen. Dabei soll auf die Vorschriften über Teilrechte in § 266 hingewiesen werden.

(2) Zugleich mit der Mitteilung ist deren wesentlicher Inhalt in den Gesellschaftsblättern bekanntzumachen. Der Hinweis nach Absatz 1 Satz 2 braucht in die Bekanntmachung nicht aufgenommen zu werden.

§ 268
Aufforderung an die Aktionäre; Veräußerung von Aktien

(1) In der Mitteilung nach § 267 sind Aktionäre aufzufordern, die ihnen zustehenden Aktien abzuholen. Dabei ist darauf hinzuweisen, daß die Gesellschaft berechtigt ist, Aktien, die nicht binnen sechs Monaten seit der Bekanntmachung der Aufforderung in den Gesellschaftsblättern abgeholt werden, nach dreimaliger Androhung für Rechnung der Beteiligten zu veräußern. Dieser Hinweis braucht nicht in die Bekanntmachung der Aufforderung in den Gesellschaftsblättern aufgenommen zu werden.

(2) Nach Ablauf von sechs Monaten seit der Bekanntmachung der Aufforderung in den Gesellschaftsblättern hat die Gesellschaft neuer Rechtsform die Veräußerung der nicht abeholten Aktien anzudrohen. Die Androhung ist dreimal in Abständen von mindestens einem Monat in den Gesellschaftsblättern bekanntzumachen. Die letzte Bekanntmachung muß vor dem Ablauf von einem Jahr seit der Bekanntmachung der Aufforderung ergehen.

(3) Nach Ablauf von sechs Monaten seit der letzten Bekanntmachung der Androhung hat die Gesellschaft die nicht abgeholten Aktien für Rechnung der Beteiligten zum amtlichen Börsenpreis durch Vermittlung eines Kursmaklers und beim Fehlen eines Börsenpreises durch öffentliche Versteigerung zu veräußern. § 266 Abs. 3 Satz 2 bis 6 des Aktiengesetzes ist entsprechend anzuwenden.

§ 269
Hauptversammlungsbeschlüsse; genehmigtes Kapital

Solange beim Formwechsel in eine Aktiengesellschaft oder in eine Kommanditgesellschaft auf Aktien die abgeholten oder nach § 268 Abs. 3 veräußerten Aktien nicht insgesamt mindestens sechs Zehntel des Grundkapitals erreichen, kann die Hauptversammlung der Gesellschaft neuer Rechtsform keine Beschlüsse fassen, die nach Gesetz oder Satzung einer Kapitalmehrheit bedürfen. Das Vertretungsorgan der Gesellschaft darf während dieses Zeitraums von einer Ermächtigung zu einer Erhöhung des Grundkapitals keinen Gebrauch machen.

§ 270
Abfindungsangebot

Das Abfindungsangebot nach § 207 Abs. 1 Satz 1 gilt auch für jeden Genossen, der dem Formwechsel bis zum Ablauf des dritten Tages vor dem Tage, an dem der Umwandlungsbeschluß gefaßt worden ist, durch eingeschriebenen Brief widersprochen hat.

§ 271
Fortdauer der Nachschußpflicht

Wird über das Vermögen der Gesellschaft neuer Rechtsform binnen zwei Jahren nach dem Tage, an dem ihre Eintragung in das Register nach § 201 Satz 2 als bekanntgemacht gilt, das Insolvenzverfahren eröffnet, so ist jeder Genosse, der durch den Formwechsel die Rechtsstellung eines beschränkt haftenden Gesellschafters oder eines Aktionärs erlangt hat, im Rahmen des Statuts der formwechselnden Genossenschaft (§ 6 Nr. 3 des Gesetzes betreffend die Erwerbs- und Wirtschaftsgenossenschaften) zu Nachschüssen verpflichtet, auch wenn er seinen Geschäftsanteil oder seine Aktie veräußert hat. Die §§ 105 bis 115 a des Gesetzes betreffend die Erwerbs- und Wirtschaftsgenossenschaften, sind mit der Maßgabe entsprechend anzuwenden, daß nur solche Verbindlichkeiten der Gesellschaft zu berücksichtigen sind, die bereits im Zeitpunkt des Formwechsels begründet waren.

Vierter Abschnitt. Formwechsel rechtsfähiger Vereine
Erster Unterabschnitt. Allgemeine Vorschriften

§ 272
Möglichkeit des Formwechsels

(1) Ein rechtsfähiger Verein kann auf Grund eines Umwandlungsbeschlusses nur die Rechtsform einer Kapitalgesellschaft oder einer eingetragenen Genossenschaft erlangen.

(2) Ein Verein kann die Rechtsform nur wechseln, wenn seine Satzung oder Vorschriften des Landesrechts nicht entgegenstehen.

Zweiter Unterabschnitt. Formwechsel in eine Kapitalgesellschaft

§ 273
Möglichkeit des Formwechsels

Der Formwechsel ist nur möglich, wenn auf jedes Mitglied, das an der Gesellschaft neuer Rechtsform beteiligt wird, als beschränkt haftender Gesellschafter ein durch zehn teilbarer Geschäftsanteil von mindestens fünfzig Euro oder als Aktionär mindestens eine volle Aktie entfällt.

§ 274
Vorbereitung und Durchführung der Mitgliederversammlung

(1) Auf die Vorbereitung der Mitgliederversammlung, die den Formwechsel beschließen soll, sind die §§ 229, 230 Abs. 2, § 231 Satz 1 und § 260 Abs. 1 entsprechend anzuwenden. § 192 Abs. 3 bleibt unberührt.

(2) Auf die Mitgliederversammlung, die den Formwechsel beschließen soll, ist § 239 entsprechend anzuwenden.

§ 275
Beschluß der Mitgliederversammlung

(1) Der Umwandlungsbeschluß der Mitgliederversammlung bedarf, wenn der Zweck des Rechtsträgers geändert werden soll (§ 33 Abs. 1 Satz 2 des Bürgerlichen Gesetzbuchs), der Zustimmung aller anwesenden Mitglieder; ihm müssen auch die nicht erschienen Mitglieder zustimmen.

(2) In anderen Fällen bedarf der Umwandlungsbeschluß einer Mehrheit von mindestens drei Vierteln der erschienenen Mitglieder. Er bedarf einer Mehrheit von mindestens neun Zehnteln der erschienen Mitglieder, wenn spätestens bis zum Ablauf des dritten Tages vor der Mitgliederversammlung wenigstens hundert Mitglieder, bei Vereinen mit weniger als tausend Mitgliedern ein Zehntel der Mitglieder, durch eingeschriebenen Brief Widerspruch gegen den Formwechsel erhoben haben. Die Satzung kann größere Mehrheiten und weitere Erfordernisse bestimmen.

(3) Auf den Formwechsel in eine Kommanditgesellschaft auf Aktien ist § 240 Abs. 2 entsprechend anzuwenden.

§ 276
Inhalt des Umwandlungsbeschlusses

(1) Auf den Umwandlungsbeschluß sind auch die §§ 218, 243 Abs. 3, § 244 Abs. 2 und § 263 Abs. 2 Satz 2, Abs. 3 entsprechend anzuwenden.

(2) Die Beteiligung der Mitglieder am Stammkapital oder am Grundkapital der Gesellschaft neuer Rechtsform darf, wenn nicht alle Mitglieder einen gleich hohen Anteil erhalten sollen, nur nach einem oder mehreren der folgenden Maßstäbe festgesetzt werden:

1. bei Vereinen, deren Vermögen in übertragbare Anteile zerlegt ist, der Nennbetrag oder der Wert dieser Anteile;
2. die Höhe der Beiträge;
3. bei Vereinen, die zu ihren Mitgliedern oder einem Teil der Mitglieder in vertraglichen Geschäftsbeziehungen stehen, der Umfang der Inanspruchnahme von Leistungen des Vereins durch die Mitglieder oder der Umfang der Inanspruchnahme von Leistungen der Mitglieder durch den Verein;
4. ein in der Satzung bestimmter Maßstab für die Verteilung des Überschusses;
5. ein in der Satzung bestimmter Maßstab für die Verteilung des Vermögens;
6. die Dauer der Mitgliedschaft.

§ 277
Kapitalschutz

Bei der Anwendung der für die neue Rechtsform maßgebenden Gründungsvorschriften ist auch § 264 entsprechend anzuwenden.

§ 278
Anmeldung des Formwechsels

(1) Auf die Anmeldung nach § 198 ist § 222 Abs. 1 und 3 entsprechend anzuwenden.

(2) Ist der formwechselnde Verein nicht in ein Handelsregister eingetragen, so hat sein Vorstand den bevorstehenden Formwechsel durch das in der Vereinssatzung für Veröffentlichungen bestimmte Blatt, in Ermangelung eines solchen durch dasjenige Blatt bekanntzumachen, das für Bekanntmachungen des Amtsgerichts bestimmt ist, in dessen Bezirk der formwechselnde Verein seinen Sitz hat. Die Bekanntmachung tritt an die Stelle der Eintragung der Umwandlung in das Register nach § 198 Abs. 2 Satz 3, § 50 Abs. 1 Satz 4 des Bürgerlichen Gesetzbuchs ist entsprechend anzuwenden.

§ 279
Bekanntmachung des Formwechsels

In der Bekanntmachung nach § 201 Satz 1 ist auch anzugeben, nach welchen Maßstäben die Mitglieder des formwechselnden Vereins an der Gesellschaft neuer Rechtsform beteiligt sind.

§ 280
Wirkungen des Formwechsels

Durch den Formwechsel werden die bisherigen Mitgliedschaften zu Anteilen an der Gesellschaft neuer Rechtsform und zu Teilrechten. § 266 Abs. 1 Satz 2, Abs. 2 und 3 ist entsprechend anzuwenden.

§ 281
Benachrichtigung der Anteilsinhaber; Veräußerung von Aktien; Hauptversammlungsbeschlüsse

(1) Auf die Benachrichtigung der Anteilsinhaber durch die Gesellschaft, auf die Aufforderung von Aktionären zur Abholung der ihnen zustehenden Aktien und auf die Veräußerung nicht abgeholter Aktien sind die §§ 267 und 268 entsprechend anzuwenden.

(2) Die Beschlüsse der Hauptversammlung der Gesellschaft neuer Rechtsform sowie auf die Ermächtigung des Vertretungsorgans zur Erhöhung des Grundkapitals ist § 269 entsprechend anzuwenden.

§ 282
Abfindungsangebot

(1) Auf das Abfindungsangebot nach § 207 Abs. 1 Satz 1 ist § 270 entsprechend anzuwenden.

(2) Absatz 1 und die §§ 207 bis 212 sind auf den Formwechsel eines eingetragenen Vereins, der nach § 5 Abs. 1 Nr. 9 des Körperschaftssteuergesetzes von der Körperschaftssteuer befreit ist, nicht anzuwenden.

Dritter Unterabschnitt. Formwechsel in eine eingetragene Genossenschaft

§ 283
Vorbereitung und Durchführung der Mitgliederversammlung

(1) Auf die Vorbereitung der Mitgliederversammlung, die den Formwechsel beschließen soll, sind die §§ 229 und 230 Abs. 2, § 231 Satz 1 und § 260 Abs. 1 entsprechend anzuwenden. § 192 Abs. 3 bleibt unberührt.

(2) Auf die Mitgliederversammlung, die den Formwechsel beschließen soll, ist § 239 entsprechend anzuwenden.

§ 284
Beschluß der Mitgliederversammlung

Der Umwandlungsbeschluß der Mitgliederversammlung bedarf, wenn der Zweck des Rechtsträger geändert werden soll (§ 33 Abs. 1 Satz 2 des Bürgerlichen Gesetzbuchs) oder wenn das Statut der Genossenschaft eine Verpflichtung der Genossen zur Leistung von Nachschlüssen vorsieht, der Zustimmung aller anwesenden Mitglieder; ihm müssen auch die nicht erschienenen Mitglieder zustimmen. Im übrigen ist § 275 Abs. 2 entsprechend anzuwenden.

§ 285
Inhalt des Umwandlungsbeschlusses

(1) Auf den Umwandlungsbeschluß ist auch § 253 Abs. 1 und Abs. 2 Satz 1 entsprechend anzuwenden.

(2) Sollen bei der Genossenschaft nicht alle Mitglieder mit der gleichen Zahl von Geschäftsanteilen beteiligt werden, so darf die unterschiedlich hohe Beteiligung nur nach einem oder mehreren der in § 276 Abs. 2 Satz 1 bezeichneten Maßstäbe festgesetzt werden.

§ 286
Anmeldung des Formwechsels

Auf die Anmeldung nach § 198 sind die §§ 254 und 278 Abs. 2 entsprechend anzuwenden.

§ 287
Bekanntmachung des Formwechsels

In der Bekanntmachung nach § 201 Satz 1 ist auch anzugeben, nach welchen Maßstäben die Mitglieder des formwechselnden Vereins an der Genossenschaft beteiligt sind.

§ 288
Wirkungen des Formwechsels

(1) Jedes Mitglied, das die Rechtsstellung eines Genossen erlangt, ist bei der Genossenschaft nach Maßgabe des Umwandlungsbeschlusses beteiligt. Eine Verpflichtung zur Übernahme weiterer Geschäftsanteile bleibt unberührt. § 255 Abs. 1 Satz 3 ist entsprechend anzuwenden.

(2) Das Gericht darf eine Auflösung der Genossenschaft von Amts wegen nach § 80 des Gesetzes betreffend die Erwerbs- und Wirtschaftsgenossenschaften nicht vor Ablauf des Jahres seit dem Wirksamwerden des Formwechsels aussprechen.

§ 289
Geschäftsguthaben; Benachrichtigung der Genossen

(1) Jedem Genossen kann als Geschäftsguthaben auf Grund des Formwechsels höchstens der Nennbetrag der Geschäftsanteile gutgeschrieben werden, mit denen er bei der Genossenschaft beteiligt ist.

(2) § 256 Abs. 3 ist entsprechend anzuwenden.

§ 290
Abfindungsangebot

Auf das Abfindungsangebot nach § 207 Abs. 1 Satz 2 sind § 270 sowie § 282 Abs. 2 entsprechend anzuwenden.

Fünfter Abschnitt. Formwechsel von Versicherungsvereinen auf Gegenseitigkeit

§ 291
Möglichkeiten des Formwechsels

(1) Ein Versicherungsverein auf Gegenseitigkeit, der kein kleinerer Verein im Sinne des § 53 des Versicherungsaufsichtsgesetzes ist, kann auf Grund eines Umwandlungsbeschlusses nur die Rechtsform einer Aktiengesellschaft erlangen.

(2) Der Formwechsel ist nur möglich, wenn auf jedes Mitglied des Vereins, das an der Aktiengesellschaft beteiligt wird, mindestens eine volle Aktie entfällt.

§ 292
Vorbereitung und Durchführung der Versammlung der obersten Vertretung

(1) Auf die Vorbereitung der Versammlung der obersten Vertretung, die den Formwechsel beschließen soll, sind die §§ 229 und 230 Abs. 2, § 231 Satz 1 und § 260 Abs. 1 entsprechend anzuwenden.

(2) Auf die Durchführung der Versammlung der obersten Vertretung, die den Formwechsel beschließen soll, ist § 239 entsprechend anzuwenden.

§ 293
Beschluß der obersten Vertretung

Der Umwandlungsbeschluß der obersten Vertretung bedarf einer Mehrheit von mindestens drei Vierteln der abgegebenen Stimmen. Er bedarf einer Mehrheit von neun Zehnteln der abgegebenen Stimmen, wenn spätestens bis zum Ablauf des dritten TAges vor der Versammlung der obersten Vertretung wenigstens hundert Mitglieder des Vereins durch eingeschriebenen Brief Widerspruch gegen den Formwechsel erhoben haben. Die Satzung kann größere Mehrheiten und weitere Erfordernisse bestimmen.

§ 294
Inhalt des Umwandlungsbeschlusses

(1) Auf den Umwandlungsbeschluß sind auch § 218 Abs. 1 und § 263 Abs. 3 Satz 2 und 3 entsprechend anzuwenden. In dem Umwandlungsbeschluß kann bestimmt werden, daß Mitglieder, die dem formwechselnden Verein weniger als drei Jahre vor der Beschlußfassung über den Formwechsel angehören, von der Beteiligung an der Aktiengesellschaft ausgeschlossen sind.

(2) Das Grundkapital der Aktiengesellschaft ist in der Höhe des Grundkapitals vergleichbarer Versicherungsunternehmen in der Rechtsform der Aktiengesellschaft festzusetzen. Würde die Aufsichtsbehörde einer neu zu gründenden Versicherungs-Aktiengesellschaft die Erlaubnis zum Geschäftsbetrieb nur bei Festsetzung eines höheren Grundkapitals erteilen, so ist das Grundkapital auf diesen Betrag festzusetzen, soweit dies nach den Vermögensverhältnissen des formwechselnden Vereins möglich ist. Ist eine solche Festsetzung nach den Vermögensverhältnissen des Vereins nicht möglich, so ist der Nennbetrag des Grundkapitals so zu bemessen, daß auf jedes Mitglied, das die Rechtsstellung eines Aktionärs erlangt, möglichst volle Aktien entfallen.

(3) Die Beteiligung der Mitglieder am Grundkapital der Aktiengesellschaft darf, wenn nicht alle Mitglieder einen gleich hohen Anteil erhalten sollen, nur nach einem oder mehreren der folgenden Maßstäbe festgesetzt werden:
1. die Höhe der Versicherungssumme;
2. die Höhe der Beiträge;
3. die Höhe der Deckungsrückstellung in der Lebensversicherung;
4. der in der Satzung bestimmte Maßstab für die Verteilung des Überschusses;
5. ein in der Satzung bestimmter Maßstab für die Verteilung des Vermögens;
6. die Dauer der Mitgliedschaft.

§ 295
Kapitalschutz

Bei der Anwendung der Gründungsvorschriften des Aktiengesetzes ist auch § 264 Abs. 1 und 3 entsprechend anzuwenden.

§ 296
Anmeldung des Formwechsels

Auf die Anmeldung nach § 198 ist § 246 Abs. 1 und 2 entsprechend anzuwenden.

§ 297
Bekanntmachung des Formwechsels

In der Bekanntmachung nach § 201 Satz 1 ist auch anzugeben, nach welchen Maßstäben die Mitglieder des formwechselnden Vereins an der Aktiengesellschaft beteiligt sind.

§ 298
Wirkungen des Formwechsels

Durch den Formwechsel werden die bisherigen Mitgliedschaften zu Aktien und Teilrechten. § 266 Abs. 1 Satz 2, Abs. 2 und 3 ist entsprechend anzuwenden.

§ 299
Benachrichtigung der Aktionäre; Veräußerung von Aktien; Hauptversammlungsbeschlüsse

(1) Auf die Benachrichtigung der Aktionäre durch die Gesellschaft ist § 267, auf die Aufforderung zur Abholung der ihnen zustehenden Aktien und auf die Veräußerung nicht abgeholter AKtien ist § 268 entsprechend anzuwenden.

(2) Auf Beschlüsse der Hauptversammlung der Aktiengesellschaft sowie auf eine Ermächtigung des Vorstandes zur Erhöhung des Grundkapitals ist § 269 entsprechend anzuwenden. Die Aufsichtsbehörde kann Ausnahmen von der entsprechenden Anwendung des § 269 Satz 1 zulassen, wenn dies erforderlich ist, um zu verhindern, daß der Aktiengesellschaft erhebliche Nachteile entstehen.

§ 300
Abfindungsangebot

Auf das Abfindungsangebot nach § 207 Abs. 1 Satz 1 ist § 270 Abs. 1 entsprechend anzuwenden.

Sechster Abschnitt. Formwechsel von Körperschaften und Anstalten des öffentlichen Rechts

§ 301
Möglichkeiten des Formwechsels

(1) Soweit gesetzlich nichts anderes bestimmt ist, kann eine Körperschaft oder Anstalt des öffentlichen Rechts durch Formwechsel nur die Rechtsform einer Kapitalgesellschaft erlangen.

(2) Der Formwechsel ist nur möglich, wenn die Körperschaft oder Anstalt rechtsfähig ist und das für sie maßgebende Bundes- oder Landesrecht einen Formwechsel vorsieht oder zuläßt.

§ 302
Anzuwendende Vorschriften

Die Vorschriften des Ersten Teils sind auf den Formwechsel nur anzuwenden, soweit sich aus dem für die formwechselnde Körperschaft oder Anstalt maßgebenden Bundes- oder Landesrecht nichts anderes ergibt. Nach diesem Recht richtet es sich insbesondere, auf welche Weise der Gesellschaftsvertrag oder die Sitzung der Gesellschaft neuer Rechtsform abgeschlossen oder festgestellt wird, wer an dieser Gesellschaft als Anteilsinhaber beteiligt wird und welche Person oder welche Personen den Gründern der Gesellschaft gleichstehen; die §§ 28 und 29 des Aktiengesetzes sind nicht anzuwenden.

§ 303
Kapitalschutz; Zustimmungserfordernisse

(1) Außer den für die neue Rechtsform maßgebenden Gründungsvorschriften ist auch § 220 entsprechend anzuwenden.

(2) Ein Formwechsel in eine Kommanditgesellschaft auf Aktien bedarf der Zustimmung aller Anteilsinhaber, die in dieser Gesellschaft die Stellung eines persönlich haftenden Gesellschafters haben sollen. Auf den Beitritt persönlich haftender Gesellschafter ist § 221 entsprechend anzuwenden.

§ 304
Wirksamwerden des Formwechsels

Der Formwechsel wird mit der Eintragung der Kapitalgesellschaft in das Handelsregister wirksam. Mängel des Formwechsels lassen die Wirkungen der Eintragung unberührt.

Sechstes Buch. Spruchverfahren

§ 305
Antragsfrist

Ein Antrag auf gerichtliche Entscheidung nach den §§ 15, 34, 176 bis 181, 184, 186, 196 oder 212 kann nur binnen zwei Monaten nach dem Tage gestellt werden, an dem die Eintragung der Umwandlung nach den Vorschriften dieses Gesetze als bekanntgemacht gilt.

§ 306
Gerichtliche Zuständigkeit

(1) Zuständig ist das Landgericht, in dessen Bezirk der Rechtsträger, dessen Anteilsinhaber antragsberechtigt sind, seinen Sitz hat.

(2) Ist bei dem Landgericht eine Kammer für Handelssachen gebildet, so entscheidet diese an Stelle der Zivilkammer. Der Vorsitzende einer Kammer für Handelssachen entscheidet

1. über die Abgabe von Verfahren;
2. im Zusammenhang mit öffentlichen Bekanntmachungen;
3. über Fragen, welche die Zulässigkeit des Antrags betreffen;
4. über alle vorbereitenden Maßnahmen für die Beweisaufnahme;
5. in den Fällen des § 308;
6. über Geschäftswert, Kosten, Gebühren und Auslagen;
7. über die einstweilige Einstellung der Zwangsvollstreckung.

Im Einverständnis der Beteiligten kann der Vorsitzende auch im übrigen an Stelle der Kammer entscheiden.

(3) Die Landesregierung kann die Entscheidung durch Rechtsverordnung für die Bezirke mehrerer Landgerichte einem der Landgerichte übertragen, wenn dies der Sicherung einer einheitlichen Rechtsprechung dient. Die Landesregierung kann die Ermächtigung auf die Landesjustizverwaltung übertragen.

§ 307
Gerichtliches Verfahren

(1) Auf das Verfahren ist das Gesetz über die Angelegenheiten der freiwilligen Gerichtsbarkeit anzuwenden, soweit in den folgenden Vorschriften nichts anderes bestimmt ist.

(2) Der Antrag ist gegen die übernehmenden oder neuen Rechtsträger oder gegen den Rechtsträger neuer Rechtsform, im Falle einer Gesellschaft des bürgerlichen Rechts gegen deren Gesellschafter zu richten.

(3) Das Landgericht hat den Antrag im Bundesanzeiger und, wenn der Gesellschaftsvertrag, der Partnerschaftsvertrag, die Satzung oder das Statut andere Blätter für die öffentlichen Bekanntmachungen eines übertragenden oder formwechselnden Rechtsträgers bestimmt hatte, auch in diesen Blättern bekanntzumachen. Andere Antragsberechtigte können noch binnen zwei Monaten nach dieser Bekanntmachung eigene Anträge stellen. Auf dieses Recht ist in der Bekanntmachung hinzuweisen. Nach Ablauf dieser Frist sind Anträge unzulässig.

(4) Das Landgericht hat jeden verpflichteten Rechtsträger zu hören.

(5) Das Landgericht entscheidet durch einen mit Gründen versehenen Beschluß. Es hat seine Entscheidung den Beteiligten zuzustellen.

§ 308
Gemeinsamer Vertreter

(1) Das Landgericht hat den außenstehenden Anteilsinhabern, die nicht selbst Antragsteller sind, zur Wahrung ihrer Rechte einen gemeinsamen Vertreter zu bestellen. Dieser hat die Stellung eines gesetzlichen Vertreters. Werden die Festsetzung eines Ausgleichs durch bare Zuzahlung und die Festsetzung der angemessenen Barabfindung beantragt, so ist für jeden Antrag ein gemeinsamer Vertreter zu bestellen. Die Bestellung kann unterbleiben, wenn die Wahrung der Rechte der Anteilsinhaber auf andere Weise sichergestellt ist. Die Bestellung des gemeinsamen Vertreters hat das Landgericht nach § 307 Abs. 3 Satz 1 bekanntzumachen.

(2) Der Vertreter kann von jedem Rechtsträger, der Antragsgegner ist, den Ersatz angemessener barer Auslagen und eine Vergütung für seine Tätigkeit verlangen; mehrere Rechtsträger haften als Gesamtschuldner. Die Auslagen und die Vergütung setzt

das Gericht fest. Es kann den Rechtsträgern auf Verlangen des Vertreters die Zahlung von Vorschüssen aufgeben. Aus der Festsetzung findet die Zwangsvollstreckung nach der Zivilprozeßordnung statt.

(3) Der gemeinsame Vertreter kann das Verfahren auch nach Rücknahme eines Antrages weiterführen. Er steht in diesem Falle einem Antragsteller gleich.

§ 309
Rechtsmittel

(1) Gegen die Entscheidung nach § 307 Abs. 5 findet die sofortige Beschwerde statt. Sie kann nur durch Einreichung einer von einem Rechtsanwalt unterzeichneten Beschwerdeschrift eingelegt werden.

(2) Über die Beschwerde entscheidet das Oberlandesgericht. § 28 Abs. 2 und 3 des Gesetzes über die Angelegenheiten der freiwilligen Gerichtsbarkeit gilt entsprechend. Die weitere Beschwerde ist ausgeschlossen.

(3) Die Landesregierung kann die Entscheidung über die Beschwerde durch Rechtsverordnung für die Bezirke mehrerer Oberlandesgerichte einem der Oberlandesgerichte oder dem obersten Landesgericht übertragen, wenn dies der Sicherung einer einheitlichen Rechtsprechung dient. Die Landesregierung kann die Ermächtigung auf die Landesjustizverwaltung übertragen.

§ 310
Bekanntmachung der Entscheidung

Die gesetzlichen Vertreter jedes übernehmenden oder neuen Rechtsträgers oder des Rechtsträgers neuer Rechtsform haben die rechtskräftige Entscheidung ohne Gründe gemäß § 307 Abs. 3 Satz 1 bekanntzumachen.

§ 311
Wirkung der Entscheidung

Die Entscheidung wird erst mit der Rechtskraft wirksam. Sie wirkt für und gegen alle.

# Sachverzeichnis
Zahlen = Seiten

Abfindungsangebot 54 ff.
– Angemessenheit 57 ff.
– Annahmefrist 59
– Barabfindung 57 ff.
– gerichtliche Überprüfung 58 f.
– Teil des Umwandlungsbeschlusses 55
Abschlußprüfer
– bei Bargründung 26
– bei Sachgründung 43
– bei Umwandlung 64
Abspaltung 48
Agio 47, 122
Aktie
– Anspruch auf Mehrfachurkunde 19 f.
– „eigene" 19 f.
– Einzelverbriefung 20
– Globalurkunde 20
– Inhaberaktie 17 ff.
– Mindestnennbetrag 17
– Namensaktie 17 ff.
– Stammaktie 19
– Vinkulierung 17 f.
– Vorzugsaktie 19
Aktienbuch s. Aktienregister
Aktiengesellschaft 9 ff.
– Bargründung 9, 11 ff.
– Entstehen 9 ff.
– Sachgründung 9, 37 ff.
– Spaltung 10 f.
– Umwandlung 9, 48 ff.
– Verschmelzung 10
Aktienregister 17 f.
Aktienurkunde 19 ff.
Aktionärsvereinbarung 212 ff.
Alleinaktionär 113
Alt-AG 78
– keine Auslauffrist bei Mitbestimmung 78
– Mitbestimmungsbeibehaltung 78
Amtlicher Handel 116
Amtszeit des Aufsichtsrats
– aktienrechtliche Höchstdauer 88
– bei Umwandlung 61 f.
– Beendigung des Amtes 61 f.

– Statusverfahren 62 f.
– zahlenmäßige Zusammensetzung 62
Anfechtung von Hauptversammlungsbeschlüssen
– Einberufungsmängel 101 f.
– Bezugrechtsausschluß 123 ff., 130, 137
– Vollversammlung ohne Vorstand 105
Anfechtungsrisiko 123
Anmeldung 69 ff.
– Bargründung 30 ff., 185
– Sachgründung 45 ff.
– Umwandlung 65 ff., 189
Aufsichtsrat 65 ff.
– Bezugrechtsausschluß bei Kapitalerhöhung 123 ff.
– der Bestellung einer Sicherung bei Einpersonengründung 32
– Handelsregister 30, 45 ff., 65 ff
– Klage auf 30
– der Einpersonengesellschaft 69 f.
– Alt- und Neuaktiengesellschaften 78
– Amtsniederlegung 80
– Amtszeit 80 ff, 84, 91 f.
– Arbeitnehmervertreter 92
– Betriebsverfassungsgesetz 77 f.
– erster Aufsichtsrat 25 f, 41 ff, 62, 81 ff
– gerichtliche Bestellung 90 ff.
– Größe 79 f, 89 f.
– Höchstgrenzen für die Anzahl der Mitglieder 79 f.
– Niederschrift in der Hauptversammlung 106 ff.
– Mitbestimmungsgesetz 77
– Umwandlung 61 ff, 86 ff.
– Vollversammlung 104 f.
– Wahlhaufung 84
– Zusammensetzung 77 ff.
Aufsichtsrat bei Umwandlung
– Amtszeit 61 f.
– Beendigung des Amtes 61 f.
– Statusverfahren 62 f.
– zahlenmäßige Zusammensetzung 62 f.
– Änderung von Größe oder Zusammensetzung 62 f., 89 f.

- formwechselnde Gesellschaft mit Aufsichtsrat 88 f.
- formwechselnde Gesellschaft ohne Aufsichtsrat 87
- Fortbestehen des Aufsichtsratmandats 89
- Neubestellung 88
- Neuwahl 89 f.
- ohne Änderung von Größe und Zusammensetzung 88
- Schwellenzahl 89
- Spezialregelung 86
- vorzeitiger Widerruf der Bestellung 89

Aufspaltung 48
Ausgliederung 48 f.
Ausschluß des Bezugsrechts bei Kapitalerhöhung 123 ff.
Außerordentliche Hauptversammlung 204 f.

Barabfindung 55 ff., 67
Bargründung 11 ff.
- Bestellung des Abschlußprüfers 26
- erster Aufsichtsrat und erster Vorstand 25 f.
- Gründungsbericht 26 f.
- Gründungsprotokoll 11, 24 f.
- Gründungsprüfer 28 f.
- Gründungsprüfungsbericht des Vorstands und des Aufsichtsrats 27 f.
- Haftung 35 f.
- Handelsregisteranmeldung 30 ff.
- Satzung 15 ff.
- Übernahme der Aktien und Einzahlung des Grundkapitals 24 f.

Barkapitalerhöhung 115
Bekanntmachungen 22
Bestellung einer Sicherung bei Einpersonengründung 31 ff.
- Art und Höhe der Sicherung 32
- Erledigung des Sicherungszwecks 33
- Erwähnung in Gründungsbericht und Gründungsprüfungsbericht 33
- Inhalt der Anmeldung 32 f.
- nicht ordnungsgemäß bestellte oder unzureichende Sicherung 33 ff.

Beteiligungsquote 113 f.
Betriebsrat 53
Betriebsverfassungsgesetz
- Änderung 77 ff.

Bewertungsmethoden 43 f., 58
Bezugsrecht 113 f.

Bezugsrechtsausschluß bei Kapitalerhöhung 114 ff.
- Änderung 77 ff.
- 10%-Grenze 127 ff.
- Agio 122
- Amtlicher Handel 116
- Anfechtungsrisiko 123
- Ausgabebetrag 119, 127
- ausländischer Börsenplatz 117 f.
- Ausnutzung des genehmigten Kapitals 128 ff., 120
- Barkapitalerhöhung 115
- Bericht des Vorstands 114, 126 f.
- Bericht über Bezugsrechtsausschluß 126 ff.
- Börsen der Europäischen Union 117 f.
- Börsenhandel 119 f.
- Börsenpreis 116 ff.
- Börsenzulassungsprospekt 116
- deutsche Börse 117 f.
- Dividendenberechtigung 122 f.
- Einflußverlust 128, 132
- Emissionsbank 121 f.
- Emissionskonsortium 121
- Ermächtigung des Vorstands zur Entscheidung über den Bezugsrechtsausschluß 131
- Festlegung des Ausgabekurses durch einen Aufsichtsratsausschuß 121
- Freiverkehr 116
- geregelter Markt 116
- Gewinnverwendungsbeschluß der Hauptversammlung 121
- Gleichwertigkeit des US-amerikanischen Börsensystems 117
- Grundkapital 127 ff.
- Häufigkeit des Bezugsrechtsausschlusses 132
- XETRA-Handel 118 f.
- innerer Wert der Aktie 126
- junge Aktien 119, 123 ff.
- Kapitalerhöhungsbeschluß 121
- Kapitalrücklage 121 ff.
- maßgeblicher Zeitpunkt für die Ermittlung des Börsenpreises 120 ff.
- mehrere Börsenpreise 118 f.
- Minderheitenrechte 125
- Nennbetrag 127
- Parketthandel 118 f.
- Preis als Taxe 120
- Rechtsmißbrauch 125

- reguläre Kapitalerhöhung 120
- Schadensersatz wegen Pflichtverletzung 125
- Schadensersatz wegen Rechtsmißbrauch 125
- Schaffung genehmigten Kapitals 128
- Stimmrechtsverwässerung 128
- Stufenweise Erhöhung bei genehmigtem Kapital 130 f.
- Überkreuzbezugsrecht 124
- Verhältnis Ausgabebetrag/Börsenpreis 122 f.
- verschiedene Aktiengattungen 119
- Voraussetzungen 123 ff.
- Vorstandsbericht 126 f.
- Wertverwässerung 118 f.
- Wesentlichkeitsgrenze 122 f.
- Zulassungsvoraussetzungen der Börsen 119 f.

Bezugsrechtsausschluß bei Schuldverschreibungen 132 ff.
- Anfechtungsverfahren 137
- Ausgabebetrag 135 f.
- Bezug zum Grundkapital 133 ff.
- einschränkende Auslegung 133 ff.
- Emissionen gegen Bareinlagen 135
- Einflußverlust 136 f.
- Rechtfertigung 134 f.
- zeitliche Abfolge 132
- Zeitpunkt der Ermittlung des Börsenpreises 136

BGH-Entscheidungen
- Holzmann 96, 114, 133
- Kali + Salz 114

Bildung von Rücklagen 142 f.

Börse
- amtlicher Handel 116
- ausländische Börsen 117 f.
- Börsen der Europäischen Union 117 f.
- Börsenhandel 119
- Börsenpreis 117 ff.
- deutsche Börse 117
- maßgeblicher Zeitpunkt 119 ff.
- mehrere Börsenpreise 117 f.
- nicht zum Börsenhandel zugelassene Aktien 107 f.
- Parketthandel 118 f.
- Verhältnis Ausgabebetrag/Börsenpreis 122 f.
- verschiedene Aktiengattungen 119

- Zulassungsvoraussetzungen der Börsen 120

Börsennotierte AG
- Anzahl 2 f.
- Begriff 116

Computerhandel 118 f.

Depotgesetz 19
Differenzhaftung 47
DIHT 3
Differenzierte Protokollierung 106 f.
Discounted Cash Flow-Methode 43 f., 58
Dividendenberechtigung 122 f.
Drei-Stufen-Modell 6

Einberufung der Hauptversammlung 93 ff.
- Absendetag 99
- Aktionär „namentlich bekannt" 96 ff.
- Aufwendungsersatz 103
- Bekanntmachung der Tagesordnung 98 f.
- besondere Bekanntmachungserfordernisse 94 f.
- Blankoindossament 96
- börsennotierte AG 96 f.
- Einberufender 100 f.
- Einberufungserleichterungen 95 ff.
- Einberufungsmängel 101 f.
- eingeschriebener Brief 99 f.
- Form und Frist 93 f.
- Heilung der Einberufungsmängel 101 f.
- Inhaberaktien 97 f.
- Inhalt 95
- Meldobliegenheit 97
- Namensaktien 96 f.
- nicht geladene Aktionäre 101
- nicht ordnungsgemäß geladene Aktionäre 101
- Nichtigkeit wegen mangelhafter Einberufung 101 f.
- öffentliche Bekanntmachung 93
- Rechts-/Erbengemeinschaft 98
- Risiko ordnungsgemäßer Einladung 97 f.
- Vollversammlung 104 f.
- Vorschlagsberechtigung, Vorschlagsverpflichtung 95

Einbringungsvertrag
- Gründung einer AG 39
- Handelsregisteranmeldung 46

Einpersonengesellschaft
- Barkapitalerhöhung 112
- Beendigung des Status 74, 175
- Erzwingung der Mitteilung 73
- Gründung 13
- mitteilungspflichtige Personen 72
- nachträgliches Entstehen 13, 173 f.
- Publizität 69 ff.
- Rechtsinhaber 69
- Satzung 160
- Treuhandverhältnis 69

Einpersonengründung
- alte Rechtslage 13
- Anmeldung 30 f., 69
- Gründer 13
- Gründungsprotokoll 12 ff., 147
- Handelsregisteranmeldung 45 ff., 158
- Mindesteinzahlung 24
- Muster 147
- Sacheinlagen 47
- nachträgliche Entstehung 13
- Sicherungsbestellung 31 ff.
- Strohmanngründung 13

Einreichungspflicht für Bericht des Sachkapitalerhöhungsprüfers 143

Einzahlungsquittung 151

Einzelverbriefung 20

Einzelverbriefung der Aktie
- Anspruch auf 20
- Kostenlast 21

Emission
- Emissionsbank 121 f.
- Emissionskonsortium 121 f.
- gegen Bareinlagen bei Schuldverschreibungen 135
- Kostenlast 123

Erbengemeinschaft 14, 98

Ermessensschrumpfung 109

Eröffnungsbilanz 40

Erster Aufsichtsrat und erster Vorstand 25 f., 41 ff., 62, 81 ff.
- Amtszeit 25, 42, 61 f., 81 f., 84 ff.
- Anteilseignervetreter 84
- Anzahl der Mitglieder 41 f.
- Arbeitnehmervertreter 84 ff.
- bei Bargründung 25 f.
- bei Sachgründung 42
- Bekanntmachung 42
- Going public 82
- Rumpfaufsichtsrat 41
- Zusammensetzung 85

Ertragswertmethode 43 f., 58

EURO-Umstellung 16

Familiengesellschaft 77

Firma 15 f.

Formwechselnde Gesellschaft
- mit Aufsichtsrat 88 ff.
- ohne Aufsichtsrat 87

Fortbestehen des Aufsichtsratsmandats bei Umwandlung 89

Freiverkehr 107 f., 116

Genehmigtes Kapital 112, 127 ff.

Genußrechte
- Bezugsrechtsausschluß 132 ff..
- Bezug zum Grundkapital 133 ff.

Geregelter Markt 107, 116

Gerichtliche Bestellung von Arbeitnehmern im Aufsichtsrat 90 ff.
- Amtszeit 91 f.
- Anteileignervertreter 91
- Antrag auf Ergänzung 91
- Arbeitnehmervertreter 90 ff.
- Bedeutung 90 f.
- Maximaldauer der Aufsichtsratzugehörigkeit 92
- Zeitpunkt der Bestellung 91

Gesellschafterversammlung bei Umwandlung 54 ff.
- Abfindungsangebot 55 ff.
- abfindungsberechtigte Gesellschafter 55
- Anwesenheit vor dem Notar 55
- Klage gegen nicht ordnungsgemäße Einberufung 67
- ordnungsgemäße Einberufung 54 f.
- Umwandlungsbericht 47, 64
- Umwandlungsbeschluß 59 ff.
- Vertretung 55
- Widerspruch zur Niederschrift 55

Gesellschaftsblatt 22

Gewinnrücklagen 142 f.

Gewinnverschreibung
- Bezugsrechtsausschluß 132 ff.
- Bezug zum Grundkapital 133 ff.

Gewinnverwendungsbeschluß
- Kompetenzverteilung 142
- Rücklagenbildung 142 f.

Globalurkunde 20

Going public 82

Gründer
- Anzahl 13

Sachverzeichnis 281

– Bevollmächtigte 14 f.
– Einpersonengründung 13
– Gründungsaufwand 23 f.
– Grundkapital 16
– Strohmann 13
Gründerhaftung 35 f., 47, 67 f.
Grundkapital 16, 24 f., 41, 130 f., 133 ff.
Grundlagenbeschluß 108
Gründungsaufwand 23 f.
Gründungsbericht
– bei Bargründung 26 f., 152
– bei Sachgründung 43 f.
Gründungsprotokoll bei Bargründung 12 ff., 147
– Bevollmächtigte 14 f.
– Einpersonengründung 13
– Erbengemeinschaft 14
– Gründer 13 ff.
– nachträgliche Entstehung der Einpersonen-AG 13
– Prokurist 15
– Strohmanngründung 13
– Übertragung von Anteilsrechten vor Eintragung der AG 13
– Verbot des Selbstkontrahierens 14
– Vollmachtsurkunde 14
Gründungsprotokoll bei Sachgründung 37 ff.
– Besonderheiten 37 f.
– Einbringungsvertrag 39
– Wert der Sacheinlage 39
– Eröffnungsbilanz 40
Gründungsprüfer
– Antrag auf Bestellung 155
– bei Sachgründung 44
– Bestellung durch das Gericht 28 f.
– Erfordernis bei der Barprüfung 28
– Prüfungsbericht 29, 156
Gründungsprüfungsbericht des Vorstands und des Aufsichtsrats
– bei Bargründung 27 f., 154
– bei Sachgründung 44
Gründungsvollmacht 149

Haftung
– bei Bargründung 35 f.
– bei Sachgründung 47
– bei Umwandlung 67 f.
– Differenzhaftung 47 f.
– Ersatzpflicht 67
– Gründer 35, 47, 67

– Gründungsprüfer 36
– Handelsregisteranmeldung bei Sachgründung 45 ff.
– Sorgfaltspflicht 67
– Vorstand und Aufsichtsrat 36
Handelsregisteranmeldung
– Anmeldepflichtige 30, 65
– bei Bargründung 30 ff.
– Bestellung einer Sicherung bei Einpersonengründung 31 ff.
– Differenzhaftung 47
– Einbringungsvertrag 46
– Einpersonengründung 32, 158
– Form 30 f.
– Inhalt 30 f., 44 ff., 65 f.
– klageweise Durchsetzung 30
– Sachgründung 44 ff.
– Sicherungsbestellung 30 ff., 47
– Wirkung der Eintragung 66 f.
Hauptversammlung 93 ff., 191 ff.
– außerordentliche 204 f.
– Bekanntmachung eines Gegenstands zur Beschlußfassung 196
– Beschlüsse mit Dreiviertelmehrheit 108 f.
– differenzierte Protokollierung 106 ff.
– Durchführung 106 ff.
– Einberufung 93 ff., 191 f., 193 ff.
– einfache Niederschrift 106 ff.
– Einverständnis der Aktionäre mit der Beschlußfassung 104
– Freiverkehr 107 f.
– Gewinnverwendungsbeschluß 142 f.
– Hilfskräfte zur Protokollierung 109
– nicht zum Börsenhandel zugelassene AG 107 f.
– Niederschrift 197 ff., 204 ff.
– Notarielle Beurkundung 106
– originalunterzeichnete Niederschrift 109
– qualifizierte Kapitalmehrheit 108
– Verzicht auf Berichterstattung 105
– Verzicht auf Informations- und Formpflichten 105
– als Vollversammlung 204 f.

IHK 28 f., 143
Inhaberaktien
– Einberufung der Hauptversammlung 97 f.
– Satzung 17 ff.
Inhaberschuldverschreibungen 132 ff.
Innerer Wert der Aktie 126
Interimsschein 18, 21

Jahresabschluß 141 f.
Junge Aktie 119, 123 ff.

Kapitalerhöhung 111 ff.
- 10%-Grenze 127 ff.
- Ausschluß des Bezugsrechts 123 ff.
- Agio 122
- Amtlicher Handel 116
- Anfechtungsrisiko 123
- Anmeldung der Satzungsänderung zum Handelsregister 206 f., 210 f.
- Ausgabe neuer Aktien 113 f.
- Ausgabebetrag 119, 127
- Ausnutzung des genehmigten Kapitals 100, 108, 120, 128 ff.
- bedingte 111
- Bericht des Vorstands 126 f.
- Beschluß des Vorstands über Ausnutzung 207
- Bezugsrecht 113 f.
- Bezugsrechtsausschluß 114 ff.
- Bezugsrechtsausschluß bei Schuldverschreibungen 123 ff.
- Börsen der Europäischen Union 117 f.
- Börsenhandel 119 f.
- Börsenpreis 116 ff.
- deutsche Börse 117 f.
- Dividendenberechtigung 122 f.
- Emissionsbank 121 f.
- Emissionskonsortium 121 f.
- Erleichterung des Bezugsrechtsausschlusses 115 ff.
- Ermächtigung des Vorstands zur Entscheidung über den Bezugsrechtsausschluß 131
- Festlegung des Ausgabekurses durch einen Aufsichtsratsausschuß 120 f.
- Freiverkehr 116
- Einflußverlust 128
- gegen Einlagen 111
- genehmigtes Kapital 112, 206 ff.
- geregelter Markt 116
- Gewinnverwendungsbeschluß der Hauptversammlung 142
- Gleichwertigkeit des US-amerikanischen Börsensystems 117
- Grundkapital 127 f.
- Häufigkeit des Bezugsrechtsausschlusses 132
- innerer Wert der Aktie 126
- junge Aktien 119, 123 ff.
- Kapitalerhöhungsbeschluß 142
- Kapitalrücklage 121, 123
- maßgeblicher Zeitpunkt für die Ermittlung des Börsenpreises 120 ff.
- mehrere Börsenpreise 118 f.
- Nennbetrag 127
- Parketthandel 118 f.
- Preis als Taxe 120
- Rechtsmißbrauch 125
- reguläre Kapitalerhöhung 120
- Satzungsänderung 111
- Schadensersatz 125
- Schaffung genehmigten Kapitals 128
- Sonderbeschluß 139 ff.
- Stamm- oder Vorzugsaktien 114, 124
- Stufenweise Erhöhung bei genehmigtem Kapital 130 f.
- Überkreuzbezugsrecht 124
- Verhältnis Ausgabebetrag/Börsenpreis 122 f.
- verschiedene Aktiengattungen 119
- Zulassungsvoraussetzungen der Börsen 120
- Zustimmung des Aufsichtsrats zur Aktienausgabe 208

Klage
- auf Handelsregisteranmeldung 30
- gegen den Umwandlungsbeschluß 67
- nicht ordnungsgemäße Einberufung der Gesellschafterversammlung 67
- Zahl der Aktien zu niedrig 67
- zu niedrige Barabfindung 67

„kleine AG"
- Begriff 2
- Drei-Stufen-Modell 6
- Entstehung 2
- Gesetzgebungsverfahren 6
- Stellungnahme des DIHT 3
- Zweites Finanzmarktförderungsgesetz und Umwandlungsgesetz 6
KonTraG 7, 20

Mehrheitsbeteiligung 74
Mitteilungspflichten 74 f.

Nachgründungsstadium 72
Namensaktien
- Einberufung der Hauptversammlung 96 f.
- Satzung 17 ff.
NaStraG 7

Nichtigkeit
– wegen mangelhafter Einberufung 101 f.
Niederschrift über Hauptversammlung
– Aufsichtsratsvorsitzender 109 f.
– Einreichung zum Handelsregister 110
– Formalien 106 f.
vNotar 106
– Unterzeichnung 109
– Vorstand 110
Notar
– Beurkundung der Hauptversammlung 106
– Umwandlung 55

Optionsanleihe
– Bezugsrechtsausschluß 132 ff.
- Bezug zum Grundkapital 133 ff.

Parketthandel 118 f.
Poolvertrag 212 ff.
Prokurist 15
Publizität 69 ff.
– Anmeldepflichtige 72
– Anmeldungsfälle 69
– Beendigung des Status als Einpersonengesellschaft 73 f.
– Bestellung einer Sicherung 70
– börsenorientierte Aktiengesellschaft 74 f.
– Einpersonengesellschaft 69 f.
– Einpersonengründung 70 ff.
– Erwerb einer Mehrheitsbeteiligung 74
– Form 72
– Inhalt und Zeitpunkt der Anmeldung 70 f.
– Mitteilungspflicht 73
– Nachgründungsstadium 72
– Sanktionen bei Verstoß gegen die Anmeldepflicht 73
– Treuhandverhältnis 69 f.
– Zwangsgeld 73

Qualifizierte Kapitalmehrheit 108

Rechts-/Erbengemeinschaft 98
Rechtsformwechsel 9 f., 49 ff.
Rechtsmißbrauch 125
Rechtsstellung der Gesellschafter bei Umwandlung 61
Rumpfaufsichtsrat 41 f.

Sacheinlage
– Abspaltung 48
– Aufspaltung 48
– Ausgliederung 48 f.
– Übernahme 41
Sachgründung 37 ff.
– Bestellung des Abschlußprüfers 43
– erster Aufsichtsrat und erster Vorstand 42 f.
– Bericht 43 f.
– Haftung 47
– Handelsregisteranmeldung 45 ff.
– Protokoll 37 ff.
– Prüfer 44
– Satzung 40 f.
– Übernahme der Aktien und eingezahltes Grundkapital 41
Sammelverwahrung 19
Satzung 160 ff., 164 ff.
– Aktienbuch 18
– Aktienurkunde 19 ff.
– ausführliche Fassung 164 ff.
– Autonomie 24
– Bargründung 15 ff.
– Bekanntmachung 22
– Depotgesetz 19
– Einpersonen-AG 160
– Einzelverbriefung 20
– Firma und Sitz 15 f.
– Gewinnrücklagen 142 f.
– Gestaltungsmöglichkeiten 24
– Globalurkunde 20
– Grundkapital 16
– Gründungsaufwand 23 ff.
– Inhaberaktien 17
– Namensaktien 17
– Namensaktien, Übertragung 17
– Namensaktien, vinkulierte 17
– Nennbetrag 16 f.
– notwendiger Inhalt 15 ff.
– Sachgründung 40 f.
– Stammaktien 19
– Stückeverzeichnis 19
– Unternehmensgegenstand 16
– Verbriefungsrecht 19 ff.
– Vorstand 22
– Vorzugsaktien 19
– Zwischen-/Interimsscheine 18, 21
Schadensersatz 125
Sicherung 31 ff.
– nicht ordnungsgemäß bestellt oder unzureichend 33 ff.

Sitz 15f.
Sonderbeschluß der Vorzugsaktionäre 139f.
Sorgfaltspflicht 67
Spaltung 10f., 48f.
Splitterbeteiligungen 21
Stammaktien 19
Stimmberechtigte Aktie 19
Stimmbindung 212ff.
Stimmrechtslose Aktie 19
Stimmrechtsverwässerung 128
Strohmanngründung 13
Stückaktien 16
Stückeverzeichnis 19

Tagesordnung
– Einberufung 98f.
– Vollversammlung 104f.
Taxe 120
Treuhandverhältnis 69f.

Überkreuzbezugsrecht 124
Übernahme der Aktien und eingezahltes Grundkapital 24f., 41
– bei Bargründung 24f.
– bei Sachgründung 41
– Einbringungsvertrag 41
– Gründungsprotokoll 41
Übertragung von Aktien 17ff.
Umwandlung
– Abfindung 55ff.
– „kleine AG" 48
– Ablauf des Verfahrens 49
– Arten 48f.
– Aufsichtsrat 61ff., 86ff.
– Bericht 51f.
– Beschluß 52f.
– einer GmbH in eine AG 50ff., 176ff.
– Gesellschafterversammlung 54ff., 177f.
– Gründerhaftung 61
– Gründungsbericht 183f.
– Gründungsprüfungsbericht 185f.
– Haftung 67f.
– Handelsregisteranmeldung 65ff., 189f.
– Kapitalschutzregelung 64
  Klage gegen den Umwandlungsbeschluß 64
– Protokoll 179ff.
– Prüfer 64, 186
– Prüfung durch Vorstand und Aufsichtrat 64

– Prüfungsbericht 187f.
– Rechtsformwechsel 9f.
– Rechtsstellung der Gesellschafter 61
– Unterrichtung des Betriebsrats 53
– Verzicht auf Umwandlungsbericht 176
Umwandlungsbericht 51f.
– Auskunftspflicht 51
– Entbehrlichkeit 51f.
– Inhalt 51
– notarielle Beurkundung 52
– Vermögensaufstellung 51
Umwandlungsbeschluß 59ff.
– Abschrift des Umwandlungsbeschlusses 61
– Genehmigungserfordernis 60
– Inhalt 52f.
– Klage gegen den Beschluß 67
– vinkulierte Namensaktien 60
– Unterrichtung des Betriebsrats 53
– Zustimmungserklärung 60
Umwandlungsprotokoll 179
Umwandlungsprüfung 64, 186ff.
Umwandlungsverfahren 49
Unternehmensgegenstand 16
US-amerikanisches Börsensystem 117

Veräußerungsbeschränkung 212ff.
Verbot der Einlagenrückgewähr 141
Verbriefungsrecht 19ff.
Vermögensübertragung 49
Verschmelzung 10, 48
Verzicht der Aktionäre
– auf Berichterstattung in der Hauptversammlung 105
– auf Informations- und Formpflichten 104f.
Vinkulierung 17
Vollversammlung
– Anwesenheit 104
– Benachrichtigung 104f.
– Durchführung 104
– Teilnehmerverzeichnis 105
– Verstoß gegen formelle Erfordernisse bei Einberufung der Vollversammlung 104
vorzeitiger Widerruf der Bestellung des Aufsichtsrats bei Umwandlung 89
Vorzugsaktien 19
Vorzugsaktien ohne Stimmrecht 19

Wahlen innerhalb des ersten Aufsichtsrats 150
Wandelanleihe 134

Widerspruch
- Bezugsrechtsausschluß 132 ff.
- vorzeitiger bei Bestellung des Aufsichtsrats 89
- Niederschrift der Gesellschafterversammlung bei Umwandlung 55 f.

WpHG, Mitteilungspflichten 74 f.

XETRA-Handel 118 f.

Zwangsgeld 73
Zweites Finanzmarktförderungsgesetz und Umwandlungsgesetz 7
Zwischenschein 18, 21